관광공간관리탐구

◆◆◆ 문제해결지식 도출방법 적용

박 석 희 저

백산출판사

관광경험이 관광지에서만 이루어지는 것은 아니지만, 관광공간에서 제공되는 경험의 중요성이 갈수록 더 커지고 있다. 따라서 관광공간 내에서는 관광객이 알아서 관광하라는 식의 자유방임도 좋으나, 관광객이 짧은 시간에 새로운 환경을 충분히 이해하기는 어렵다. 관광객이 관광현장에서의 체험의 질을 높이기 위해서는 아름답고, 편리한 가운데서 관광공간이 지닌 가치를 제대로 소비하고 맛볼 수 있어야 한다. 따라서 관광객의 행동과정을 설계하고 이 과정을 따라 관광이 이루어지도록 집약적 내지는 조방적으로 관광을 관리하는 것이 바람직하다.

이를 위해서는 그 바탕에 기본적으로 효율성이라는 개념이 자리하게 된다. 효율적인 관광공간관리를 위해서는 방문자관리, 관광자원관리, 그리고 각종 서비스관리 부문에서 필요한 지식정보를 생산·가공하고, 이를 바탕으로 관광공간이 관리되어야 한다. 이러한 시각에서 바라보면, 우리의 관광현장에서는 좋은 지식정보를 바탕으로 관리가 이루어지고 있다고 보기가 어렵다. 아직도 그러한 측면에서 문제점을 찾아내고 그것을 해결하기 위하여 노력하고 있는 곳은 많지 않다.

아무리 훌륭한 계획을 수립하고 시행하더라도 관리를 소홀히 하고서는 관광공간의 특성을 살릴 수 없고 나아가서 지속적일 수 없다. 그리고 관광공간관리를 위한 의사결정이 관광공간의 지속성 여부를 좌우하는 주요한 계기가 될 수 있다는 문제의식하에서 크게 5개 영역으로 구분하여 그간에 연구한 22편의 논문을 정리해 보았다. 여기에는 분명히 고기를 주자는 것이 아니라, 고기 잡는 방법을 함께 고민해 보자는 의도가 강하게 내재되어 있음을 밝힌다. 함께 고민할 동지를 찾으면서……. 어떤 논문은 작성한 지 오래되어 논문작성 당시에 비해 상황변화가 많은 곳도 있다. 그렇지만 방법을 익힌다는 측면에서 의미를 두려고 한 점에 대해 해량해 주시기 바란다.

이 책이 나오기까지에는 그간에 나와 함께 연구를 한 많은 친구들의 고민과 헌신적인 노력이 있었다. 막바지에 이를 정리해준 박상곤 박사, 황윤미 박사, 송화성 석사, 홍종규 석사, 그리고 윤준근 군과 호영 양의 노력도 아주 컸음을 밝혀둔다. 끝으로 출판계의 어려운 여건하에서도 이 책의 출판을 흔쾌히 승락해준 백산출판사 진욱상 사장님, 편집을 총괄해준 김종욱 이사님, 아주 꼼꼼하게 교정을 본 성인숙 과장님께 감사드린다.

2009년 여름에

知願 박 석 희

차 례

제1부 | 시작하며

제1장 체험관광의 본질 15

1. 시작하며 • 15
2. 관광의 새로운 의미 • 16
3. 관광소비의 유형 • 17
4. 체험은 경험과 다르다 • 21
5. 체험관광을 통한 변화추구 • 26
6. 맺음말 • 31

참고문헌 • 32

제2장 의사결정과 문제점 해결과정 33

1. 의사결정의 개념과 수준 • 33
2. 선택의 합리성과 시스템 효과 • 36
3. 문제점 해결모델 • 39
4. 주민의사 반영수단 • 46
5. 맺음말 • 48

참고문헌 • 49

제2부 | 관광지와 이미지

제3장 관광 후 이미지와 만족도 간의 관련성 53

1. 머리말 • 53
2. 이론 고찰 • 54
3. 결과의 분석 및 해석 • 58

4. 결론 및 시사점 • 66
참고문헌 • 68

제4장 관광공간에 대한 이미지와 만족도 간의 관련성 71
1. 머리말 • 71
2. 이론 고찰 • 73
3. 결과의 분석 및 해석 • 76
4. 결론 및 시사점 • 89
참고문헌 • 91

제5장 관광지 프로모션과 이미지 형성 93
1. 머리말 • 93
2. 이론 고찰 • 94
3. 결과의 분석 및 해석 • 99
4. 결론 및 시사점 • 102
참고문헌 • 103

제6장 인터넷 관광정보와 이미지 형성 107
1. 머리말 • 107
2. 이론 고찰 • 108
3. 결과의 분석 및 해석 • 114
4. 결론 및 시사점 • 119
참고문헌 • 120

제7장 관광지 방문 전후의 이미지 차이: 제주도 관광객 123
1. 머리말 • 123

2. 관광지 이미지에 관한 이론 고찰 • 124
3. 결과의 분석 및 해석 • 127
4. 결론 • 137
참고문헌 • 138

제8장 관광지의 고유이미지 창출 141
1. 머리말 • 141
2. 이미지 형성 촉진과 연출 • 142
3. 남한산성 이미지 연출상의 문제점 진단 • 146
4. 남한산성 이미지 창출방안 • 157
5. 결론 • 163
참고문헌 • 165

제3부 | 관광과 노블티 추구

제9장 관악산 탐방객의 노블티 추구 정도 169
1. 머리말 • 169
2. 노블티에 관한 이론 고찰 • 171
3. 결과의 분석 및 해석 • 175
4. 결론 및 시사점 • 184
참고문헌 • 187

제10장 노블티에 의한 관광자원 유형구분 189
1. 머리말 • 189
2. 관광자원 유형 및 노블티에 관한 이론 고찰 • 191
3. 결과의 분석 및 해석 • 197

4. 결론 및 시사점 • 205
참고문헌 • 206

제4부 | 관광자원의 해설

제11장 관광자원해설기법과 생동감 나는 해설 ····································211

1. 개념 • 211
2. 문화유산해설과 관광안내 • 212
3. 관광자원해설사의 필요성 • 214
4. 관광자원해설사의 자질 • 215
5. 관광자원해설의 핵심요소 • 218
6. 생동감 넘치게 하는 기법 • 219
7. 탐방로 해설기술 • 228
8. 마무리 • 231

참고문헌 • 232

제12장 관광자원해설의 교육효과: 종묘 방문자를 대상으로 ························233

1. 머리말 • 233
2. 이론 고찰 • 234
3. 결과의 분석 및 해석 • 239
4. 결론 및 시사점 • 243

참고문헌 • 246

제13장 현장체험의 교육효과 ···249

1. 머리말 • 249
2. 이론 고찰 • 250

3. 결과의 분석 및 해석 • 254
4. 결론 및 시사점 • 258
참고문헌 • 261

제14장 문화교육의 영향 263
1. 머리말 • 263
2. 이론 고찰 • 264
3. 결과의 분석 및 해석 • 270
4. 결론 및 시사점 • 276
참고문헌 • 277

제15장 환경지식의 영향 279
1. 머리말 • 279
2. 관광과 자연환경에 관한 이론 고찰 • 280
3. 결과의 분석 및 해석 • 284
4. 결론 및 시사점 • 292
참고문헌 • 293

제5부 | 관광객의 태도변화

제16장 관광지 광고가 태도에 미치는 영향 297
1. 머리말 • 297
2. 이론 고찰 • 298
3. 결과의 분석 및 해석 • 304
4. 결론 및 시사점 • 310
참고문헌 • 312

제17장 환경정보제공이 환경행동에 미치는 영향 315
1. 머리말 • 315
2. 이론 고찰 • 316
3. 결과의 분석 및 해석 • 321
4. 결론 및 시사점 • 327
참고문헌 • 329

제18장 경고메시지가 환경태도에 미치는 영향 331
1. 머리말 • 331
2. 경고메시지와 자연환경태도에 관한 이론 고찰 • 332
3. 결과의 분석 및 해석 • 335
4. 결론 및 시사점 • 341
참고문헌 • 342

제19장 인터넷 여행커뮤니티 참여의 영향 345
1. 머리말 • 345
2. 이론 고찰 • 346
3. 결과의 분석 및 해석 • 351
4. 결론 및 시사점 • 359
참고문헌 • 360

제20장 관광지의 정보·이미지·행동의도 간의 관계 363
1. 머리말 • 363
2. 이론 고찰 • 364
3. 결과의 분석 및 해석 • 369
4. 결론 및 시사점 • 378
참고문헌 • 380

제6부 | 방문자 늘리기

제21장 관광지 방문자의 가격지각 ········ 385

1. 머리말 • 385
2. 가격지각에 대한 이론 고찰 • 387
3. 결과의 분석 및 해석 • 391
4. 결론 및 시사점 • 396

참고문헌 • 397

제22장 관광지의 비수기 타개 ········ 399

1. 비수기의 개요 • 399
2. 비수기 타개 기본방향 • 403
3. 대안모색을 위한 접근방안 • 407
4. 비수기 타개 대안 도출사례 • 417
5. 맺음말 • 428

참고문헌 • 430

■ 찾아보기 ········ 431

제1부 시작하며

01 체험관광의 본질

02 의사결정과 문제점 해결과정

제1장 체험관광의 본질

* 관광이란 용어에 때가 묻지 않았는가?
* 체험소비행위에 내재된 목적은 무엇인가?
* 관광을 통해 우리는 무엇을 추구하는가?

1. 시작하며

국가는 국가대로 지방정부는 지방정부대로 그리고 기업은 기업대로 좀 더 많은 관광객을 유치하려고, 그들이 좀 더 많은 돈을 지출하게 하려고 그야말로 혈안이 되어 있다. 그런데 그들은 소기의 목적을 달성하고 있는가? 유행하고 있는 체험관광은 제대로 이루어지고 있는가? 나아가서 나름대로들 행하는 관광을 통하여 저들의 삶의 질은 또 얼마나 나아지고 있는가? 그 이전에 혼이 담긴 관광지는 얼마나 있는가? 이제는 한 단계 격이 높은 선진적인 관광을 추구해야 할 게 아닌가? 패러다임의 전환이라는 말이 한때 유행하더니만 사용이 뜸하다. 세기를 넘어 몇 년이 지나면서 저절로 변화된 것일까?

이러한 물음들에 대하여 국내외 관광총량 규모가 엄청나게 커지고 있고, 이러한 경향은 더욱 가속적일 것이라고 보고 있는 이 시점에서 다시금 관광과 체험의 의미는 무엇인가, 무엇을 어떻게 관광하게 해야 하나, 관광을 통한 변화추구에 부응하는 전략 등에 대하여 짚어보고 나아가야 할 필요성은 크다.

2. 관광의 새로운 의미

관광이라는 용어를 사용하지 말아야 한다는 주장을 가끔씩 듣는다. 그러면서 한참 이야기를 늘어놓는다. 물론 그러한 가운데서 새로운 용어가 등장하고 새로운 개념이 자리를 잡아나가는 것도 문화현상이다. 하지만, 새로운 것만 추구하는 게 능사가 아님도 우리는 알고 있다. 보석을 제대로 갈아서 빛을 내어보지도 않은 채 또 다른 것을 찾아나서는 일을 하기에 앞서 그것의 쓰임새를 바꿀 수도 있을 것이다. 그 쓰임새가 달라지고 있음을 분명히 파악한다면, 필요한 지혜를 찾을 수도 있을 것이다.

종래의 교과서적 정의를 종합하면, 관광의 개념은 다음과 같이 규정된다. 즉, 관광은 자유의사로 자유재량시간을 활용하는 여가활동으로서 돌아올 예정으로 일상영역을 벗어나서 견문을 넓히고, 에너지를 보충하며, 완전성을 추구하고 즐거움을 누리는 일련의 행동과 이로 인해 발생하는 경제적, 사회적, 문화적 현상의 총체이다. 그런데 여기에는 삶의 질 개선이 함의되어 있으나, 그간에 이를 적극적으로 해석해 내지 못하였다. 그리고 관광상품의 가치에 대한 고려가 빠져 있다. 여기서 관광의 의미를 새로이 조명해 볼 수 있는 단초를 발견할 수 있다.

※ 관광(觀光) = 觀(관 : 관찰하다, 헤아리다) + 光(광 : 반짝반짝 빛나는 것 = 금(변하지 않아), 순수, 진짜)

카를 마르크스는 상품의 가치를 교환가치와 사용가치 두 가지로 보았고, 그 뒤에 야르가 후기자본주의 사회의 경제적 삶의 중심은 생산이 아니라 소비라고 단언하면서 기호가치(이미지 가치)가 추가되고 있다. 관광상품의 경우에는 관광상품의 소비에 중점을 두고 본다면, 이러한 세 가지 가치 가운데서 교환가치를 제외한 두 가지 가치에 초점이 모아진다. 여기서 관광상품의 사용가치란 관광상품의 이용 또는 소비를 전제한 가치이고, 관광상품의 기호가치란 이미지의 소유 내지는 관계의 소유라고 볼 수 있을 것이다.

소비를 국어사전에서는 돈·물건·시간·노력 따위를 써 없애는 행위라고 정의하고 있고, 영어사전에서는 재화나 서비스를 소모하거나 시간을 보내는 행위로 정의하고 있다. 두 곳 모두 소비는 이용에 의하여 뭔가를 없애는 행위라는 이야기다. 관광에서 이야기하는 관광소비(consuming tourism)는 한번으로 끝나는 이벤트도 아니고, 단순한 일방적 구매행위도 아니다. 피어스(D. G. Pearce)가 지적하듯이 관광소비는 일생을 통하여 일어나고 경험이 많아짐에 따라 소비방법도 점차 발전할 수 있다. 따라서 여행요구와 기대는 변화·진화한다. 그리고 이러한 변화와 진화는 사회적 관련성, 생애주기, 제약요인, 대두되는 가치에 따라 영향을 받는다. 즉, 관광소비는 이용에 의하여 뭔가를 없애는 행위로써 여러 가지 요인에 의하여 영향을 받는다는 사실과 그 방법이 발전한다는 것이다.

3. 관광소비의 유형

한편 지금의 포스트모던 사회에서 소비는 재화나 서비스가 지닌 이용가치를 소비할 뿐만 아니라, 그것이 지니고 있는 기호의 가치를 중시하고 있다. 이러한 기호가치의 소비는 지위 또는 정체성 확립과 관련이 있다. 그리고 소비의 상징성 즉, 내가 누구인가를 다른 사람에게 알리는 방법에 관심이 커지고 있다. 우리는 이러한 두 가지 관점에서 관광소비 행위를 네 가지 유형으로 구분해 볼 수 있다.

가 관광소비는 체험 자체를 위한 행위이다

체험 그 자체를 위해서라는 관광소비 관점은 특정한 소비대상에 대한 소비자의 주관적, 정서적 반응에 초점을 맞추고 있다. 관광소비에서 추구하는 경험은 체험 그 자체를 통한 환상, 느낌, 재미를 지향하는 현상이다. 다시 말하면, 현대적 소비는 물질적 효용인 만족에 있는 것이 아니라, 달콤한 한낮의 꿈을 가져다주는 즐거움의 쾌락적 추구를 지향하고 있다. 따라서 관광은 꿈, 비일상적인 것으로의 탈출, 신성하거나 고상한 '다른 것(other)'을 즐기는 것이다.

환락의 도시 라스베이거스와 환상의 테마파크 디즈니 월드에 매년 수천만 명씩의 관광객이 몰려들고 있다. 이들은 이른바 쾌락적 즐거움을 추구하려는 관광객들이다. 이 두 곳은 체험 자체를 위한 소비를 잘 반영하고 있는 사례로 볼 수 있다. 물론 서리가 하얗게 내린 아침에 밭두렁을 거닐면서 대자연의 오묘함에 탄성을 지르는 것도 눈앞에 펼쳐진 환상을 소비하는 순간이다. 전자가 인간이 고안한 놀이시설들에 의한 것이라면, 후자는 대자연이 연출하는 자연의 변화에 대한 외경스러움의 발로이다. 전자는 어느 때나 가기만 하면 맛볼 수 있는 즐거움이지만, 후자의 경우는 그 시점이 맞아야 한다. 그리고 전자의 경우는 별다른 기술이 없더라도 가능하지만, 후자의 경우에는 풍부한 감성이 발로되지 않은 상태에서는 맛볼 수 없는 즐거움이다.

우리에게는 제대로 된 환락의 테마공간이 있는가? 그렇다고 자연의 향기에 취하여 몽환 속으로 빠져들 수 있는 관광공간이 있는가? 아니 이러한 공간이 전혀 없는 것은 아니다. 어쩌면 관광상품을 개발하는 사람들이나 관광객들이 하나라도 제대로 체험하려고 하기보다는 어디에 무엇이 없나 하고 마구 쏘다니기만 하는 통에 오히려 귀중한 보물들이 진흙 속에 잠자고 있는지도 모를 일이다.

나 관광소비는 사회적 놀이이다

사람들과 어우러지는 놀이로서의 관광소비는 대상지가 지니고 있는 체험 특성의 소비에 초점을 맞춘다기보다는 대상을 방문하거나 이용한다든가 함으로써 그곳 사람들과 어울리는 데 초점을 맞추는 것을 가리킨다. 다시 말하면, 놀이의 관점에서 보면, 관광소비의 대상물은 그 지역주민이 사용하는 일상용품까지 포함함으로써 좀 더 넓다. 그리고 그러한 일상용품을 구입하는 것은 그 사람들과 어울리기 위한 수단이다. 따라서 관광의 관점에서 보면, 놀이로서의 소비는 어떠한 관광경험의 바보 같고, 어린이 같은 관광객의 성격을 이야기하는 것이 아니라, 동료 소비자들과 사귀거나 특정경험을 공유하는 수단으로써 이용된다.

관광은 사회적 체험이다. 다른 사람들과 함께 있으면서 사회적 체험을 통하여 특정의 물품을 소비할 수 있다. 사람들이 구입하는 것의 일부는 다른 소비자들도 사용하고 있는 것이다. 파리에 갔던 관광객이 사오는 화장품이나 포도주는 파리 사람들이 일상적으로 사용하는 화장품이나 포도주들이다. 이러한 의미에서 관광은 사람들 사이에 서로가 서로를 즐겁게 해주는 연출적, 호혜적 역할에 초점을 맞춘다. 서로가 서로에게 구경감이 되고 또 서로가 서로를 구경하는 것이 된다.

문화관광객은 특히 방문지역의 주민들과 만나려고 한다. 그들과의 만남을 통하여 그들의 생활단면을 깊숙이 들여다보려는 것이다. 그렇게 함으로써 자신들의 삶과의 크고 작은 차이점을 발견하며 신기해 한다. 우연히 같은 점을 발견하게 되면 또 다른 가설을 세우거나 상상의 나래를 펼친다. 그러는 가운데서 서로 간에 이해의 폭이 넓어지며 모르던 사람들과 사귈 수 있게도 된다. 이러한 잔잔한 즐거움도 삶의 과정에서는 좋은 향신료가 된다. 생활관광지를 표방하고 지역을 가꾸어 온 일본의 작은 온천마을 유후인이 오늘날 일본 최고의 관광명소가 된 것은 무엇보다도 이러한 만남의 즐거움에 가치를 부여한 덕분이라고 할 수 있을 것이다. 유후인 마을의 대표를 만나고 나오면서 뒷산에 걸린 달을 보자 눈물이 핑 돌았다. 왜 우리는 이러한 관광공간을 가질 수 없는가 하는 안타까움과 부러움이 뒤엉켰기 때문이었으리라.

다 관광소비는 자기확장 행위이다

자기영역 확장으로서의 관광소비는 소비자가 소비를 통하여 자기와 대상을 통합함으로써 자신의 영역을 확장할 수 있는 수단적 활동이다. 그렇게 함으로써 대상이 지니고 있는 상징적 속성에 접근할 수 있게 된다. 그 대상은 그것을 자기개념에 통합시키거나 또는 그들 자신의 개념을 대상이 지니고 있는 사회적, 제도적 정체성에 맞추기 위해 적응시키는 동화과정을 거쳐서 그들의 정체성을 구성하는 요소가 된다.

관광의 맥락에서 보면, 관광경험 생산과정에 관광객의 참여가 필수적이다. 관광객이 자신의 시간을 투입해야 한다. 다른 사람이나 그 밖의 다른 것으로 시간투입을 대신할 수는 없다. 이와 같은 관광서비스의 생산과 소비의 분리 불가능성은 관광소비자가 소비하는 대상 속에 통합되어야 함을 의미한다. 특정 목적지의 문화에 의해 자신의 정체성을 찾으려고 하면, 그 관광지에 가서 그곳에 있는 사람들과 동화됨으로써 정체성에 맞추기 위해 적응해야 한다. 그리고 특정 관광유형에 의해 자기를 확장시키려고 하는 관광객은 마찬가지로 그러한 관광행위를 수행해야 한다. 이를테면, 고행에 가까운 인도여행을 다녀와야 비로소 인도에 대하여 제대로 이야기할 수 있는 사람으로서 인정받을 수 있고, 래프팅의 위험을 감수하고 래프팅에 참가해야 비로소 래프팅을 즐기는 사람으로서 인정받을 수 있다.

이러한 자기영역 확장으로서의 소비를 반대측면에서 생각해 볼 수 있다. 고생을 하더라도 그만한 대가에 해당하는 상징적 속성에 접근하는 것이 도움이 된다고 생각하면, 그 관광여행을 나설 것이다. 하지만 따르는 보상적 대가가 그렇게 클 것으로 기대되지 않는다면, 관광여행을 나서지 않을 것임에 틀림없다.

라 관광소비는 구별짓기이다

오늘날과 같이 차별성이 강조되는 포스트모던 사회에서 소비자들은 자기의 정체성을 창출하고 그들 자신을 관련되는 다른 사람들과 구별짓기 위하여 대상물의 소비를 이용한다. 이러한 구별짓기 위한 소비과정은 물론 새로운 개념이 아니다. 사회적 구별 즉, 남들과 다르다는 것을 나타내기 위하여 관광이 이용된 역사는 오래되었다.

하지만, 관광소비가 점차 보편화 내지는 대중화되기 시작하였고, 18세기 이래로 관광은 취향의 표현으로 인식되고 있음에도 불구하고, 오늘날과 같이 관광이 광범위하게 구별짓기에 이용된 적은 결코 없었다. 여기에 부응하여 관광산업은 보다 전문화되고, 대중이 이용할 수 있음에도 불구하고 지위나 사치분위기를 가진 틈새상품이 개발되고 있다. 세계적 문화관광상품, 세계적 생태관광상품(eco-), 자아관광상품(ego-)이나, 없는 게 없는 크루즈 휴가 패키지 상품이 여기에 해당된다.

우리의 관광지에서는 이러한 구별짓기에 부응할 수 있는 관광상품이 얼마나 있는가? 대부분이 독특한 차별성을 가지고 있지 못하다. 그야말로 혼이 깃들어 있는 예술작품으로서의 관광지를 언뜻 꼽을 수가 없다. 천년 고도 경주조차도 관광불황의 늪에서 헤어나질 못하고 있다. 세계적인 관광명소로 탈바꿈할 수 있는 제주도의 경우에도 도저히 발동이 걸리지 않고 있다. 소규모 관광지의 경우에는 이제 소수가 주목되고 있는 걸음마 단계에 있다. 그래서 사람들은 해외로 달려 나가고 있음에 틀림없다.

4. 체험은 경험과 다르다

가 체험의 특성

체험이라는 단어가 최근 들어 대단한 유행어가 되고 있다. 경험이라는 용어 대신에 체험을 사용하고 있고, 산악체험, 전통체험, 맛체험 등의 ○○체험, 체험여행, 체험민박, 체험상품 등의 체험○○ 식으로 접두어나 접미어로 체험이라는 용어의 사용범위가 확장되고 있다. 그러나 이러한 체험에 대한 인식에는 상당한 차이가 있어 보인다. 그 의미를 제대로 파악하지 못한 상태에서 그냥 쓰다 버리는 경우가 많은데 어쩌면, 이 체험이라는 용어가 그 하나가 될지도 모르겠다. 관광객이 오지 않는다고 고민을 하고, 관광객이 돈을 쓰지 않는다고 미운 눈총을 보내기에 앞서 체험의 의미나 유형을 제대로 알고 여기서 지혜를 짜내야 하지 않을까 싶다.

첫째, 체험은 직접경험: 경험과 체험을 구분하는 데 도움이 될 수 있는 표현에 직접경험(direct experience)이 있다. 헤이워드(Jeremy W. Hayward)는 마음수련을 통하여 직접경험에 접근할 수 있다고, 그렇게 함으로써 지혜가 번뜩이고, 극히 평화롭고, 그리고 화려한 대상 그 자체가 될 수 있다고 하여 피상적 경험이 아니라 증득(證得)된 체험이라는 개념으로 직접경험을 사용하고 있다.

둘째, 체험은 현장참여: 여기서 사용하고 있는 직접에는 현장참여라는 개념이 들어 있다. 월트 디즈니가 디즈니랜드에서 구현하고자 한 개념과 같다. 앉아서 보기만 하던 2차원적인 영화의 세계를 현실공간에 펼침으로써 3차원세계를 구현한 것이다. 그 안에서 방문자 스스로가 영화 속의 배우가 되게 함으로써 서로가 서로를 구경하고 즐기게 하려는 것이 디즈니의 생각이었다. 따라서 디즈니랜드에서 비로소 참여라는 개념이 관광에 도입된 것으로 볼 수 있다. 이러한 참여는 관광객이 사건의 전개현장에 있음을 전제로 하고 있다. 즉, 자극의 발생현장에 그 자극 경험자가 있어야 함이 필수조건이다. 경험자가 자극발생현장에 있는 상태에서 자극을 경험하는 것이 체험이라는 것이다. 그렇지 않은 상태는 간접적인 경험의 경우이다. 이야기나 영상을 통한 경험이 간접적 경험이다. 따라서 경험이라고 하면, 이 직접적 경험 즉, 체험과 간접적 경험을 포괄하는 것이 된다.

셋째, 체험은 감각적: 경험과 체험을 구분하는 데 도움이 될 수 있는 또 다른 표현으로 감각적 체험(sensory experience)이 있다. 여가활동의 경향을 연구하던 널스트(W. Knulst)가 문화의 발전이 대단히 감각적 체험 쪽으로 지향하고 있음을 발견하였다. 이러한 감각적 체험은 경험과 구분된다. 자극이 우리의 오감에 직접 닿고 있음이다. 그것은 감각적이라는 표현 속에 위에서 이야기한 자극 현장이라는 필요조건이 충족된 상태가 함축되어 있다고 볼 수 있기 때문이다.

우리가 일상적으로 사용하는 표현 가운데 '피부에 와 닿는다'는 것이 여기서 이야기하는 감각적 체험의 한 종류에 해당한다. 보고, 듣고, 느끼고, 맛보고, 냄새 맡는 등 5가지 감각기관을 통하여 자극을 수용하는 가운데 피부를 통하여 느끼는 것을 '피부에 와 닿는다' 또는 '피부에 와 닿지 않는다'로 표현하게 된다. 널스트의 발견도 현대적 놀이이론 가운데 하나인 자극추구설이 등장한 것도 종래의 단순히 보는데 치중하던 데서 이제는 5개 감각기관을 가능한 모두 동원하려는 적극적 자극수용 태세 쪽으로 문화의 경향이 바뀌고 있음을 간파한 것으로 볼 수 있다.

관광분야도 이러한 경향을 반영하려는 흐름의 일환으로 종래의 경험이라는 직접경험과 간접경험이 포함된 용어보다는 직접경험을 중시하는 체험이라는 용어를 훨씬 많이 사용하는 것으로 볼 수 있겠다. 그러나 우리가 일상적으로 사용하는 체험이라는 용어가 자기 자신(我)은 온데간데없고 대상에 완전히 몰입된 몰아의 경지(삼매경)에 이르는 엄격한 개념의 체험과는 거리가 있다고 하겠다. 몰아의 경지에 몰입된 상태에서는 정상적으로 경험할 수 없는 세계를 체험할 수 있다고 한 바 있다. 즐거움에 도취되어 콧노래가 절로 나오는 상태, 시정에 취하여 춤을 추는 상태에 이르는 것이 체험자의 진정한 바람일 수 있다.

나 체험의 유형

첫째, 껍데기체험과 알맹이체험: 이러한 체험은 축적형태에 따라 두 가지로 구분할 수 있다. 하나가 껍데기체험(피상적 체험)이다. 이것은 관광객이 보고 듣는 작용 그 자체만 기억할 수 있는 체험을 말한다. 즉, 그 나라에 간 것은 기억하는데 자세한 내용은 기억하지 못하는 경우라든가, 참석한 음악회가 인상적이긴 하였는데 그 내용이 기억나지 않는 경우가 여기에 해당한다. 다른 하나는 알맹이체험(실질적 체험)이다. 이것은 관광객이 보고 들은 대상의 내용을 기억할 수 있는 체험을 가리킨다. 위의 껍데기체험과는 반대로 보고 들은 작용뿐만 아니라 그 내용까지도 생생하게 남아 있는 경우이다. 음악회 이야기만 하면 그 당시의 연주분위기와 곡의 내용이 파노라마처럼 흘러가는 경우가 여기에 해당한다.

알맹이체험이 바람직하나 실제로는 많은 부분이 시간이 지남에 따라 망각 속으로 사라진다. 체험 당시의 감동이 강할수록 더 오래도록 기억되지만, 스쳐 지나간 것은 금방 잊어버리게 된다. 간접적인 것보다는 직접적으로 체험하려는 경향이 강해지는 것은 자극을 체험하던 현장의 그 분위기를 좀 더 오래 기억하기 위한 몸짓으로 볼 수 있다. 이를 위해서는 관광지에도 연출의 개념이 도입되어야 하고, 관광자원의 의미와 가치를 알 수 있게 해설도 해주어야 한다.

둘째, 지각적 체험과 몰아적 체험: 자기 자신의 개입 여부에 따라서도 구분할 수 있다. 하나가 지각적 체험이다. 이것은 자기 자신을 중심으로 하여 자기의 목적에 부합되는가를 지각하는 가운데 맛보는 체험을 가리킨다. 관광을 하는 동안에 이곳은 그곳보다 못하다거나 기대했던 것보다 낫다는 것 등을 느끼고 분별하는 식의 체험이 여기에 해당한다. 다른 하나는 몰아적 체험이다. 자기 자신은 어디론가 사라져 버리고 대상만이 생생하게 존재하는 가운데서 맛보는 체험이 여기에 해당한다. 대단히 아름다운 광경에 말문이 막힌다든가, 환희에 차거나 탄성을 연발하면서 꿈같이 지나간 상황이 여기에 해당한다.

바람직한 것은 몰아적 체험이다. 그러나 몰아적 체험을 맛보기 위해서는 관광하는 기술이 필요하다. 즉, 자신의 총주의력(total attention)을 집중할 수 있는 기술이다. 총주의력이 집중된 상태에 이르면, 대상이 발하는 빛만이 존재하는 즉 대상과 나의 미적 기준이 하나가 되는 아름다움의 극에 이르게 된다. 관광지에서 겪는 통과의례는 총주의력 집중방법 가운데 하나라고 할 수 있다.

관광공급자는 또 이 부분을 어느 정도 인식하고 있는가? 그냥 왜 관광객이 오지 않나 하고 애를 태우고 있거나, 왜 관광객이 돈을 쓰지 않느냐고 원망을 하고 있을 일이 아니다. 우리 지역에 온 관광객이 어떠한 유형의 체험을 하고 있는지 유심히 살펴보아야 한다. 디즈니랜드가 대단한 인기를 끌자 매스컴에서 마이크를 들이대고 월트 디즈니에게 성공 비결이 무엇이냐고 물었다. 그러자 디즈니는 간단히 한마디 하였다. "나의 작품에는 완성이 없다."고. 그렇다. 부단히 소비자의 소리를 들어서 보완해 나가겠다는 그의 정신이 오늘의 디즈니가 있게 한 결정적인 이유의 하나임에 분명하다.

셋째, 참여와 몰입 여부에 따른 체험유형: 파인 2세와 길모어(C. B. Joseph Pine II & Janes H. Gilmore)는 참여의 정도를 적극적 참여와 소극적 참여로 구분하여 하나의 축으로 하고, 고객이 체험에 침투하면 몰입(예: 가상현실게임)으로, 반대로 체험이 고객에게 침투하면 흡수(예: TV시청)로 구분하고 참여와 몰입 여부라는 2가지 축을 이용하여 4가지로 체험을 유형화하고 있다.

- 엔터테인먼트 체험: 이 체험은 소극적인 참여와 흡수에 해당한다. 엔터테인먼트는 가장 오래되고 가장 발달된 특히 오늘날에는 가장 흔하고 친숙한 체험들 가운데 하나이다. 애덤 스미스가 이야기한 "연기자, 어릿광대, 연주자, 오페라 가수, 오페

라 댄서” 같은 “비생산적인 노동자”들은 오늘날 모두 엔터테이너들이다. 사람들을 웃기거나 즐겁게 하는 엔터테인먼트가 체험에서 배제되는 일은 없을 것이다.

- 교육체험: 교육체험은 참여는 적극적이나 대상체험이 고객에게 침투하는 경우의 체험이다. 참된 정보를 알려주고 지식이나 능력을 향상시켜주는 교육적 이벤트에는 반드시 정신적·육체적인 적극적 참여가 필요하다. 교육체험은 교육이라서 재미가 없는 것이 아니라, 재미있게 노는 가운데 배울 수 있게 고안된다.
- 현실도피체험: 이것도 참여는 적극적이나 고객이 대상체험에 빨려 들어가는 경우이다. 현실도피의 전형적인 예는 디즈니랜드 식 테마파크이다. 소파에 누워 TV를 보거나 다른 사람들의 공연을 지켜보는 것이 아니라, 각자가 실제 공연에 영향을 미칠 수 있는 연기자가 되는 것이다.
- 미적 체험: 미적 체험은 소극적인 참여이나 대상에 몰입되는 경우의 체험이다. 이 경우에는 개인들이 이벤트나 환경에 몰입하지만, 환경에 아무런 영향도 미치지 않는다. 즉, 대상에 빠져들지만 대상에는 손끝 하나 대지 않는 경우이다. 백두산 정상에서 천지를 내려다보며 말문이 막히는 상태가 여기에 해당된다.

어느 경우가 바람직한가에 관심을 두기보다는 상황에 따라 어떠한 유형의 체험으로 연출할 것인가에 좋은 시사점을 얻을 수 있는 유형구분이다. 농어촌에서 무논에 어린이들이 들어가게 하여 모내기를 해 보게 한다면 그것은 현실도피체험이다. 심어둔 모가 줄지어 서 있고 그 사이로 바람이 지나갈 때 하늘거리는 논바닥이 아름다운 한 폭의 그림이라고 여기게 되는 경우라면, 이것은 미적 체험이다. 그러면서 책에 나오는 재래식 농사방법을 직접 수행해 봄으로써 잊어버릴 수 없는 지식을 얻게 된다는 측면에서 보면, 그것은 교육체험이다. 모내기를 하는 동안에 누가 불러주는 농요가 흥겹게 들렸다면 그 농요 듣기는 엔터테인먼트 체험이다. 한 가지 상황에서도 여러 가지 체험유형을 동시적으로 내지는 순차적으로 연출함으로써 일이 되고 말 것도 훌륭한 체험거리가 될 수 있음을 이런 경우에서 볼 수 있다.

5. 체험관광을 통한 변화추구

가 추구하는 변화

관광여행은 개인에게 어떤 변화를 초래하는가? 아니면 그 당시의 재미와 즐거움으로 끝나는 것인가? 한 여행에세이를 보자. 우연한 기회에 심적 변화가 일어나는 경우이다.

> "나는 파리에 있는 미술관에 들렀었다. 〈한국전쟁〉 그림이 소장되어 있는 미술관이다. 그 미술관에 들어서서 아주 조금밖에 시간이 흐르지 않았는데, 문득 피카소에 대하여 가지고 있던 선입견이 뒤집어지는 것이 느껴졌다. 가장 인상적으로 피부에 와 닿았던 것은 피카소가 자신의 예술창작에 얼마나 어마어마한 에너지를 집중했는가 하는 점이다(김형경, 2005: 299-300)."

여기서 보면 작가는 미술관에 전시되어 있는 다양한 소재들을 보면서 설명을 듣는 순간 그간에 자신이 가지고 있던 피카소에 대한 선입견이 뒤집어졌다는 것이다. 기대하지 않은 우연한 순간에 변화가 일어난 것이다. 그리고 이 작품은 그 후에 썼을 테니 경과된 시간의 길이는 잘 알 수 없지만, 시간은 제법 경과되었을 것이다. 이 예에서 보면, 여행 중의 우연한 기회에 마음속에 변화가 일어날 수 있음을 알 수 있다. 그리고 이 변화는 다시 뒤집어질 수 없는 변화일 수 있다.

또 다른 여행기를 하나 더 보자. 이것은 예상되는 변화를 추구하는 경우이다.

> "왜 나는 피곤을 찾아서 일부러 멕시코까지 다녀와야만 하였던가? 왜냐하면 그러한 피곤은 멕시코에서 밖에 얻어낼 수 없는 종류의 피곤이기 때문이다. 또한 멕시코에 오지 않고서는 멕시코의 공기를 들여 마시고 멕시코의 땅을 발로 밟지 않고서는 얻어낼 수가 없는 피곤이기 때문이다. 그리고 그런 피곤을 거듭 받아들일 때마다 나는 조금씩 멕시코라는 나라에 가까이 다가설 수 있는 것 같은 느낌이 든다(김진욱 역, 1998: 69)."

여기서 원저자 하루키는 나라들 나름대로의 피곤이 있음을 알고 그것을 느끼기 위하여 여행하고 있음을 본다. 그리고 그곳 사람들의 일상 속에 파고들수록 더 강하게 느낄 수 있음을 알고 있다. 그래서 그는 이 나라로 저 나라로 여행을 나서는 것으로 짐작할 수 있다. 다양한 음식의 맛을 알기 위하여 여러 가지 음식을 먹어보는 것과 같다. 이것은 위의 경우와 달리 우연에 의한 것이 아니다. 다양한 맛이 있을 것임을 예상하고 찾아 나서는 여행이다. 최근에 문화관광이 대두되고 있는 것은 이러한 개인의 예상된 탐구심의 발로라고 볼 수 있겠다.

모든 여행의 경우에 해당된다고 단언할 수는 없지만, 대부분의 관광여행은 이러한 우연한 변화 내지는 예상된 변화를 체험하기 위하여 떠남에 틀림없다. 그리고 그러한 심적 변화가 행동의 변화로 이어질 가능성은 학자들의 이론에 의하면 높다. 여기서 한 걸음 더 전진하면 삶의 방식도 달라질 수 있다.

탈바꿈의 상품화 가능성에 대한 논의를 살펴보자. 파인 2세와 길모어는 모든 비즈니스가 경제적 체험을 제공하기 위한 무대라고 그리고 회사들은 상품과 서비스만으론 이젠 충분치 않다는 사실을 인식하고 고객이 체험을 요구한다는 사실에 주목해야 한다고 주장한다. 그것은 체험이 우리에게 무엇인가 변화를 가져다주기 때문이며, 체험은 우리가 누구인지, 무엇을 성취할 수 있는지, 어디로 가고 있는지 이 모든 것들에 영향을 주기 때문이라고 한다. 관광여행상품이 이러한 명시된 변화를 핵심편익으로 상품화하기 시작하는 날도 올 수 있을 것이다. 아니 그 이전에 그냥 여행상품의 가격만 다른 게 아니라, 구체적으로 어떠한 차별성을 통하여 어떠한 변화를 약속하는 상품이 나올 가능성은 상당히 높다고 하겠다.

나 부응전략

관광객들의 체험관광을 통한 변화추구에 부응하기 위한 전략으로는 다음 몇 가지를 들 수 있겠다.

첫째, 재미나고 즐겁게 해준다. 우선 재미나고 즐거워야 한다. 일상에서 받은 피로와 긴장으로 인한 스트레스를 날려 보낼 수 있어야 한다. 이를 위해서는 가벼운 마음으로 박수를 치고 웃을 수 있게 해주어야 한다.

둘째, 관광지에 연출개념을 도입한다. 테마를 체험하게 해주자. 재미있고 즐겁기만 해서는 관광객의 탈바꿈 욕구에 부응할 수 없다. 관광객의 가슴을 뭉클하게 흔들어주는 감동이 있어야 한다. 이를 위해서는 분명한 테마를 지닌 이야기가 관광객의 관심을 끌어야 한다. 단지 아름답고 편리한 공간이 아니라, 숨어 있는 이야기가 있어야 한다.

셋째, 관광자원의 의미와 가치를 해설해준다. 놀면서도 배우려고 한다. 그리고 아는 것만큼 보고 느낀다. 많은 경우 특히 문화유산인 경우에 보기만 해서는 그것의 의미와 가치를 알 수 없다. 의미와 가치를 모르면 팔만대장경판도 빨래판일 뿐이다. 해설을 받으면서 자신의 주의력을 대상에 집중시킬 때 비로소 관광자원과 관광객은 의사소통이 이루어진다. 의사가 소통되어야 잔잔한 감동이 샘 솟아날 수 있다.

넷째, 관광지에서는 향토주를 마시게 한다. 마시는 것도 체험행위이다. 나의 경우에도 프랑스 관광 후에 구체적으로 달라지고 있는 게 하나 있다. 프로방스를 여행하면서 마신 포도주 덕분에 소주에 대한 생각이 달라졌고, 그간에 가끔씩 마시던 소주를 마시지 않겠다는 다짐을 하였다. 소주는 취하기 위한 술이다. 취하고 싶을 때야 소주를 찾겠지만, 술을 음미하고 즐겨야 할 경우에는 소주가 적절하지 않다. 소주에는 향기가 없다. 색깔도 없다. 맛도 없다. 그리고 푸짐한 안주가 없으면 못 마신다는 것도 단점이다. 우선 향기가 나거나 색깔이 있는 소주를 개발하지 않으면, 앞으로도 불가피한 경우를 제외하고는 소주를 마시지 않을 작정이다. 그러한 다짐 이후에 나는 사실 술자리에서 소주를 피해왔고, 다른 사람에게도 은근히 그러기를 권하고 있다. 격조 높은 삶을 위해서는 한 가지씩이라도 바꾸어 나가야겠다는 생각에서다. 물론 관광지에서는 소주 대신 향토주를 찾는다. 관광지를 똑같이 만드는 주범 중에 하나가 소주 아닌가 싶어서다.

다섯째, 지역의 먹을거리를 사먹게 한다. 먹는 것도 체험행위이다. 토론토 외곽에 있는 미술관을 관람한 적이 있다. 미술관 관람은 앞쪽에 있는 크지 않은 음식점과 연계가 되어 있었다. 망설이다가 그곳에서 식사를 하기로 의견을 모았다. 들어가서 창가에 자리를 잡고 주문을 하였더니 음식이 나왔다. 기대를 하지 않았는데 예상외로 맛이 있었다. 일행이 모두 대단히 흡족해 하였다. 아마 점심을 준비해 갔더라면 지금도 혀끝에 침이 도는 그 맛을 보지 못하였을 것이다. 우리의 경우에 향토음식은 좀 비싸고 때로는 선택의 위험성이 따르기도 한다. 그렇지만 일상에서 먹는 것과는 기본적으로 그 맛이 비교가 되지 않음을 체험한 사람들이 많을 것이다. 지역의 소재를 이용한 향토의 먹을거리를 개발해둠으로써 자동차에 먹을거리를 잔뜩 싣고 관광을 나서지 않도록 만들어야 하겠다.

여섯째, 관광객과 이야기 나누기를 즐기게 한다. 이야기는 정감을 체험하게 하는 좋은 수단이다. 알지 못하는 곳에서 인터넷이나 다른 정보를 보고 찾아오는 사람들을 환대하는 것이 관광사업의 본질이다. 바꾸어 생각하면 앉아서도 세상 모습을 듣고 알 수 있는 좋은 기회이다. 지난 한 해 동안에 800여 명의 손님을 맞았다는 프로방스 민박집 주인은 관광사업이 이러한 매력이 있는 줄은 미처 몰랐다고 하였다. 세계도처에서 온 사람들과 이야기를 나누다 보면, 정말로 사람 사는 모습이 다양하다는 것을 알 수 있노라고. 그러면서 또 한편으로는 세상변화를 나름대로 내다볼 수도 있어 아주 재미가 있노라고 하였다. 물론 돈을 벌어야 한다. 그렇다고 오는 손님의 호주머니만 들여다보는 것은 도둑심보가 아닐까? 자기가 관광을 갔을 때 어떤 경우에 호주머니에 손이 들어가던가를 생각해 보면 바로 알 수 있는 일이다. 따뜻한 말 한마디가 손님의 마음을 움직인다.

일곱째, 가꾸는 즐거움을 다시 찾자. 정성이 가득 담겨 있음을 눈으로 확인하고 손으로 만져보는 것도 체험이다. 언제부터인가 우리는 가꾸는 즐거움을 잊고 살아가는 것 같다. 관광공간을 빚는 사람들도 으레 크고 작은 나무를 옮겨다 심는다. 조경기술이 발달한 덕분이겠지만, 그러한 공간에는 주인의 혼과 정성이 들어가 있지 않다. 어디를 가나 비슷한 공간들이기에 별다른 감흥이 일어날 리가 없다. 큰 나무들이 지표면을 가지로 덮고 있는 광경을 우리의 관광공간에서는 좀처럼 볼 수가 없다. 그 자리에서 오래 자란 것이 아니기 때문이다. 어린나무를 심어서 몇 십 년 동안 정성을 들여 가꾸어 놓은 나무 한 그루가 보는 사람의 탄성을 자아낸다.

여덟째, 지역산업과 연계시킨다. 프랑스의 프로방스 지방은 농업지역이다. 포도, 올리브 등의 과일과 허브가 많이 생산된다. 포도의 경우 다양한 포도주를 빚으면서 세계적인 명품을 생산하고 있다. 그래서 포도주를 판다. 그리고 포도주 제조 농장을 견학하게 한다. 나아가서 며칠씩 머물면서 포도를 따고 포도주를 담그고 저장하는 비법을 배우게 하는 코스상품도 있다. 관광안내소에 들러 연구차 왔노라고 하니 포도주에 관해서 연구하려 하느냐, 허브 재배에 대하여 연구하려느냐고 물어올 정도로 관광이 지역의 생산과 연결되어 있었다. 우리의 보문단지처럼 그냥 한쪽에 섬처럼 존재하면서 지방세를 내는 것으로 지역에 기여한다는 식은 지역민의 삶과 접할 수 없다. 사람이 살지 않는 박제된 공간에는 생기가 없다. 생기 없는 공간에 들어 있는 문화는 껍데기 문화이다. 껍데기를 가지고는 사람들을 감동시킬 수 없다. 지역에서 생산되는 다양한 재료를 이용하여 관광객이 자신의 시간을 소비할 수 있게 하고 나아가서 자기를 실현할 수 있는 기회를 부여해 주어야 한다.

아홉째, 관광지도 호텔이다. 관광지에서 호텔과 같은 쾌적함을 체험할 수 있다면 벌써 관광객의 마음은 흔들린다. 곳곳에 환대서비스가 깃들어 있다면 관광객은 반하지 않을 수 없다. 반하면 돈이 아깝던가? 인간이 지금까지 빚은 공간 가운데서 아마도 호텔이 가장 쾌적한 서비스를 제공하는 곳임에 틀림없다. 문 앞에서부터 손님을 극진하게 맞는다는 것은 이제 상당히 보편화되어 있다. 그런데 관광공간에서도 그러한 생각을 가지고 손님을 맞을 수는 없을까? 일본 유후인 마을에서는 마을 자체를 호텔이라고 생각하면서 마을을 찾아오는 사람들을 호텔에서 손님을 극진히 대하듯 맞이하고 있다. 그러한 개념으로 서비스를 제공하다 보니 작은 시골마을에 1년에 4백만 명에 가까운 사람들이 방문하는 곳으로 성장할 수 있었을 것이다. 듣기만 하여도 재미있는 개념 아닌가?

6. 맺음말

지역균형발전, 혁신역량강화 등의 기치를 내걸고 동분서주하고 있는 이 시점에 많은 지역이 관광개발에서 답을 찾으려 하고 있다. 좀 더 많은 관광객을 유치하려고, 그들이 좀 더 많은 돈을 지출하게 하려고 그야말로 혈안이 되어 있기도 하다. 그런데 그들은 소기의 목적을 달성하고 있는가? 관광객들은 자꾸만 해외로 빠져나가고 외래객은 크게 늘어나지 않고 있다. 이러한 세찬 물결 속에서 해오던 대로 하는 수밖에 없다는 자조가 우리의 정신을 놓아버리게 하는 것은 아닌지 모르겠다.

관광은 궁극적으로 우리들의 삶의 질 개선을 위한 일이다. 혼이 담긴 관광공간을 만들어야 하고, 격이 높은 선진적인 관광을 추구해야 한다. 관광문화의 변화를 추구해야 할 시점이다. 이러한 시점에서 다시 한 번 관광과 체험의 의미는 무엇인가, 무엇을 어떻게 관광하게 해야 하나, 관광을 통한 삶의 질 개선을 위한 변화의 방향 등에 대하여 짚어보고자 하였다. 관광소비는 체험행위이고, 어우러짐이며, 통합행위이고, 구별짓기이다. 체험은 경험과 다르며, 껍데기체험보다는 알맹이체험을 하게, 그리고 지각적 체험보다는 몰아적 체험을 할 수 있도록 관광소비자의 소리에 귀를 기울여야 할 것이다.

무엇보다도 관심이 가는 것은 관광객 유치가 소득과 직결되느냐 하는 점이겠다. 그런데 관광객의 호주머니에 손을 넣을 수 있는 사람은 관광객 자신이다. 따라서 관광객들이 약간은 흥분되게 그리고 크고 작은 감동을 받게 하는 길만이 저들이 돈을 쓰게 하는 길이다. 이를 위해서는 체험관광을 통하여 감동을 유발시켜야 한다. 도심공간에서 대단히 성공한 일본 요코하마 라면박물관의 경우를 보면 향수를 체험하게 하는 것이 대단히 효과적인 방법임은 분명하다. 영화 속의 한 장면을 자신이 직접 해보게 하는 것은 테마파크의 핵심내용이다.

라면박물관이 주변지역의 개발을 선도하였고, 크고 작은 테마파크가 지역발전의 핵심동력이 되고 있음을 볼 때 체험관광의 지역발전 효과는 곳곳에서 입증되고 있다.

참고문헌 ……

김진욱 역. 무라카미 하루키 저(1998). 『하루키의 여행법』. 문학사상사.

김형경(2005). 『사람 풍경』. 아침바다.

나윤중·엄서호(1999). 명소의 형성: 철학적 소고. 『경기관광연구』, 제3호. 경기대학교 부설 소성관광종합연구소.

이상률 역. 그랜트 매크래켄, 저(1996). 『문화와 소비』[McCracken, Grant(1988). *Culture and Consumption*]. 서울: 문예출판사.

木谷文弘(2004). 『由布院の 小さな 奇跡』. 新潮社.

박석희(2005). 관광·체험·변화에 관한 개념과 유형에 관한 철학적 천착. 『농촌관광연구』.

박석희(2005). 관광문화 선진화의 길. 『문화시선』, vol. 1. 한국문화관광정책연구원.

최종철 역. 부르디외, P. 저(1995). 『구별짓기: 문화와 취향의 사회학』[Bourdieu, P.(1979). *La Distinction: Critique Social du Judgement.* 서울: 새물결.

박성연·윤성준·홍성태 역. 슈미트, 번드 H. 저(2004). 『체험마케팅』[Schmitt, Bernd H.(1999). *Experiential Marketing*]. 서울: 세종서적.

신현승 역. 파인 2세, B. 조지프·길모어, 제임스 H. 저(2001). 『고객체험의 경제학』[Pine II, B. Joseph, & Gilmore, James H.(1999). *The Experience Economy*]. 서울: 세종서적.

박석희 역. 펠만, 스테펜 M. 저(1994). 『디즈니와 놀이문화의 혁명』[Fjellman, Stephen M.(1992). *Vinyl Leaves: Walt Disney World and America*]. 서울: 일신사.

Boorstin, D. J.(1961). *The Image—A Guide to Pseudo-events in America.* New York: Haper & Row.

Burtenshaw, D., Batman, M., and Ashworth, G.(1991). *The European City: A Wersten Perspective* (2nd ed.). London: David Fulton.

Gibson, A., Dodds, R., Joppe, M., & Jamieson, B.(2003). Ecotourism in the City? Toronto's Green Tourism Association. *International Jr. of Contemporary Hospitality Management*, 15(6): 324-327.

Hayward, Jeremy W.(1987). *Shifting Worlds, Changing Minds*. Boston & London: New Science Library Shambhala.

Quarrick, Gene(1989). *Our Sweetest Hours: Recreation and Mental State of Absorption.* London: McFarland & Company, Inc.

Richard, & Julia Sharpley(1997). *Rural Tourism: An Introduction*. London: International Thomson Business Press.

Sharpley, Richard, and Telfer, David J.(2002). *Tourism and Development: Concepts and Issues*. Clevedon, Buffalo: Channel View Publications.

* 이 장의 출처: 한국농촌관광학회(2005). 『농촌관광학연구』, 12(1).

제2장 의사결정과 문제점 해결과정

* 아침에 눈을 뜨고 무슨 생각을 하는가?
* 의사결정을 하지 못하고 안절부절해 본 경험이 있는가?
* 실제로 합리적인 의사결정을 하게 되던가?
* 문제점을 정확히 알아야 해결책이 나올 수 있지 않았던가?

1. 의사결정의 개념과 수준

가 의사결정의 개념

관광공간관리 당국은 관광자원관리, 관광객관리, 그리고 서비스관리라는 3개의 요소로 구성되는 관광서비스 관리체계를 활용하여 이른바 관광경험을 산출하고자 한다. 하지만, 우리는 여기서 관광서비스 관리체계 내에서 의사결정이 어떻게 이루어지는가에 대하여 알아야 한다. 이를테면, 관광지에 방문자 수가 예상대로 늘어나지 않는다든가, 방문자 수는 어느 정도 증가되는데 수입이 늘어나지 않는다든가 하는 경우에 어떠한 조치를 취해야 할 것인가도 알아야 하지만, 그에 앞서 해당 관광지의 관리운영체계가 어떤가를 먼저 알아야 한다는 것이다.

의사결정(decision making)이란 설정된 목표를 달성하기 위하여 취해야 할 특정 조치를 선택하는 과정을 가리킨다. 이 과정을 위한 기본모델은 [그림 1]에서 보는 바와 같다. 의사결정과정의 각 단계에서 의사가 결정되는데 이때 의사는 형성된다. 이 의사형성에 영향을 미치는 요인으로는 조직의 투입물, 공공의 투입물, 상황적 전제,

그리고 알 수 없는 것 등 4가지가 있다.

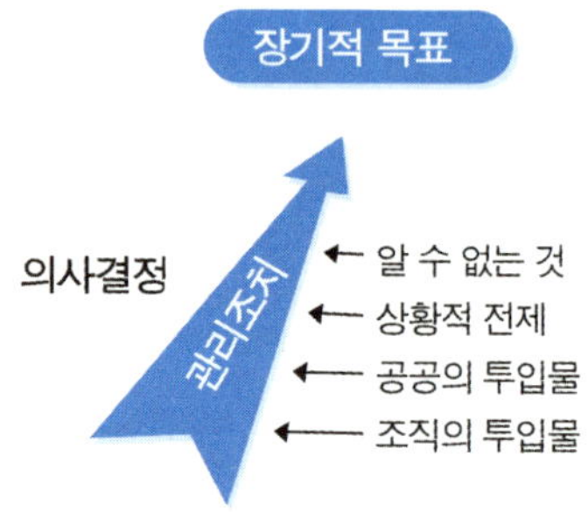

[그림 1] 의사결정모델

여기서 조직의 투입물이란 관리당국의 기본 정책(이를테면, 소수에게 최상의 서비스를 제공하겠다), 관리철학(이를테면, 우리 관광지는 친절이 무엇인가를 보여주는 곳이다)으로 의사결정자의 경향을 가리킨다. 관리철학은 종종 문자로 되어 있지 않고 일정한 형태로 나타나지 않기도 한다. 그럼에도 불구하고 한 조직에서 의사가 형성되는 과정에 영향을 미치게 된다. 그리고 의사결정자의 경향이란 그 사람의 사전경험과 같은 배경을 가리키며 일종의 조직에 대한 충성도이다. 공공의 투입물이란 공공의 요구도, 관심 그리고 열망에 관한 자료이다. 예를 들면, 이용자에 관한 자료, 공공의 요구에 관련된 자료, 이용패턴에 관한 조사를 통하여 얻은 것이거나 공청회 등을 통하여 얻은 자료가 여기에 해당한다. 특히 공청회 등을 통하여 얻은 자료는 특정한 상황에서 나온 공공의 관심을 나타내고 있기 때문에 대단히 중요하다.

상황적 전제는 주어진 상황을 유발하였거나 주어진 상황을 표현하고 있는 요인들이다. 그것이야말로 최종 의사를 결정하기 위해서 수집하고, 분석하고, 그리고 종합해야 하는 자료이다. 지역의 특수한 조건을 반영하지 못한 상태로 판에 박힌 의사결정을 하지 않기 위해서 상황적 전제는 반드시 고려해야 하는 요인이다. 끝으로 알 수 없는 것도 항상 의사결정의 한 부분이다. 관광에 관해서 우리는 종종 우리의 의사결정에서 활용할 수 있는 기준선 자료(baseline data; 산소요구량 5ppm 등과 같은 기준)에 제약을 받는다. 불확실성은 특정 상황에 관한 정보의 부족이 원인이며, 이는 결정된 의사가 가장 바람직한 것이 아닐 수 있는 위험성을 초래한다. 관광에 관해서는 종종 있는 일인데, 이와 같이 불확실한 상황이나 위험한 가운데 의사결정을 내리게 되면, 결국엔 목표달성에 이르지 못할 가능성이 크다.

의사결정과정은 모든 상황을 분석하고, 가능한 대안들을 만들어서, 충분히 검토하여 설정한 목표를 달성할 수 있는 대안을 선택하는 것이다. 관광공간을 제대로 관리하기 위해서는 크고 작은 의사결정을 내려야 하는데, 이에 관한 내용은 주벤빌의 연구(Jubenville, 1978)를 중심으로 전개하고자 한다.

나 의사결정의 수준

의사결정을 잘하기 위해서는 우선 의사결정의 유형과 수준을 알아야 한다. 의사결정의 유형과 수준을 충분히 이해하기 위해서는 조직의 맥락에서 의사결정을 해야 한다. 관광공간 관리에서 내려지는 의사결정은 4가지 수준에서 이루어진다. 결과적으로 의사결정 유형도 4가지로 구분할 수 있다. 장기적인 주된 의사결정에서부터 매일매일 이루어지는 반사적 의사결정에 이르기까지 중요성 정도에 따라 4가지로 구분이 된다.

- 주된 의사결정(primary decisions): 관리당국이 지향해야 할 장기적인 방향을 결정하게 되는 전략적 의사결정. 이를 테면, A 관광지역에 있는 유럽풍의 조그만 호텔을 어떤 목적으로 활용할 것인가를 결정하는 경우와 같은 의사결정이다.
- 문제점 위주 의사결정(problem-oriented decisions): 특정한 문제점을 자세하게 분석하고 내리는 의사결정으로서, 이는 장기적 목표를 달성하는데서 잘못되어 방향을 잃고 있는 경우에 그에 적절한 조치를 강구하기 위함이다. 이때의 의사결정은 문제점을 시정하려는 것이다. 위의 '주된 의사결정'에서 호텔을 학생들 실습용으로 활용하자는 방향을 정하였는데, 3년이 지나도 자립기반이 마련되지 않자 이제 와서 어떻게 해야 할 것인가를 의논하는 경우와 같은 의사결정이다.
- 과업위주 의사결정(task-oriented decisions): 주된 의사결정이나 문제점 위주 의사결정수준에서 내려진 의사가 실행될 수 있도록 하기 위하여 하위단계에서 내

리는 의사결정이다. 이 결정은 운영단계에서 내려지는 경우가 많으므로 운영단계 의사결정이라고도 한다.

- 반사적 의사결정(reflx decisions): 현지에서 일상적인 일을 수행하기 위하여 내리는 의사결정이다. 이것은 의사결정의 최하위단계이다. 왜냐하면 이 의사결정은 고심을 거의 하지 않고도 의사를 결정할 수 있는 자동적 또는 습관적 반응에 해당하기 때문이다.

2. 선택의 합리성과 시스템 효과

가 선택의 합리성

어떤 의사결정이 환경의 제약 속에서 목표달성을 최대화한다면, 그 의사결정은 합리적이라고 평가할 수 있다. 전통적으로 의사결정은 합리적(rational)에서 비합리적(irrational) 범주 사이의 어디에 놓이는 것으로 간주되어 왔다.

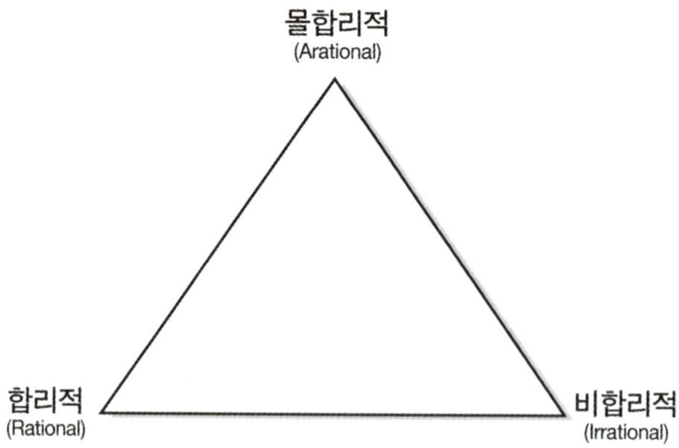

[그림 2] 헬리겔과 슬로쿰의 의사결정모델

이러한 전통적 견해에 대하여 헬리겔과 슬로쿰(Helligel & Slocum)의 주장은 다르다. 그들은 의사결정의 광범위한 관점, 특히 가치판단을 포함하여 고려하였다. 즉, 개인 또는 조직이 의식적 또는 무의식적으로 가치를 선택한다는 것으로 이를 몰합리적(arational)이라고 하였다.

헬리겔과 슬로쿰의 의사결정모델은 의사결정에서 합리적 또는 비합리적이라는 것에 문제점을 제기하고 있다. 대부분의 경우 우리는 의식하지 못한 채 이미 그렇게 해오고 있는 우리들 개인의 가치체계에 근거하여 반응하고 있는 지도 모른다. 비합리성은 일반적으로 의사결정에서 바람직한 것으로 받아들이지는 않는다. 그렇지만, 많은 사람들은 의사결정에서 어느 정도의 선택의 자유가 허용되지 않는다면, 또는 자신의 개성을 발휘할 수 없다면, 의사결정자로서의 역할을 할 수 없다. 그래서 모든 의사결정은 어느 정도는 몰합리적(arational)이다. 몰합리성을 감소시키기 위하여 그리고 의사결정의 수준을 개선하기 위하여 관리자는 의사결정에 도달하기 위해 논리적이고 체계적인 과정을 거쳐야 한다. 이때 종국적으로는 가치판단이 내려질 수밖에 없다는 사실을 인정해야 한다.

완벽한 합리성이 항상 최상의 접근일 수는 없다. 그렇지만, 사이몬(Simon)에 따르면, "동일한 정보를 가지고도 의사결정에 도달하는 데 갈등이 생기고 각각 견해를 달리하는 이유 가운데 하나는 제한된 합리성 개념으로 일부 설명될 수 있다."라고 하였다.

이러한 제한된 합리성(bounded rationality)은 대부분의 사람들이 합리적 과정이라고 인식하고 있다. 제한된 합리성은 다음 3가지 요소에 근거하고 있다.

- 문제점 해결을 위하여 단일의 최적 조치를 모색하는 대신에 만족할 수 있는 결과의 아주 제한된 상한과 하한의 범위를 설정할 수 있다.
- 특정한 결과를 얻기 위하여 모든 대안을 모색하는 게 아니라, 아주 제한된 범위에서 대안을 찾아본다. 시간, 비용 등의 제약으로 인한 경우가 대부분이다.
- 의사결정자의 통제범위를 벗어나는 어떤 요인이 의사결정 결과에 영향을 미칠 수

> 있다. 완벽한 합리성을 확보하기 위해서는 개인 또는 조직이 결과에 영향을 미칠 수 있는 모든 요인 또는 변수를 찾아내어 그것들을 모두 고려하여 의사를 결정해야 한다. 그러나 현실적으로 이는 불가능하다.

나 시스템 효과

관광지에서 발생하는 대부분의 문제점 해결에서 우리는 우리들이 내리는 의사결정이 전체 시스템에 미치는 효과를 고려해야 한다. 여기서 전체에 미치는 효과가 시스템 효과이다. 그것은 단순히 투입/산출의 관련성이 아니다. 한 시스템의 일정부분을 변경시키는 의사결정은 그 시스템의 다른 부분에 중대한 영향을 미칠 수 있다.

예를 들면, 관리자는 대형 캠프장의 서비스 용량을 키울 수 있다. 머리수를 증가시키는 것은 수요의 증가와 이용자 지각수준에 근거하고 있다. 그에 따르면, 캠프장에 방문자가 좀 더 추가되더라도 경험의 질적 측면에서는 문제될 것이 없다.

> • 캠프장 수용력 증가➡호수에 과부하 초래➡이용자 간 갈등 발생➡안전문제 발생➡관광매력 감소➡방문자수 감소

여기서 새로운 캠프장의 설계가 잘못되어 전체 부지의 시각적 조화가 깨어진다면, 그래서 이용자가 서비스 용량을 증가시킨 의사결정에 반대한다고 가정해 보자. 캠프장에서의 서비스 용량 증가가 인근에 있는 작은 호수에 과부하를 초래하고, 어떤 이용자에게는 안전상 위험을 초래할 수도 있게 되는 경우를 가정해 보자. 용량증가가 인근 모래언덕 식생의 파괴를 촉진시키는 결과를 가져온다고, 그래서 모든 방문자에게 모래언덕 접근을 금지할 수 있음을 가정해 보자. 이는 오히려 방문자수의 감소를 초래할 수 있다. 왜냐하면 모래언덕이 이 캠프장의 주요한 관광자원이었기 때문이다. 그렇지만, 특정 상황에서 적용된 시스템모델에 관한 지식을 가지고 있다면, 그 지식은 그 의사결정이 실행되기 전에 가능한 결과에 대하여 이해할 수 있다. 그래서 잘못될 수 있는 의사결정을 내리지 않을 수 있다.

3. 문제점 해결모델

문제점 해결모델은 몇 개의 잠재적모델을 종합한 것인데, 문제점을 처음 식별하는 데서부터 일련의 조치를 취하는 데 이르기까지의 논리적이고 단계적인 작업의 흐름이다. 문제점 해결모델은 단일작업이 아니라, 해결할 수 있는 작업의 연속이기 때문에 보통 연속적모델(sequential model)이라고 부른다. 문제점이 존재한다는 것을 확인하고, 다음 단계는 정확하게 문제점을 진술하는 것이다. 전체과정의 산출물은 문제점의 정확한 진술에 달려 있다. 다음 단계인 브레인스토밍(brainstorming)은 아무런 제약 없이 최대한의 자유가 허용되어야 한다. 그래야 가능한 여러 개의 해결책이 제시될 수 있다.

다음 다양한 대안을 검토하고 평가한다. 이때 외부의 영향이 주어진 대안의 성공에 영향을 줄 수 있다는 것을 알아야 한다. 최선의 대안을 선택하고 일련의 조치의 실행을 위한 프로그램을 개발하는 것은 마지막 두 단계이다. 이러한 일련의 작업은 우리들의 배가 의사결정의 본류에 되돌아오게 하여 다시금 처음에 설정된 장기적인 목표를 향해 나아갈 수 있게 한다.

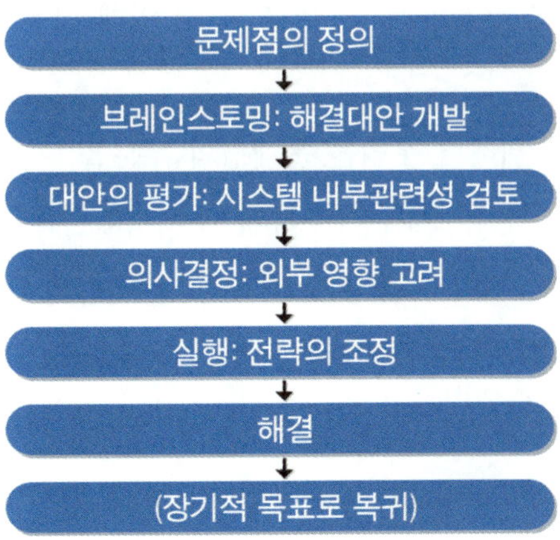

[그림 3] **문제점 해결모델**

가 문제점의 정의

문제점(problem)을 해결하기 전에 우리는 먼저 문제점을 정의해야 한다. 배논(Banon)에 따르면, 문제점의 가장 간명한 정의는 '무언가 잘못된 것(Something is wrong)'이다. 따라서 문제점은 주어진 상황에서 정상적이고, 기대된 또는 바람직한 결과에서 빗나가는 것을 가리킨다. 즉, 기준선 자료(baseline data) 또는 허용치보다 높거나 낮은 상태로써 적절한 상태를 벗어남으로써 뭔가 잘못된 상황이 전개되고 있거나 그럴 가능성이 큰 경우이다. 그렇지만, 이러한 문제점은 관리자가 그 문제점을 인식하고 그것을 치유하기 위하여 적절한 조치를 취하려고 할 경우에만 의미를 갖게 된다.

첫 단계는 문제점을 인식하는 것이다. 즉, 정상적인 상황에서 벗어날 때, 우리는 그 시스템에서 무엇이 잘못되었는가를 식별해내야 한다.

둘째 단계는 특정한 문제점을 분리시키는 것이다. 이를 위해서 우리는 가능한 많은 정보를 수집하고, 정리하며, 중요하지 않은 변수는 제거하고, 그리고 중요한 것을 모아보면서 문제점을 결정하려고 노력한다. 특정한 문제점을 분리해내는 것은 아주 복잡하기 때문에 전문가들로 팀을 구성해야 한다. 그러나 문제점이 분리되지 않으면, 관리자는 특정한 조치를 취하여 문제점을 효과적으로 처리할 수 없다. 이 경우에 관리자는 시행착오과정을 거칠 수밖에 없다. 이것은 마치 자동차의 부품을 교체하는 것에 비유할 수 있다. 그것이 차가 더 잘 달릴 수 있게 작동하기를 바라면서 부품을 교체하듯이 말이다.

문제점을 분리해내기 위해서 우리는 문제점의 부분을 나타내는 모든 증상을 모아보아야 한다. 이러한 부분적 문제점은 하위 문제점(subproblems)이다.

그런데 실제 문제점은 우리가 증상 또는 하위 문제점에 대하여 섣불리 대응하면, 문제점이 지속되거나 악화될 수 있다는 것이다. 이를테면, 기존 캠프장의 규모를 확장하는 과정에 문제점이 있어서 인근 모래언덕의 식생이 파괴되자 마침내 모래언덕에 사람들의 출입을 제한하는 일이 발생하였다고 하자. 여기서 우리는 그 모래언덕은 특징이 있기 때문에 생태계를 파괴시키지 않으면서 그것의 잠재력을 극대화시키겠다는 장기적인 목표를 세워두고 있었다고 가정하면, 식생의 파괴는 문제점의 증상이 된다. 여기서 증상에 대해서만 의사결정을 내리고 식생을 회복하려고 시도할 수 있다. 그러나 이러한 시도는 식생파괴의 근본원인이 과잉이용에 있기 때문에 실패로 끝날 수밖에 없다.

그렇다면, 우리는 한 차원 물러서서 과잉이용을 살펴보아야 한다. 과잉이용이 식생파괴의 원인이기에 과잉이용을 통제하면서 동시에 식생회복프로그램을 적용한다면, 문제점은 해결될 수 있다. 정말 그런가? 아마 아닐 것이다. 과잉이용은 하위 문제점으로 간주되어야 한다. 수요증가에 부응하기 위하여 캠프장을 확장하지 않았을 경우에는 식생이 파괴되지 않았던 점을 상기해 볼 수 있다. 그렇다면, 식생파괴의 진짜 문제점은 과잉이용을 초래한 캠프장의 확장에 있다. 아니 어쩌면, 진짜 문제점은 특정한 관광활동 기회를 공간상에 배정하는 과정인 지역계획에 근본적인 문제점이 있을 수도 있다. 이러한 점을 모르고 모래언덕의 식생을 회복시키기 위해 노력을 기울이면서 인근 모래언덕의 캠핑이용을 증가시킨다면, 피해를 더욱 악화시킬 수 있다.

- 문제점 인식➡문제점 분리➡문제점 정리
- 증상(symptom)➡하위 문제점(subproblem)➡근본 문제점(real problem)

증상	하위 문제점	근본 문제점
– 식생파괴	– 식생관리 잘못	– 캠프장 확장
	– 과잉이용	
	– 캠프장 확장	

셋째 단계는 증상, 하위 문제점, 그리고 근본 문제점을 정리해 보는 것이다. 우리는 근본 문제점을 분리해낼 수 있어야 할 뿐만 아니라, 그것을 현상, 원인, 그리고 역사적 자료를 이용하여 정리해야 한다. 이러한 정리 없이는 관리자와 그의 직원은 문제점의 원인을 감소 또는 제거시킬 수 없는 가운데 단지 문제점 해결을 위한 시행착오 과정만 되풀이할 가능성이 높다.

나 해결대안의 개발

가능한 해결책을 모두 모아보는 즉, 해결책의 풀(pool)을 만드는 방법은 여러 가지이다.

- 경험이 있는 직원과 회의개최
- 관심 있는 일반인들과 회의개최
- 문헌, 특히 종전의 관리계획이나 사례연구 등
- 계약연구
- 전문가의 보고

이상의 여러 가지 방법 가운데서 중요한 것은 경험이 있는 직원과 회의를 개최하는 것이다. 사실 대부분의 해결책은 여기서 나올 수 있다. 물론 관심 있는 일반인들의 의견을 통해서도 크게 도움을 받을 수 있고, 다른 방법도 경우에 따라서는 효과적일 수 있다. 그런 가운데서도 강조되어야 할 부분은 직원들과 모여 앉아서 종래에 어떠한 해결책들이 강구되었던가를 열거해 보는 식의 전통적 방법이 아니라, 새로우면서도 잠재적 해결책을 발견하는 능력을 확장시키는 것이다.

이 과정을 가리켜 브레인스토밍(brainstorming)이라고 하는데, 이는 창의적 생각과 같은 용어로 종종 사용된다. 이 과정은 제안되는 해결책의 적절성은 고려하지 않고, 문제점 해결에 관한 아무런 제한이 없는 상태에서 아이디어를 내도록 직원을 고무하는 것이 요구된다. 즉, 제안자는 사회적, 법적, 조직적인 제약조건에 구애받지 않은 상태에서 새로운 아이디어를 생각해내도록 자유로운 분위기를 만들어야 한다. 브레인스토밍은 해결대안의 질적인 측면에 대해서는 일체의 판단을 유보한 채 새로운 아이디어를 내도록 격려하게 된다. 많은 경우에 우리들은 마음속으로 대안을 평가해 보고 그것이 엉뚱하다 싶으면, 그것을 기각해 버린다. 그러나 브레인스토밍은 뚱딴지 같은 새로운 아이디어를 더 좋은 것으로 간주한다.

다 대안의 평가

대안을 평가한다는 것은 나쁜 대안을 줄이거나 제거하고 좋은 대안을 재검토하는 것을 말한다. 그것은 단지 몇 개의 대안을 자세히 읽어보고 그 가운데서 가장 좋은 대안을 선택하는 것이 아니다. 그것은 해결책을 찾고 있는 사람이 각 대안에 대하여 가능한 정보를 탐색하고, 유용한 정보를 고르고, 바람직하지 못한 대안을 제거하며, 끝으로 좋은 대안의 순위를 매기는 집중된 노력이다. 이 시점에서는 의사결정을 위한 새로운 시도는 하지 않는다. 브레인스토밍에서 얻어낸 대안들에 대한 판단은 이 단계에 와서 하게 된다. 어떠한 대안도 대충 평가되어서는 안 된다.

여기서 첫 단계는 기존의 자원을 가지고는 어떻게 해볼 수 없는 대안은 골라내지만, 그것을 버리지는 않는다. 그것은 만약 다른 대안이 문제점을 해결하지 못하는 경우에 그것을 적용해보기 위해서이다.

둘째 단계에서는 보다 가능성이 큰 대안을 가려내어서 분류하기 시작한다. 물론 이들 대안은 기존의 목표와 관련지어서 엄격하게 평가되어야 한다. 평가 자체도 대안개발 단계에서처럼 현명하고 창의적이어야 한다. 명확한 해결책이 있는 문제점인 경우에는 문제점 해결과정에서 많은 단계를 요구하지 않는다. 이것은 폐쇄모델이다. 이러한 폐쇄적모델에서는 해결책에 이르는 시간과 노력이 적게 소요된다. 그러나 복잡한 문제점인 경우에는 다양한 노력을 해보는 개방모델을 적용해야 한다.

- 적용 불가능 대안 제외➡가능성 큰 대안 분류➡비슷한 대안 묶기

셋째 단계에서는 유사성, 관련성, 그리고 적용가능성 등을 근거로 하여 대안을 고르고 분류하게 된다. 비슷한 대안끼리는 그룹으로 묶을 수 있다. 여기서 문제점 해결자는 꾸준히 수집해둔 기준선 자료(baseline data)를 가지고 최상의 대안을 선택하게 된다. 물론 이때의 자료는 문제점과 평가하는 대안에 관련되는 것이어야 한다. 이들 요인들이 모델에서 상호 관련되는 요인들이다. 관광공간 관리에서는 특히 각 단계와 하부체계에 관한 정보나 사실을 이해하는 것이 절대적으로 필요하다. 그래야만 우리는 변화의 방향뿐만 아니라, 문제점에 의해 야기되는 변화의 크기를 이해할 수 있게 된다.

앞의 모래언덕 문제점에서 상호 관련되는 요인들에는 모래언덕의 생태계와 이용효과(여기서 문제점이 처음으로 인식되었지만)와 같은 자원시스템에 관한 정보, 방문유형, 관

광경험에 대한 방문자의 지각수준과 같은 방문자에 관한 하부시스템, 그리고 서비스 부문의 하부시스템 등이 있다. 의사를 결정하기 전에 그 지역은 어떻게 계획되었는가? 왜 그 캠프장을 확장하였던가? 다른 결정이 내려졌다면, 기존의 이용패턴은 어떠한 영향을 받았을 것인가를 검토하고 최소한 가설적으로라도 알 수 있어야 한다.

최종의 의사결정은 기존의 문제점을 가장 만족스럽게 해결할 수 있고, 그리고 관리시스템에 관한 요인, 재정적인 제약조건, 공공의 관심, 그리고 이용가능 정보 등을 고려할 수 있게 여러 개의 대안들을 조합하는 것이 필요하다. 장래에는 더 많고 좋은 정보에 근거하여 의사를 결정할 수 있을 것이며, 이것이 곧 불확실성을 감소시키고, 의사결정과정을 개선시킬 수 있을 것이다. 그렇다고, 우리는 그냥 앉아서 그러한 정보를 얻을 수 있을 때까지 기다릴 수만은 없다.

최종대안 또는 의사결정을 종합하는 것은 개별대안들의 평가를 통하여 각 대안들의 좋은 부분을 뽑아서 그것들을 종합함으로써 그리고 관리시스템에서 발생한 잠재적 효과를 마음속으로 검토해 봄으로써 가능해진다. 가능하다면, 각종 대안의 우선순위를 매겨봄으로써 보다 용이하게 할 수 있다. 물론 이때 이용가능한 정보의 질과 양에 따라서 가중치는 부여할 수 있다.

라 의사결정

문제점 해결자와 의사결정자는 같은 사람일 수 있고, 문제점을 다루어오던 전문가가 관리자나 의사결정자에 의해 정보, 분석, 대안 등을 넘겨줄 수 있다. 문제점을 해결하기 위한 각 단계에서 만들어지는 의사결정은 궁극적으로 산출결과를 결정할 것이다. 따라서 의사결정에 이르는 각 단계는 세심한 주의를 기울여야 한다. 의사결정자는 모든 대안의 잠재적 효과를 인식해야 의사가 결정되었을 때, 결과가 합리적으로 잘 예측될 수 있다.

일반적으로 최종 의사결정은 외부요인에 의해 영향을 받는다. 따라서 우리는 개방모델을 다루고 있는 것이다. 여기서 외부요인이란 압력단체의 정책, 법적 요구, 시간제약, 예산상의 압박, 다른 운영문제와의 상쇄관계 등이 포함될 수 있다.

앞의 모래언덕의 경우에 의사결정에 영향을 미치는 외부요인에는 신문과 TV를 이용하여 자연보호 주장을 펴는 것과 같은 압력단체의 정책을 들 수 있다. 때로는 대표를 파견하여 모래언덕의 관광목적 이용을 영구히 폐쇄하도록 관리당국을 설득하려 들 수도 있다.

문제점 해결자는 각기 다른 역할을 하는 두 사람이 필요하다. 한 사람은 참모인 분석자로서 의사결정 직전까지의 과정을 준비하는 사람이고, 다른 한 사람은 관리자 또는 의사결정자로서 외부요인에 근거한 정보자료를 종합할 수 있는 사람이다. 마침내 의사결정이 내려지게 되는 경우에 의사결정은 결정하는 그 순간에 알려져 있는 정보에 근거하게 된다. 따라서 이 과정은 조건이 변경되거나 또는 더 많은 정보를 이용할 수 있을 때 재평가해 볼 수 있다.

문제점 해결 절차상의 한 부분으로서 어떤 관리자는 주요 참모들의 의견을 듣는데 이것이 배심제(jurying)이다. 이 배심제는 그 지역에 관한 정보에 가중치를 부여할 수 있게 해준다. 즉, 지역에 관하여 잘 알고 있는 참모들의 의견을 들음으로써 참모들의 의견이 의사결정에 상당한 영향을 미칠 수 있다.

마 집 행

의사결정은 실제로 집행됨으로써 비로소 효과를 발휘할 수 있다. 따라서 우리는 의사결정된 것을 집행하는 방법에 관하여 자세한 전략을 수립해야 한다. 이들 전략에는 어떻게 그것을 성취할 수 있을 것인가, 언제 발생할 것인가, 누가 포함되어야 할 것인가, 그리고 무엇이 필요할 것인가 등이 포함되어야 한다.

의사결정이 잘못되어서 문제점 해결이 잘못되었다는 이야기를 종종 하는데, 사실은 집행단계에서 잘못이 있었기 때문일 수도 있다. 그 잘못은 참모들이 의사결정을 제대로 뒷받침하지 못했을 수도 있고, 관리자가 필요한 재원을 제대로 투입하지 않았기 때문일 수도 있다. 그리고 의사결정된 것을 집행하는 단계에서 작업의 틀이 부적절했을 수도 있다.

앞의 모래언덕의 경우에 이용을 하지 않거나 또는 제한한다고 하더라도 식생을 충분하게 재생시키는 데는 여러 해가 걸릴 수도 있다. 적절하게 통제하면서 전체지역에서 낮은 수준에서 이용을 허용한다면, 식생을 회복하는 데 10~15년이 걸릴 수 있다. 이러한 과업 위주의 의사결정은 내리기가 어려우나, 문제점 위주의 의사결정을 효과적으로 집행하기 위해서는 반드시 필요하다.

장기간의 집행기간 동안에 각 단계의 결과를 모니터링(monitering)할 필요가 있다. 그래서 가능하면, 문제점 위주의 의사결정을 보다 잘 집행하기 위하여 때로는 전략을 변경하기도 해야 한다.

4. 주민의사 반영수단

가 청문회

청문회는 여론을 청취하는 공식적인 형태이다. 청문회에서 패널이나 단체에게 특정 이슈에 대한 증언이 이루어진다. 그러면 그 패널은 의사를 결정하거나 또는 청문내용에 대하여 언급을 하게 된다. 일반적으로 설명은 미리 내용을 기술해야 하고 패널이 검토할 수 있도록 그 내용이 담긴 유인물을 배부해야 한다. 종종 타협적 의사결정에서 유리한 입장에 서기 위하여 극단적인 견해가 제시된다.

나 공공 워크숍

공공 워크숍(public workshop)은 회의의 형식을 취하지만, 일반적인 회의보다 덜 형식적이며, 각 참가자들에게는 보다 집약적인 노력을 요구하게 된다. 즉, 워크숍 과정에서 어떤 이슈에 대하여 일정한 정보를 참가자들에게 제공하게 된다. 그리고 나서 소규모 그룹으로 나누어서 일련의 조치에 대하여 토의하고 조치를 만들어가게 된다. 마지막 단계에서 그룹들은 서로 의견을 나누어 각자 자신들 그룹의 조치에 대하여 설명할 뿐만 아니라, 다른 사람들의 입장도 이해하는 기회를 갖게 된다. 그래서 종종 워크숍을 통해서 갈등이 해소될 수 있다.

다 청 원

공공 이슈에 대한 청원은 그 이슈에 대한 어떤 준비된 진술을 통하여 각 개인이 대응할 수 있게 허용한다. 공공으로부터 환류받기 위하여 공공에게 기회를 부여하는 것이 일반적인 청원이다. 이 청원은 종종 공공 워크숍 또는 관리당국의 준비된 진술서와 함께 공개함으로써 여론 반영 수단으로 작용하게 된다.

라 조 사

어떤 이슈에 대한 계획목표와 관리시책에 관한 여론조사는 그 문제와 가능한 해결책 모두를 사람들이 알 수 있는 기회를 제공하게 된다. 이 조사는 또 이용자들에 관련된 특정한 관리전략에 관한 효과를 판단하는 데 도움이 될 수도 있다. 물론 모든 이슈가 조사될 수도 없고 그럴 필요도 없다.

마 자문위원회

자문위원회는 특정 이슈에 관해서 또는 일반 정책형성에서 자문위원들이 의견을 개진하게 함으로써 관리자를 돕는다. 대단위 행정주체 또는 프로그램은 자문위원회를 가지고 있는 게 도움이 될 수 있다. 즉, 이 자문위원회를 통해 의견을 받을 수 있다. 이 자문위원회는 지속적으로 채널을 열어두고 공공의 관리를 위해 상호작용하게 해야 한다.

바 지속적 접촉

만약 개별단체나 관련협회가 있다면, 이들과 지속적인 접촉을 가짐으로써 의사소통 채널을 열어둘 수 있게 된다. 이러한 관계를 유지하는 가운데 그 그룹에서 관리자를 선택하게 되는 경우 여론을 반영하는 데 있어서 투여해야 할 노력을 최소화할 수 있다.

사 전문가의견

이용자 행태모델링, 자원훼손 등등의 기술적 문제에 관해서는 전문가의 의견을 듣는 것이 도움이 될 수 있다. 그러나 그것은 증거의 비중과 여론에 의해 관리자가 의사를 결정하는 데까지만이다. 그 이후에 전문가의 의견을 듣는다는 것은 그간의 의사결정과정을 무시하는 결과가 된다는 뜻이기 때문이다.

5. 맺음말

이상에서 우리는 의사결정이 무엇이고, 어떠한 유형이 있으며, 우리가 흔히 이야기하는 합리적 의사결정이 어떤 한계상황에서 내려지는가를 살펴보았다. 그리고 문제점이란 무엇을 말하는가, 그리고 문제점 해결과정을 어떻게 모델화할 수 있는가도 살펴보았다. 최근 들어 우리나라에서도 관광일선에서 지역주민의 의사반영이 상당히 중요하게 부각되고 있다. 어떤 사업을 전개하는 데 있어서 주요한 이해집단의 하나인 지역주민의 의사를 제대로 반영하지 않고는 사업관련 시 발생되는 갈등을 처리할 방법이 없다. 따라서 여론이 어떻게 형성되는가? 여기에는 어떤 법칙이 있는가? 설득은 어떠한 원칙하에서 하는 것이 효과적인가? 그리고 주민의사 반영수단에는 어떤 것이 있는가도 살펴보았다.

가능한 최선의 대안으로 문제점을 해결하는 것이 바람직하지만, 이를 위해서는 의사결정과 주민의사 반영 등에 관해서도 체계적인 접근, 과학적 접근이 필요하며, 이러한 접근방법 자체에 대한 관심과 연구가 있어야 할 것으로 보인다. 특히 우리 사회 여러 분야에서 갈등이 많이 발생하고 있는 상황이고 보면 이러한 문제는 갈수록 중요해질 것으로 보인다.

참고문헌 ••••••

Jubenville, Allan(1978). *Outdoor Recreation Management.* W.B. Saunders Co.

* 이 장의 출처 : Jubenville, Allan(1978). *Outdoor Recreation Management.*

제2부 관광과 이미지

03 관광 후 이미지와 만족도 간의 관련성

04 관광공간에 대한 이미지와 만족도 간의 관련성

05 관광지 프로모션과 이미지 형성

06 인터넷 관광정보와 이미지 형성

07 관광지 방문 전후의 이미지 차이

08 관광지의 고유이미지 창출

제3장 관광 후 이미지와 만족도 간의 관련성

* 관광은 소비행위인가, 생산행위인가, 아니면 생산과 동시에 소비하는 행위인가?
* 관광객은 관광을 통해 무엇을 소비하나?
* 관광을 통한 소비의 질적 수준 평가기준은 무엇인가?
* 관광현장에서 느끼는 이미지가 만족도에 영향을 미칠까?

1. 머리말

관광은 이미지를 소비하는 행위이다. 디자인과 광고는 상징기호 그 자체에 대한 욕구를 유발하려는 의도에서 우리가 부족한 것이 무엇인가를 우리에게 보여주기 위하여 상징기호를 제시한다. 이러한 상징과 이미지는 핵심을 추출해내는 사람들에 의해 포착되어 새로운 대상물에 부착된다(박석희 역: 281-282). 따라서 우리가 이야기하는 어떠한 의미가 담긴 상품은 상품 그 자체가 아니라 상품이 지닌 이미지이다. 상품을 소비한다는 것은 상품 그 자체가 아니라, 상품화 과정을 거친 상품의 상징을 통해 전달되는 이미지를 소비하는 것이다(박석희, 1997).

관광지 이미지는 관광지 속성에 대한 전반적인 인상도라 하기도 하고(Gartner & Hunt, 1987), 관광지에 대한 정서적 반응으로 보기도 하며(Baloglue & Brinberg, 1997; Russell & Pratt, 1980), 관광지 관련 속성들에 대한 선호도가 이미지의 차원으로 고려되기도 한다(Phelps, 1986). 따라서 관광이미지가 관광자의 행동에 어떠한 영향을 미칠 것이라는 생각은 논리적이라고 할 수 있다. 관광이미지가 관광자의 행동에 영향을 미치게 된다면, 관광목적지에 대한 이미지는 관광자가 만드는 실체(reality)에 대한 주관적 해석으로 구성된다. 즉 관광자가 생산과 동시에 소비하는 과정을 통하여 이미지가 형성되고 이렇게 형성되는 이미지는 평가행동의 한 가지인 관광자의 만족에 영향을 미친다고 볼 수 있다. 따라서 관광자가 어떠한 이미지를 가지고 왔고, 관광현장에서 어떠한 이미지를 형성하게 되느냐 하는 시각에서 관광경험의 질적 기준이 되는 만족도와의 관계를 밝혀야 할 필요성은 대단히 크다. 관광현장에서 형성된 이미지가 방문자의 만족도에 유의한 영향을 미친다면 현장에서 방문자의 이미지 관리를 통하여 방문자의 만족도를 조정할 수 있게 된다. 그러나 아직도 이러한 시각에서 관광자의 이미지와 경험 간의 관계가 제대로 연구되지 않고 있다. 이에 본 연구에서는 관광자의 관광을 통해 형성된 관광 후 이미지가 관광경험의 만족도와 인과관계가 있는가를 실증적으로 분석하고자 한다.

2. 이론 고찰

가 만족도의 측정과 차이

Moscardo와 Pearce(1986)는 만족의 개념을 포괄적으로 정의하여 '가까운 기간 내 재방문 의사', '가까운 사람에게 추천의사', '여행이 즐거웠던 정도' 등의 변수를 만족의 하위요소로 측정하여 평균한 점수로 만족도를 산출하였다. 그리고 Stewart와 Hull(1992)은 사후 만족의 하위요소로 여행경험이 '비용에 비해 가치 있다고 판단하는 정도', '재방문 의사', '기대충족 정도' 등의 측정점수를 합하여 지수화하였다. 이렇듯 최근의 총체적 만족도의 측정은 여러 가지 개념의 측정치 합으로 지수화하는 방식이 많이 이용되고 있다(오정학 · 김유일, 2001).

또 다른 접근방법은 관광경험의 만족을 다차원적 평가방식으로 측정하기 위해 다양한 측정척도가 개발되고 있고(Beard & Ragheb, 1980; Manfredo 1984; Williams, Schreyer & Knopf, 1990), 최근에는 다항목 척도가 아닌 단일 항목으로 전반적인 만족도를 측정하는 경향이 대두되고 있다(Fornell et al., 1996; Bloemer & Ruyter, 1998; Bolton & Lemon, 1999; Bigne et al, 2001). 즉, '전혀 불만족하다'에서 '매우 만족하다'까지 배열된 단일 항목 척도가 만족도를 측정하기 위해 사용되고 있다(Baker & Crompton, 2000).

최근 국내의 만족도 관련 연구에서는 오정학과 김유일(2001)이 테마공원 이용자의 만족도 측정을 위해 Morscardo와 Pearce(1986)의 포괄적 측정방식을 택하여 전반적 만족도, 추천의사, 재방문의사 등의 항목을 포함시켜 복수 항목으로 된 만족개념을 측정한 후 합산평정으로 만족지수를 산출한 바 있다. 고동우(1998)는 Geva와 Goldman(1991)의 관점에 따라 전반적인 만족도 측정을 위한 3개의 항목을 이용하고 있다. 즉, '전반적으로 보아서, 이번 여행에 대하여 귀하는 어느 정도 만족하십니까', '기회가 된다면 이 지역을 다시 방문하시겠습니까', '이곳 여행지를 다른 사람에게 추천하시겠습니까' 등이다. 전반적인 관광만족도, 재방문의사, 추천의사를 만족관련 변수로 보고 리커트 5점 척도로 측정하고 있다. 그리고 박창규(1997)는 선행연구에서 측정된 항목을 중심으로 한 다항목 척도 개발과정을 통해 만족 측정변수로 3개의 항목을 이용하였다. 즉 '나는 이곳 방문에 만족한다', '나는 이곳 방문으로 행복하다', '이곳을 잘 선택했다고 생각한다' 등을 리커트 7점 척도로 측정하고 있다.

그런데 만족을 단일 항목으로 측정하는 데는 한계가 있을 수 있다. 그리고 재방문의사나 추천의사 등을 만족 관련 변수로 보기보다는 만족 그 자체를 측정하는 척도가 있다면 그 척도를 사용하는 것이 더 합당할 것이다. 따라서 본 연구에서는 만족 그 자체를 다항목 척도로 측정하고 있는 박창규의 척도를 사용하기로 한다.

한편 Buchanan 등(1981)은 보트낚시, 수상스키, 수영 등의 위락활동에 참여한 사람들의 경험의 만족도를 측정하고자 가족그룹, 친구그룹, 가족·친구 그룹으로 나누어 리커트 9점 척도로 측정한 결과 동반형태별로 만족도가 다르게 나타남을 제시하고 있다. Fakeye와 Crompton(1991)은 잠재방문자, 최초 방문자, 재방문자 간의 이미지 차이에 대한 연구에서 재방문자들이 관광지의 매력을 더 잘 인식하는 것으로,

그리고 재방문자로서 장기체재하는 사람이 음식과 하부구조에 대하여 호의적인 비율이 높음을 밝히고 있다. Sharon 등(1994)은 방문횟수가 증가함에 따라 접근성, 운영시간, 식사, 이용가능 주차시설 등 속성에 대한 중요도가 감소하고, 체재시간이 증가함에 따라서는 서비스 요인에 대한 중요도가 감소함을 보고하고 있다. 이상에서 보면, 동반형태, 방문경험과 체재기간에 따라 만족도가 달라지는 것으로 해석할 수 있다. 그렇다면 방문목적에 따라서도 만족도가 달라질 수 있겠다.

나 이미지와 만족도 간의 관련성

이러한 이미지와 만족도 간의 관련성에 대한 종래의 연구는 크게 두 가지 관점으로 구분된다. 즉 만족이 이미지 형성에 영향을 미친다는 관점과 이미지가 만족에 영향을 미친다는 관점이 그것이다.

첫째, 관광을 통하여 기존의 이미지와 같거나 다른 경험을 하게 되며, 이 경험이 새로운 이미지 창출의 근거가 된다는 견해이다. 재방문이 짧은 시간 내에 이루어지는 경우에는 재방문의 이미지 변화에 미치는 역할은 상대적으로 한정적이다(Bloemer & Reyter, 1998: 499-513). 그러나 장거리 관광의 경우 재방문하는 데 여러 해가 걸릴 수도 있다. 따라서 새로운 이미지가 형성되는 데 충분한 시간이 있으며, 한 번의 방문이 이미지에 미치는 영향은 상대적으로 크다고 할 수 있다(표성수, 2000).

둘째, 이미지가 만족도에 영향을 미친다는 견해이다. 이미지가 개인의 행동에 영향을 미친다고 생각되고(Ashworth & Goodal, 1988; Mansfield, 1992), 관광이미지를 어떤 곳의 인상의 총체(total set)로 정의하고 있으므로 관광이미지가 관광자의 행동에 영향을 미칠 것이라는 생각은 논리적이다(Cooper, Fletcher, Gilbert, & Wanhill, 1993). 그러므로 목적지의 이미지는 관광자가 만드는 실체(reality)에 대한 주관적 해석으로 구성된다. 이 점에서 목적지 구성요소의 형태(configuration)가 관광자의 인지적·정서적 요인에 간섭한다(Moutinho, 1987)고 볼 수 있다. 구매행동도 역시 목적지의 인지적·정서적 요소의 형태에 의해 영향을 받는다. 이 점에서 이미지가 목적지를 선택하는 과정, 목적지 체재에 대한 평가, 그리고 향후의 방문의사 형성에 있어 관광객에게 영향을 끼칠 것이라고 주장되고 있다. 이 연구는 이미지를 소비한다는 관점에 초점을 맞추고 있다. 따라서 이 연구가 관심을 갖는 부분은 목적지 체재에 대한 평가 부분이다.

이미지가 만족도에 영향을 미친다는 견해를 뒷받침하는 연구에는 다음과 같은 것이 있다. Bigne 등(Bigne, Sanchez, & Sanchez, 2001)은 관광 목적지에서 경험은 이미지에 영향을 미치고 그 이미지를 수정한다는 주장(Chon, 1991; Echtner & Ritchie, 1991; Fakeye & Crompton, 1991; Ross, 1993)을 근거로 "관광목적지에 대한 이미지가 좋을수록 관광자의 만족 정도는 더욱 높아진다"는 가설을 설정하고 이를 실증연구를 통하여 검증하고 있다. 여기서 그들은 "귀하는 이곳의 이미지를 어떻게 묘사하시겠습니까?"라는 단일 문장을 5점 척도로 하여 이미지를 측정하고 있다. 즉 '전혀 좋지 않은'을 1점, '매우 좋은'을 5점으로 묻고 있다. 그리고 "귀하는 이곳 체재를 어떻게 묘사하시겠습니까?"라는 단일 질문으로 만족도를 5점 척도로 묻고 있다. 즉 '전혀 불만족한다'를 1점, '매우 만족한다'를 5점으로 묻고 있다. 여기서 그들은 이미지와 만족만의 관계가 아니라, 이미지·품질·만족·재방문·방문권유 간의 경로관계를 밝히는 과정에서 이미지와 만족 간의 인과관계를 밝히고 있다.

다 연구모형과 가설

본 연구는 그간의 선언적 주장에 머물러 오던 '관광을 한다는 것은 이미지를 소비하는 것'이라는 주장과 Bigne 등(Bigne, Sanchez, & Sanchez, 2001)의 연구결과를 바탕으로 이미지가 방문자의 만족도에 영향을 미치는가를 밝혀보려는 데 연구의 주된 목적이 있다. 여기서 관광이미지는 순정서적 이미지, 준정서적 이미지, 그리고 인지적 이미지로 구분되고 있으므로(박석희와 고동우, 2002), 이 세 가지 형태의 구성개념인 각 요인들이 만족도 결정에 독립변수로 작용하고 있음을 입증한다면, 방문 후 이미지와 만족도 간의 인과관계가 밝혀질 수 있겠다.

한편, 관광을 한다는 것이 이미지를 소비하는 것이라면, 이들의 관계는 방문목적이 관광인 경우와 그렇지 않은 경우에 따라서, 그리고 방문경험이 처음인 경우와 재방문인 경우에 따라서 달라질 수 있겠다. 즉, 방문목적과 방문경험이 주요 조절변수가 된다.

따라서 본 연구에서 연구모형은 '방문 후 이미지와 만족도 간에는 인과관계가 성립하고 이러한 인과관계는 방문목적과 방문경험에 따라 달라진다'는 것이 된다.

그리고 연구가설은 첫째, 방문 후의 순정서적 이미지, 준정서적 이미지, 그리고 인지적 이미지와 만족도 간에는 인과관계가 있다. 둘째, 방문 후 이미지와 만족도 간의 인과관계는 방문목적과 방문경험에 따라 다르다는 두 가지를 설정할 수 있다.

3. 결과의 분석 및 해석

가 측정척도의 확인

척도의 신뢰성을 파악하기 위해서는 크론바하 알파(Cronbach' α) 테스트를 적용할 수 있다. 크론바하 알파 테스트는 내적 일관성, 즉 테스트 문항이 동질적인 요소로 구성되어 있는가를 알아보는 것이다. 변수들 간에 서로 양의 상관관계를 가지고 있어야 그 변수들을 선택할 수 있다. 그리고 크론바하 알파값은 그 변수를 제외함으로써 전체 크론바하 알파값이 커진다면, 그 변수를 제외해야 하나 알파값이 작아지는 경우에는 그 변수를 제외하지 말아야 한다(노형진, 2001).

〈표 1〉에서 보면, 순정서적 이미지 척도의 경우에 전체 크론바하 알파값이 0.917로서 대단히 양호한 값이며, 준정서적 이미지 척도의 경우에도 전체 크론바하 알파값은 0.866으로서 역시 상당히 양호한 값이다. 인지적 이미지 척도의 경우에도 전체 크론바하 알파값이 0.857로서 역시 상당히 양호한 값이고, 만족도의 경우에도 전체 크론바하 알파값이 상당히 양호한 값이다. 그리고 척도를 구성하게 될 개별항목의 크론바하 알파값 또한 모두 전체 크론바하 알파값보다 적은 값이다. 따라서 본 연구에서 사용하게 될 4개 척도는 신뢰할 수 있는 것으로 확인되었다.

Bartlett의 구상성 검증치는 요인분석 사용의 적합성과 공통요인의 존재 여부를 확인하는 값이다. 검증치의 값이 유의해야 요인분석모델을 사용할 수 있음을 나타낸다. 〈표 1〉에서 보면, 순정서적 이미지 척도, 준정서적 이미지 척도, 인지적 이미지 척도, 그리고 만족도 척도 등 4개 척도의 경우 모두 1% 수준에서 유의한 것으로 나타나고 있다. 따라서 이들 척도를 확인하기 위하여 요인분석을 적용하는 것이 적합하며, 동시에 공통요인이 존재함을 알 수 있다.

〈표 1〉 각종 척도의 신뢰도 및 타당도

요인명	항 목	아이겐값	누적분산
	순정서적 이미지 척도		
정동성	한적하다. 정적이다. 한산하다.	5.427	60.304
독특성	새롭다. 독특하다. 멋지다.	1.208	73.692
편안함	정겹다. 포근하다. 평화롭다.	0.737	81.884
	크론바하 알파값: 최대항목(0.913), 최소항목(0.904), 전체(0.917) KMO: 0.875, Bartlett 구상성 검정(근사카이제곱: 2554.539, 유의확률: 0.000)		
	준정서적 이미지 척도		
홍미성	환상적이다. 이색적이다. 재미있다. 아름답다.	5.667	37.713
전통성	고풍스럽다. 오래되다. 전통적이다. 고전적이다.	2.849	56.708
복잡성	붐비다. 분주하다. 복잡하다.	1.587	67.289
청결성	깨끗하다. 깔끔하다. 청결하다. 지저분하다.	1.032	74.171
	크론바하 알파값: 최대항목(0.863), 최소항목(0.851), 전체(0.866) KMO: 0.848, Bartlett 구상성 검정(근사카이제곱: 3761.819, 유의확률: 0.000)		
	인지적 이미지 척도		
관광할 거리와 비용	여행비용이 적게 든다. 물가가 싸다. 먹을거리가 독특하다. 즐길거리가 많다. 살거리가 풍부하다. 교통시설이 편리하다.	4.627	42.061
관광자원	생활풍습이 독특하다. 자연경관이 아름답다. 언어가 독특하다. 역사유적이 풍부하다. 숙박시설이 양호하다.	2.000	60.244
	크론바하 알파값: 최대항목(0.855), 최소항목(0.834), 전체(0.857) KMO: 0.843, Bartlett 구상성 검정(근사카이제곱: 1963.973, 유의확률: 0.000)		
	만족도 척도		
만족	이곳 방문에 전반적으로 만족한다. 이곳에 잘 왔다고 생각한다. 이곳 방문으로 행복감을 느낀다.	2.442	81.386
	크론바하 알파값: 최대항목(0.864), 최소항목(0.824), 전체(0.880) KMO: 0.735, Bartlett 구상성 검정(근사카이제곱: 652.534, 유의확률: 0.000)		

KMO(Kaise-Meyer-Olkin)값은 변수 쌍들 간의 상관관계가 다른 변수에 의해 잘 설명되는 정도를 나타내는 것이므로 이 척도의 값이 적으면, 요인분석을 위한 변수들의 선정이 좋지 못함을 나타낸다. KMO값이 0.90 이상이면 상당히 좋은 것이며, 0.80 이상이면 꽤 좋은 것이고, 0.70 이상이면 적절하다(정충영과 최이규, 1998).

〈표 1〉에서 보면, 순정서적 이미지 척도의 경우 KMO값이 0.875, 준정서적 이미지 척도의 경우 KMO값이 0.848, 인지적 이미지 척도의 경우 KMO값이 0.843으로서 이들 척도의 경우에는 변수의 선정이 꽤 좋으며, 만족도 척도의 경우에도 KMO값이 0.735로서 변수의 선정이 적절하다. 그리고 요인의 적절성을 나타내는 아이겐값도 순정서적 이미지 척도에서 편안함 요인만 0.737일 뿐 나머지는 모두 1 이상으로서 적절하다. 그리고 분산설명력도 순정서적 이미지 척도의 경우 81.9%, 준정서적 이미지 척도의 경우 74.2%, 인지적 이미지 척도의 경우 60.2%, 그리고 만족도의 경우 81.4%로서 사회과학에서 일반적으로 요구되고 있는 60%를 4개 척도가 모두 만족시키고 있다. 따라서 이들 척도의 타당도도 충분히 확보되었다고 할 수 있다.

나 재방문 여부로 본 이미지와 만족도 간의 인과관계

(1) 최초 방문자

최초 방문자 집단에서 각종의 이미지와 만족도 간의 인과관계를 분석한 바에 의하면, 〈표 2〉에서 보는 바와 같이 회귀선의 설명력이 44.0%(R^2=0.440)로서 만족도 변량이 순정서적 이미지 요인, 준정서적 이미지 요인, 인지적 이미지 요인들에 의하여 설명되고 있음을 알 수 있으며 이들 요인에 의하여 만족도가 긍정적인 영향을 받고 있음이 입증되고 있다. 그리고 수정된 R^2값은 0.312로서 이러한 관계가 모집단에 부합되는 정도는 약간 더 낮아지고 있다.

〈표 2〉 **최초 방문자 집단의 인과관계 분석결과**

구 분	표준화 회귀계수(베타)	t-값	유 의 확 률	설명력
(상수)	–	.390	.697	
홍미성(준정서)	.329	2.753	.007	
전통성(준정서)	.027	.276	.783	
복잡성(준정서)	.039	.440	.661	
청결성(준정서)	.092	1.095	.277	R^2=0.440, 수정된 R^2=0.382
관광할 거리와 비용(인지)	.383	4.056	.000	
관광자원(인지)	.281	3.007	.003	
정동성(순정서)	-.096	-1.121	.266	
독특성(순정서)	-.014	-.131	.896	
편안함(순정서)	.030	.281	.780	

한편 〈표 2〉에서 보면, t검증 결과 유의한 변수는 준정서적 이미지의 홍미성 요인, 인지적 이미지의 관광할 거리와 비용, 그리고 인지적 이미지의 관광자원 요인 등 3개 요인만인 것으로 나타났으며, 그 가운데서도 인지적 이미지의 관광할 거리와 비용 요인의 베타값이 0.383으로서 가장 크다. 즉 최초 방문자들의 경우 만족도에는 준정서적 이미지의 홍미성 요인, 인지적 이미지의 관광할 거리와 비용 및 관광자원 요인만이 주된 영향변수로 작용하는 가운데 인지적 이미지의 관광할 거리와 비용 요인의 영향 정도가 가장 크다.

(2) 재방문자

재방문자 집단에서 각종의 이미지와 만족도 간의 인과관계를 분석한 바에 의하면, 〈표 3〉에서 보는 바와 같이 회귀선의 설명력이 29.1%(R^2=0.291)로서 만족도 변량이 순정서적 이미지 요인, 준정서적 이미지 요인, 인지적 이미지 요인들에 의하여 설명되고 있음을 알 수 있다. 결코 높지는 않으나 이들 요인에 의하여 만족도가 긍정적인 영향을 받고 있음이 입증되고 있다. 그리고 수정된 R^2값은 0.268로서 이러한 관계가 모집단에 부합되는 정도는 약간 더 낮아지고 있다.

한편 〈표 3〉에서 보면, t검증 결과 유의한 변수는 준정서적 이미지의 흥미성 요인과 청결성 요인, 인지적 이미지의 관광할 거리와 비용 요인, 그리고 순정서적 이미지의 편안함 요인 등 4개 요인인 것으로 나타났다. 이러한 가운데서 준정서적 이미지의 흥미성 요인의 베타값이 0.257로서 가장 크다. 즉 재방문자들의 경우 만족도에는 준정서적 이미지의 흥미성 요인과 청결성 요인, 인지적 이미지의 관광할 거리와 비용 요인, 그리고 순정서적 이미지의 편안함 요인이 주된 영향변수로 작용하는 가운데 준정서적 이미지의 흥미성 요인의 영향 정도가 가장 크다.

현재 재방문시장 의존비율이 높은 제주도의 관광지 이미지를 높이기 위해서는 특히 흥미성, 청결성, 관광할 거리와 비용, 편안함을 높여야 하겠다.

〈표 3〉 재방문자 집단의 인과관계 분석결과

구 분	표준화 회귀계수(베타)	t-값	유 의 확 률	설명력
(상수)	–	-.138	.891	R^2=0.291, 수정된 R^2=0.268
흥미성(준정서)	.257	3.633	.000	
전통성(준정서)	.079	1.319	.188	
복잡성(준정서)	-.075	-1.411	.159	
청결성(준정서)	.145	2.443	.015	
관광할 거리와 비용(인지)	.126	2.240	.026	
관광자원(인지)	.068	1.064	.288	
정동성(순정서)	.062	1.046	.296	
독특성(순정서)	.035	.517	.605	
편안함(순정서)	.167	2.620	.009	

다 방문목적별로 본 이미지와 만족도 간의 인과관계

(1) 관광목적 방문자

관광목적 방문자 집단에서 각종의 이미지와 만족도 간의 인과관계를 분석한 바에 의하면, 〈표 4〉에서 보는 바와 같이 회귀선의 설명력이 34.9%로서(R^2=0.349) 만족도 변량이 순정서적 이미지 요인, 준정서적 이미지 요인, 인지적 이미지 요인들에 의하여 설명되고 있음을 알 수 있다. 결코 높지는 않으나 이들 요인에 의하여 만족도가 긍정적인 영향을 받고 있음이 입증되고 있다. 그리고 수정된 R^2값은 0.321로서 이러한 관계가 모집단에 부합되는 정도는 약간 더 낮아지고 있다.

〈표 4〉 **관광목적 방문자 집단의 인과관계 분석결과**

구 분	표준화 회귀계수(베타)	t-값	유 의 확 률	설명력
(상수)	–	–	–	
홍미성(준정서)	.291	3.652	.000	
전통성(준정서)	.107	1.622	.106	
복잡성(준정서)	-.100	-1.650	.100	
청결성(준정서)	.042	.690	.491	R^2=0.349, 수정된 R^2=0.321
관광할 거리와 비용(인지)	.164	2.532	.012	
관광자원(인지)	.113	1.563	.120	
정동성(순정서)	.084	1.292	.198	
독특성(순정서)	.033	.441	.660	
편안함(순정서)	.180	2.453	.015	

한편 〈표 4〉에서 보면, t검증 결과 유의한 변수는 준정서적 이미지의 홍미성 요인, 인지적 이미지의 관광할 거리와 비용, 그리고 순정서적 이미지의 편안함 요인 등 3개 요인만인 것으로 나타났으며, 그 가운데서도 준정서적 이미지의 홍미성 요인의 베타값이 0.291로서 가장 크다. 즉 관광목적 방문자들의 경우 만족도에는 준정서적 이미지의 홍미성 요인과 청결성 요인, 그리고 순정서적 이미지의 편안함 요인만이 주된 영향변수로 작용하는 가운데 준정서적 이미지의 홍미성 요인의 영향 정도가 가장 큼을 알 수 있다.

(2) 비관광목적 방문자

비관광목적 방문자 집단에서 각종의 이미지와 만족도 간의 인과관계를 분석한 바에 의하면, 〈표 5〉에서 보는 바와 같이 회귀선의 설명력이 29.0%($R^2=0.290$)로서 만족도 변량이 순정서적 이미지 요인, 준정서적 이미지 요인, 인지적 이미지 요인들에 의하여 설명되고 있음을 알 수 있다. 결코 높지는 않으나 이들 요인에 의하여 만족도가 긍정적인 영향을 받고 있음이 입증되고 있다. 그리고 수정된 R^2값은 0.250으로서 이러한 관계가 모집단에 부합되는 정도는 약간 더 낮아지고 있다.

한편 〈표 5〉에서 보면, t검증결과 유의한 변수는 준정서적 이미지의 흥미성 요인과 청결성 요인, 인지적 이미지의 관광할 거리와 비용 요인, 그리고 인지적 이미지의 관광자원 요인 등 4개 요인만인 것으로 나타났으며, 그 가운데서도 준정서적 이미지의 흥미성 요인의 베타값이 0.254로서 가장 크다. 즉 비관광목적 방문자들의 경우 만족도에는 준정서적 이미지의 흥미성 요인과 청결성 요인, 인지적 이미지의 관광할 거리와 비용 및 관광자원 요인만이 주된 영향변수로 작용하는 가운데 준정서적 이미지의 흥미성 요인의 영향 정도가 가장 큼을 알 수 있다.

〈표 5〉 비관광목적 방문자 집단의 인과관계 분석결과

구 분	표준화 회귀계수(베타)	t-값	유 의 확 률	설명력
(상수)	–	–	–	
흥미성(준정서)	.254	2.648	.009	
전통성(준정서)	.023	.288	.773	
복잡성(준정서)	.036	.515	.607	
청결성(준정서)	.197	2.488	.014	R^2=0.290, 수정된 R^2=0.250,
관광할 거리와 비용(인지)	.221	2.996	.003	
관광자원(인지)	.179	2.397	.018	
정동성(순정서)	–.050	–.667	.506	
독특성(순정서)	–.010	–.111	.912	
편안함(순정서)	.059	.700	.485	

라 종합분석

이상의 분석결과에 의하면 연구가설 1인 순정서적 이미지, 준정서적 이미지, 그리고 인지적 이미지와 만족도 간에는 인과관계가 있음이 입증되었다. 그리고 연구가설 2인 방문 후 이미지와 만족도 간의 인과관계는 방문목적과 방문경험에 따라 다르다는 것도 역시 입증되었다. 〈표 6〉에서 보면, 최초 방문자는 준정서적 이미지의 흥미성 요인, 인지적 이미지의 관광할 거리와 비용 요인, 그리고 관광자원 요인 등 3개의 요인이 만족도에 유의한 영향을 미치는 데 비하여, 재방문자는 준정서적 이미지의 흥미성 요인과 청결성 요인 그리고 순정서적 이미지의 편안함 요인 등 3개의 요인이 만족도에 유의한 영향을 미치고 있다.

관광목적 방문자의 경우에는 준정서적 이미지의 흥미성 요인, 인지적 이미지의 관광할 거리 요인, 그리고 순정서적 이미지의 편안함 요인 등 3개의 요인이 만족도에 유의한 영향을 미치는 데 비하여 비관광목적 방문자의 경우 준정서적 이미지의 흥미성 요인과 청결성 요인, 인지적 이미지의 관광할 거리와 비용 요인, 그리고 관광자원 요인 등 4개 요인이 만족도에 유의한 영향을 미치고 있다.

〈표 6〉 유의한 변수들의 베타값

요 인	최초방문	재방문	관광목적	비관광목적
흥미성(준정서)	0.329	0.257	0.291	0.254
전통성(준정서)	−	−	−	−
복잡성(준정서)	−	−	−	−
청결성(준정서)	−	0.145	−	0.197
관광할 거리와 비용(인지)	0.383	0.126	0.164	0.221
관광자원(인지)	0.281	−	−	0.179
정동성(순정서)	−	−	−	−
독특성(순정서)	−	−	−	−
편안함(순정서)	−	0.167	0.180	−

주: $p<.05$.

최초 방문자의 경우를 제외한 나머지 경우는 모두 준정서적 이미지의 흥미성 요인 즉 이색적이고, 재미있고, 아름답고 환상적인 이미지가 방문자의 만족에 가장 강하게 영향을 미치고 있음을 알 수 있다. 그런데 최초 방문자의 경우에는 관광할 거리와 비용 요인 즉 먹을거리, 즐길거리, 살거리와 여행비용에 대한 이미지가 만족도에 가장 강하게 영향을 미치고 있다.

4. 결론 및 시사점

본 연구에서는 제주도를 방문하고 귀가하는 사람들을 대상으로 제주도에 대한 이미지와 만족도를 측정하여 이미지와 만족도 간의 인과관계를 확인하고자 하였다. 조사는 2001년 5월 중에 제주공항에서 귀가자들을 대상으로 이루어졌으며, 확보된 유효표본은 총 385매였다. 척도의 신뢰도와 타당도를 확인한 후에 다중회귀분석을 통하여 연구가설을 검증하였다.

그 주요한 결과를 요약하면 다음과 같다.

첫째, 연구가설 1인 순정서적 이미지, 준정서적 이미지, 그리고 인지적 이미지와 만족도 간에 인과관계가 있음이 입증되었다.

둘째, 연구가설 2인 방문 후 이미지와 만족도 간의 인과관계는 방문목적과 방문경험에 따라 다르다는 것도 역시 입증되었다. 따라서 본 연구에서 제시된 연구모형인 방문 후 이미지와 만족도 간에는 인과관계가 성립하고 이러한 인과관계는 방문목적과 방문경험에 따라 달라진다는 개념모형이 확정될 수 있다.

셋째, 재방문, 관광목적 및 비관광목적 방문을 불문하고 모두 준정서적 이미지의 흥미성 요인 즉 이색적이고, 재미있고, 아름답고 환상적인 이미지가 방문자의 만족에 가장 강하게 영향을 미치는 것으로 확인되었으며, 최초 방문자의 경우에는 관광할 거리와 비용 요인 즉 먹을거리, 즐길거리, 살거리가 풍부하고 여행비용이 저렴하다는 이미지가 만족도에 가장 강하게 영향을 미치는 것으로 확인되었다.

이상의 결과를 바탕으로 시사점을 제시하면 다음과 같다.

첫째, 관광을 하는 동안에 좋은 이미지를 형성할 수 있도록 노력해야 방문자의 만족도를 높일 수 있음을 알 수 있다. 따라서 종래의 이미지는 관광목적지 결정단계에서만 중요하게 작용한다는 일반적인 시각에서 벗어나야겠다.

둘째, 최초 방문자를 위해서는 관광할 거리와 비용 요인 즉 먹을거리, 즐길거리, 살거리가 풍부하고 여행비용이 저렴하다는 이미지를 형성할 수 있도록 노력해야겠다.

셋째, 재방문자를 위해서는 그중에서도 관광지가 이색적이고, 재미있고, 아름답고 환상적인 이미지를 형성할 수 있도록 노력해야 하겠다.

본 연구의 결과 관광목적 방문자의 이미지는 비관광목적 방문자에 비해 인지적, 준정서적, 순정서적 이미지 모두에 영향을 받는 것으로 나타났으며, 재방문자 역시 최초 방문자에 비해 인지적, 준정서적, 순정서적 이미지에 유의한 영향을 받는 것으로 나타났다. 특히, 제주도 관광이 재방문 시장에 의존하는 정도가 크다는 점에서 관광목적지로서 재방문 수요를 높일 수 있는 이미지 요인은 준정서적 이미지의 흥미성 요인, 인지적 이미지의 관광할 거리와 비용 요인, 순정서적 이미지의 편안함 요인으로서 이들 이미지 요인을 중심으로 관광목적지로서의 제주도의 이미지를 개선하기 위한 노력이 요구된다. 또한, 관광자가 관광지를 방문하기 전뿐만 아니라 관광하는 동안에도 좋은 이미지 형성을 위해 노력하지 않으면, 방문자의 만족도는 낮아질 수 있다는 점을 알 수 있다.

따라서 본 연구는 이미지와 만족도 간의 인과관계를 입증함으로써 관광객을 만족시키기 위하여 관광하는 동안에 좋은 이미지를 형성할 수 있도록 노력해야 한다는 새로운 시각을 갖게 해준다는 점에서 연구의 의의를 찾을 수 있다. 앞으로 관광현지에서 바람직한 이미지 형성에 영향을 미치는 요인들을 규명하는 연구가 뒤따라야 하겠다.

참고문헌 ••••••

고동우(1998). 관광의 심리적 체험과 만족감의 관계. 고려대학교 박사학위논문.

노형진(2001). 『한글 SPSS 10.0에 의한 조사방법 및 통계분석』. 형설출판사.

박석희(1997). 관광상품화에 대한 개념정립 및 그 전략. 『경기대학교 논문집』, 40(1).

박석희 역(1994). 『디즈니와 놀이문화의 혁명』. 일신사, pp. 281-282.

박석희·고동우(2002). 관광지 이미지의 구조와 차원. 『관광학연구』, 25(4): 13-32.

박창규(1997). 관광자만족 결정경로와 요인에 관한 연구. 경기대학교 박사학위논문.

오정학·김유일(2001). 테마공원이용자의 감정반응에 관한 연구. 『관광학연구』, 24(3): 285-305.

정충영·최이규(1998). 『SPSSWIN을 이용한 통계분석』. 무역출판사.

표성수(2000). 관광객의 기대 및 지각과 관광지 이미지와의 관계에 관한 연구. 『관광품질시스템연구』, 6(3): 1-18.

Ashworth, G., & Goodal, B.(1988). Tourist Images: marketing considerations. In B. Goodall, & G. Ashworth(Eds.). *Marketing in the Tourism Industry: The Promotion of Destination Regions*. London: Routledge Kegan Paul, pp. 213-238.

Baloglu, S., & Brinberg, D.(1997). Affective images of tourism destinations. *Journal of Travel Research*, 35: 11-15.

Beard, J. G., & Ragheb, M. G.(1980). Measuring leisure satisfaction. *Journal of Leisure Research*, 12(1): 200-233.

Bigne, J. E., Sanchez, M. I., & Sanchez, J.(2001). Tourism Image, evaluation variables and after purchase behavior: inter-relationship. *Tourism Management*, 22: 607-616.

Bloemer, J., & Ruyter, K.(1998). On the relationship between store image, store satisfaction and store loyalty. *European Journal of Marketing*, 32(5/6): 10.

Bolton, R. N., & Lemon, K. N.(1999). A dynamic model of customer's usage of services: usage as an antecedent and consequence of satisfaction. *Journal of Marketing Research*, 36(2): 171-186.

Buchanan, T.(1983). Toward an understanding of variability in satisfaction within activities. *Journal of Leisure Research*, 15(1): 39-51.

Chon, K.(1991). Tourism destination image modification process: Marketing implications. *Tourism Management*, 12(1): 68-72.

Cooper, C., Fletcher, J., Gilbert, D., & Wanhill, S.(1993). *Tourism, Principles and Practice*. UK: Pitman Publishing.

Dichter, E.(1985). What is in an image? *Journal of Consumer Marketing*, 2: 39-52.

Dwayne A. B., & Crompton, J. L.(2000). Quality, Satisfaction and Behavioral Intentions. *Annals of Tourism Research*, 27(3): 785-804.

Echtner, C. M., & Ritchie, J. R. B.(1991). The meaning and measurement of destination image. *The Journal of Tourism Studies*, 2(2): 2-12.

Fakeye, P. C., & Crompton J. L.(1991). Image Differences between Prospecive, First-Time, and Repeat Visitors to the Lower Rio Grande Valley. *Journal of Travel Research*, 30(2): 10-16.

Fornell, C., Johnson, D., Anderson, E. W., Cha, J., & Bryant, B. E.(1996). The American customer satisfaction index: nature, purpose and findings. *Journal of Marketing*, 60: 7-18.

Gartner, W. C., & Hunt, J. D.(1987). An analysis of state image change over twelve-year period. *Journal of Travel Research*, 27(Fall): 15-19.

Geva, A., & Goldman, A.(1991). Duality in consumer post-purchase attitude. *Journal of Economic Psychology*, 12: 141-164.

Manfredo, M. J.(1984). The comparability of onsite and offsite measures of recreation needs. *Journal of Leisure Research*, 16(3): 245-249.

Mansfeld, Y.(1992). From motivation to actual travel. *Annals of Tourism Research*, 19: 399-419.

Moscardo, G. M., & Pearce, P. L.(1996). Historic theme parks: An Australia experience in authenticity. *Annals of Travel Research*, 22(1): 67-85.

Moutinho, L.(1987). Consumer behavior in tourism. *European Journal of Marketing*, 21(10): 5-44.

Phelps, A.(1986). Holiday destination image—the problem of assessment: an example developed in Menorca. *Tourism Management*, 7(3): 168-180.

Ross, G. F.(1993). Ideal and actual images of backpack visitors to Northern Australia. *Journal of Travel Research*, 32(2): 54-57.

Russell, J. A., Ward, L. M., & G. Pratt(1981). Affective quality attributed to environments. *Environment and Behavior*, 13(3): 259-288.

Stewart, W. P., & Hull IV, R. B.(1992). Satisfaction of what? post hoc vs. real-time construct validity. *Leisure Science*, 14: 195-209.

Thach, S. V., & Axin, C. N.(1994). Patron Assessments of Amusement Park. *Journal of Travel Research*(Winter): 51-60.

Williams, D. R., Schreyer, R., & Knopf, R. C.(1990). The effect of the experience use history on the multidimensional structure of motivations to participate in leisure activities. *Journal of Leisure Research*, 22(1): 36-54.

* 이 장의 출처: 한국관광학회(2002). 『관광학연구』, 26(1). 부소영과 공동.

제4장 관광공간에 대한 이미지와 만족도 간의 관련성

* 관광은 지역의 어떤 점에 초점을 맞추어야 하나?
* 여기서 독특한 특성에 초점을 맞춘다는 것은 무엇을 의미하나?
* 관광상품화의 최종적인 형태는 무엇인가?
* 이미지와 만족도 간의 인과관계에 개입하는 요인에는 어떤 것이 있나?

1. 머리말

관광이 그 지역의 독특한 특성에 초점을 맞추고 장기적인 전략이 될 경우에 관광은 지역개발에서 중요한 역할을 한다. 여기서 독특한 특성에 초점을 맞춘다는 것은 그 지역이 소구력이 크고(appeal), 믿을 만하며(believable), 단순하고(simple), 현저한(distinctive) 이미지를 가지고 있어야 함을 의미한다. 또한 이러한 이미지는 다른 지역과 차별화되어야 한다. 그리고 이미지는 슬로건, 시각적 심벌, 일련의 이벤트의 형태로 고객에게 전달될 수 있다. 그렇지만 어떤 지역을 판촉하고 이미지를 강화한다고 해서 관광객이 몰려드는 것은 아니다. 이러한 것이 전체 개발전략의 한 부분으로 자리 잡고서 찾아온 관광객의 관광경험을 보장해 주어야 가능하게 된다(Broadway, 1997).

사회심리학에서는 한 개인이 어떤 대상에 대하여 가지는 전반적인 인상이 이미지로 이해된다(Ditcher, 1985: 75). 관광학 분야 연구들의 정의도 이러한 이미지의 개념적

범위를 크게 벗어나지는 않는 것 같다. 이러한 이미지는 현존하는 현실과의 정서적 접촉인 지각과도 구분되며, 경험적 요소 전체를 추상적으로 집약시킨 개념과도 구분된다. 이미지는 순수한 지각과 지각된 사물에 대한 개념의 중간에 위치해 있다. 즉 이미지는 현존하지 않는 절대 존재의 독특한 표현 형태이다. 그리고 인간은 언제나 결핍을 느끼는 존재라는 의미에서 이미지를 만들어낸다(유평근과 진형준, 2001).

Fjellman은 관광을 이미지를 소비하는 행위로 규정하고 있다. 디자인과 광고는 상징기호 그 자체에 대한 욕구를 유발하려는 의도에서 우리가 부족한 것이 무엇인가를 우리에게 보여주기 위하여 상징기호를 제시한다. 상징과 이미지는 핵심을 추출해 내는 사람들에 의해 포착되어 새로운 대상물에 부착된다. 진실(truth)은 아무런 연관성이 없는 것처럼 애매하게 되어버리고, Jameson이 지적하였듯이 이미지가 상품화(commodity reification)의 최종적 형태가 된다(박석희, 1994). 즉, 우리가 이야기하는 어떠한 의미가 담긴 상품은 상품 그 자체가 아니라 상품이 지닌 이미지이다. 따라서 상품을 소비한다는 것은 상품 그 자체가 아니라, 상품화 과정을 거친 상품의 상징을 통해 전달되는 이미지를 소비하는 것이다.

따라서 관광자가 어떠한 이미지를 가지고 왔고, 또 어떠한 이미지를 가지고 가느냐 하는 시각에서 관광경험의 질적 기준이 되는 만족도가 방문에 대한 관여도의 고저와 방문지역에 대한 친숙도의 고저에, 그리고 체재기간의 장단에 따라 관광현지에서의 이미지와 인과관계를 가지는가를 밝혀야 할 필요성은 대단히 크다. 그러나 아직도 이러한 시각에서 관광자의 이미지와 경험 간의 관계가 제대로 탐색되지 않고 있다.

이에 본 연구에서는 그간의 선언적 주장에 머물러 오던 '관광을 한다는 것은 이미지를 소비하는 것'이라는 주장과 Bigne *et al.*(2001)의 연구결과를 바탕으로 관여도, 친숙도, 그리고 체재기간별로 이미지 요인의 방문자 만족도에 대한 인과적 영향관계를 밝히는 데 연구의 주된 목적이 있다.

2. 이론 고찰

가 만족도의 개념

관광에 있어서 만족에 관한 주된 개념정의는 소비자 만족 연구에서 가장 많이 사용된 정의를 인용하여 기대와 실제 성과와의 차이로 보고 있다(Van Raaij and Francken, 1984). Pizam *et al.*(1978)은 만족은 관광자가 관광지에 대해 가졌던 기대와 관광자 경험과의 상호작용의 결과라고 하여 관광지에서 제공하는 서비스에 대한 함수로 설명하였다. 이와 같이 만족도에 대한 개념은 주로 기대-성과불일치, 기대-경험의 평가 결과 등 도구적 편익측면에서 접근이 이뤄졌다. 그런데 최근 만족도에 관한 연구가 소비과정에서 발생하는 정서적 반응과 만족도와의 관계에 대한 관심으로 이어지고 있는데(Haim and Oliver, 1993), 이는 만족도에 관한 다양하고 주관적인 개념정의와 그에 대한 실증적 검증이 요구됨을 보여주는 것이다.

소비자 만족을 정의하는 또 다른 관점은 기존의 시각과는 달리 전반적인 만족을 개별적인 속성에 대한 만족과 구별하는 것이다. 속성관련 만족은 전반적인 만족보다 선행하는 것이 아니며(Spreing et al., 1996), 전반적인 만족은 상품이나 서비스에 대한 감정적 반응인 정서적 상태라고 하였다. 이러한 전반적인 만족은 구매 후 총체적인 평가를 의미하는 좀 더 넓은 개념(Fornell, 1992; Gnoth, 1994)으로 받아들여지고 있다. 가장 최근의 관광분야의 연구에서도 후자의 전반적인 만족을 조작적 정의로 채택하고 있다(Bigne et al., 2001).

이와 같이 소비자 만족에 관한 합의된 개념적 정의 없이 많은 조작적 정의를 내려왔는데 Giese and Gote(2000)는 이론적 고찰을 통해 각 정의에는 다음과 같은 세 개의 공통적인 요소가 포함되어 있다고 하였다. 즉, 첫째, 소비자 만족은 정서적 혹은 인지적 판단의 반응으로서 정서적 반응이 우세하고 둘째, 여기서 반응이라 함은 소비자 만족의 대상이 되는 특별한 초점을 말하며 셋째, 이러한 반응은 구매 전, 구매 후, 소비 후 등 어떤 상황의 순간과 연결된다는 것이다.

이렇듯 만족도는 '만족'이 가지고 있는 함축성만큼이나 다양하게 나타날 수 있으며 어떤 관광자들에게는 허용 가능한 최소수준을 의미할 수 있지만, 다른 사람들에게는 거의 완벽함을 의미할 수 있다. 그리고 같은 관광자에 있어서도 만족의 의미가 시간이 지남에 따라 달라질 수 있다(박창규, 1997).

나 친숙도의 개념과 측정

소비자 행동연구에서 중요한 설명 변인 중의 하나인 친숙성(familiarity)에 관한 기존의 개념을 살펴보면, Zinkhan과 Muderrisoglu는 "친숙성이란 개인이 어떤 제품에 대하여 가지고 있는 인지구조"라고 하였다(김성희, 1993). 상품 친숙성이 소비자 선택 행동에 미치는 효과를 분석한 몇몇 선행 연구자들은 상품 친숙성 정도는 소비자가 특정 상품의 사용 경험이 증가함에 따라 거의 직선적으로 증가하는 것으로 생각하였다. 그러나 다른 정보처리적 접근은 과거의 상품 경험 그 자체에 관심을 가지는 것이 아니라, 그 경험으로 형성된 인지적 표상(representation)에 관심을 가진다. 이러한 시각에 따라 Bettman과 Park은 "친숙성이란 특정 상품의 상표들 중에서 최선의 상표를 선택하는데 어떤 상품속성이 중요한가에 대한 인지"라고 정의하였으며, Johnson과 Russo는 "상품 친숙성이란 특정 상품유목 내의 상표들에 관한 사전지식"으로 정의하였다. 또한 Marks와 Olson은 "상품과 관련된 여러 가지 경험에서 야기되는 특정 상품에 대한 소비자의 인지적 구조"로 정의하였다. 이러한 친숙성 정의의 공통점은 "친숙성은 특정 상품에 대한 인지적 구조"라는 점이다.

Park과 Ressig는 제품 친숙성을 측정하는 데 두 가지 접근, 즉 개인이 그 제품에 대해서 얼마나 알고 있는가(객관적 친숙성), 또 개인이 알고 있는 제품에 대해서 어느 정도 생각하는가(주관적 친숙성)를 제시하였다. Zaichkowsky의 연구결과에서도 피험자가 특정 상품에 대해 주관적으로 지각하고 있는 전체적인 상품 친숙성 정도와 실제적으로 그 상품에 대해 알고 있는 지식 정도와는 차이가 있기 때문에, 특정 상품에 대한 상품 친숙성 정도의 측정에 소비자가 지각하고 있는 주관적인 상품 친숙성 정도의 측정뿐만 아니라 객관적 인지구조의 측정도 조합되어야 한다고 주장하고 있다

(김성희, 1994: 4).

이러한 친숙도는 이미지 형성에 영향을 미치는 것으로 밝혀지고 있다(김병국과 박석희, 2001). 그렇다면 친숙도가 만족도에도 직접적으로 영향을 미치는가는 탐색적으로 확인해 볼 가치가 있다 하겠다.

다 관여도(involvement)의 개념과 측정

관여란 "특정 자극이나 상황에 의해 고취된 각성(arousal), 관심, 혹은 충동의 정도를 나타내는 상태 변인"으로(Mitchell, 1979), 또는 '개인적 중요성', '위험', '즐거움', '상징적 가치' 등의 차원으로 구분되는 다차원적인 개념이다(김영준, 1995). 그 가운데서도 개인적 중요성이나 관심(interest) 차원이 가장 중심적인 개념으로 인식되어 왔다. 그리고 고관여 상황은 수신자의 메시지에 대한 개인적 관련 정도가 높은 상황을 말하며, 저관여 상황은 메시지에 대한 관련 정도가 낮은 상황을 가리킨다(Petty and Cacioppo, 1981).

이러한 관여는 상황적 관여, 지속적 관여, 반응 관여로 구분되며, 상황적 관여는 특정상황이 개인적 행동에 대한 관심을 야기시킬 수 있는 능력이고, 지속적 관여는 개인과 대상 간에 존재하는 관련성이며, 반응관여는 전반적인 소비자 의사결정과정을 특징짓고 있는 인지적 과정과 행동의 복잡성 혹은 광범위성을 의미한다(Houston and Rothchild, 1978).

관여도는 Mcquarrie와 Munson이 10개 문항의 관여도 척도를 제시하였는데 본 연구에서는 이 척도를 이용하기로 한다. 이러한 관여도의 만족도에 미치는 영향은 직접효과가 경로계수 0.4754로서 간접효과 경로계수인 0.2518보다 큰 것으로 나타나고 있다. 즉 관여도의 만족도에 대한 영향에는 직접적인 영향과 간접적인 영향이 있는데 직접적인 영향의 관여는 성과에 영향을 미쳐서 다시 만족도에 영향을 미치는 간접적인 영향보다도 크다는 것을 알 수 있다(장면주와 박석희, 1999).

라 연구모형과 가설

본 연구에서는 관광자의 관광을 통해 형성된 관광 후 이미지가 관광경험의 만족도와 인과관계가 있는가를 실증적으로 분석하고자 한다. 여기서 관광 이미지는 순정서적 이미지, 준정서적 이미지, 그리고 인지적 이미지로 구분될 수 있으므로(박석희와 고동우, 2002), 이들 이미지 구성개념인 각 요인들이 만족도 결정에 독립변수로 작용하고 있는 정도의 입증을 통하여 그 관계가 밝혀질 수 있겠다.

따라서 본 연구에서 연구모형은 '방문 후 이미지와 만족도는 방문에 대한 관여도의 고저, 방문지역에 대한 친숙도의 고저, 그리고 체재기간의 장단 등에 따라 달라진다'는 것이 된다. 여기서 연구가설은 '방문 후 이미지와 만족도 간의 인과관계는 관여도의 고저에 따라 다르다', '방문 후 이미지와 만족도 간의 인과관계는 친숙도의 고저에 따라 다르다', 그리고 '방문 후 이미지와 만족도 간의 인과관계는 체재기간의 장단에 따라 다르다'로 설정할 수 있다.

3. 결과의 분석 및 해석

가 조사대상집단의 기술통계적 특성

조사대상집단은 남자의 비율이 51.4%, 여자가 48.6%였으며, 연령은 20대, 30대, 40대 그리고 50대 이상이 거의 같은 비율이다. 학력수준은 고졸 이하가 43.6%로 가장 많고 다음이 대학졸업자(39.5%)이며, 가구당 월평균 소득은 250만 원 이상자가 42.1%로 가장 많고, 150만 원 미만자가 19.7%로 가장 적은 비율이다.

〈표 1〉 조사대상집단의 특성 (단위: %(명))

구분					계
성	남: 51.4		여: 48.6		100.0(385)
연령	20대: 25.2	30대: 24.4	40대: 26.8	50대 이상: 25.6	100.0(385)
학력	고졸 이하: 43.6	대학재학: 10.1	대학졸: 39.5	대학원졸: 6.8	100.0(385)
소득수준	150만 원 미만: 19.7	150~250만 원 미만: 38.2	250만 원 이상: 42.1		100.0(385)

나 측정척도의 확인

친숙도 이외의 척도는 기존에 개발되어 있는 척도들이다. 따라서 여기서는 이들 척도들이 신뢰성과 타당성을 지니고 있는가만 확인하면 되겠다.

이들 척도의 신뢰성을 파악하기 위해서는 크론바하 알파(Cronbach' α) 테스트를 적용할 수 있다. 크론바하 알파 테스트는 내적 일관성, 즉 테스트 문항이 동질적인 요소로 구성되어 있는가를 알아보는 것이다. 변수들 간에 서로 양의 상관관계를 가지고 있어야 그 변수들을 선택할 수 있다. 크론바하 알파값이 클수록 좋으며, 그 변수를 제외함으로써 알파값이 커진다면 그 변수를 제외해야 하나, 적어지는 경우에는 그 변수를 제외하지 말아야 한다(노형진, 2001).

〈표 2〉에서 보면, 순정서적 이미지 척도의 경우에 정동성, 독특성, 편안함 요인으로 구성되는 척도 전체의 크론바하 알파값이 0.917로서 대단히 양호한 값이며, 준정서적 이미지 척도의 경우에도 척도 전체의 크론바하 알파값은 0.866으로서 역시 상당히 양호한 값이다. 인지적 이미지 척도의 경우에도 척도 전체의 크론바하 알파값이 0.857로서 역시 상당히 양호한 값이고, 만족도의 경우에도 전체의 크론바하 알파값이 상당히 양호한 값이다. 그리고 척도를 구성하게 될 개별항목의 크론바하 알파값 또한 모두 전체 크론바하 알파값보다 적은 값이다. 따라서 본 연구에서 사용하게 될 4개 척도는 신뢰할 수 있는 것으로 확인되었다. Bartlett의 구상성 검증치는 요인분석 사용의 적합성과 공통요인의 존재 여부를 확인하는 값이다. 검증치의 값이 유의해야 요인분석모델을 사용할 수 있음을 나타낸다. 〈표 2〉에서 보면, 순정서적 이미지 척도, 준정서적 이미지 척도, 인지적 이미지 척도, 그리고 만족도 척도 등 4개 척도의 경우 모두 1% 수준에서 유의한 것으로 나타나고 있다. 따라서 이들 척도를 확인하기 위하여 요인분석을 적용하는 것이 적합하며, 동시에 공통요인이 존재함을 알 수 있다.

〈표 2〉 각종 척도의 신뢰도 및 타당도

요인명	항 목	아이겐값	누적분산
	순정서적 이미지 척도		
정동성	한적하다. 정적이다. 한산하다.	5.427	60.304
독특성	새롭다. 독특하다. 멋지다.	1.208	73.692
편안함	정겹다. 포근하다. 평화롭다.	0.737	81.884
	크론바하 알파값: 최대항목(0.913), 최소항목(0.904), 전체(0.917) KMO: 0.875, Bartlett 구상성 검증(근사카이제곱: 2554.539, 유의확률: 0.000)		
	준정서적 이미지 척도		
흥미성	환상적이다. 이색적이다. 재미있다. 아름답다.	5.667	37.713
전통성	고풍스럽다. 오래되다. 전통적이다. 고전적이다.	2.849	56.708
복잡성	붐비다. 분주하다. 복잡하다.	1.587	67.289
청결성	깨끗하다. 깔끔하다. 청결하다. 지저분하다.	1.032	74.171
	크론바하 알파값: 최대항목(0.863), 최소항목(0.851), 전체(0.866) KMO: 0.848, Bartlett 구상성 검증(근사카이제곱: 3761.819, 유의확률: 0.000)		
	인지적 이미지 척도		
관광할 거리와 비용	여행비용이 적게 든다. 물가가 싸다. 먹을거리가 독특하다. 즐길거리가 많다. 살거리가 풍부하다. 교통시설이 편리하다.	4.627	42.061
관광 자원	생활풍습이 독특하다. 자연경관이 아름답다. 언어가 독특하다. 역사유적이 풍부하다. 숙박시설이 양호하다.	2.000	60.244
	크론바하 알파값: 최대항목(0.855), 최소항목(0.834), 전체(0.857) KMO: 0.843, Bartlett 구상성 검증(근사카이제곱: 1963.973, 유의확률: 0.000)		
	관여도 척도		
매력성	제주도관광이 매력적이다. 제주도관광이 흥미롭다. 제주도관광에 관심이 있다. 제주도관광이 재미있다. 제주도는 나에게 멋진 곳이다.	4.378	43.777
의미성	제주도관광은 나에게 관련이 있다. 나에게 중요하다. 제주도관광은 의미가 있다. 나를 흥분되게 한다.	1.739	61.163
	크론바하 알파값: 최대항목(0.8627), 최소항목(0.8069), 전체(0.8348) KMO: 0.829, Bartlett 구상성 검증(근사카이제곱: 1806.983, 유의확률: 0.000)		
	친숙도 척도		
친숙성	제주도와 관련된 사람을 잘 알고 있다. 제주도에 사는 사람을 잘 알고 있다. 관련소식을 자주 접한다. 제주도에 대해 잘 알고 있다	2.829	70.714
	크론바하 알파값: 최대항목(0.8704), 최소항목(0.7771), 전체(0.8601) KMO: 0.765, Bartlett 구상성 검증(근사카이제곱: 808.481, 유의확률: 0.000)		
	만족도 척도		
만족	이곳 방문에 전반적으로 만족한다. 이곳에 잘 왔다고 생각한다. 이곳 방문으로 행복감을 느낀다.	2.442	81.386
	크론바하 알파값: 최대항목(0.864), 최소항목(0.824), 전체(0.880) KMO: 0.735, Bartlett 구상성 검증(근사카이제곱: 652.534, 유의확률: 0.000)		

KMO(Kaise-Meyer-Olkin)값은 변수 쌍들 간의 상관관계가 다른 변수에 의해 잘 설명되는 정도를 나타내는 것이므로 이 척도의 값이 적으면, 요인분석을 위한 변수들의 선정이 좋지 못함을 나타낸다. KMO값이 0.90 이상이면 상당히 좋은 것이며, 0.80 이상이면 꽤 좋은 것이고, 0.70 이상이면 적당하며, 0.50 이상이면 바람직하지 못하고, 0.50 미만이면 받아들일 수 없다(정충영과 최이규, 1998). <표 2>에서 보면, 순정서적 이미지 척도의 경우 KMO값이 0.875, 준정서적 이미지 척도의 경우 KMO값이 0.848, 인지적 이미지 척도의 경우 KMO값이 0.843로서 이들 척도의 경우에는 변수의 선정이 꽤 좋으며, 만족도 척도의 경우에도 KMO값이 0.735로서 변수의 선정이 적절하다.

요인의 적절성을 나타내는 아이겐값도 순정서적 이미지 척도에서 편안함 요인만 0.737일 뿐 나머지는 모두 1 이상으로서 적절하다. 그리고 분산설명도도 순정서적 이미지 척도의 경우 81.9%, 준정서적 이미지 척도의 경우 74.2%, 인지적 이미지 척도의 경우 60.2%, 그리고 만족도의 경우 81.4%로서 사회과학에서 일반적으로 요구되고 있는 60%를 4개 척도가 모두 만족시키고 있다. 따라서 이들 척도의 타당도도 충분히 확보되었다고 할 수 있다.

관여도와 친숙도의 척도도 신뢰성과 타당성이 확보되고 있다.

다 관여도별 이미지와 만족도 간의 인과관계

(1) 고관여 집단

제주도 방문에 대하여 관여도가 높은 고관여 집단을 대상으로 각종의 이미지와 만족도 간의 인과관계를 분석한 바에 의하면, <표 3>에서 보는 바와 같이 R^2값은 0.205로서 이미지 요인들이 만족도를 20.5% 설명하고 있다. 즉 만족도가 준정서적 이미지 요인과 인지적 이미지 요인들에 의하여 20.5%가 설명되고 있음을 알 수 있다. 결코 높지는 않으나 이들 요인에 의하여 만족도가 긍정적인 영향을 받고 있음이 입증되고 있다. 그리고 수정된 R^2값은 0.168로서 이러한 관계가 모집단에 부합되는 정도는 약간 더 낮아지고 있다.

한편 〈표 3〉에서 보면, t검증 결과 유의한 변수는 준정서적 이미지의 홍미성 요인과 청결성 요인, 그리고 인지적 이미지의 관광할 거리와 비용 요인 등 3개 요인만인 것으로 나타났으며, 그 가운데서도 준정서적 이미지의 홍미성 요인의 베타값이 0.239로서 가장 크다. 즉 고관여자들의 경우 만족도에는 준정서적 이미지의 홍미성 요인과 청결성 요인, 그리고 인지적 이미지의 관광할 거리와 비용 요인만이 주된 영향변수로 작용하는 가운데 준정서적 이미지의 홍미성 요인의 영향 정도가 가장 큼을 알 수 있다. 제주도 방문에 대한 관여도가 높은 방문자들을 대상으로 한 분석에서 특이한 것은 준정서적 이미지 요인의 영향력이 저관여자의 경우에 비하여 높고, 순정서적 이미지 요인이 영향요인에서 제외되고 있다는 점이다. 이것은 관여도가 높은 사람들일수록 관광공간에 대하여 주의력을 기울이는 정도가 높다고 볼 수 있다. 따라서 한적하고, 새롭고, 정겨움 같은 정동적이고, 독특하고, 편안한 순정서적 이미지가 상대적으로 강하게 그려지지 않기 때문일 것으로 사료되나 앞으로 더 연구되어야 할 부분이다.

〈표 3〉 고관여 집단의 인과관계 분석결과

이미지 요인	표준화 계수	t-값	유의확률	설명력
	베타			
(상수)	–	–	–	R^2=0.205 수정된 R^2=0.168
홍미성(준정서)	.239	2.749	.007	
전통성(준정서)	.129	1.727	.086	
복잡성(준정서)	-.047	-.679	.498	
청결성(준정서)	.158	2.203	.029	
관광할 거리와 비용(인지)	.163	2.306	.022	
관광자원(인지)	.083	1.115	.266	
정동성(순정서)	-.105	-1.435	.153	
독특성(순정서)	-.024	-.313	.754	
편안함(순정서)	.140	1.745	.083	

(2) 저관여 집단

제주도 방문에 대하여 관여도가 낮은 저관여 집단을 대상으로 각종의 이미지와 만족도 간의 인과관계를 분석한 바에 의하면, 〈표 4〉에서 보는 바와 같이 R^2는 0.372로서 이미지 요인들이 만족도를 37.2% 설명하고 있다.

즉 만족도가 순정서적 이미지 요인, 준정서적 이미지 요인, 인지적 이미지 요인들에 의하여 37.2%가 설명되고 있음을 알 수 있다. 결코 높지는 않으나 이들 요인에 의하여 만족도가 긍정적인 영향을 받고 있음이 입증되고 있다. 그리고 수정된 R^2값은 0.340으로서 이러한 관계가 모집단에 부합되는 정도는 약간 더 낮아지고 있다.

한편 〈표 4〉에서 보면, t검증 결과 유의한 변수는 준정서적 이미지의 흥미성 요인, 인지적 이미지의 관광할 거리와 비용, 인지적 이미지의 관광자원 요인, 순정서적 이미지의 정동성 요인, 그리고 순정서적 이미지의 편안함 요인 등인 것으로 나타났으며, 그 가운데서도 인지적 이미지의 관광할 거리와 비용 요인의 베타값이 0.241로서 가장 크다.

〈표 4〉 저관여 집단의 인과관계 분석결과

이미지 요인	표준화 계수 베타	t-값	유의 확률	설명력
(상수)	–	–	–	R^2=0.372 수정된 R^2=0.340
흥미성(준정서)	.194	2.210	.028	
전통성(준정서)	.003	.042	.967	
복잡성(준정서)	-.031	-.478	.633	
청결성(준정서)	.020	.296	.768	
관광할 거리와 비용(인지)	.241	3.411	.001	
관광자원(인지)	.186	2.517	.013	
정동성(순정서)	.146	2.110	.036	
독특성(순정서)	.067	.787	.433	
편안함(순정서)	.226	2.792	.006	

즉 저관여 집단의 경우 만족도에는 준정서적 이미지의 홍미성 요인, 인지적 이미지의 관광할 거리와 비용 및 관광자원 요인, 순정서적 이미지의 정동성 요인과 편안함 요인 등이 주된 영향변수로 작용하는 가운데 인지적 이미지의 관광할 거리와 비용 요인의 영향 정도가 가장 큼을 알 수 있다.

라 친숙도별 인과관계

(1) 고친숙도 집단

제주도에 대하여 친숙도가 높은 집단을 대상으로 각종의 이미지와 만족도 간의 인과관계를 분석한 바에 의하면, 〈표 5〉에서 보는 바와 같이 R^2값은 0.369로서 이미지 요인들이 만족도를 36.9% 설명하고 있다. 즉 만족도가 준정서적 이미지 요인과 인지적 이미지 요인들에 의하여 36.9%가 설명되고 있음을 알 수 있다. 결코 높지는 않으나 이들 요인에 의하여 만족도가 긍정적인 영향을 받고 있음이 입증되고 있다. 그리고 수정된 R^2값은 0.338로서 이러한 관계가 모집단에 부합되는 정도는 약간 더 낮아지고 있다.

한편 〈표 5〉에서 보면, t검증 결과 유의한 변수는 준정서적 이미지의 홍미성 요인과 전통성 요인, 청결성 요인, 그리고 인지적 이미지의 관광할 거리와 비용 등 4개 요인만인 것으로 나타났으며, 그 가운데서도 준정서적 이미지의 홍미성 요인의 베타값이 0.373으로서 가장 크다. 즉 친숙도가 높은 사람들의 경우 만족도에는 준정서적 이미지의 홍미성 요인, 전통성 요인, 청결성 요인, 그리고 인지적 이미지의 관광할 거리와 비용 요인만이 주된 영향변수로 작용하는 가운데 준정서적 이미지의 홍미성 요인의 영향 정도가 가장 큼을 알 수 있다. 제주도에 대한 친숙도가 높은 방문자들을 대상으로 한 분석에서 특이한 것은 준정서적 이미지 요인의 영향력이 친숙도가 낮은 집단의 경우에 비하여 높고, 순정서적 이미지 요인이 영향요인에서 제외되고 있다는 점이다. 친숙도가 높은 사람들일수록 관광공간에 대하여 알고 있는 정도가 높다고 볼 수 있다. 따라서 정동적이고, 독특하며 편안한 순정서적 이미지에 영향을 받는 정도가 낮아지기 때문일 것으로 사료되나 앞으로 더 연구되어야 할 부분이다.

〈표 5〉 고친숙도 집단의 인과관계 분석결과

이미지 요인	표준화 계수 베 타	t-값	유 의 확 률	설명력
(상수)	–	–	–	
홍미성(준정서)	.373	4.642	.000	
전통성(준정서)	.143	2.072	.040	
복잡성(준정서)	.005	.071	.943	
청결성(준정서)	.221	3.430	.001	R^2=0.369 수정된 R^2=0.338
관광할 거리와 비용(인지)	.220	3.160	.002	
관광자원(인지)	.092	1.279	.203	
정동성(순정서)	-.053	-.810	.419	
독특성(순정서)	-.039	-.516	.606	
편안함(순정서)	.034	.481	.631	

(2) 저친숙도 집단

제주도에 대하여 친숙도가 낮은 집단을 대상으로 각종의 이미지와 만족도 간의 인과관계를 분석한 바에 의하면, 〈표 6〉에서 보는 바와 같이 R^2값은 0.278로서 이미지 요인들이 만족도를 27.8% 설명하고 있다. 즉 만족도가 순정서적 이미지 요인, 준정서적 이미지 요인, 인지적 이미지 요인들에 의하여 27.8%가 설명되고 있음을 알 수 있다. 결코 높지는 않으나 이들 요인에 의하여 만족도가 긍정적인 영향을 받고 있음이 입증되고 있다. 그리고 수정된 R^2값은 0.242로서 이러한 관계가 모집단에 부합되는 정도는 약간 더 낮아지고 있다.

한편 〈표 6〉에서 보면, t검증 결과 유의한 변수는 인지적 이미지의 관광할 거리와 비용 요인, 관광자원 요인, 그리고 순정서적 이미지의 편안함 요인 등 3개 요인만인 것으로 나타났으며, 그 가운데서도 인지적 이미지의 관광할 거리와 비용 요인의 베타값이 0.234로서 가장 크다. 즉 제주도에 대한 친숙도가 낮은 방문자들의 경우 만족도에는 인지적 이미지의 관광할 거리와 비용 요인과 순정서적 이미지의 편안함 요인만이 주된 영향변수로 작용하는 가운데 인지적 이미지의 관광할 거리와 비용 요인의 영향 정도가 가장 큼을 알 수 있다. 특히 제주도에 대하여 친숙도가 낮은 집단의 경우 준정서적 이미지 요인이 영향을 미치지 않고 있는데 이는 아주 분명한 인지적 이미지 요인과 상대적으로 막연한 분위기를 반영하는 순정서적 이미지 요인에 의해 영향을 받기 때문인 것으로 해석할 수 있겠으나, 앞으로 연구가 있어야 하겠다.

〈표 6〉 저관여도 집단의 인과관계 분석결과

이미지 요인	표준화 계 수	t-값	유 의 확 률	설명력
	베 타			
(상수)	–	–	–	
홍미성(준정서)	.122	1.300	.195	
전통성(준정서)	-.056	-.714	.476	
복잡성(준정서)	-.113	-1.650	.101	
청결성(준정서)	-.008	-.112	.911	R^2=0.278
관광할 거리와 비용(인지)	.144	2.130	.035	수정된 R^2=0.242
관광자원(인지)	.234	3.087	.002	
정동성(순정서)	.132	1.757	.081	
독특성(순정서)	.091	1.061	.290	
편안함(순정서)	.204	2.402	.017	

마 체재기간별 인과관계

(1) 2박 3일 이내 체재자 집단

2박 3일 이내의 단기 체재자 집단에서 각종의 이미지와 만족도 간의 인과관계를 분석한 바에 의하면, 〈표 7〉에서 보는 바와 같이 R^2값은 0.317로서 이미지 요인들이 만족도를 31.7% 설명하고 있다.

〈표 7〉 **2박 3일 이내 체재자 집단의 인과관계 분석결과**

이미지 요인	표준화 계수 베타	t-값	유의확률	설명력
(상수)	–	–	–	R^2=0.317 수정된 R^2=0.282
흥미성(준정서)	.254	2.939	.004	
전통성(준정서)	.087	1.227	.221	
복잡성(준정서)	-.077	-1.140	.256	
청결성(준정서)	.115	1.688	.093	
관광할 거리와 비용(인지)	.225	3.174	.002	
관광자원(인지)	.093	1.225	.222	
정동성(순정서)	.051	.732	.465	
독특성(순정서)	-.007	-.093	.926	
편안함(순정서)	.180	2.193	.030	

즉 만족도가 순정서적 이미지 요인, 준정서적 이미지 요인, 인지적 이미지 요인들에 의하여 31.7%가 설명되고 있음을 알 수 있다. 상당히 높은 편이며, 이들 요인에 의하여 만족도가 긍정적인 영향을 받고 있음이 입증되고 있다. 그리고 수정된 R^2값은 0.282로서 이러한 관계가 모집단에 부합되는 정도는 약간 더 낮아지고 있다.

한편 〈표 7〉에서 보면, t검증 결과 유의한 것은 준정서적 이미지의 흥미성 요인, 인지적 이미지의 관광할 거리와 비용 요인 그리고 순정서적 이미지의 편안함 요인 등 3개 요인만 유의한 영향을 미치는 것으로 나타나고 있다. 그 가운데서도 준정서적 이미지의 흥미성 요인의 베타값이 0.254로 가장 크다. 즉, 단기 체재자의 경우 흥미성 요인, 관광할 거리 및 비용 요인, 그리고 편안함 요인 등이 주된 영향변수이며, 그 가운데서도 흥미성 요인의 영향이 가장 큼을 알 수 있다.

(2) 3박 4일 이상 체재자

3박 4일 이상의 장기 체재자 집단에서 각종의 이미지와 만족도 간의 인과관계를 분석한 바에 의하면, 〈표 8〉에서 보는 바와 같이 R^2값은 0.309로서 이미지 요인들이 만족도를 30.9% 설명하고 있다. 즉 만족도가 준정서적 이미지 요인과 인지적 이미지 요인들에 의하여 30.9%가 설명되고 있음을 알 수 있다. 결코 높지는 않으나 이들 요인에 의하여 만족도가 긍정적인 영향을 받고 있음이 입증되고 있다. 그리고 수정된 R^2값은 0.276으로서 이러한 관계가 모집단에 부합되는 정도는 약간 더 낮아지고 있다.

〈표 8〉 3박 4일 이상 체재자 집단의 인과관계 분석결과

이미지 요인	표준화 계수 베 타	t-값	유 의 확 률	설명력
(상수)	–	–	–	R^2=0.309 수정된 R^2=0.276
홍미성(준정서)	.314	3.490	.001	
전통성(준정서)	.072	.978	.329	
복잡성(준정서)	.004	.060	.952	
청결성(준정서)	.109	1.607	.110	
관광할 거리와 비용(인지)	.168	2.489	.014	
관광자원(인지)	.191	2.644	.009	
정동성(순정서)	.000	.004	.997	
독특성(순정서)	.019	.234	.815	
편안함(순정서)	.074	.981	.328	

한편 〈표 8〉에서 보면, t검증 결과 유의한 변수는 준정서적 이미지의 홍미성 요인, 인지적 이미지의 관광할 거리와 비용, 그리고 인지적 이미지의 관광자원 요인 등 3개 요인만인 것으로 나타났으며, 그 가운데서도 준정서적 이미지의 홍미성 요인의 베타값이 0.314로서 가장 크다. 즉 장기 체재자들의 경우 만족도에는 준정서적 이미지의 홍미성 요인, 인지적 이미지의 관광할 거리와 비용, 그리고 관광자원 요인이 주된 영향변수로 작용하는 가운데 준정서적 이미지의 홍미성 요인의 영향 정도가 가장 큼을 알 수 있다.

바 종합고찰

이상의 분석결과에 의하면, 고관여 집단, 저관여 집단, 고친숙도 집단, 저친숙도 집단, 그리고 장단기 체재자 집단 등 모든 경우에 약간씩 차이를 보이는 가운데 만족도가 방문 후의 이미지와 인과관계가 있음이 입증되었다. 즉 연구가설인 방문 후 이미지와 만족도 간의 인과관계는 제주도 방문에 대한 관여도의 고저, 제주도에 대한 친숙도의 고저, 그리고 체재기간의 장단에 따라 다르다는 것이 입증되었다. 〈표 9〉에서 보면, 고관여자는 준정서적 이미지의 홍미성 요인과 청결성 요인, 그리고 인지적 이미지의 관광할 거리와 비용 요인 등 3개의 요인이 만족도에 유의한 영향을 미치는 데 비하여, 저관여자는 준정서적 이미지의 홍미성 요인, 인지적 이미지의 관광할 거리와 비용 요인 및 관광자원 요인, 그리고 순정서적 이미지의 정동성 요인과 편안함 요인 등이 만족도에 유의한 영향을 미치고 있다.

친숙도가 높은 방문자의 경우에는 준정서적 이미지의 홍미성 요인, 전통성 요인, 청결성 요인, 그리고 인지적 이미지의 관광자원 요인 등 4개의 요인이 만족도에 유의한 영향을 미치는 데 비하여 친숙도가 낮은 방문자의 경우 인지적 이미지의 관광할 거리와 비용 요인과 순정서적 이미지의 편안함 요인 등 2개의 요인만이 만족도에 유의한 영향을 미치고 있다.

〈표 9〉 유의한 변수들의 베타값

이미지 요인	고관여	저관여	고친숙	저친숙	단 기	장 기
홍미성(준정서)	0.239	0.194	0.373	–	0.254	0.314
전통성(준정서)	–	–	0.143	–	–	–
복잡성(준정서)	–	–	–	–	–	–
청결성(준정서)	0.158	–	0.221	–	–	–
관광할 거리와 비용(인지)	0.163	0.241	0.220	0.234	0.225	0.168
관광자원(인지)	–	0.186	–	–	–	0.191
정동성(순정서)	–	0.146	–	–	–	–
독특성(순정서)	–	–	–	–	–	–
편안함(순정서)	–	0.226	–	0.204	0.180	–

주: 베타값은 $p < 0.05$에서 유의한 값임.

그리고 2박 3일 이하 단기 체재자의 경우에는 준정서적 이미지의 흥미성 요인, 인지적 이미지의 관광할 거리와 비용 요인, 그리고 순정서적 이미지의 편안함 요인이 만족도에 유의한 영향을 미치는 것으로 나타나고 있으며, 3박 4일 이상 장기체재자의 경우에는 준정서적 이미지의 흥미성 요인, 인지적 이미지의 관광할 거리와 비용 요인, 그리고 관광자원 요인 등이 만족도에 유의한 영향을 미치고 있다.

이상에서 보면, 고관여자, 고친숙자, 그리고 장단기 체재자의 경우에는 모두 준정서적 이미지의 흥미성 요인이 만족도에 가장 영향을 강하게 미치고 있다. 즉 이색적이고, 재미있고, 아름답고 환상적인 이미지가 방문자의 만족에 가장 강하게 영향을 미치고 있음을 알 수 있다. 그런데 저관여자와 저친숙자의 경우에는 이와는 달리 인지적 이미지의 관광할 거리와 비용 요인 즉 먹을거리, 즐길거리, 살거리와 여행비용에 대한 이미지가 만족도에 가장 강하게 영향을 미치고 있다.

본 연구에서 특이한 사항은 다음 세 가지 경우이다. 즉 첫째, 제주도 방문에 대한 관여도가 높은 방문자들을 대상으로 한 분석에서 순정서적 이미지 요인이 영향요인에서 제외되고 있다는 점이다. 이것은 관여도가 높은 사람들일수록 관광공간에 대하여 주의력을 기울이는 정도가 높기 때문에 관광하는 동안에 순정서적인 막연한 분위기에 영향을 받는 정도가 낮아지기 때문일 것으로 해석된다. 둘째, 제주도에 대한 친숙도가 높은 방문자들을 대상으로 한 분석에서 역시 순정서적 이미지 요인이 영향요인에서 제외되고 있다는 점이다. 친숙도가 높은 사람들일수록 관광공간에 대한 정보가 많기 때문에 순정서적인 막연한 분위기에 영향을 받는 정도가 낮아지기 때문일 것으로 해석된다. 셋째, 3박 4일 이상의 장기 체재자의 경우에도 역시 순정서적 이미지 요인이 영향 요인에서 제외되고 있다. 장기 체재자들의 경우에도 순정서적인 막연한 분위기에 영향을 받는 정도가 낮아지기 때문일 것으로 해석된다. 이들은 앞으로 좀 더 연구되어야 할 부분이다.

이와 같이 관광공간에 대한 앎의 정도가 높고 주의력을 기울이는 정도가 높으며 그리고 체재기간이 긴 경우에는 막연한 분위기에서 형성되는 것으로 판단되는 한산하고 멋지고 정겨운 같은 순정서적 이미지 요인이 영향을 미치는 정도가 낮음을 알 수 있다.

4. 결론 및 시사점

그간의 이미지에 관한 연구는 주로 관광목적지 선정에 있어서 이미지의 역할을 규명하는 데 주안점이 있었다. 그런데 관광을 하는 동안에 이미지를 생산과 동시에 소비한다는 주장도 꾸준히 제시되어 왔다. 그러다 최근에 Bigne 등(2001)은 이미지와 만족을 단일문항으로 간편하게 측정하여 연구가설을 검증하고 있다. 그리고 이러한 이미지와 만족 간의 관계는 관여도, 친숙도, 체재기간 등에 따라 달라질 수 있을 것이다.

따라서 본 연구에서는 이미지와 만족도 측정을 위해 개발된 척도를 이용하여 제주도를 방문하고 귀가하는 사람들을 대상으로 제주도에 대한 이미지와 만족도를 측정하고 관여도, 친숙도, 그리고 체재기간에 따른 이미지와 만족도 간의 인과관계를 확인하고자 하였다. 조사는 2001년 5월 하순 제주공항에서 이루어졌으며, 확보된 유효표본은 총 385매이였다. 척도의 신뢰도와 타당도를 확인한 후에 다중회귀분석을 통하여 연구가설을 검증하였다.

그 주요한 결과를 요약하면 다음과 같다.

첫째, 연구가설인 방문 후 이미지와 만족도 간의 인과관계가 관여도의 고저, 친숙도의 고저, 그리고 체재기간의 장단에 따라 다름이 입증되었다. 따라서 본 연구에서 제시된 연구모형인 방문 후 이미지와 만족도 간의 관계는 관여도의 고저, 친숙도의 고저, 그리고 체재기간의 장단에 따라 달라진다는 개념모형은 확정될 수 있다.

둘째, 고관여자, 고친숙자, 그리고 장단기 체재자에게는 모두 준정서적 이미지의 흥미성 요인이 만족도 결정에 가장 강하게 영향을 미치고 있다. 즉 이색적이고, 재미있고, 아름답고 환상적인 이미지가 방문자의 만족에 가장 강하게 영향을 미치는 것으로 확인되었다.

셋째, 저관여자와 저친숙자에게는 인지적 이미지의 관광할 거리와 비용 요인이 가장 강하게 영향을 미치고 있다. 즉 먹을거리, 즐길거리, 살거리가 풍부하고 여행 비용이 저렴하다는 이미지가 만족도에 가장 강하게 영향을 미치는 것으로 확인되었다.

넷째, 고관여자와 고친숙자, 그리고 장기 체재자에게는 순정서적 이미지 요인이 유의한 영향을 미치지 않고 있다. 즉 방문에 대한 관여 정도가 높고 방문지역에 대한 친숙도가 높을수록 한산하고 멋지고 정겨운 등의 막연한 분위기를 나타내는 순정서적 이미지 요인에 영향을 적게 받음을 알 수 있다.

이상의 결과를 바탕으로 시사점을 제시하면 다음과 같다.

첫째, 관여도, 친숙도, 그리고 체재기간에 따라 이미지가 만족도에 미치는 영향이 다르게 나타나고 있다. 따라서 관광을 하는 동안에 좋은 이미지를 형성토록 하기 위해서는 이들 요인을 고려해야 하겠다.

둘째, 관여도와 친숙도가 높은 집단에게는 이색적이고, 재미있고, 아름답고 환상적인 이미지가 방문자의 만족에 가장 강하게 영향을 미치고 있으므로 이들 집단에게는 이러한 이미지가 형성되도록 노력해야 하겠다.

셋째, 관여도와 친숙도가 낮은 집단에게는 먹을거리, 즐길거리, 살거리가 풍부하고 여행비용이 저렴하다는 이미지를 형성할 수 있게 노력해야 하겠다.

이상에서 보면, 관광하는 동안에 좋은 이미지 형성을 위해 막연하게 노력하기보다는, 방문자의 관여도, 친숙도, 그리고 체재기간 등을 고려해야 할 것임을 알 수 있다. 관광공간에 대한 앎의 정도가 높고 주의력을 기울이는 정도가 높은 경우에는 막연한 분위기에서 형성되는 것으로 판단되는 한산하고 멋지고 정겨운 등의 순정서적 이미지 요인이 영향을 미치는 정도가 낮은 것으로 나타났는데, 앞으로 이의 일반화를 위한 연구가 있어야 하겠다.

참고문헌 ••••••

김병국·박석희(2001). 관광지 이미지의 형성에 관한 연구. 『관광학연구』, 25(1): 271-290.

김성희(1993). 제품친숙성과 관여의 정보탐색과 상기집합에 대한 영향. 전북대학교 대학원 석사학위논문.

김영준(1995). 관광자 관여와 만족간의 관련성에 관한 연구. 경기대학교 대학원 석사학위논문.

노형진(2001). 『한글 SPSS 10.0에 의한 조사방법 및 통계분석』. 형설출판사.

박석희(1997). 관광상품화에 대한 개념정립 및 그 전략. 경기대학교 『논문집』, 40(1).

박석희(역)(1994). 『디즈니와 놀이문화의 혁명』. 일신사, pp. 281-282.

박석희·고동우(2002). 관광지의 정서적 이미지 측정을 위한 두 가지 척도.. 『관광학연구』, 25(4): 13-32.

박창규(1997). 관광자 만족 결정경로와 요인에 관한 연구. 경기대학교 대학원 박사학위논문.

유평근·진형준(2001). 『이미지』. 살림.

장면주·박석희(1999). 고궁 방문자의 기대수준 및 관여도가 만족도에 미치는 영향. 『한국공원휴양학회지』, 1(2): 219-228.

정충영·최이규(1998). 『SPSSWIN을 이용한 통계분석』. 무역출판사.

Bigne, J. E., Sanchez, M. I., and Sanchez, J.(20-01). Tourism image, evaluation variables and after purchase behavior: interrelationship. *Tourism Management,* 22: 607-616.

Broadway, Michael J.(1997). Urban tourism development in the modern canadian city: A review. In. Peter F. Murphy(Ed.). *Quality Management in Urban Tourism*. NY: John Wiley & Sons, p. 36.

Dichter, E.(1985). What is in an image? *Journal of Consumer Marketing*, 2: 39-52.

Fornell, C.(1992). A national customer satisfaction barometer: The Swedish experience. *Journal of Marketing*, 60: 7-18.

Giese, J. L., & Gote, J. A.(2000). Defining consumer satisfaction. *Academy of Marketing Sciences review*(http//www.amsreview.org/amsrev/theory).

Gnoth, J.(1994). Quality of service and tourist satisfaction. In S. Witt, and L. Moutinho(eds.). *Tourism Marketing and Management Handbook*. Hempel Hempstead: Prentice Hall. pp. 279-284.

Haim, Mano, & Oliver, Richard L.(1993). Assessing the dimensionality and structure of the consumption experience: Evaluation, feeling, and satisfaction. *Journal of Consumer Research*, 20: 451-466.

Houston, Michael, & Rothchild, Michael(1977). A Paradigm for Research on Consumer Involvement. Madison, WI: Graduate School of Business, University of Wisconsin.

Michell, A. A.(1979). Involvement: a potentially important mediator consumer behavior. Advanced in *Consumer Research*, 6.

Petty, Richard E., & Cacioppo, John T.(1981). Attitudes and Persuasion Classic and Contemporary Approaches. Dubuque, IA: Wm. C. Brown.

Pizam, A., Newman, Y., & Reichel, A.(1978). Dimensions of tourist satisfaction, *Annals of Tourism Research*, 5: 314-322.

Spreng, R. A., Mankenzie, S. B., & Olshavsky. R. W.(1996). A re-examination of the determinants of consumer satisfaction. *Journal of Marketing*, 60(3): 15-32.

Van Raaij, Fred, W., & Francken, Dick A.(1984). Vacation decision, activities and satisfaction. *Annals of Tourism Research*, 11(1): 141-142.

* 이 장의 출처 : 한국공원휴양학회(2002). 『한국공원휴양학회지』, 4(1).

제5장 관광지 프로모션과 이미지 형성

* 관광객 유치를 위해서 가장 중요한 일은 무엇인가?

* 프로모션 수단별로 관광지의 이미지 형성에 차이는 없을까?

* 관광행태에 따라서 프로모션 수단의 영향 정도는 차이가 있을까?

1. 머리말

1980년대와 90년대에 걸쳐 관광목적지를 판매하기 위해서, 적절한 관광지의 이미지 형성에 기초한 장소마케팅과 프로모션에 관한 관심이 증가하였다(Lawton and Page, 1997). 지역을 알림에 있어서 가장 중요한 마케팅 전략의 구성요소는 포지셔닝 또는 적절한 관광지 정체성 또는 이미지를 만들어내는 것이다(Echner and Ritchie, 1993). 관광객을 유치하기 위해 평범한 장소와 시간을 특별한 관광객의 세계로 변형시킬 수 있는 관광지 정체성을 투영하는 것은 매우 중요하며 이러한 이미지의 구축과 투영은 광고에서 시작되고 이들 광고의 본질은 이미지의 투영이다(Judd, 1995). 이미지는 수많은 정보들로부터 선택된 인상에 의해 형성되며 이미지는 정보를 개념적으로 나타내는 과정이다(Lawton and Page, 1997 재인용). 이러한 점에서 관광은 무형의 서비스이므로 관광에 있어 프로모션은 특히 중요하다(Fakeye and Crompton, 1991).

관광객은 어떤 관광지를 방문하는 동안 그가 경험할 수 있는 것에 대한 사실적인 기대를 형성할 수 있어야만 한다. 관광객이 가질 수 있는 경험의 유형이 명확하지 않으면 그 목적지를 방문하려 하지 않는다. 이 모든 것들은 여행 목적지에 대한 기대를 형성하는데 관광객의 미래의 방문을 도와주는 광고 또는 여러 형태의 프로모션의 중요성을 강조한다(Mayo and Jarvis, 1981). 관광마케팅 캠페인 즉, 프로모션의 목표는 관광목적지를 방문하도록 소비자의 경향에 영향을 미치려고 하는 것이며 최종적인 목적은 이러한 영향이 실제 방문으로 옮겨질 수 있도록 하는 것이다(Faulkner, 1997). 관광지 이미지와 여행자의 방문결정은 여러 요인들에 의해서 영향을 받으며, 특히 투어 오퍼레이터, 여행사 등은 여행자의 이미지와 방문결정에 영향을 미치는 하나의 주요한 프로모션 수단이라 할 수 있다(Baloglu and Mangaloglu, 2001; Woodside and Lysonski, 1989).

본 연구의 목적은 프로모션 수단에 따른 관광객의 실제 방문 영향 정도에 차이가 있는지 그리고 프로모션 수단들이 관광객들의 방문 전후 이미지 형성에 어떻게 영향을 미치는지를 파악하여 제주도 방문 시장의 이미지 향상을 위한 프로모션 방향 설정에 기초자료를 제공하고자 한다.

2. 이론 고찰

가 관광지 프로모션에 관한 논의

Morrison(1989)은 프로모션(promotion)은 프로모션 믹스 즉, 광고·인적 판매·판매촉진·머천다이징·PR·퍼블리시티 등을 통해 환대산업체와 여행조직체가 그들의 서비스를 촉진하기 위하여 사용하는 모든 기법이라 하였다. Watt(1998)는 프로모션에는 광고, 미디어와의 관계, 퍼블리시티, 머천다이징, 팸플릿, 포스터, 로고, 디스플레이 등의 여러 측면이 있으며 이미지, 로고, 광고, 미디어, 홍보, 판매, 기념품, 프레젠테이션, 머천다이징, 퍼블리시티 등은 프로모션하에서 고려되어야 한다고 하였다. 일반적으로 관광지 관련 프로모션은 대개 브로셔, 카탈로그, 전단을 비롯한 인쇄매체,

특히 여행잡지와 신문의 여행섹션 기사도 널리 이용된다(Weaver and McCleary, 1984).

관광지 프로모션은 Gold와 Ward(1994)가 "특별한 지리적 공간이나 지역의 선택적인 이미지를 목표층에게 전달하기 위한 퍼블리시티와 마케팅의 지속적인 사용"으로 정의하고 있는데 이것은 광고, 직접적인 마케팅, PR, 인적 판매, 판매촉진 등의 수단에 의해 달성될 수 있다(Eli, 2000 재인용). 학자들의 연구목적에 따라 사용된 관광지 프로모션 수단은 다양하지만 대부분은 방문자들의 이용 행태 및 경향을 분석하거나(Snepenger and Snepenger, 1993; Woodside and Ronkainen, 1980; Snepenger et al., 1990; Fodness and Murray, 1998; Uysal et al., 1990; Capella and Greco, 1987; Gitelson and Crompton, 1983), 관광지에 대한 잠재 관광자 혹은 방문자들의 인식의 변화를 측정하는 추적조사(tracking study)와 관광지에 대한 추가정보를 의뢰한 사람들이 실제 관광지를 방문했는지 여부를 측정하는 전환율 조사(conversion study) 방법을 이용하여 프로모션 효과를 측정하고 있다(McWilliams and Crompton, 1997; Lawton and Page, 1997; Zhou, 1997; Woodside and Ronkainen, 1994; Messmer and Johnson, 1993; Wicks and Schuett, 1991; Woodside, 1990; Bass et al., 1989; Silberman and Klock, 1986; Woodside and Ronkainen, 1984; Ballman et al., 1984; Hunt and Dalton, 1983; Gray, 1982; Ellerbrock, 1981; Woodside, 1981). 그리고 관광지 프로모션이 관광지 이미지 형성과정에 영향을 미치는 한 요인으로 파악되기도 하였다(Baloglu and McCleary, 1999; Mill and Morrison, 1998; Fakeye and Crompton, 1991; Gartner, 1989; Gunn, 1972).

본 연구에서는 최근의 연구인 Baloglu와 McCleary(1999)가 사용한 프로모션 유형의 변수들 즉, 구전, 광고, 여행사, 인터넷, 브로셔 등의 프로모션 수단들이 이미지 변화에 미치는 영향 정도를 측정하게 된다.

나 관광지 프로모션과 이미지 간의 관계

목적지 이미지는 관광자의 행동에 영향을 주며(Pearce, 1982) 여행결정 과정과 목적지 선택행동에 있어 주요한 역할을 한다(Woodside and Lysonski, 1989; Tapachai and Waryszak, 2000). 마케팅 관점에서 이미지에 영향을 미치는 공급 요인으로는 대중매체, 소비자 교육, 마케팅 활동, 소문이 있으며(Stabler, 1988), 관광지 이미지는 정보의 원천, 이전경험, 물리적 속성과 같은 자극요인에 의해서 형성되기도 한다(Baloglu and McCleary, 1999).

이미지는 생각과 메시지를 전달하기 위해 실제적인 방법에서 수없이 사용되는데(Morgan and Pritchard) 그 실제적인 방법은 궁극적으로 방문을 유도함으로써 관광지의 긍정적인 이미지를 향상시키려는 공급자 측면에서의 관광지 프로모션이 포함된다. 다양한 여행 결정 시 지각에 미치는 영향은 여행상품과 서비스에 대한 정확한 이미지를 전개하는 데 도움을 주는 정보에 대한 잠재방문자의 욕구를 강화시킨다(Mayo and Jarvis, 1981). 이러한 정보에 대한 욕구는 적절한 프로모션 노력에 의해 충족될 수 있다. 관광에 있어 프로모션의 궁극적인 목표는 행동변경이며 프로모션은 방문자에게 정보를 알리고, 설득하고, 상기시킴으로써 이를 달성할 수 있다(Mill and Morrison, 1998).

대부분의 여행자들은 대안목적지를 비교하기 위한 정보탐색을 시작하면서 여행의 흥미를 느끼게 되고 친척·친구에 의한 정보는 여행목적지를 선택하는 데 가장 중요한 영향을 미친다(Baloglu and McCleary, 1999). 그리고 환경에 대한 개인적 선호도는 위락이나 관광경험에 관해 이야기해 주는 친구나 친척 등 주변 사람들에 의해서 형성되는 가치평가에 의해 크게 영향을 받고, 그 지역에 대한 TV나 광고·문헌을 통해 구축된 이미지에 의해 형성된다(Philipsen, 1995). 이러한 구전·뉴스·잡지기사·방송 등 프로모션 수단에 의해서 이미지가 형성된다는 마케팅 관점에서의 논의는 Gunn(1972), Phelp(1986), Gartner(1993) 등의 연구에서 찾을 수 있다.

특히 Gartner(1993)는 관광지 이미지 형성과정이 관광마케팅, 프로모션, 개발에 있어 매우 중요하며 이미지 형성과정에 미치는 영향변수들은 각기 분리할 수 있다고 하면서, 이를 비용변수·전달 메시지의 신뢰도·시장 침투력과 관련하여 고찰하였다. 그가 분류한 이미지 형성매체는 대중적 유발체 I(Overt Induced I: 브로셔, TV, 라디오, 인쇄매체, 광고게시판 등 전통적인 광고형태), 대중적 유발체 II(Overt Induced II: 투어 오퍼레이터, 여행도매업자로부터 받은 정보), 간접적 유발체 I(Covert Induced I: 전통적인 광고형태를 이용, 지명도와 신뢰도가 높은 인물 선택), 간접적 유발체 II(Covert Induced II: 신문, 여행관련지 기사 등의 가치중립적인 리포트를 통한 여행작가, 활동그룹의 이용), 자연발생적 유발체(Autonomous: 뉴스와 대중문화 즉, 다큐멘터리 · 리포트 · 뉴스 스토리 · 영화 · 텔레비전프로그램에 의한 정보 등), 우연적 구전 유발체(Unsolicited Organic: 우연히 친구 · 친척에게서 얻은 정보), 요청된 구전 유발체(Solicited Organic: 의도적으로 친구 · 친척에게서 얻은 정보), 유기적 형성체(Organic: 실제방문) 등이며 그는 이들 이미지 형성 매체를 적절하게 믹스하여 이용하는 것이 중요하다고 하였다.

관광지 이미지에 관한 논의는 또한 관광객의 방문 행태를 대상으로 이뤄지기도 했는데, 방문자와 비방문자의 이미지(Milman and Pizam, 1995; Hu and Ritchie, 1993; Ahamed, 1991), 최초 방문자와 재방문자의 이미지(Fakeye and Crompton, 1991), 경쟁 목적지를 찾은 방문자의 이미지(Selby and Morgan), 방문 전과 방문 후 이미지(Dann, 1996; Phelps, 1986; Pearce, 1982; 김상원과 박석희, 2000). 비 방문자, 최초 방문자, 재방문자의 이미지(Baloglu, 2001), 주민이 지역에 대해 갖는 이미지(Alhemoud and Armstrong, 1996; Schroeder, 1996) 등 여러 방법으로 연구되었다.

다 관광지 이미지 형성과정

관광지 이미지의 형성과정에 대한 논의는 주로 Gunn(1972) 이후 주장되어온 유기적(organic) · 유인적(induced) 이미지에 의한 이미지 형성과정과 최근에 주장되고 있는 인지적(cognitive) · 정서적(affective) 이미지에 의한 이미지 형성과정에 관한 것이다. 본 연구의 근간이 된 관광지 이미지 형성과정에 관한 최근의 논의는 국외의 경우 Baloglu와 McCleary(1999)의 연구, 국내의 경우 박석희와 고동우의 연구(2001)와 김병국과 박석희(2001)의 연구에서 찾을 수 있다.

Baloglu와 McCleary(1999)의 연구결과에 의하면 프로모션 수단인 '구전'과 '광고'가 인지적 이미지에 직접영향을 미치고 관광지의 전체 이미지에 직접효과가 있는 것으로 나타났다. 김병국과 박석희(2001)의 연구결과에 의하면 [그림 1]에서 보는 바와 같이 프로모션 수단의 영향 정도는 인지적 이미지 형성에 직접효과가 있는 것으로 나타났으나 전체 이미지에는 직접효과가 없는 것으로 나타났다. 그리고 '브로셔 · 여행가이드'는 정서적 이미지와 직접효과가 있다는 새로운 결과를 도출하였다. 즉,

Baloglu와 MaCleary(1999)의 연구결과는 프로모션 수단의 영향 정도는 인지적 이미지와 관계가 있다고 하였는데 김병국과 박석희(2001)의 연구에서는 프로모션 수단의 영향 정도가 인지적 이미지 이외에도 정서적 이미지에 부정적인 직접효과를 미치는 것으로 나타났다.

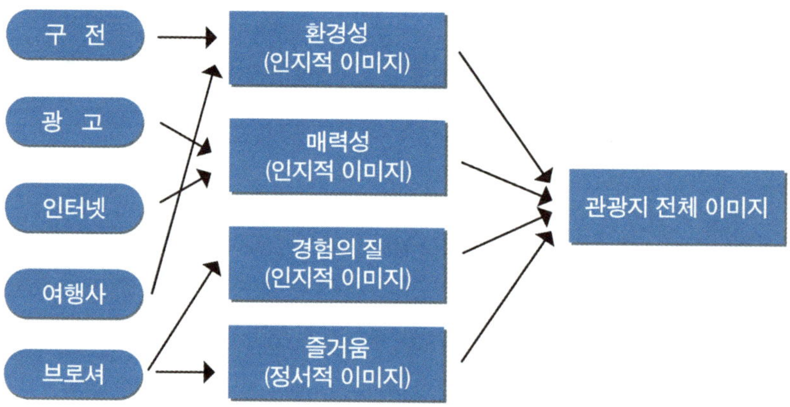

[그림 1] **김병국과 박석희(2001)의 관광지 이미지 형성모형 중 일부**

Baloglu와 McCleary(1999)의 연구와 김병국과 박석희(2001)의 연구는 공통적으로 인지적 이미지➡정서적 이미지➡관광지 전체 이미지 간의 관계를 검증하였다는 점이다. 그리고 차이점은 Baloglu와 McCleary(1999)의 연구는 관광지 이미지에 영향을 미치는 프로모션 수단의 영향 정도➡인지적 이미지➡전체 이미지 간의 관계를 검증하였으며 김병국과 박석희(2001)의 연구는 프로모션 수단의 영향 정도➡인지적·정서적 이미지 간의 관계를 검증하였다는 점이다. 박석희와 고동우(2001)는 관광지 이미지 구조와 측정에 대한 논의를 함에 있어 관광지 이미지를 크게 전반적인 인상도, 정서적 이미지, 인지적 이미지로 구분된다고 보고, 정서적 이미지는 다시 순정서적 이미지와 준정서적 이미지로 구분될 필요가 있음을 제안하고, 나아가 전반적 인상도를 준거변수로 하여 관광지 순정서적 이미지 척도와 준정서적 이미지 척도를 개발하였다.

라 가설설정

이론적 고찰을 통해 관광지 프로모션 수단이 방문자의 이미지 형성에 영향을 준다는 사실을 알 수 있었다. 본 연구의 가설은 이론적 배경을 기초로 하여 다음과 같이 설정한다.

연구가설: 방문 행태에 따라 프로모션 수단별 영향 정도가 다르다.

3. 결과의 분석 및 해석

'방문행동 특성에 따라 프로모션 수단별 영향 정도가 다르다'는 연구가설을 검증하기 위하여 t-검증을 실시하였다. 대상방문행동 특성은 재방문 여부, 방문결정시기, 방문목적, 체류기간이다. 최초 방문자와 재방문자 간에 프로모션 수단별 영향 정도는 〈표 1〉에서 보는 바와 같이 유의한 차이가 없다.

〈표 1〉 재방문 여부에 따른 프로모션 수단별 영향차이

구 분	재방문 여 부	평균값	표준편차	t-값	p-값	가설채택 여 부
구전(친구, 동료, 친척 등)	최초방문 재방문	3.29 3.34	0.90 1.00	-0.334	0.739	기각
TV, 라디오, 영화	최초방문 재방문	3.15 3.13	1.12 0.89	0.200	0.842	기각
신문, 잡지, 책	최초방문 재방문	2.91 2.95	0.92 0.87	-0.356	0.722	기각
홍보탑, 현수막	최초방문 재방문	2.53 2.55	0.90 0.94	-0.161	0.872	기각
브로셔, DM	최초방문 재방문	2.69 2.70	1.02 0.97	-0.084	0.933	기각
여행사	최초방문 재방문	2.57 2.60	1.15 1.15	-0.177	0.860	기각

즉, 실제 경험에 미치는 프로모션 수단의 영향 정도는 유의한 차이가 없는 것으로 나타났다. 방문결정시기에 따른 프로모션 수단별 영향차이는 〈표 2〉에서 보는 바와 같이 한 달 전에 방문을 결정한 응답자와 한 달 이내에 방문을 결정한 응답자 간에 유의한 차이가 없는 것으로 나타나 각 프로모션 수단이 방문결정시기에 영향을 미치지 못하는 것으로 나타났다.

〈표 2〉 방문결정시기에 따른 프로모션 수단별 영향차이

구 분	결정시기	평균값	표준편차	t-값	p-값	가설채택 여부
구전(친구, 동료, 친척 등)	한 달 전 한 달 이내	3.25 3.46	0.99 0.91	-1.632	0.104	기각
TV, 라디오, 영화	한 달 전 한 달 이내	3.09 3.22	1.02 0.89	-0.972	0.332	〃
신문, 잡지, 책	한 달 전 한 달 이내	2.90 3.00	0.88 0.90	-0.789	0.431	〃
홍보탑, 현수막	한 달 전 한 달 이내	2.50 2.62	0.97 0.84	-0.930	0.354	〃
브로셔, DM	한 달 전 한 달 이내	2.73 2.63	0.97 1.01	0.710	0.479	〃
여행사	한 달 전 한 달 이내	2.59 2.60	1.18 1.11	-0.071	0.943	〃

〈표 3〉 방문목적에 따른 프로모션 수단별 영향차이

구 분	방문목적	평균값	표준편차	t-값	p-값	가설채택 여부
구전(친구, 동료, 친척 등)	관광 관광 외	3.26 3.48	0.94 1.02	-1.547	0.123	기각
TV, 라디오, 영화	관광 관광 외	3.13 3.15	0.96 1.00	-0.133	0.894	〃
신문, 잡지, 책	관광 관광 외	2.96 2.90	0.88 0.91	0.471	0.638	〃
홍보탑, 현수막	관광 관광 외	2.57 2.49	0.94 0.88	0.567	0.643	〃
브로셔, DM	관광 관광 외	2.75 2.57	0.97 1.02	1.275	0.204	〃
여행사	관광 관광 외	2.69 2.34	1.15 1.11	2.110	0.036*	채택

주: *는 $p<0.05$ 수준에서 유의함을 나타냄.

방문목적에 프로모션 수단별 영향차이를 분석한 결과, 〈표 3〉에서 보는 바와 같이 프로모션 수단인 여행사만이 관광목적인 응답자의 평균값이 2.69, 관광 외 목적인 응답자의 평균값이 2.34로서 유의수준 5%에서 유의한 차이가 나타났다.

이는 순수관광목적으로 제주를 방문한 관광객들이 주로 여행사의 패키지상품을 이용했기 때문으로 사료된다.

체류기간에 따른 프로모션 수단별 영향차이는 〈표 4〉에서 보는 바와 같이 2박 3일 이하와 3박 4일 이상 머무른 양 집단 간에 유의한 차이가 없는 것으로 나타나 각 프로모션 수단이 체류기간에 영향을 주지 못한 것으로 보인다.

〈표 4〉 체류기간에 따른 프로모션 수단별 영향차이

구 분	체류기간	평균값	표준편차	t-값	p-값	가설채택 여 부
구전(친구, 동료, 친척 등)	2박 3일 이하 3박 4일 이상	3.29 3.41	0.97 0.95	-0.875	0.382	기각
TV, 라디오, 영화	2박 3일 이하 3박 4일 이상	3.12 3.18	0.94 1.04	-0.427	0.670	기각
신문, 잡지, 책	2박 3일 이하 3박 4일 이상	2.93 2.96	0.86 0.94	-0.250	0.803	기각
홍보탑, 현수막	2박 3일 이하 3박 4일 이상	2.54 2.57	0.90 0.97	-0.242	0.809	기각
브로셔, DM	2박 3일 이하 3박 4일 이상	2.63 2.82	0.98 1.00	-1.365	0.174	기각
여행사	2박 3일 이하 3박 4일 이상	2.64 2.49	1.13 1.18	0.946	0.345	기각

선행연구에서 관광객은 방문결정 시 가족·친구, 관광지 관련 책, 방송매체, 여행사를 이용하는 경향이 높고(Snepenger and Snepenger, 1993), 최초 방문자는 여행사에 크게 영향을 받으며(Woodside and Ronkainen, 1980), 관광객의 긍정적인 인지적 평가를 위해 관광지는 관광객이 다양한 프로모션 수단을 이용할 수 있도록 방법을 모색해야 한다(Baloglu and McCleary, 1999)고 하고 있다. 본 연구는 재방문 여부, 방문결정시기, 방문목적, 체류기간에 따른 관광객의 방문행동 특성에 프로모션 수단이 별 영향을

끼치지 못한 것으로 나타나 현재 진행되는 프로모션 방법에 문제가 있음을 시사하고 있다.

4. 결론 및 시사점

본 연구는 프로모션 수단이 관광지 이미지 형성에 어떻게 영향을 미치는지를 알아보기 위하여 선행연구를 통해 문항을 추출하고 신뢰성 분석을 통하여 설문문항의 유용성에 대한 검증을 실시한 후 연구가설을 설정하고 이를 검증하였다.

검증 결과 방문행동 특성 즉, 재방문 여부, 방문결정시기, 방문목적, 체류기간에 미치는 프로모션 수단의 영향에는 여행사를 이용하는 경우를 제외하고는 별다른 유의한 차이를 보이지 않고 있다.

본 연구의 결과에서 제시되는 시사점은 프로모션 수단에 따른 관광지 이미지 형성 측면에서 다음과 같이 고려될 수 있다.

재방문 여부, 방문결정시기, 방문목적, 체류기간 등 관광객의 방문행동 특성에 프로모션 수단이 별 영향을 끼치지 못했다는 점으로 미뤄 현재 행해지고 있는 제주도 관광관련 프로모션 활동이 미약함을 지적할 수 있다. 보다 적극적인 프로모션 방안이 강구되어야 할 것이다.

향후, 방문 전후 각 연구모형의 설명력을 높일 수 있는 여러 요인들과 다양한 프로모션 수단과의 영향관계를 밝히는 연구가 이뤄져야 할 것이다.

참고문헌 ••••••

김계수(2001). 『AMOS 구조방정식 모형분석』. 고려정보산업.

김병국·박석희(2001). 관광지 이미지의 형성에 관한 연구. 『관광학연구』, 25(1): 271-290.

김상원·박석희(2000). 제주도 방문 관광객의 방문 전후 이미지 차이분석. 『경기관광연구』, 4: 125-146.

노형진(1999). 『한글 SPSSWIN에 의한 알기 쉬운 다변량분석』. 형설출판사.

박석희·고동우(2001). 관광지 이미지의 구조와 차원. 한국관광학회 발표예정 원고.

Ahmed, Z, U.(1991). The influence of the components of a state's tourist image on product positioning strategy. *Tourism Management*, 12: 31-34.

Alhemoud, A. M., and Armstrong, E. G.(1996). Image of tourism attractions in Kuwait. *Journal of Travel Research*, 34(4): 76-80.

Avraham, Eli(2000). Cities and their news media images. *Tourism Management*, 17(5): 363-370.

Ballman, G., Burke, J., Blank, U., & D. Korte(1984). Toward higher quality conversion studies: Refining the numbers game. *Journal of Travel Research*, 22(Spring): 28-33.

Bass, J. M., M. J. Manfredo, M. E. Lee, & D. J. Allen(1989). Evaluation of an information brochure for promoting charter boat trip opportunities along the Oregon coast. *Journal of Travel Research*, 27(3): 35-37.

Capella, L., & G. Greco(1987). Information sources of elderly for vacation decisions. *Annal of Tourism Research*, 6(4): 148-151.

Dann, G.(1996). Tourist images of a destination: An alternative analysis. In D. R. Fesenmaier, J. T. O'Leary, and M. Uysal(Eds.), Recent Advances in *Tourism Marketing Research*, NY: The Haworth Press. pp. 41-55.

Elberbrock, Michael J.(1981). Improving coupon conversion studies. *Journal of Travel Research*, 19(Spring): 37-38.

Fakeye, P., & Crompton, J.(1991). Image differences between prospective, first-time, and repeat visitors to the Lower Rio Grande Valley. *Journal of Travel Research*(Fall): 10-16.

Gartner, W. C.(1993). Image Formation Process: Communication and Channel Systems. in *Tourism Marketing*, Haworth Press, Inc. pp. 191-215.

Gunn, C.(1972). *Vacationscape: Designing Tourist Regions*. Austin, TX: Bureau of Business Research, University of Texas.

Hu, Y., & Ritchie, J. R. B.(1993). Measuring destination attractiveness a contextual approach. *Journal of Travel Research*(Fall): 25-34.

Hunt, John D., & Dalton, Michael J.(1983). Comparing mail and telephone for conducting coupon conversion studies. *Journal of Travel Research,* 21(Winter): 16-18.

Judd, Dennis R.(1995). Promoting tourism in US cities. *Tourism Management*, 16(3): 175-187.

Lawton, G., & Page, S.(1997). Analysing the promotion, product and visitor expectations of urban tourism: Auckland, New Zealand as a case study. *Journal of Travel and Tourism Marketing*, 6(1): 123-142.

Mayo, Edward J., & Jarvis, Lance P.(1981). *The Psychology of Leisure Travel*. CBI Publishing Company, Inc. p. 62.

Mcwilliams, Edward G., & Crompton, John L.(1997). An expanded framework for measuring the effectiveness of destination advertising. *Tourism Management,* 18(3): 127-137.

Mill, R. C., & Morrison, M. A.(1998). *The Tourism System: An Introductory Text*, Third Edition, pp. 69-88.

Milman, A., & Pizam, A.(1995). The role of awareness and familiarity with a destination: The Central Florida case. *Journal of Travel Research*(Winter): 21-27.

Morgan, N., & Pritchard, A.(1998). *Tourism Promotion and Power: Creating Images, Creating Identities*. John Wiley & Sons.

Pearce, P. L.(1982). Perceived changes in holiday destination. *Annals of Tourism Research*, 9: 145-164.

Phelps, A.(1986). Holiday destination image: The problem of assessment. *Tourism Management*(Sept.): 168-180.

Philipsen, J.(1995). Nature-based tourism and recreation: Environmental change, perception, ideology and practices. In G. J. Ashworth, and A. G. J. Dievorst(Eds.). *Tourism and Spatial Transformations*. CAB International, pp. 183-200.

Schtoeder, Tim(1996). The relationship of residents's image of the state as a tourist destination and their support for tourism. *Journal of Travel Research*, 34(1).

Seyhmus, Baloglu(2001). Image variations of Turkey by familiarity index: Informational and experiential dimensions. *Tourism Management*, 22: 127-133.

Seyhmus, Baloglu & McCleary, Ken W.(1999). A model of destination image formation. *Annals of Tourism Research*, 26: 868-897.

Seyhmus, Baloglu, & Mangaloglu, Mehmet(2001). Tourism destination image of Turkey, Egypt, Greece and Italy as perceived by US-based tour operator and travel agents. *Tourism Management*, 22: 1-9.

Silberman, J., & Klock, M.(1986). An alternative to conversion studies for measuring the impact of travel ads. *Journal of Travel Research*, 24(4): 12-16.

Snepenger, D., Meged, K., Snelling. M., & Worrall, K.(1990). Information search strategies by destination naive tourist. *Journal of Tourism Research*, 29(1): 13-16.

Stabler, J. Michael(1988). The image of destination regions: Theoretical and empirical aspects.

Marketing in the Tourism Industry: The Promotion of Destination Regions.

Tapachai, N., & Waryszak, R.(2000). An examination of the role of beneficial image in tourist destination selection. *Journal of Travel Research*, 39(1): 37-44.

Wicks, B. E., & Schuett, M. A.(1991). Examining the role of tourism promotion through the use of brochures. *Tourism Management*, 12(4): 301-312.

Woodside, A. G.(1990). Measuring advertizing effectiveness in destination marketing strategies. *Journal of Travel Research*, 29(Fall): 3-8.

Woodside, A. G., & Lysonski, S.(1989). A general model of traveler destination choice. *Journal of Travel Research,* 27(2): 8-14

Woodside, A. G., & Ronkainen, I. A.(1980). Vacation planning segments: Self planning vs. users of motor club and travel agents. *Annals of Travel Research*, 7: 385-393.

Woodside, A. G., & Ronkainen, I. A.(1984). How serious is nonresponse bias in advertising conversion research? *Journal of Travel Research*(Spring): 34-37.

Zhou, Zongqing(1997). Destination marketing: Measuring the effectiveness of brochures. *Journal of Travel and Tourism Marketing*, 6(1): 143-158.

* 이 장의 출처 : 한국공원휴양학회(2001). 『한국공원휴양학회지』, 3(1). 부소영과 공동.

제6장 인터넷 관광정보와 이미지 형성

* 인터넷 없이 사는 것이 가능하다고 생각하는가?
* 인터넷 정보와 책에 있는 정보 중 어느 것의 신뢰도가 높을까?
* 인터넷 관광정보가 관광지의 이미지 형성에도 영향을 미칠까?

1. 머리말

현대사회는 개인용 컴퓨터의 급속한 보급과 더불어 정보통신분야가 비약적으로 발전을 거듭해오면서 '정보화시대' 혹은 '디지털 시대'라는 용어가 현대사회의 모습을 대변하고 있다. 불과 몇 년 전만 하더라도 각종 정보를 얻기 위해서는 서점이나 도서관을 방문하여 신문이나 잡지, 관련서적 등을 일일이 찾아보아야 했지만 이제는 월드와이드웹(world wide web)에 접속하기만 하면 집에서도 손쉽게 정보를 얻을 수 있어 인터넷 이용자수가 매년 기하급수적으로 증가하고 있는 실정이다.

이러한 인터넷의 급속한 발전은 기업의 경영환경을 전자상거래로 변화시키고 있으며, 신문, 서적 등 기존의 대표적인 오프라인(off-line) 정보제공 매체가 온라인(on-line)과 공존하거나 전환되는 등 여러 분야에서 많은 변화를 야기하고 있다. 이러한 점에서 관광분야의 정보화 또한 중요한 문제로 부각될 수 있는데 그 이유는 향후 많은 잠재 관광자들이 방문예정인 관광지의 정보를 인터넷을 통해 습득하게 될 것이고 이것은 결국 방문 전 관광지 이미지와 방문의도에 적지 않은 영향을 미칠 수도 있기 때문이다.

이렇듯 관광정보 제공매체로서 인터넷의 영향력은 점차 커질 것으로 예상되므로 인터넷 관광정보와 관련한 연구의 필요성이 제기된다고 할 수 있다.

정보가 관광지 이미지 형성에 영향을 미친다는 연구는 이미 여러 학자들에 의해 논의된 바 있으나(Fakeye & Crompton, 1991), 인터넷 매체의 관광정보가 관광지 이미지 형성에 영향을 미친다는 연구는 국내·외를 막론하고 없는 실정이다. 다만, 광고·마케팅분야에서 인터넷과 기존매체를 비교한 연구(오익근·최재화, 2000 재인용)와 인터넷 정보탐색과 관광의사결정 간의 영향관계에 대한 연구(Beirne & Curry, 1999) 정도가 있을 뿐이다.

따라서 본 연구는 관광지 이미지 형성에 영향을 주는 다양한 정보원천 중 인터넷이라는 새로운 매체를 테마로 한 탐색적인 연구로서 인터넷 관광정보가 방문 전 관광지 이미지와 방문의향에 미치는 영향을 분석해 보고자 한다.

2. 이론 고찰

가 인터넷 매체의 특징

한정호 외(1998)에 의하면 인터넷 매체는 쌍방향성(two-way)과 상호작용성(interactivity), 국제화, 매체의 통합성, 연결성, 저렴한 비용, 재미, 시간의 일치성이라는 7가지의 특징을 지니고 있다.

〈표 1〉 인터넷 매체의 특징

특 징	세 부 내 용
쌍방향성(상호작용성)	• 인터넷의 대표적인 장점, 기존 매체들의 약점 • 소비자와 광고주와의 직접 의사소통을 통한 추가정보 요청 가능

국제화	• 국제적 연결이 가능한 국경 없는 세계의 실현 • 손쉬운 외국의 잠재고객 유인 • 지리적 제한문제 해결
매체의 통합성	• 여러 매체를 수용할 수 있는 멀티미디어적 특징으로 기존 매체 위협
연결성	• 주체와 고객 간의 세밀한 연결 능력 • 중간상 없이 생산자와 소비자의 직접 거래 가능
저렴한 비용	• 사이버 마케팅으로 인한 기업의 비용절감 • 사이버 마케팅으로 시간 및 단계 단축
재미	• '재미'는 인터넷에만 국한된 것이 아니기 때문에 여러 매체를 평가할 수 있는 사항
시간의 일치성	• 실시간(real time) 정보제공 • 시간 일치성이 매체 통합과 맞물렸을 때 소비자 반응 상승

자료: 한정호 외(1998), TV광고의 길이효과 연구/인터넷광고의 포지셔닝 효과, 한국방송광고공사, 1998: 22-32에서 재구성.

또한 광고매체로서 인터넷과 신문, 잡지, TV 등 기존 매체들과의 비교에서는 피드백, 정보량, 비용, 측정성에서 인터넷 매체가 기존매체보다 우위에 있다는 것을 알 수 있다. 즉 도달률은 낮지만 피드백과 측정성이 매우 높고 정보량이 매우 많으며 선택성이 비교적 높으면서도 가격이 매우 저렴한 매체로 나타났다.

〈표 2〉 인터넷과 주요 광고매체의 특성 비교

매 체	도달률	선택성	피드백	정보량	비 용	측정성
신문	높음	보통	낮음	보통	높음	낮음
TV	매우 높음	매우 낮음	매우 낮음	낮음	낮음	낮음
라디오	높음	낮음	매우 낮음	매우 낮음	매우 낮음	매우 낮음
직접우편(DM)	매우 낮음	매우 높음	낮음	보통	매우 높음	높음
잡지	보통	보통	낮음	보통	높음	보통
인터넷(WWW)	낮음	높음	매우 높음	매우 높음	매우 낮음	매우 높음

자료: 이시훈(1999), 인터넷 광고효과의 인과적모델에 관한 연구, 경희대학교 박사학위논문, P. 18에서 재인용.

한편 령 등(Leong, Huang & Stanners)은 마케팅 커뮤니케이션 시각에서 인터넷 홈페이지가 다른 매체와 비교하여 어떠한 장점이 있는가를 조사하였는데 홈페이지는 상세한 정보전달에 있어 탁월하며, 이는 DM(Direct mail)의 기능과 흡사하지만, 표적시

장의 정보수신자를 비교할 때 비용 면에서 보다 효과적임을 발견하였다. 또한 TV가 감정적인 자극인 데 비해 홈페이지는 상세한 정보를 제공하는 이성적인 매체이고, 소비자의 행동을 촉진하는 효과 면에서 TV, 옥외광고, 잡지, 신문을 능가하는 것으로 조사되어 홈페이지가 브랜드, 상품, 기업에 대한 인지도를 높이고 이들의 이미지를 전달하는 데 효과적이라고 하였다(오익근·최재화, 2000 재인용).

나 관광지 이미지에 관한 선행연구

관광분야의 이미지에 관한 연구에서 가장 널리 받아들여지고 있는 이미지 유형은 건(Gunn)의 분류라 할 수 있다. 건(Gunn)은 관광지 이미지 형성에 영향을 미친 매개체가 무엇인지에 따라 이미지의 성격도 달라지는 것으로 파악하여, 관광지 이미지를 유기적 이미지(organic image)와 유인적 이미지(induced image)로 분류하였다. 유기적 이미지는 신문이나 잡지, TV 등의 관광과 관련 없는 정보를 통해 형성되어 여행광고와 같은 관광관련기관의 직접적인 정보에 의해 형성된 유인적 이미지로 발전한다고 한다(Fakeye & Crompton, 1991: 10).

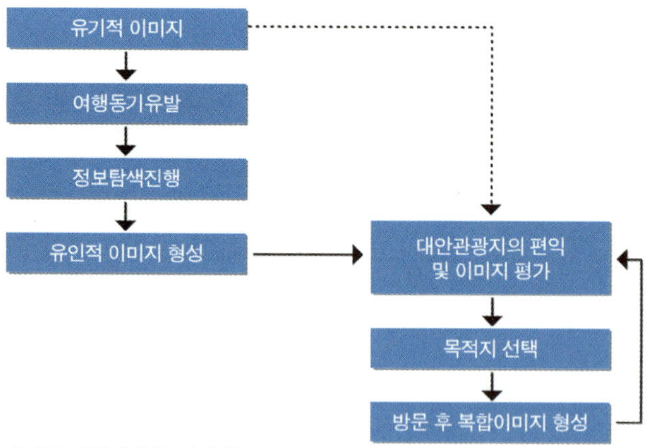

주: 점선은 간접적 영향관계를 나타냄.
자료: Fakeye & Crompton(1991), Image Differences between Prospective, First-Time, and Repeat Visitors to the Lower Rio Grande Valley. *Journal of Travel Research*, Fall: 11.

[그림 1] 관광객 이미지 형성 과정

Fakeye와 Crompton은 Gunn의 유기적 이미지와 유인적 이미지를 방문 전에서 방문 후에 이르는 단계에 따라 유기적 이미지와 유인적 이미지가 복합이미지로 발전하는 과정을 [그림 1]과 같이 모형화하였다(Fakeye & Crompton, 1991: 10-11). 그들은 방문 전의 유기적 이미지단계에서 여행동기가 생겨남으로써 관광지에 대한 정보를 탐색하게 되어 유인적 이미지로 발전하게 되고, 이렇게 형성된 유인적 이미지는 선정된 몇 개의 관광지들에서 얻을 수 있는 편익 및 그에 따른 이미지 평가를 거침으로써 목적지를 선정하게 되며 관광목적지를 방문한 후에는 보다 복합적인 이미지로 발전하게 된다는 것이다.

그러나 Fakeye와 Crompton이 사용하는 개념은 Gunn의 개념과 약간 차이가 있다. 건이 주장한 유인적 이미지는 방문경험 없이 그 지역에 대해 갖는 인상을 의미하고, 유기적 이미지는 이전에 방문했던 개념을 토대로 내적인 순환과정을 통해 형성된 이미지를 의미한다. 그런데 Fakeye와 Crompton에 따르면, 초기 단계에 형성되는 유기적 이미지는 관광지를 방문하고 싶은 욕구를 발생시키며, 유인적 이미지는 개인적 접촉에 의한 정보의 획득이나 광고 등을 통한 관광지의 편익, 이미지 파악 등의 정보탐색활동과 개인적인 유기적 이미지 등이 상호작용하여 유인적 이미지가 형성된다고 주장한다(조광익, 1997: 237).

〈표 3〉 **이미지 형성**

이미지 변화 매체	신뢰도	시장침투력	소요경비
일반적 광고매체(브로셔, TV 등)	낮음	높음	높음
투어오퍼레이터나 도매업자로부터 얻은 정보	보통	보통	간접적
일반적 광고매체를 통해 유명인이 출연한 간접 홍보	낮음/보통	높음	높음
공정한 기사를 통한 홍보(신문 등)	보통	보통	보통
뉴스와 대중문화를 통한 홍보 (다큐멘터리, 영화, TV프로그램 등)	높음	보통/높음	간접적
친구나 친지로부터 우연히 얻은 정보	보통	낮음	간접적
친구나 친지에게 요청하여 얻은 정보	높음	낮음	간접적
실제 방문	높음	–	간접적

자료: Gartner, W. C.(1993). Image Formation Process, *Journal of Travel & Tourism Marketing*, 2: 210.

한편 Gartner는 이미지 구성요소, 이미지 형성요소, 관광지 이미지의 특징 등에 대해 논의하였으며, 이미지 형성 매체와 신뢰도, 시장침투력, 소요경비의 영향에 관해 연구하였다(Gartner, 1993: 191-210). 그의 연구는 〈표 3〉에서와 같이 관광지 이미지 형성 매체로서 8가지의 유형을 보여준다.

Baloglu와 McCleary는 이미지가 행동에 영향을 미치기 전에 이미지에 영향을 미치는 영향인자의 중요성을 강조하면서 방문 전 관광지 이미지 결정인자의 경로모형을 설정하여 검증한 결과 정보원천의 형태와 다양성은 인지적·지각적 평가에만 영향이 있음을 밝혀냈으며, 정보원천의 유형 중 구전과 광고 및 명성은 이미지에 양의(positive) 영향을 지식과 사회적 동기는 음의(negative) 영향을 미치는 것으로 경로분석 결과 나타났다(〈표 4〉 참조). 또한 그들은 정보원천의 다양성이 인지적 평가에 긍정적으로 기여하기 때문에, 관광지는 다양한 정보원천을 방문객들이 이용할 수 있도록 방법을 모색해야 한다고 주장하고 있다.

〈표 4〉 변수 간 인과관계

외생변수	내 생 변 수					
	정서적 평가			이미지		
	DE	IE	TE	DE	IE	TE
정보원천의 다양성(양)	–	.21	.21	–	.17	.17
구전	–	.12	.12	.07	.10	.17
광고	–	.05	.05	.07	.05	.12
연령	–	-.09	-.09	–	-.06	-.06
교육	–	-.04	-.04	–	-.04	-.04
휴식(일탈)	-.07	–	-.07	–	-.05	-.05
지식	–	–	–	-.08	–	-.08
사회적 활동	–	–	–	-.10	–	-.10
명성	–	–	–	.07	–	.07
경험의 질	.37	–	.37	–	.26	.26
매력물	.17	–	.17	–	.12	.12
가치/환경	.29	–	.29	.10	.21	.31
영향	–	–	–	.72	–	.72

주: DE(direct effect, 직접영향), IE(indirect effect, 간접영향), TE(DE+IE, 전체 영향).

자료: Baloglu, Seyhmus & Ken W. McCleary(1999), A Model of Destination Image Formation, *Annals of Tourism Research*, 26(4): 888.

다 인터넷 관광정보에 관한 선행연구

인터넷과 관련하여 지금까지 논의된 테마는 주로 호텔, 인터넷 마케팅, 관광정보 등에 관한 적용 방안 및 활용현황 등을 중심으로 진행되어 왔지만 연구의 질과 양에 있어 미비한 실정이다.

박종희 외(1999)는 인터넷 관광정보 시스템의 문제점과 관광객이 필요로 하는 관광정보에 관한 조사를 통하여 'PC 및 인터넷 관광정보에 의한 관광의사결정모델'을 제시하였다. 그들은 외부정보가 관광지 선택에 영향을 주고 인터넷이나 PC 통신의 관광정보는 관광객이 관광에 대한 새로운 욕구가 생기도록 자극하는 역할을 하며, 만약 잠재관광객이 특정 지역의 관광정보내용에 만족한다면 그 지역으로 대안을 선택하는 의사결정을 하게 된다고 한다.

오익근·최재화(2000)는 인터넷을 통한 관광정보제공의 중요성에 대해 언급하면서, 7대 광역시와 9개 도를 대상으로 총 16개의 홈페이지를 분석대상으로 선정하여 관광정보 구성을 분석하였는데 홈페이지에 대한 이미지가 부정적일 경우에 그 지역은 탐색자의 관광 고려군(consideration set)에서 제외될 가능성이 높으므로 인터넷 홈페이지 관광정보가 정확하고 소구할 수 있는 매력을 갖추어야 한다고 주장하고 있다.

인터넷 관광정보에 관한 해외 연구인 Beirne와 Curry(1999)는 인터넷 관광정보가 관광지에 대한 탐색자의 지각과 태도에 실제로 변화를 주었다고 밝혔다. 그들은 5천 달러의 여비를 가지고 4주간의 휴가를 보낸다고 가정한 상태에서 피조사자들이 하와이(Hawaii), 네팔(Nepal), 이비자(Ibiza) 관광지 중 한 곳을 선택하여 1시간 동안 인터넷으로 대상지의 정보를 검색하게 하는 관찰실험법(observational experiment)을 실시한 결과 인터넷 관광정보가 관광지의 지각을 변화시켰다는 사실을 근거로 피조사자들이 대체로 인터넷 정보를 신뢰하고 있음을 추론하였다. 따라서 방문 전 사전조사 활동을 통해 관광지의 이미지를 창출할 것이고 구체적인 관광지 정보획득에 의해 태도가 형성될 것이라고 하였으며 이것은 향후 실제 방문하고자 할 때 관광 고려군(consideration set)이나 선택기준이 되기 때문에 인터넷의 관광정보는 가능한 한 정확하고 매력적으로 제공하는 것이 중요하다고 주장하였다.

3. 결과의 분석 및 해석

가 실험집단의 인구통계학적 특성

본 연구의 피험자 집단인 각 실험집단의 일반적인 특성을 파악하기 위하여 빈도분석을 실시한 결과는 〈표 5〉와 같다. 즉 남녀 구성비에서는 남자가 다소 많으나 두 집단 간에는 비슷하며, 방문경험은 인터넷 정보집단이 조금 높다. 그리고 단양군에 대한 관심도는 두 집단 간에 비슷하다.

〈표 5〉 실험집단의 일반적 특성

구 분		인터넷 정보집단 (n=50)		여행서적 정보집단 (n=50)		합 계	
		빈도(명)	비율(%)	빈도(명)	비율(%)	빈도(명)	비율(%)
성별	남자	33	66.0	31	62.0	64	64.0
	여자	17	34.0	19	38.0	36	36.0
방문경험	있음	11	22.0	6	12.0	17	17.0
	없음	39	78.0	44	88.0	83	83.0
단양군 관심도	전혀 관심없다	5	10.0	5	10.0	10	10.0
	관심없다	21	42.0	27	54.0	48	48.0
	보통이다	22	44.0	15	30.0	37	37.0
	관심있다	2	4.0	3	6.0	5	5.0
	매우 관심있다	0	0.0	0	0.0	0	0.0

나 관광지 이미지 측정항목의 신뢰도 검증

단양군 관광지의 사전 이미지 측정항목 15개 문항에 대해 신뢰도 검증을 해본 결과 전체 문항에 대한 신뢰도 계수가 0.704로서 비교적 높은 신뢰성을 보여주고 있으며, '값이 비싸다' 문항을 제거할 경우 신뢰도가 다소 증가하는 것으로 나타났다.

〈표 6〉 관광지 이미지 측정항목의 신뢰도 검증

측정항목	사전 이미지 측정		전체 문항에 대한 신뢰도 계수
	문항점수와 검사총점 간 상관계수	자기문항 제거 시 신뢰도	
흥미있다	0.331	0.687	0.704
값이 비싸다	-0.014	0.722	
친절하다	0.379	0.684	
안전하다	0.336	0.687	
다양하다	0.335	0.686	
휴식적이다	0.430	0.676	
매력적이다	0.273	0.694	
편리하다	0.339	0.687	
양질이다	0.360	0.685	
맛 있 다	0.323	0.688	
안정되었다	0.299	0.691	
새 롭 다	0.375	0.682	
동적이다	0.214	0.702	
편안하다	0.242	0.697	
청결하다	0.429	0.673	

다 실험집단 간 차이 검증

(1) 실험집단 간 관광정보 만족도 차이 검증

〈표 7〉 실험집단 간 관광정보 만족도 차이 검증

구 분	평균값	표준편차	평균들의 동일성에 대한 t-검증		
			t-값	자유도	유의확률
실험집단 A	3.554	0.489	5.760	81	0.000
실험집단 B	2.900	0.539			

주: 실험집단 A는 인터넷 관광정보를 제공한 집단이고, 실험집단 B는 여행서적 관광정보를 제공한 집단임.

인터넷 관광정보를 제공한 집단과 여행서적의 관광정보를 제공한 집단 간의 관광정보 만족도 차이 검증에서는 5%의 유의수준에서 검증할 경우 유의확률이 0.000으로서 두 집단 간 관광정보 만족도에 차이가 있다고 할 수 있다. 즉, 인터넷 관광정보를 제공한 집단이 여행서적 관광정보를 제공한 집단보다 관광정보에 대한 만족도가 더 크다는 것을 알 수 있다.

(2) 실험집단 내 관광지 이미지 차이 검증

인터넷과 여행서적에서 관광정보를 습득한 두 집단의 방문 전 관광지 이미지가 관광정보를 습득하기 전보다 향상되어 이미지 평균값에 차이를 보이므로 관광정보를 제공하기 전과 제공한 후의 방문 전 관광지 이미지값의 차이를 알아보고자 대응표본 t-검증을 실시한 결과, 인터넷 관광정보를 제공한 집단과 여행서적 관광정보를 제공한 집단 모두 5%의 유의수준에서 유의확률 0.000으로 나타났다. 이것으로써 관광정보의 제공이 방문 전 관광지 이미지를 변화시킨다는 것으로 볼 수 있다.

〈표 8〉 실험집단 내 관광지 이미지 차이 검증

구 분		차이평균값	표준편차	t-값	자유도	유의확률
집단 내	실험집단 A	0.688	0.413	10.409	38	0.000
	실험집단 B	0.481	0.268	11.901	43	0.000

주: 차이평균 = 사후 이미지 측정치 평균 − 사전 이미지 측정치 평균.

(3) 실험집단 간 관광지 이미지 차이 검증

인터넷과 여행서적 간 방문 전 관광지 이미지 차이 검증에서는 독립표본 t-검증을 실시한 결과 유의확률 0.008로서 인터넷 관광정보를 제공한 집단이 여행서적 관광정보를 제공한 집단보다 관광지 이미지 변화에 더 큰 차이를 보이는 것으로 나타났다(〈표 9〉 참조). 즉 인터넷 매체가 여행서적 매체보다 방문 전 관광지 이미지에 더 큰 변화를 준다는 것을 알 수 있다.

〈표 9〉 실험집단 간 관광지 이미지 차이 검증

구 분	평균값	표준편차	평균들의 동일성에 대한 t-검증		
			t-값	자유도	유의확률
실험집단 A	0.688	0.413	2.736	81	0.008
실험집단 B	0.481	0.268			

주: 실험집단 A는 인터넷정보를 제공한 집단이고, 실험집단 B는 여행서적 관광정보를 제공한 집단임.

라 관광정보 만족도와 관광지 이미지 간의 관련성 분석

관광정보의 만족도가 관광지 이미지에 미치는 영향을 검증해 보기 위해 〈표 10〉과 같이 회귀분석을 실시한 결과 인터넷 관광정보의 경우 회귀계수 0.562와 표준 β계수 0.673에 p-값이 0.000, 여행서적 관광정보의 경우 회귀계수 0.231과 표준 β계수 0.337에 p-값이 0.026으로 모두 유의수준 5%에서 통계적으로 매우 유의하게 나타났다. 따라서 관광정보에 대한 만족도는 관광지 이미지에 영향을 미치는 것으로 파악되었다.

〈표 10〉 관광정보 만족도가 방문 전 관광지 이미지에 미치는 영향

구 분	회귀계수	표준 β계수	t-값	p-값	R^2
상수	1.525	–	4.185	0.000	0.452
인터넷 관광정보 만족도	0.562	0.673	5.529	0.000	
상수	2.841	–	9.638	0.000	0.113
여행서적 관광정보 만족도	0.231	0.337	2.316	0.026	

마 관광정보 매체와 관광지 이미지 간의 관련성 분석

앞서 분석한 결과에서 관광정보의 만족도는 관광지 이미지에 영향을 미치는 것으로 조사되었다. 따라서 인터넷과 여행서적 관광정보의 매체별 영향력을 비교하기 위해 사전 측정한 관광지 이미지를 독립변수로 사후 측정한 관광지 이미지를 종속변

수로 두고 인터넷 관광정보와 여행서적 관광정보를 더미변수로서 회귀분석을 실시한 결과 인터넷 관광정보가 여행서적 관광정보보다 관광지 이미지 변화에 다소 영향력이 큰 것으로 파악되었다(〈표 11〉과 〈표 12〉 참조).

〈표 11〉 사전 측정한 이미지가 사후 측정한 이미지에 미치는 영향

구 분	회귀계수	표준 β계수	t-값	p-값	R^2
상수	1.782	–	5.735	0.000	0.281
사전 측정한 관광지 이미지	0.590	0.530	5.620	0.000	

즉 〈표 12〉와 같이 더미변수를 이용하여 회귀분석을 실시한 결과, 더미변수 투입 전(〈표 11〉 참조)과 비교하여 보면 더미변수 투입 후에 회귀계수값과 설명력(R^2)이 증가한 것을 알 수 있다. 이것은 앞서 차이 검증에서 도출된 인터넷 관광정보에 대한 만족도가 여행서적 관광정보의 만족도보다 크다는 것에 기인한 것으로 사료되며 결국 인터넷 관광정보가 여행서적 관광정보보다 관광지 이미지에 더 큰 영향력을 미친다고 할 수 있겠다.

〈표 12〉 더미변수를 이용한 회귀분석 결과

구 분	회귀계수	표준 β계수	t-값	p-값	R^2
상수	1.550	–	4.682	0.000	0.310
사전이미지	0.647	0.581	5.990	0.000	
더미변수 (인터넷=1, 여행서적=0)	0.137	0.178	1.839	0.070	

바 종합고찰

본 연구에서 실험설계를 통해 얻은 분석결과를 요약해 보면 다음과 같다.

> 첫째, 인터넷 관광정보가 여행서적 관광정보보다 더 만족스러운 것으로 나타났다.

둘째, 관광정보를 제공한 후 관광지 이미지에는 정(+)의 변화가 있었다.
셋째, 인터넷 관광정보를 제공한 집단이 여행서적 관광정보를 제공한 집단보다 관광지 이미지가 더 크게 변화하였다.
넷째, 관광정보에 대한 만족도는 방문 전 관광지 이미지에 영향을 미치는 것으로 나타났으며, 관광정보에 대한 만족도가 더 큰 인터넷 매체가 여행서적 매체보다 관광지 이미지에 더 큰 영향을 미치는 것으로 밝혀졌다.

분석결과를 바탕으로 해석해 볼 때, 인터넷이나 여행서적의 관광정보는 방문 전 관광지 이미지에 많은 영향을 미치며, 기존의 대표적 관광정보 제공매체인 여행서적보다는 인터넷이 더 만족스러운 관광정보를 제공하는 것으로 나타났다. 이것은 인터넷이 관광정보를 제공하는 더 효과적인 매체라는 것을 나타내며 방문 전 관광지 이미지 형성에 있어 여행서적보다는 인터넷 매체가 영향력이 더 크다고 할 수 있겠다.

4. 결론 및 시사점

본 연구는 관광지 이미지에 영향을 미칠 수 있는 정보원천 중 새로운 정보제공매체인 인터넷을 중심으로 기존의 대표적 관광정보 제공매체라 할 수 있는 여행서적과 비교하여 관광정보 만족도 및 관광지 이미지와 방문의향을 실험설계방법을 통해 측정하고 분석하였다.

분석결과 관광정보는 관광지 이미지에 영향을 미치고 있으며, 관광정보에 대한 만족도가 클수록 방문 전 관광지 이미지 또한 향상되는 것으로 나타났다. 그리고 인터넷 매체와 여행서적 매체의 관광정보 만족도 측정에서는 인터넷 매체가 더 만족스러운 관광정보를 제공하는 것으로 분석되었다.

이상을 종합해 볼 때, 인터넷은 여행서적보다 만족스러운 관광정보를 제공하는 보다 효과적인 매체임을 알 수 있다. 즉, 관광정보를 얼마나 만족스럽게 제공하느냐가 방문 전 관광지 이미지에 영향을 미치는 중요한 변수가 될 수 있다는 것을 시사하고 있다.

따라서 인터넷상에서 관광정보를 제공하고 있는 지방자치단체 등의 많은 웹사이트들은 관광정보가 방문 전 관광지 이미지에 직접적으로 영향을 미치는 중요한 변수라는 점을 인식하고 이러한 점을 인터넷 관광정보 구축 시에 적극적으로 반영하여 정보제공의 효과를 극대화시킬 수 있는 효과적인 정보제공모델 개발을 모색해야 할 것이다.

본 연구의 한계점은 기존 연구가 전무한 실정이라서 연구가설을 설정하지 않은 상태로 탐색적인 연구를 수행하였고, 조사대상이 비교적 인터넷에 익숙한 대학생이라는 점, 그리고 단 한 개의 인터넷 홈페이지를 선정하였다는 점을 들 수 있다. 따라서 연구결과를 일반화시키기 위해서는 다수의 인터넷 홈페이지를 선정하여 연령과 정보구성 형태별로 대상을 좀 더 다양하게 한 연구가 있어야 할 것이다.

참고문헌 ••••••

노형진(1999). 『한글 SPSSWIN에 의한 조사방법 및 통계분석』, 형설출판사.

박종희·주재훈·문태수(1999). 인터넷 관광정보의 문제점과 관광정보 선호도에 대한 연구. 『제46차 학술발표논문집』. 한국관광학회. pp. 280-281.

변창진·문수백(1999). 『실험설계·분석의 이해와 활용』. 학지사.

오익근·최재화(2000). 광역자치단체의 홈페이지 관광정보 구성체계. 『제45차 학술발표논문집』. 한국관광학회. p. 42-43.

이시훈(1999). 인터넷 광고효과의 인과적모델에 관한 연구. 경희대학교 박사학위논문. p. 18.

이태희(1997). 한국 관광지 이미지 측정척도의 개발. 『관광학연구』, 20(2): 92.

조광익(1997). 국립공원 방문자의 관광이미지 구성요인. 『관광학연구』, 21(1): 237.

한정호·부경희·장대련(1998). 『TV광고의 길이효과 연구/인터넷광고의 포지셔닝 효과』. 한국방송광고공사. 22-32.

http://www.nic.or.kr(한국인터넷정보센터).

Ahmed, Zafar U.(1991). The Influence of the Components of a State's Tourist Image on Product

Positioning Strategy. *Tourism Management*, 12(4): 331.

Baloglu, Seyhmus, & Ken W. McCleary(1999). A Model of Destination Image Formation. *Annals of Tourism Research*, 26(4): 868-897.

Beirne, E., & P. Curry(1999). The Impact of the Internet on the information search process and tourism decision making. In *Information and Communication Technologies in Tourism.* pp. 88-97.

Fakeye, P. C., & J. L. Crompton(1991). Image Differences between Prospective First-time, and Repeat Visitors to the Lower Rio Grande Valley. *Journal of Travel Research*, Fall: 10-11.

Gartner, William C.(1993). Image Formation Process. *Journal of Travel and Tourism Marketing*, 2(2): 191-210.

* 이 장의 출처 : 한국관광학회(2001). 『관광학연구』, 25(3). 김종남과 공동.

제7장 관광지 방문 전후의 이미지 차이: 제주도 관광객

* 관광지 방문 전후의 이미지에 차이가 있을까?
* 관광지에 대한 이미지의 수정가능성은 있는가?
* 관광지에 대한 이미지의 수정방향은 어떻게 잡을 수 있나?

1. 머리말

지난해 한 일간지에 따르면 '관광 제주'의 위기는 이미 해외여행 자유화가 시작된 1989년부터 그 조짐을 보이기 시작했다고 한다. 주고객인 신혼부부들이 해외로 빠져나가기 시작했는데 제주도는 그러한 현상을 그냥 방관했고 외국에 나가 시장조사조차 제대로 하지 않았다(조선일보, 1999). 따라서 이러한 현실은 재방문을 유도할 수 있는 유인력을 결여시켜 방문객이 지속적으로 감소하는 원인이 되었다(김충기·이준혁, 2000).

이제는 이러한 제주도의 현실을 냉철하게 인식하고 새로운 대안을 제시해야 할 시점이다. 즉 방문객이 감소하고 있는 원인을 다각도로 파악해야 하는데, 그중에서도 특히 관광객이 제주도에 관해 가지고 있는 이미지를 우선적으로 파악해야 할 것이다. 관광목적지가 성공하기 위해서는 여러 요소가 중요하지만, 관광지의 이미지가 매우 중요하다. 관광지 이미지를 제대로 파악하여야 관광지의 비교우위에 근거하여 장점을 극대화하고 단점을 보완할 수 있기 때문이다(조광익, 1997).

관광목적지에 대해 개인들이 가지고 있는 이미지는 관광목적지 마케팅의 성공에 있어서 중요한 역할을 하며(Chon, 1991), 이미지는 관광목적지 선정과정에서도 그렇다. 이미지가 관광객에게 어떻게 전달되었는가, 이미지가 얼마나 인상 깊게 인식되었는가가 관광객의 관광목적지 선택에 영향을 미치기 때문이다. 관광에 있어서 특히 목적지의 선택과 관광대상의 평가에 관해 이미지의 영향이 상당히 크다는 것은 널리 알려진 사실이다. 따라서 관광지에서 바람직한 이미지의 창출은 매우 중요하다고 볼 수 있다.

이에 본 연구는 내국인 관광객들을 대상으로 제주도에 대해서 가지고 있는 이미지를 제주도를 방문하려고 하는 시점과 제주도 관광을 마치고 돌아가는 시점에서 파악하고자 한다. 구체적으로는 제주도에 대한 이미지를 정서적, 인지적 이미지로 나누어, 방문 전후 이미지 차이를 살펴보고자 한다. 또한 방문 전후의 차이를 방문횟수, 여행형태, 여행목적, 성별, 연령 등 행태 및 배경변수별로 그 차이를 검증하여, 제주도에 대한 관광객들의 긍정적, 부정적 이미지를 파악하고, 이를 바탕으로 긍정적인 이미지 강화전략과 더불어 부정적 이미지 개선방안을 제안하고자 한다.

2. 관광지 이미지에 관한 이론 고찰

가 이미지의 개념

관광용어사전에는 이미지를 "일반적으로 사람이 회사와 상품 등 사물에 대해 막연하게 갖고 있는 인상, 좋고 좋지 않음 등의 정서적 평가"라고 정의하였고(안종윤, 1985), Kotler는 한 사람 또는 집단이 대상에 대해 갖는 일련의 신념을 이미지라고 정의하였으며, 1988년에는 한 개인이 특정 대상에 대해 가지는 신념, 아이디어, 인상의 총체라고 하였다. 마에다 이사무(前田 勇)는 이미지를 인간의 마음속에 그려지는 사람이나 사물의 감각적 영상을 의미하고, 창조력에 의해 그린 모습이나 어떤 사상

(事象)에 관한 총괄적인 인상이라고 하였다(일본 관광학 사전, 1997). 박석희(1994)는 환경으로부터 주어지는 다양한 자극을 감각기관을 통해 받아들여, 이를 지각이라는 정신적 반응을 거쳐 형성되는 것이라고 정의하였다.

이상에서 보면, 이미지란 무형적인 것으로 기대했던 것을 현실적으로 경험할 때, 일련의 자극 내용을 차별적으로 인식함으로써 형성되는 것이다. 인간이 특정 인식대상에 대해 갖는 태도와 같이, 상대적인 개념으로서의 이미지는 어떤 압도적인 인상이나 고정관념을 함축하는 것으로 대상에 대한 직접적인 경험 없이도 형성된다. 즉 이미지란 대상에 대해서 가지고 있는 총체적인 인상이며, 이러한 인상은 대상에 대한 '지각'의 결과라고 할 수 있다.

나 이미지의 유형

일반적으로 이미지는 그 이미지를 갖는 주체와 이미지의 대상이 되는 객체에 의해 유형을 분류할 수 있다(김성혁, 1993). Gunn은 관광지 이미지를 유기적 이미지(organic image)와 유인적 이미지(induced image)로 구분하고, 유기적 이미지는 실제 경험(방문)하지 않고, 간접적인 방식으로 얻은 이미지이며, 유인적 이미지는 실제 경험(방문)을 통해 형성된다고 주장하였다. 한편 펠프스(Phelps)는 Gunn이 주장한 것과 동일한 의미를 갖는 1차적 이미지, 2차적 이미지라는 용어를 사용하였다(Phelps, 1986). 그리고 Fakeye와 Crompton(1991)은 이러한 유기적, 유인적 이미지 외에 복합 이미지가 형성된다고 주장하고, 상호간의 이미지 형성과정을 목적지 선택과 연계하여 설명하고 있다.

그 밖에 1959년 미국의 심리학자 찰스 오스굿이 고안한 어의차이척도법(Semantic differential method)을 관광지에 적용하여 연구하는 정서적 이미지, 인위적 계통분류로 관광지 이미지 속성을 연구자가 연구에 필요한 일반적인 항목을 뽑아내 연구하는 인지적 이미지로 나누어 연구가 진행되는 경우가 많다(ATS, 1962; Hunt & Chung, 1985; Chon, 1991; Fakeye & Crompton, 1991; 이정규, 1996; Baloglu & McCleary, 1999). 이러한 연구들은 본 연구에서 활용한 정서적 이미지와 인지적 이미지를 통해 관광지 이미지를 평가하는 대표적인 연구들이라고 할 수 있다.

또한 심리학자 브루너의 주장에 의하면 다음과 같은 세 가지 단계의 이미지로 나누기도 한다. 기대단계 이미지, 투입단계 이미지, 검토단계 이미지이다. 이는 관광객이 관광여행 계획을 수립하면서도 즐거움을 느끼겠지만, 목적지까지 가고 관광지에서 각종 활동에 참여하는 동안에 그곳에서 받는 이미지가 기대했던 이미지와 일치하거나 또는 그 이상일 때 즐거움과 만족감을 느끼며 그곳에서 받는 이미지가 강할수록 더욱 즐겁고 만족스러운 관광이 될 수 있다는 것이다.

다 관광지 이미지 차이에 대한 선행연구

이미지 차이(image gap)란 관광객이 여행을 떠나기 전에 가진 이미지와 실제로 여행체험을 통해 얻은 인상이나 평가와의 사이에 생긴 차이를 말한다(일본 관광학 사전, 1997). 이러한 차이를 철저하게 인식하여 관광객들이 원하는 것에 초점을 맞추어 이미지를 개선해 나가야 한다. 이러한 이미지 차이나 방문 후 변화 관련 연구도 관광지 이미지 연구와 함께 이루어지고 있는데, 구체적으로 살펴보면 다음과 같다. 관광지 이미지 차이에 대한 연구는 대체로 방문자와 비 방문자 그리고 재방문자에 대한 연구가 주류를 이루고 있다. 대체로 방문경험이 있는 응답자가 방문경험이 없는 응답자보다 더 좋은 이미지를 가지고 있는 것으로 나타났다(ATS, 1962; Hunt & Chung, 1985; Chon, 1991; Fakeye & Crompton, 1991; 이정규, 1996). 그리고 관광목적지의 이미지는 출발지와 목적지 간의 거리에 따라 다르고, 거리가 가까울수록 이미지가 명확하다는 것(Hunt, 1975)이 발견되었다.

그러나 이는 방문했던 관광지에 대해서 긍정적인 이미지를 가지고 돌아왔을 경우이다. 부정적인 이미지를 가지고 돌아갔다면 이야기는 다르다. Baloglu와 McCleary(1999)의 연구가 이러한 사실을 뒷받침하는데, 지중해 4개 지역에 대한 방문자와 비방문자 사이를 인지적 이미지와 정서적(감정적) 이미지로 나누어 측정한 결과, 그리스는 기타의 국가인 터키, 이집트, 이탈리아와는 달리 비 방문자의 이미지 평가가 더 높았다. 그 밖에 방문을 마치고 돌아가는 사람이 기존에 가지고 있던 일반적인 이미지보다는 현지에서 느낀 것을 더 구체적으로 인식하고 있다고 하는 연구(Phelps, 1986)도 있다.

Fakeye와 Crompton(1991)의 잠재적 방문자, 첫 방문자, 재방문자 간의 이미지 차이에 대한 연구에서 재방문자들은 사회적 기회와 매력을 더 잘 인식하고 있고, 강한 사회적 연대감을 가져 이러한 속성들의 비율이 높다. 또한 재방문자로서 장기간 체재하는 사람은 사회적 기회와 매력도를 더 실제적으로 인식하는 비율이 높고, 처음 방문하면서 역시 장기 체재하는 사람이 하부구조와 음식에 호의적인 사람들의 비율이 높았다. 이러한 이미지의 긍정적인 변화는 무형적인 것인데, 이미지 변화에 대한 효과는 미약하게 인식되고 있다(정강환, 1995). 또한 신찬혁(1995)은 비 방문자와 방문자 집단 간의 이미지 차이는 이미지 구성요인 지각구조는 변하지 않으며, 경험에 의해 지각수준이 긍정 또는 부정으로 변화하는 것으로 추론하여 방문경험이 반드시 긍정적으로 작용하는 것은 아니라고 하였다. 이정규(1996)는 최초 방문자와 재방문자를 구별하는 가장 중요한 요인을 매력성, 숙박시설, 여행비용으로 파악하면서, 두 집단 간의 각 항목에 대한 긍정적, 부정적 이미지의 차이를 규명하기도 했다.

3. 결과의 분석 및 해석

기존의 연구결과는 대부분 방문경험이 있는 응답자가 방문경험이 없는 응답자보다 더 좋은 이미지를 가지고 있는 것으로 나타났다(ATS, 1962; Hunt & Chung, 1985; Chon, 1991; Fakeye & Crompton, 1991; 이정규, 1996). 그러나 이는 방문을 했던 관광지에 대해서 긍정적인 이미지를 가지고 돌아왔을 경우이다. 부정적인 이미지를 가지고 돌아간 경우는 이와 다르다. Baloglu와 McCleary(1999)의 연구가 이러한 사실을 뒷받침하는데, 지중해 4개 지역에 대한 방문자와 비 방문자 사이를 인지적 이미지와 정서적(감정적) 이미지로 나누어 측정한 결과, 그리스는 기타의 국가인 터키, 이집트, 이탈리아와는 달리 비 방문자의 이미지 평가가 더 높았다. 본 연구 결과도 이러한 사실을 확인하기 위한 연구이다.

가 제주도 방문 전후 정서적 이미지 차이

(1) 전체 이미지 차이(연구가설 1)

정서적 이미지를 전체 평균을 통해 검증한 결과는 <표 1>에서 나타나는 바와 같이, 방문 후에 정서적 이미지가 전체적으로 부정적으로 바뀐 것으로 나타났다. 그러나 p-값이 통계적으로 유의하지 않아, 제주도 방문 후에는 정서적 이미지가 긍정적으로 바뀐다는 연구가설 1은 채택할 수 없다. 즉 통계적으로 유의한 수준에서는 차이가 없으나 방향은 '−'로 나타나고 있다.

<표 1> 방문 전후 정서적 이미지의 차이

전체 이미지	방문 전	방문 후	변화방향	t-값	p-값
평균값	3.45	3.43	−	.707	.480

(2) 요인별 정서적 이미지 차이(연구가설 2)

정서적 이미지를 7개의 요인으로 나누어 전체 평균을 통해 살펴보면 다음과 같다. 7개의 요인 중에서 4개가 5% 수준에서 유의한 것으로 나타났다. 즉, 방문 전후 유의한 차이를 나타낸 것 중에서 역동성 차원과 질서 및 정돈차원은 긍정적으로 바뀌었으며, 향기 및 후각 차원과 규모 및 시각 차원은 부정적으로 바뀐 것으로 나타났다. 유의한 요인들을 중심으로 살펴보면, 방문 전 평균값이 가장 높은 것은 향기 및 후각 차원이었고, 방문 후는 질서 및 정돈 차원이었다. 반면 방문 전 가장 낮은 평균값은 규모와 시각 차원이었고, 방문 후에 다소 낮아졌다. 방문 후에 가장 낮은 평균값을 보인 것은 역동성 차원이었다. 따라서 제주도 방문 후에는 정서적 이미지가 긍정적으로 바뀐다(요인별)는 연구가설 2가 일부는 채택(역동성 차원과 질서 및 정돈 차원)되고, 일부는 기각(향기 및 후각 차원, 규모와 시각 차원)된다.

〈표 2〉 **방문 전후의 요인별 정서적 이미지 차이**

요 인	방문 전	방문 후	변화방향	t-값	p-값
역동성 차원	2.96	3.06	+	−2.043	.042*
날씨, 촉감차원	3.38	3.30	−	1.285	.199
질서 및 정돈 차원	3.72	3.85	+	−2.048	.041*
향기, 후각 차원	3.81	3.63	−	3.046	.002**
정적, 분위기 차원	3.75	3.80	+	−1.028	.305
신기성 차원	3.44	3.31	−	1.949	.052
규모, 시각 차원	3.35	3.24	−	2.583	.010**

주: *0.05 수준에서 유의함, **0.01 수준에서 유의함, ***0.001 수준에서 유의함.

(3) 변수별 정서적 이미지 차이(연구가설 3)

제주도 방문 전후의 변수별 정서적 이미지 차이를 5점 척도의 응답 평균을 비교한 결과는 〈표 3〉과 같다.

우선 역동성 측면의 경우, 6개 변수 중 4개 변수가 어느 정도(3점 이상)의 평균값을 나타냈고, 제주도 방문 전후 비교에서는 1개의 변수(지루한/흥미로운)를 제외한 5개 변수가 모두 이미지가 부정적으로 바뀌었으며, 1개의 변수(시골풍의/도회풍의)를 제외하고는 전부 유의한 차이를 보이고 있다. 역동성 차원의 6개 변수 중에서 방문 전 평균값이 가장 높았던 것은 '재미없는/재미있는' 변수였고, 방문 후에는 지루한/흥미로운'으로 분석되었다. 대체로 제주도 방문 후의 평균이 유의하게 낮음을 보이고 있어(한 개 제외), 제주도 방문 후에 이미지가 현저히 나빠지고 있음을 알 수 있다.

날씨와 촉감 차원의 경우도 역동성 차원의 경우와 마찬가지로, 1개의 변수를 제외한 3개 변수가 모두 부정적으로 혹은 동일한 수준이었으며, 4개의 변수 중 2개의 변수가 유의한 차이를 보이고 있다. 날씨, 촉감의 4개 변수 중 방문 전후 평균값이 가장 높았던 것은 '쌀쌀한/포근한'이었다(유의한 변수만). 날씨, 촉감 차원의 경우도 역동성 차원의 경우와 마찬가지로, 제주도 방문 후의 평균이 유의하게 낮음을 보이고 있어, 제주도 방문 후에 이미지가 현저히 부정적으로 변화되고 있음을 알 수 있다.

〈표 3〉 방문 전후의 변수별 정서적 이미지 차이

요인/변수	방문 전	방문 후	변화방향	t-값	p-값
역동성 차원					
지루한/흥미로운	2.08	3.72	+	−20.210	.000***
시골풍의/도회풍의	2.64	2.61	−	.266	.790
단조로운/변화무쌍한	3.05	2.76	−	3.295	.001***
재미없는/재미있는	3.71	3.43	−	3.386	.001***
(소리가)단조로운/흥겨운	3.13	2.91	−	2.568	.011*
리듬 없는/리듬 있는	3.18	2.94	−	2.812	.005**
날씨, 촉감 차원					
쌀쌀한/포근함	3.57	3.38	−	2.020	.044*
차가운/뜨거운	3.17	3.17	·	−.045	.964
추운/더운	3.42	3.19	−	3.069	.002**
거친/부드러운	3.34	3.43	+	−.957	.339
질서 및 정돈 차원					
지저분한/깔끔한	3.79	3.83	+	−.547	.585
분주한/한가로운	3.59	3.88	+	−3.169	.002**
더러운/깨끗한	3.77	3.81	+	−.540	.590
향기 후각 차원					
향내없는/향내있는	3.76	3.43	−	3.749	.000***
악취가 나는/향기로운	3.90	3.71	−	2.615	.009**
(냄새가)나쁜/좋은	3.80	3.67	−	1.866	.063
(냄새가)자극적인/은은한	3.78	3.70	−	1.100	.272
정적 분위기 차원					
고전적인/현대적인	3.69	3.78	+	−1.017	.310
토속적인/이국적인	3.62	3.70	+	−.709	.479
평화롭지 않은/평화로운	4.11	4.14	+	−.531	.596
어수선한/정리된	3.56	3.57	+	−.133	.894
정적인/역동적인	3.73	3.84	+	−1.360	.174
신기성 차원					
오래된/새로운	2.99	2.85	−	1.579	.115
익숙한/독특한	3.61	3.54	−	.672	.502
일상적인/색다른	3.71	3.54	−	1.934	.054
규모, 시각 차원					
좁은/넓은	3.09	3.05	−	.344	.731
향토적인/도시적인	3.71	3.64	−	.757	.450
아담한/거대한	3.75	3.73	−	.277	.782
야트막한/높다란	2.82	2.52	−	3.463	.001***

주: *0.05 수준에서 유의함, **0.01 수준에서 유의함, ***0.001 수준에서 유의함.

질서 및 정돈 차원의 경우는 3개의 변수가 모두 높은 평균에다 방문 후 평균이 모두 높아지는 긍정적인 반응을 나타냈는데, 그 가운데서도 방문 전 가장 낮은 평균치였던 '분주한/한가로운'은 방문 후 현저히 높아졌음을 알 수 있다. 이 변수만이 유의한 차이를 보이고 있다. 이는 제주도 방문 후의 평균이 유의하게 높아졌음을 보이는데, 이 부분에 대한 이미지 강화 작업이 필요하다고 할 수 있다.

향기와 후각 차원의 경우도 대체로 평균이 높았는데, 4개의 변수 모두 대체적으로 방문 전후를 비교할 때 부정적으로 바뀌었는데, 2개의 변수만이 유의한 차이를 보이고 있다. 가장 높은 평균치를 나타낸 것은 '악취가 나는/향기로운'으로 분석되었다. 제주도 방문 후의 평균이 유의하게 낮음을 보이고 있어, 방문 후에 이미지가 상당히 부정적으로 변화되었음을 알 수 있다. 정적 및 분위기 차원의 경우도 대체적으로 평균이 높은데, 질서 및 정돈 차원과 마찬가지로 5개 변수 모두 방문 후의 평균이 높아졌다. 특히 정서적 이미지 29개 변수 중에서 최고의 평균값(평화롭지 않은/평화로운: 방문 전 평균=4.11, 방문 후 평균=4.14)을 나타내고 있다. 그러나 유의한 차이는 없었다.

신기성 차원의 경우는 대체적으로 3개의 변수 모두 방문 후에 부정적으로 바뀌었는데, 가장 높은 평균치는 '일상적인/색다른'으로 분석되었다. 방문으로 인해 이미지가 부정적으로 바뀌었지만 유의한 차이는 없었다. 규모와 시각 차원의 경우도 신기성 차원과 마찬가지로 4개의 변수 모두 방문 후에 부정적으로 바뀌었는데, 방문 전후 가장 낮은 평균치는 '야트막한/높다란'으로 분석되었다. 규모와 시각 차원요인에서도 이 변수만이 유의한 차이를 나타내고 있다. 따라서 제주도 방문 후에는 정서적 이미지가 긍정적으로 바뀐다(변수별)고 하는 연구가설 3은 일부는 채택(질서 및 정돈)되고 일부는 기각(역동성, 날씨 촉감, 향기 후각, 규모 시각 차원)된다.

(4) 인구통계학적 변수별 정서적 이미지 차이(연구가설 4)

본 연구에서는 제주도 방문 전후 이미지가 인구통계학적 변수에 의해 설문 응답에 차이가 있는지를 파악하기 위해 일원분산분석을 실시하였다. 그 결과 소득수준별로만 5% 수준에서 유의한 차이를 보이고 나머지 변수 즉, 성별, 학력, 결혼 여부,

직업, 여행목적, 방문횟수, 동반형태 변수별로 방문 전후에 유의한 차이가 없는 것으로 나타났다. 따라서 정서적 이미지가 인구통계학적 특성(성, 연령, 학력, 결혼 여부, 직업, 수입, 여행목적, 방문횟수, 방문형태)에 따라 차이가 있다고 하는 연구가설 4는 소득수준 변수를 제외하고는 모두 기각된다.

〈표 4〉 방문 전후 정서적 이미지의 인구통계학적 차이

구 분		방문 전 평균	방문 후 평균	변화방향	F-값	p-값
성	남	3.47	3.42	−	.433	.649
	여	3.43	3.43	+		
연령	20대	3.44	3.42	−	.486	.746
	30대	3.43	3.40	−		
	40대	3.46	3.45	−		
	50대	3.53	3.44	−		
학력	~고졸	3.43	3.43	−	.137	.938
	~전졸	3.46	3.40	−		
	대졸~	3.45	3.44	−		
결혼	기혼	3.46	3.44	−	1.195	.304
	미혼	3.44	3.36	−		
직업	관리직	3.44	3.41	−	.564	.807
	전문직	3.35	3.46	+		
	판매직	3.43	3.56	+		
	공무원	3.51	3.45	−		
	학생	3.52	3.39	−		
	기술직	3.68	3.37	−		
	자영업	3.46	3.34	−		
	기타	3.37	3.45	+		
소득	~100	3.39	3.27	−	2.835	.011*
	100~150	3.37	3.56	+		
	151~200	3.44	3.38	−		
	201~250	3.61	3.71	+		
	251~299	3.51	3.34	−		
	300~	3.60	3.49	−		

여행 목적	관광	3.47	3.45	−	1.289	.260
	친지/고향	3.28	3.30	+		
	사업/업무	3.44	3.28	−		
	신혼여행	3.41	3.43	+		
	수학여행	3.45	3.60	+		
	기타	3.41	3.47	+		
방문 횟수	1	3.47	3.49	+	1.755	.155
	2~3	3.45	3.44	−		
	4~	3.42	3.36	−		
동반 형태	친구/연인	3.44	3.51	+	.883	.474
	가족	3.47	3.42	−		
	직장/모임	3.43	3.38	−		
	기타	3.50	3.29	−		

주: *0.05 수준에서 유의함, **0.01 수준에서 유의함.

나 제주도 방문 전후의 인지적 이미지 차이

(1) 전체 이미지 차이(연구가설 5)

인지적 이미지 차이를 전체 평균을 통해 살펴보면 다음과 같다. 방문 후 이미지도 정서적 이미지와 마찬가지로 전체적으로 부정적으로 나타났다. 인지적 이미지의 방문 전후 p-값이 유의하지 않아, 제주도 방문 후에는 인지적 이미지가 긍정적으로 바뀐다(전체)라고 하는 연구가설 5는 기각된다.

〈표 5〉 방문 전후의 인지적 이미지 차이

전체 이미지	방문 전	방문 후	변화방향	t-값	p-값
평균값	3.50	3.46	−	1.127	.260

(2) 요인별 인지적 이미지 차이(연구가설 6)

제주도 방문 전후의 인지적 이미지 차이를 비교한 결과는 〈표 6〉과 같다. 제주도 방문으로 인한 이미지의 변화는 방문 전후 이미지의 비교를 통하여 알 수 있다. 11

개의 변수 중에서 9개 항목이 부정적으로 바뀌었다. 가장 높은 평균치는 '자연경관' 이었는데, 방문 후에 이미지가 부정적으로 바뀌었고, 방문 후에 긍정적으로 바뀐 것은 '언어'였는데 방문 후 평균값이 가장 높았다. 이는 제주도 특유의 방언이 이미지를 강화시키고 있음에 기인한다고 할 수 있다. 그러나 방문 전후 5% 수준에서 유의한 차이를 보이는 것은 3개 요인(언어, 즐길거리, 비용)에 불과하였다. 이 중에서 언어 항목은 긍정적으로 변화하여 연구가설을 채택할 수 있었지만, 즐길거리와 비용 요인은 평균값이 낮아져서 부정적으로 바뀌었으므로 연구가설이 기각된다. 따라서 제주도방문 후에는 인지적 이미지가 긍정적으로 바뀐다는 연구가설 6은 일부는 채택되고 일부는 기각된다.

〈표 6〉 방문 전후 요인별 인지적 이미지 차이

요 인	방문 전	방문 후	변화방향	t-값	p-값
자연경관	4.01	3.96	−	.606	.545
생활풍습	3.82	3.74	−	1.138	.256
역사유적	3.61	3.54	−	.875	.382
언어	3.95	4.13	+	−2.12	.034*
숙박시설	3.26	3.26	·	−.023	.982
쇼핑할 거리	2.83	2.77	−	.698	.486
즐길거리	3.32	2.97	−	4.275	.000***
음식	3.15	3.04	−	1.291	.197
교통시설	3.11	3.07	−	.515	.607
비용이 적게 든다	2.50	2.30	−	2.129	.034*
물가가 싸다	2.21	2.14	−	.782	.435

주: *0.05 수준에서 유의함, ***0.001 수준에서 유의함.

(3) 인구통계학적 변수별 인지적 이미지 차이(연구가설 7)

본 연구에서는 제주도 방문 전후 이미지가 인구통계학적 변수별로 유의한 차이가 있는지를 파악하기 위해 일원분산분석을 실시하였다. 그 결과 방문횟수만이 유의한 차이를 보였다. 방문횟수별로 나눈 집단 모두 방문 후에 이미지가 부정적으로 변화하였다. 4회 이상 방문한 집단의 평가가 가장 낮았다. 따라서 인지적 이미지는 인구통계학적 특성(성, 연령, 학력, 결혼 여부, 직업, 수입, 여행목적, 방문횟수, 방문형태)에 차이가 있다고 하는 연구가설 7은 방문횟수 요인만 유의한 차이를 보이는 경우만 채택되고 그 외 모든 요인 간에는 차이가 없으므로 기각된다.

〈표 7〉 방문 전후 인지적 이미지의 인구통계학적 차이

구 분		방문 전 평균	방문 후 평균	변화방향	F-값	p-값
성	남	3.48	3.48	·	.687	.503
	여	3.53	3.44	−		
연령	20대	3.55	3.43	−	1.087	.362
	30대	3.46	3.53	+		
	40대	3.40	3.41	+		
	50대	3.53	3.46	−		
학력	~고졸	3.47	3.41	−	1.358	.255
	~전졸	3.52	3.46	−		
	대졸~	3.52	3.49	−		
결혼	기혼	3.50	3.47	−	.969	.380
	미혼	3.52	3.39	−		
직업	관리직	3.53	3.46	−	.995	.439
	전문직	3.35	3.48	+		
	판매직	3.43	3.56	+		
	공무원	3.55	3.50	−		
	학생	3.58	3.36	−		
	기술직	3.62	3.46	−		
	자영업	3.38	3.35	−		
	기타	3.60	3.49	−		
소득	~100	3.52	3.26	−	.799	.571
	100~150	3.46	3.52	+		
	151~200	3.41	3.39	−		
	201~250	3.56	3.59	+		
	251~299	3.31	3.52	+		
	300~	3.45	3.50	+		
여행 목적	관광	3.49	3.46	−	.730	.626
	친지/고향	3.64	3.45	−		
	사업/업무	3.48	3.47	−		
	신혼여행	3.52	3.52	·		
	수학여행	3.57	3.45	−		
	기타	3.46	3.28	−		

방문 횟수	1	3.63	3.53	-	3.986	.008**
	2~3	3.45	3.44	-		
	4~	3.46	3.43	-		
동반 형태	친구/연인	3.51	3.41	-	1.394	.235
	가족	3.56	3.49	-		
	직장/모임	3.42	3.48	+		
	기타	3.61	3.41	-		

주: **0.01 수준에서 유의함.

(4) 이미지와 만족도, 추천의사, 재방문 의사 간의 상관관계

제주도를 방문한 후, 정서적 이미지 및 인지적 이미지와 전반적인 만족도, 추천의사, 재방문 의사와 만족도 관련 상관관계를 살펴보았다. 상관관계 분석결과, 정서적 이미지와 만족도, 추천의사, 재방문 의사 간에는 상당히 강한 양의 상관이 있는 것으로 나타났다. 재방문 의사와 추천의사가 가장 높은 상관을 나타내었다. 즉, 제주도 방문에 대해서 만족한 사람들이 재방문하려는 의지와 구전으로 다른 사람들에게 추천하려는 의사가 높음을 알 수 있다. 재방문 의사가 평균이 가장 높았는데, 이는 전체적으로 제주도 방문에 대해 만족하고 있음을 알 수 있다. 이러한 결과를 놓고 볼 때, 이미지와 만족도, 추천의사, 재방문 의사는 양의 상관관계가 있다고 하는 연구가설 8은 채택된다.

〈표 8〉 방문 후 이미지와 만족도, 추천의도, 재방문 의사와의 상관관계

구분(평균)	정서적 (3.45)	인지적 (3.46)	만족도 (3.53)	추천의도 (3.77)	재방문의도 (3.84)
정서적	1.00	-	-	-	-
인지적	.347*	1.00	-	-	-
만족도	.436*	.382*	1.00	-	-
추천의사	.438*	.411*	.577*	1.00	-
재방문 의사	.394*	.340*	.537*	.702*	1.00

주: *상관계수가 1% 수준에서 유의함을 나타냄.

4. 결 론

본 연구는 한국의 대표적 관광지의 하나인 제주도에 대한 관광지 이미지의 구성요인을 도출하여, 이를 제주도 방문 전과 후의 방문객을 대상으로 유의한 차이가 있는지를 분석하였다.

본 연구의 결과에 따르면, 첫째 관광지 이미지를 정서적 이미지와 인지적 이미지로 나누어 방문 전후에 따라 통계적으로 유의한 차이가 있는지를 검증한 결과, 정서적 이미지에 관한 총 29개 변수 중에서 11개의 변수가 통계적으로 유의한 것으로 나타났다. 방문 후에 긍정적인 이미지를 가지게 된 변수는 29개 변수 중에서 10개에 불과하였고, 11개의 유의한 변수 중에서 2개를 제외하고는 부정적인 이미지를 나타냈다. 또한 정서적 이미지 전체 평균은 이미지가 부정적으로 바뀐 것으로 나타났다. 한편 인지적 이미지의 경우는 총 11개의 변수 중에서 단 3개만이 통계적으로 유의한 것으로 나타났고, 3개 중 1개를 제외하고는 부정적으로 변화하였다. 또한 인지적 이미지의 전체 평균도 이미지가 부정적으로 바뀐 것으로 나타났다. 즉 11개의 변수 중에서 9개의 변수가 방문 후에 오히려 이미지가 부정적으로 나타났다. 이를 종합해 보면 제주도 방문 후의 이미지는 기존의 '방문 후 이미지는 긍정적으로 변화한다'라고 하는 연구결과와는 상치된다.

둘째, 제주도 방문 전후 이미지가 인구통계학적 변수에 따라 차이가 있는지를 검증하였다. 방문 전후 각각 집단 간의 차이를 살펴본 결과, 정서적 이미지의 경우 소득수준만이 유의한 차이를 보였다. 소득수준별로는 100~150만 원 미만, 201~250만 원 미만대의 변수를 제외하고는 모든 변수들이 부정적으로 변화하였다. 인지적 이미지의 경우 방문횟수만이 유의한 차이를 보였다. 그리고 방문횟수별로 나눈 집단 모두 방문 후에 이미지가 부정적으로 변화하였음을 알 수 있다. 특히 방문횟수가 많아질수록 이미지가 나빠지고 있어 이에 대한 시급한 대책 마련이 필요하다. 이는 기존의 연구와는 상반된 결과로, 앞서 나타난 방문 후 인지적 이미지의 부정적인 변화를 뒷받침한다.

셋째, 제주도를 방문한 후, 정서적 이미지 및 인지적 이미지와 전반적인 만족도, 추천의사, 재방문 의사는 만족관련 변수로서 각각의 상관관계 분석결과, 상관이 높은 것으로 나타났다. 재방문 의사와 추천의사가 가장 높은 상관관계가 있는 것으로 나타났다. 즉 제주도 방문에 대해서 만족한 사람들이 재방문하려는 의지와 구전으로 다른 사람들에게 추천하려는 의사가 높음을 알 수 있다.

본 연구는 현재 제주도의 현실을 그대로 반영한 결과라고 할 수 있다. 따라서 방문 후 이미지가 부정적이었다면, 이는 관광지로서 상당히 심각한 위협이 아닐 수 없다. 이 결과를 기초로 이미지 수정에 대한 총체적인 대안이 모색되어야 할 시점이다. 이러한 사실에도 불구하고 본 연구의 한계점으로는 제주도 방문 전과 후의 방문자를 대상으로 표본을 추출함으로써 연령을 제외하고 나머지 변수 간에는 두 집단 간에 유의한 차이가 없었으나 동일인을 대상으로 하여 방문 전후의 이미지를 조사하지 못하고 있다. 따라서 표본이 완전히 일치하지 않음에서 오는 오차의 개입가능성을 완전히 배제하지 못하고 있다는 점에서 이 연구의 한계점이 있다. 따라서 후속연구에서는 제주도 방문 전후의 표본 통제를 더 명확히 할 수 있는 조사가 이루어져야 할 것이며, 방문 전후 간의 비교 연구뿐만 아니라, 다른 방문 전후 비교 연구와의 비교 연구도 이루어져야 하겠다.

참고문헌 ••••••

김충기·이준혁(2000). 고도 경주의 관광이미지에 관한 연구. 『관광학연구』, 24(1): 42.

노형진(1999). 『SPSS WIN에 의한 조사방법 및 통계분석』. 형설출판사.

박석희(1994). 『신관광자원론』, 2판. 일신사.

박정식·윤영선(1999). 『현대 통계학』. 다산출판사.

박중현·나지홍(1999). 잊혀진 '관광 제주'. 상중하 조선일보 10월 11일, 12일, 15일자.

손대현(1982). 관광 이미지와 마케팅 전략에 관한 연구. 『관광학연구』, 6: 113.

손해식·박철(1997). 해외신혼여행객과 국내신혼여행객의 특성비교를 통한 국내신혼여행지의

Remarketing전략에 관한 연구. 『관광 · 레저연구』, 9(1): 59-82.

신찬혁(1994). 관광지 이미지에 관한 지각 구조 분석. 경기대 석사학위 청구논문.

안종윤(1985). 『관광용어사전』. 법문사, 707-708.

양영철(1999). '관광 제주' 부활은 국가과제. 조선일보 10월 21일자.

엄서호(1998). 관광지 이미지 측정에 관한 연구 - 관광지 이미지와 태도의 차이를 중심으로 -. 『관광학연구』, 21(2): 53-65.

이정규(1996). 관광지 이미지에 관한 실증적 연구 -설악산권을 중심으로-. 『관광정책학』, 2(1): 291-308.

이태희(1997). 한국 관광지 이미지 측정 척도의 개발. 『관광학연구』, 20(2): 80-95.

이해선 역(1998). 佐藤邦夫/平澤徹也.. 『감성마케팅』. 그린비.

정강환(1994). 93 대전 엑스포 전후 비교조사를 통해서 본 대전시에 미친 관광영향연구. 『관광학연구』, 18(2): 125-151.

조광익(1997). 국립공원 방문자의 관광이미지 구성요인. 『관광학연구』, 21(1): 234.

長谷政弘 編著(1997). 『觀光學 辭典』. 同文館, pp. 71-72.

堀込猛 · 渡辺貴介 · 天野光一(1989). ユーザーから見たリゾートイメージの構造に關する研究. 『日本觀光研究者連合 全國大會 研究發表論文集』, No. 4.

前田 勇 · 大森新治郎(1980). 「觀光」と「イメージ」上中下. 月刊『觀光』, No. 2, No. 3, No. 4.

前田 勇(1986). 觀光における「知識」と「イメージ」に關する研究. 日本 立教大學『應用社會學研究』, No. 27.

Ahmed, Zafar U.(1991). The Influence of the Components of a State's Tourist Image on Product Positioning Strategy. *Tourism Management*, 12(4).

Chon, Kye-Sung(1991). Tourism Destination Image Modification Process. *Tourism Management,* 12(1): 68-72.

Chon, Kye-Sung(1992). Self-Image/Destination Image Congruity. *Annals of Tourism Research,* Vol. 19: 360-363.

Fakeye, Paul, C., and John, L. Crompton(1991). Image Difference between Prospective, First-time, and Repeat Visitors to the Lower Rio Grande Valley. *Journal of Travel Research*(Fall): 10-16.

Gartner, W. C., & Hunt, J. D(1987). An Analysis of State Image Change over a twelve-year period(1971-1983). *Journal of Travel Research*, 26(Fall): 15-19.

Gitelson, R. J., & Crompton(1991). Insights into the repeat vacation Phenomenon. *Annals of Tourism Research*, 11: 199-217.

Hunt, John D.(1975). Image as a Factor Tourism Development. *Journal of Travel Research*, 13(3): 1-7.

Phelps, Angeal(1986). Holiday Destination Image – the Problem of Assessment. *Tourism*

Management, 7(September).

Seyhmus Baloglu, & Ken W. McCleary(1999). A model of destination image formation. *Annals of Tourism Research,* Vol. 26(1): pp. 868-897.

* 이 장의 출처 : 경기대학교 관광종합연구소(2000). 『경기관광연구』, 4. 김상원과 공동.

제8장 관광지의 고유이미지 창출

* 그대도 우리의 관광지가 모두 똑같다고 생각하는가?

* 왜 그렇게 똑같아졌다고 생각하는가?

* 고유하다는 것은 결국 어떻다는 것인가?

1. 머리말

남한산성 일원은 풍부한 문화유적과 수려한 자연자원을 가지고 있어 일찍이 도립공원으로 지정된 바 있다. 남한산성 도립공원은 성남시와 하남시, 광주군에 연해 있으며, 강남 일원도 그 배후시장으로 볼 수 있기에 배후 시장의 인구 규모 또한 대단히 크고 접근성도 상당히 양호한 편이다.

이러한 좋은 조건의 남한산성 도립공원 방문자수는 지난 4년간 연평균 134만 명 선에 머물러 있고, 1994년 이래 연평균 10.8%씩 감소 추세에 놓여 있다. 그간의 전반적인 관광여가 수요가 급증하던 추세임을 감안하면 남한산성 도립공원의 이용은 급격하게 감소된 것으로 볼 수 있다.

도시민의 관광여가 공간 수요증대에 적극 부응하고, 관광여가 공간이용을 통한 지역발전 촉진 등의 관점에서 보면, 남한산성 도립공원을 최근의 상태로 방치함은 관광휴양자원 이용을 크게 왜곡시키는 것으로 볼 수 있다.

특히 남한산성은 IMF한파, 세계화의 시대, 국경이 없어지는 시대를 맞으면서 우리 민족에 대한 자긍심을 고양할 수 있는 좋은 장소임을 감안할 때(소진광, 1996) 이를 어떻게 이용할 것인가에 대하여 우리 모두가 관심을 가져야 할 필요성이 크게 대두된다. 그런데 남한산성에 대하여 대부분은 음식점이 즐비한 곳 내지 우리 민족이 치욕을 겪은 곳 정도의 이미지를 가지고 있다. 오늘의 소비시대는 상품의 이미지를 소비하는 시대인데, 이러한 좋지 못한 이미지가 고정되는 한 남한산성의 이용가치 증대는 기대하기 어렵다.

따라서 본 연구에서는 남한산성의 이미지를 고양시킬 수 있는 방안을 모색하기 위하여 이미지 연출관점에서 어떠한 문제점이 있는가를 점검하고 이를 개선할 수 있는 방안을 현지 조사를 통하여 제시해 보고자 한다.

2. 이미지 형성 촉진과 연출

가 관광행위와 이미지

(1) 이미지의 소비

디자인과 광고는 상징기호 그 자체에 대한 욕구를 유발하려는 의도에서 우리가 부족한 것이 무엇인가를 우리에게 보여주기 위하여 이미지가 내재된 상징기호를 제시한다. 그리하여 우리는 디자인과 광고의 홍수 속에서 살고 있다. 여기서 상징과 이미지는 핵심을 추출해내는 사람들에 의해 포착되어 새로운 대상물에 부착된다. 따라서 진실(truth)은 아무런 연관성이 없는 것처럼 애매하게 되어버린다. 제임슨(Jameson)이 지적하였듯이 이미지가 상품화(commodity reification)의 최종적 형태가 된다(박석희 역, 281-282). 즉, 우리가 이야기하는 어떠한 의미가 담긴 상품은 상품 그 자체가 아니라 상품(또는 기호)이 지닌 이미지이다. 따라서 상품을 소비한다는 것은 상품 그 자체가 아니라 상품화 과정을 거친 상품의 상징을 통해 전달되는 이미지를 소비하는 것이다.

관광상품과 관련하여 관광을 정의한다면, 관광은 관광자가 관광상품을 소비하는 행위이다. 따라서 관광상품 소비행위란 관광상품에 대한 이미지를 소비하는 것이 된다(박석희, 1994: 234).

(2) 단계별 이미지 유형

관광하는 과정에서 형성되는 이미지를 심리학자 Bruner는 3가지 형성 단계로 구분, 유형화하고 있다(박석희, 1994: 234).

- 기대단계 이미지: 동일한 자극에도 사람들은 각기 다른 반응을 보이는데 그것은 사람들이 지닌 기대가 서로 다르기 때문이다. 이러한 기대는 결과의 확인을 통하여 힘을 갖게 된다.
- 투입단계 이미지: 사람들은 자극에 직접적으로 노출됨으로써 감각작용을 통하여 어떤 반응을 보이게 된다. 보고, 듣고, 냄새 맡고, 맛보고, 느끼는 등의 5감 대신에 Bartley는 10감을 제시하고 있지만 관광지에서 가장 큰 비중을 차지하는 것은 보는 것이며, 다른 것도 서로 섞여 있다.
- 검토단계 이미지: 예를 들어 조건이 동일한 가운데서 두 사람이 보트놀이를 했더라도 나중에 검토해 보면, 그들의 즐거움은 서로 다르다. 그들의 기대감의 종류 및 강도, 생활배경의 차이 등에 따라서 한 사람은 실망하게 되고 또 다른 한 사람은 생각했던 것보다 더 즐거울 수 있다. 이것은 감정이 투입되어 자극된 이미지가 기대된 이미지와 부합되는 정도 또는 그 강도의 차이가 서로 다르기 때문이다. 여기서 기대된 이미지와 자극된 이미지와의 부합 정도가 클수록 또는 자극된 이미지 강도가 기대된 이미지 강도보다 클수록 관광자의 즐거움과 만족감의 정도가 커지게 된다. 반대로 기대된 이미지 강도보다 자극된 이미지 강도가 적을수록 관광자의 불쾌감과 실망감은 커지게 된다.

나 관광지 고유이미지 형성을 위한 연출

(1) 컨셉과 테마 설정(박석희, 1997: 556-557)

컨셉과 테마를 설정한다는 것은 관광위락공간의 내용을 표현하는 작업이다. 이에 따라 계획적인 연출이 행해지고 개성이 만들어짐으로써 다른 것과의 차별화를 꾀할 수 있게 된다. 테마가 독특하지 않거나, 명쾌하지 못하거나, 또는 깊은 맛이 없는 경우에 그 관광위락공간은 매력이 결여되어 사람을 모이게 할 수 없다.

(2) 상징적 요소 연출

관광지에 있어서 상징성은 추구되어야 한다. 왜냐하면 인간이란 상징적인 동물로서 자기가 지각하고 체험하는 모든 것에 어떤 의미를 부여하고 그 의미에 따라 행동하기 때문이다.

상징성은 상징물로서 표현될 때 강한 이미지를 형성할 수 있게 된다. 디즈니랜드나 월트 디즈니 월드에서 신데렐라성은 디즈니 나라의 강한 상징물로서 오늘의 테마파크 문화를 성공으로 이끈 결정적 요인이라고 할 수 있다.

(3) 경관연출

무대로서의 관광지 경관을 연출하는 것은 관광공간에서 전개되는 테마를 효과적으로 연출하기 위함이다. 이를 위해서는 통일성을 확보하고, 이미지를 확정하며, 이미지를 형상화하고 적절한 규모, 조화성, 강조 등의 기법을 적절하게 구사해야 한다(박석희, 1994: 283-286).

(4) 이동공간 연출

미지의 것에 대한 기대와 불안한 감정을 누그러뜨림과 동시에 도착지점에서 일종의 성취감과 만족감을 느낄 수 있게 극화시킬 필요가 있으며 이러한 극화작업이 곧 이동공간의 연출이다. 이를 위해서는 접근감 부여, 반복, 터널효과 등 3가지 방법이 이용될 수 있다.

(5) 관광할 거리의 연출

관광지에서는 크고 작은 이벤트(각종 전시회, 콘서트)를 통한 볼거리 연출, 취미활동, 사교활동, 야외위락활동 등을 통하여 적절한 각성이 유발될 수 있도록 놀거리 연출, 향토음식, 보양음식, 먹을거리 제공과 연출, 학습욕구를 충족시켜 줄 수 있는 배울거리의 연출, 작은 지출을 통한 재미를 맛보게 하고 기념품, 토산품의 제공을 통한 구매욕구를 충족시킬 수 있도록 살거리의 연출, 그리고 전설이나 선조들의 지혜 또는 진기하거나 신기하여 돌아가서 이야기할 수 있는 이야깃거리 연출 등 각종 ○○거리를 연출함으로써 관광활동이 보다 재미있고 즐거울 수 있도록 해야 한다.

(6) 안내정보의 연출

관광여행의 즐거움은 그 지역에 대한 지적 호기심을 충족시킴으로써 늘어난다. 그리고 직접 또는 간접적인 정보를 통하여 관광지에 대한 기대 이미지가 형성되며, 이 기대 이미지가 잘못 형성되면, 즉 과장되어 형성되면 관광지에서 느끼는 만족감 및 즐거움은 불쾌감과 실망으로 변하게 되므로 정보의 전달 및 정확한 정보의 전달이 아주 중요한 역할을 함을 알 수 있다. 이러한 정보는 각종 안내 매체를 통하여 직접·간접으로 제공될 수 있는데, 특히 관광공간에서는 안내표지, 안내표지판, 안내소 등의 역할이 중시된다.

(7) 광고와 홍보

의미가 상징 속으로 들어가게 하는 방법의 하나가 광고와 홍보이며(이상률, 256), 광고 홍보는 상징 그 자체에 대한 욕구를 유발하려는 의도에서 우리가 부족한 것이 무엇인가를 보여주기 위하여 상징을 제시한다(박석희 역, 281). 따라서 광고와 홍보를 접한 사람에게 적절한 동기가 부여되면 부족한 것을 채우기 위하여 관광목적지를 선택·이동함으로써 관광상품을 생산·소비하게 된다.

(8) 인적 서비스

상징에 내재된 의미를 효과적으로 전달하는 방법 가운데 가장 효과적인 것은 전문 해설가의 해설이다. 특히 문화유산인 경우 적절한 해설활동이 가해지지 않으면 그것은 단지 돌이고 나무일 뿐이다. 따라서 전문해설 요원이 확보되어야 한다. 그리고 손님을 맞는 종사원들의 복장과 태도, 말씨도 관광지의 이미지 형성에 중요한 요소가 된다.

3. 남한산성 이미지 연출상의 문제점 진단

가 고유이미지의 창출모델

관광자원이 고유한 이미지를 갖게 하기 위해서는 먼저 고유한 이미지 소재를 추출하고, 다음에 이들 고유 이미지 소재가 이미지를 형성할 수 있는 기본적인 요소를 구비하게 해야 한다. 그리고 다양한 각도에서 이미지를 연출함으로써 고유한 이미지가 창출될 수 있다.

고유한 이미지 소재는 [그림 1]에서와 같이 그곳의 자연적 소재 가운데서 아름답고 특이성을 지닌 것, 역사적 측면에서 정통성을 지닌 소재, 그리고 문화적 측면에서 고유성을 지니고 있는 소재여야 한다. 역사적 측면에서 정통성이 없는 것은 다른 곳에서 쉽게 모방하거나, 더 크고 더욱 자극적인 것을 도입함에 따라 경쟁력을 상실하게 될 가능성이 높다. 그리고 문화적 측면에서의 고유성은 관광수요가 점차 다양화되고 양질의 관광경험을 추구함에 따라 그 중요성이 더욱 부각되고 있다.

이상의 3가지 측면에서 찾아낸 고유이미지 소재는 관광객의 호기심을 자극하고, 소재를 접했을 때 관광객이 감흥을 자아낼 수 있어야 한다. 나의 시각에서가 아니라 관광객의 시각에서 보면서 저들에게 정서적으로 다가가서 감동을 안겨주어야 한다.

이미지 형성을 위해 갖추어야 할 것으로는 기본적으로 이미지를 떠오르게 하는 관광지의 명칭과 호기심을 자극하는 짧은 구절의 슬로건이 있어야 한다. 그리고 당해 관광지의 이미지를 명확하게 상징하는 심벌마크와 상징물이 있어야 한다. 이러한 심벌마크와 상징물은 이미지 형성요소의 근간이 된다. 관광에 관련된 사람의 접객태도와 유니폼, 말씨 등의 인적 요소도 구비되어야 한다. 환경적 요소에 해당하는 자연적, 역사적 자원의 매력성, 안내포스터, 멋진 사진 등도 이미지 형성의 근간이 된다.

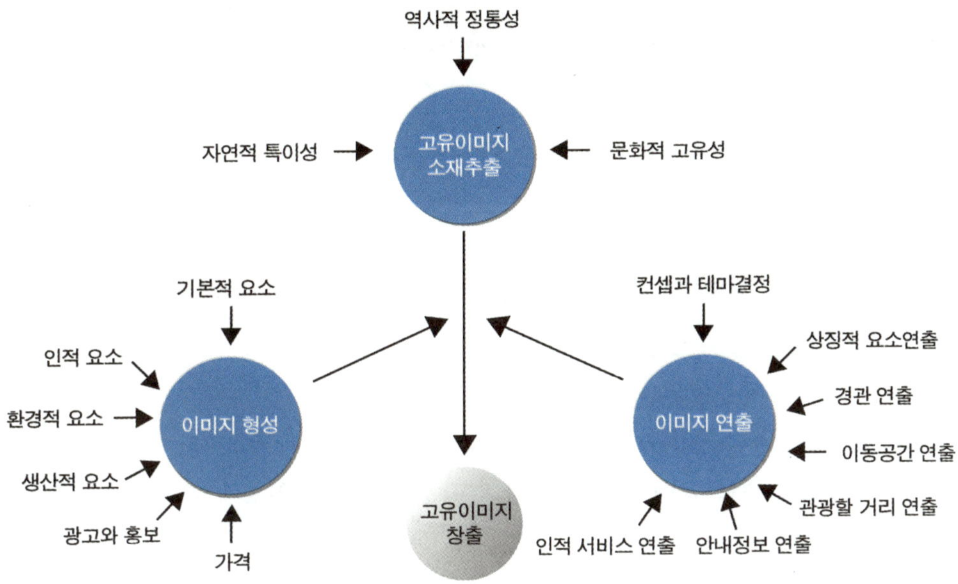

[그림 1] **고유이미지 창출모델**

생산적 요소인 먹을거리와 살거리에 해당하는 토산품 그리고 볼거리에 해당하는 축제와 이벤트 등도 이미지 형성을 위해 없어서는 안 되는 것이다. 광고와 홍보도 물론 없어서는 안 되는 요소이다. 의미가 상징 속으로 들어가게 하는 방법의 하나가 광고와 홍보이다. 광고와 홍보는 상징 그 자체에 대한 욕구를 유발하려는 의도에서 관광객이 부족한 것이 무엇인가를 보여주기 위하여 제시된다. 따라서 광고와 홍보를 접한 사람에게 적절한 동기가 부여되면 부족한 것을 채우기 위하여 관광목적지를 선택·이동함으로써 관광상품을 생산·소비하게 된다.

고유한 이미지 소재를 추출하고 기본적인 요소를 구비해 두더라도 이미지를 적절하게 연출하지 않는 경우에는 그 관광자원에 내재된 의미가 충분하게 전달되지 않을 가능성이 크다. 관광객은 새로운 환경에 접하면서 자신들의 주의력을 집중하는 정도와 자신들이 가지고 있는 지식의 정도에 따라 새로운 자극을 지각하는 정도가 달라진다(박석희, 1992). 즉, 관광객들은 자신이 아는 만큼만 본다. 그러므로 다양한 측면에서 관광객의 지각수준을 강화시켜줄 수 있는 이미지의 연출이 강구되어야 한다.

나 남한산성 연출 진단을 위한 주요 체크포인트

(1) 관광지 입구

입구에서 갖게 되는 첫 인상이 중요하므로 영역감이 명확한가, 분위기가 독특한가를 검토한다.

(2) 매력물에 접근

관광매력물에 접근할 때 인상을 강하게 하기 위해서는 어떻게 하는 것이 좋은가를 검토한다.

(3) 코 스

관광매력물을 어떻게 배열해두고, 어떠한 순서로 보게 하는 것이 효과적일까를 검토한다.

(4) 매력물을 보여주는 방법

관광매력물에 주의력을 집중시키도록 하기 위해서는 어떻게 보게 하는 것이 좋은가, 그리고 그 관광매력을 어떻게 관광자에게 전달하는가를 검토한다.

(5) 상징적 요소

관광지에서는 관광객의 기억 속에 강하게 남을 수 있는 상징적 요소가 있어야 한다. 이러한 상징적 요소는 그것이 지닌 강한 이미지 때문에 관광현장에서도 관광객이 그 대상에 몰입되게 할 뿐만 아니라 그들의 기억 속에 담아가서 때때로 꺼내어 되새김해 보게 한다.

(6) 경관연출

경관의 통일성 확보, 이미지 확정, 이미지의 형상화, 규모의 적정성, 조화성, 강조 등의 기법이 제대로 적용되고 있는가를 검토한다.

(7) 관광할 거리의 연출

볼거리, 놀거리, 먹을거리, 배울거리, 살거리, 이야깃거리 등을 적절하게 연출하고 있는가를 검토한다.

(8) 안내정보 연출

안내표지, 안내표지판, 안내소 등에서 각종 직·간접 정보를 제대로 제공하고 있는가를 검토한다.

(9) 홍 보

다양한 매체를 통하여 효과적으로 홍보되고 있는가를 검토한다.

(10) 인적 서비스 연출

전문 해설요원이 확보되어 있고, 종사원들의 복장, 태도, 말씨도 적절하게 연출되고 있는가를 검토한다.

다 남한산성 연출 진단결과 주요 문제점

남한산성의 경우 현재 상태로는 산만하게 늘어선 음식점과 울창한 숲만 보이고 성곽은 산등성이에 오르지 않고는 거의 보이지 않는다. 따라서 성곽분위기, 산성마을분위기는 전혀 체감되지 않는 실정이다. 이러한 실정에 이르게 된 세부적인 문제점을 살펴보면 다음과 같다.

(1) 입 구

- 남문으로 접근하는 경우: 약진로에서 남문으로 들어서는 입구에서는 어디서나 보는 형태의 남한산성 도립공원이라는 간판이 하나 붙어 있을 뿐 산성을 찾는 사람들에게 독특한 분위기를 연출하여 영역감을 부여함으로써 강한 인상을 주어야 할 것이나, 현재는 그러지 못하고 있다.
- 동문으로 접근하는 경우: 적은 수의 방문자가 하남 방향에서 광지원을 거쳐 동문으로 접근하고 있다. 이곳으로 오는 경우에도 도립공원 입구에서 성곽에 들어서고 있다는 독특한 영역감을 역시 부여하지 못하고 있다.

(2) 매력물에 접근

- 산성입구에서 매표소까지: 성곽으로 이르고 있다거나 남문이 나타날 것이라는 분위기가 나지 않는다. 산길을 오르다 보면 남문 앞에 매표소가 있는데 사실은 이것이 지금은 통로로 사용하지 않는 남문역할을 해야 할 것이나 오래된 산성의 문을 통과한다는 야릇한 호기심을 불러일으키기에는 역부족이다.

  시각과 청각에 적절하게 호소하면서 접근감을 부여해야 할 것이나 그러한 노력이 없기 때문이며 매력물의 모습의 일부분을 몇 차례 반복해서 보여줌으로써 매력물에 대한 기대 이미지를 키우고 매력물에 이르러서는 그보다 더 강한 이미지가 부여되어야 할 것이나 현재는 그저 단순한 이동공간에 불과하다.
- 매표소에서 터널까지: 매표소에서 터널까지는 짧은 거리이기는 하나 찾아오는 사람들에게 산성에 관한 아무런 느낌도 주지 못하고 오히려 작은 혼란과 실망감을 안겨주고 있다. 성문을 통과하면서 무엇이 나올 것이라는 기대와는 달리 곧 어디에서나 보는 터널과 동일한 모양의 터널이 나타나고 그 옆으로 난 도로에는 접근을 막는 방책이 가로놓여 있다. 여기에서 다시 한 번 예스러운 산성분위기를 연출하여 성곽은 이 터널 위쪽 산등성이에 있음을 강하게 인지시켜야 산등성이에 올라가서 산성을 따라 걸어보고 싶은 욕구를 갖게 할 수 있을 것인데 그러지 못하고 있다.

- **터널에서 산성마을까지**: 짧은 거리이기는 하나 이 도로의 경우에도 여느 산골 도로변과 다른 느낌을 주지 못하고 있다. 성곽영역 내에 들어섰다는 영역감과 산성마을에 근접하고 있음을, 내려서 걸어가고 싶다는 생각이 들도록, 그리고 산등성이에서 저 멀리 깃발이 펄럭이고 있는 산성으로 꼭 한 번 올라가 보고 싶다는 마음이 생기도록 해야 할 것이나 전혀 그러지 못하고 있다.
- **관광자원 매표소에서 동문까지**: 광지원에서 동문까지는 7km에 이르며 수목이 우거진 계곡을 따라 나 있는 완만한 오르막길로서 조선조 때는 임금이 성곽 내의 여름행궁으로 행차하던 길이다. 그런데 여기에서도 자연경관이 수려하여 공원에 들어왔다는 분위기는 어느 정도 느끼게 되나 우리가 자랑할 수 있는 성곽문화유산에 접근하고 있다거나, 천여 호에 이르는 주민들이 산성을 쌓고 나라를 지키면서 모여 살던 곳에 이르고 있다거나, 임금이 행차하던 길이라는 이미지는 받을 수가 없는 실정이다. 그리고 이 이동공간에서도 산등성이에서 저 멀리 깃발이 펄럭이고 있는 모습을 볼 수 있게 하는 등 산성에까지 올라가서 조상들이 어떻게 산성을 축조했고, 적의 침략을 물리치기 위하여 어떤 고초를 겪었던가를 체감하고 싶다는 욕구가 일어나도록 해야 할 것이나 전혀 그러지 못하고 있다.
- **동문에서 산성마을까지**: 이 경우에도 오르막이라는 것을 제외하고는 터널에서 산성마을에 이르는 도로변과 같은 문제점을 안고 있다.
- **상징적 매력물 접근**: 현재 남한산성 내에 남아 있는 상징적 매력물로는 성곽, 온조대왕과 이서장군을 모신 숭열전, 장수가 진을 치고 휘하 장졸을 지휘하던 수어장대, 그리고 삼학사의 위패를 모신 현절사 등을 꼽을 수 있는데, 이들 상징적 매력물을 입구에서 나눠주는 지도를 보면서 길을 물어 찾아갈 수는 있겠으나 자연스럽게 이러한 매력물로 유인하지는 못하고 있다. 더구나 성곽, 숭열전과 수어장대는 멀고 높은 곳에 있다는 생각이 들게 되어 선뜻 탐방하러 가지 않게 된다.

(3) 코 스

- 성곽탐방코스: 관리사무소에서 배부하는 지도에는 5개의 코스가 거리, 소요시간, 경유지에 관한 정보를 제공하고 있다. 그런데 이러한 정보는 성곽탐방에 대한 강한 욕구를 지닌 사람 이외에는 크게 도움이 되지 않는다. 코스마다 어떠한 특징이 있는지, 어디서 무엇을 보는 게 제대로 답사를 하게 되는지 전문해설가의 도움을 어디서 받을 수 있는지 등을 알 수 있게 되어 있지 않다. 코스를 선택하여 실제로 탐방하는 경우에도 특히 문화재의 경우에는 전문해설가의 도움 여부에 따라 답사의 즐거움이 크게 달라질 수 있는데, 이곳에서는 전문해설가의 도움을 받기가 어렵게 되어 있는 실정이다. 이러한 경우에는 자기 안내체계라도 잘 갖추어야 할 것이나 그것 또한 그렇지 못하다. 그리고 성곽탐방코스 주변만이라도 코스 밖으로 분산되는 것을 막고 또한 코스상에서도 지체되지 않는 가운데 효율적으로 흐르게 해야 한다. 곳에 따라서는 자연스런 방책을 설치하여 진입을 막을 수도 있고, 감격스러움을 맛보게 하기 위해서는 관광자 자신이 선택할 수 있는 여지를 남겨두는 등 탐방자의 행동양태를 근거로 세심한 설계가 이루어져야 한다.
- 도로변: 방문자들이 주차장에서 나와 걷게 되는 주된 가로변인 종로와 산성종로에서 행궁터에 이르는 관아거리 등은 조선조의 거리 분위기가 강하게 풍길 수 있도록 가로설계(街路設計)된 상태에서 각종 편의시설과 상가가 들어서야 할 것이나 그러하지 못한 실정이다. 공공시설인 우체국, 파출소, 관리사무소 등도 조선조 당시의 이미지가 전달될 수 있어야 할 것이며, 보행공간과 도로 연변에도 성곽의 이미지가 곳곳에 형상화되어 있어야 할 것이나 그렇지 못하며, 가로변에 혼잡스럽게 늘어선 상가들의 외관도 조선조 당시의 8도에서 모여든 사람들이 섞여 살아가는 모습이 연출되어야 할 것이나 역시 그렇지 못한 실정이다.

(4) 매력물을 보여주는 방법

수어장대에서 바라보는 서울전경, 성곽으로 에워싸인 남한산성 내부경치, 그리고 그곳에서 한바탕 고함을 지르면 장수가 호령을 하던 기분에 젖을 수 있다. 그리고 무망루란 내부 편액을 달고 영조, 정조대왕이 나라를 굳건히 지키려던 그 이야기를 들어야 한다.

숭열전에는 온조대왕 위패가 모셔져 있기 때문에 개국시조에 대한 예를 갖추어야 한다. 멍석을 깔고 한 사람이 홀을 부르는 가운데 4배를 올리고 난 후에 아스라이 거슬러 올라가야 2000년 전 온조대왕의 음성을 가까스로 들을 수 있게 된다. 현절사에서도 마찬가지다. 그냥 대문을 삐걱 밀고 들어갔다 나오면 청나라 황제인 태종이 '너는 무엇 때문에 꿇어앉지 않고 고고하게 서 있느냐?'는 물음에 당당하게 죽음을 맞는 삼학사의 그 기개를 느낄 수 있어야 한다. 그런데 안타깝게도 지금과 같은 방법으로는 도저히 그러한 분위기에 젖을 수가 없다. 이곳 산성의 주요 문화유적에서는 우리들 선조가 민족의 자존심을 지키기 위하여 고군분투했던 그 넋을 다시금 되새길 수 있어야 할 것이다.

이를테면 행궁터의 경우에도 언젠가 행궁이 복원되면 옛 모습을 찾을 수 있겠지만 폐허로 둔 상태로 그것을 바라보며 무엇을 느끼라는 것은 무리다. 노거수 느티나무와 연관시키며 옛 모습을 떠올릴 수 있게 그림표지판과 해설표지판이라도 붙여두는 것이 옳다. 밀레의 '만종'의 배경이 되었던 밭모퉁이에 밀레의 만종그림을 간판화해 두고 이곳에서 밀레가 만종을 그렸다는 설명 한마디면 보는 사람은 밀레가 그림을 그리던 옛날로 돌아갈 수 있다.

(5) 상징적 요소

전반적으로 현재 남한산성의 경우 강한 이미지를 심어줄 만한 상징적 요소가 제시되지 않고 있는 실정이다.

이들을 몇 가지로 나누어 살펴보자.

- 해설이 곁들여지지 않는 경우: 단순히 눈으로 보고 귀로 소리를 듣는 상태에서 강하게 이미지가 부여되는 매력물은 빼어난 경관이나 기이한 사건이라야 한다. 그런데 빼어난 경관이라고 회자되는 것이 없다. 없어서 없다기보다는 빼어난 경

관을 찾아내려는 노력이 없었다고 하겠다. 이를테면, 남한산성 5경이나 8경을 찾아내어 지정할 수 있다.

- 해설이 곁들여진 경우: 숭열전, 수어장대, 현절사, 만해 기념관 등에 모신 인물들이 우리 민족의 자존심을 지켜온 이야기는 방문자들의 가슴을 뭉클하게 할 수 있을 것이나 아직 이러한 것이 빛을 보지 못하고 있다.
- 상징적 공간: 산성마을은 조선조에 조선 8도에서 모아온 사람들로 가구수가 1,000여 호가 되었다고 하나, 지금은 혼란스럽도록 즐비한 음식점이 옛 정취를 전혀 자아내지 못하고 있다. 전체가 아니라면 산성종로 주변 어느 한 블록이라도 옛날 산성마을을 테마로 하여 조성해야 이곳을 찾는 사람들의 요구에 어느 정도 부응할 수 있을 것이다.
- 상징적 코스: 현재 남한산성 관리사무소에서는 지도상에 5개 코스를 안내하고 있는데, 이 가운데서 어느 한 코스 또는 약간의 변경을 통하여 남한산성의 의미를 가장 잘 상징하는 코스를 선정하여 이 코스는 반드시 탐방해 보고 가게 해야 할 것이나 이 또한 그러지 못하고 있다.

(6) 경관 연출

- 지역 전체 이미지가 통일되어 있지 못하다. 지역 전체로서 통일된 이미지를 조성하지 못하면 관광객을 만족시킬 수 없다. 지역의 이미지를 통일하기 위해서는 개발방향이 통일되어야 한다. 그런데 남한산성의 경우에는 이러한 점에서 실패하고 있다. 특히 산성마을의 경관은 혼잡 그 자체라고 할 수 있다. 조선조의 산성마을 분위기를 전혀 자아내지 못하고 있다.
- 관광지에서는 관광자에게 주고자 하는 바를 추상적으로 제시하는 것보다는 구체적으로 형상화시켜 제시해야 한다. 성곽 이미지를 형상화하고, 민족자존의 터임을 추상적으로 이야기하기보다는 구체적으로 형상화시켜야 할 것이나 이러한 이미지의 형상화 작업은 구사되지 않고 있다.
- 산성마을 상가들의 한옥구조는 그 규모가 일상에서 대하던 것보다 크기 때문에

방문자들이 한옥규모에 대해 혼란스러워하고 있다. 이러한 규모를 적절하게 작아 보이게 하는 작업이 필요하다.

- 토속적인 경관이 연출되지 않고 있다. 토종 동식물을 활용하여 경관의 향토성을 증가시킬 수 있는 여건은 충분하나 이를 활용하지 못하고 있다.

(7) 이벤트 연출

크고 작은 이벤트는 방문자들에게 좋은 볼거리를 제공하게 된다. 그런데 현재 이곳에서는 광주군이 주최하는 상당한 규모의 '남한산성 축제'가 1996년부터 개최되고 있을 뿐 각종 전시회, 음악회 등 소규모 이벤트를 지속적으로 개최할 수 있는 소재는 충분하나 이들을 제대로 활용하지 못하고 있다.

(8) 소리의 활용

새소리, 물소리, 음악소리 등 각종 소리를 활용하면 감각기관을 적절하게 자극함으로써 공간의 분위기를 돋보이게 할 수 있는데, 이곳에서는 자연의 새소리 이외에는 소리를 제대로 연출하지 못하고 있다. 이를테면, 적막이 감도는 숭열전보다는 잔잔한 전통음악이 흐르는 숭열전은 이곳을 찾는 사람들에게 보다 주의를 집중할 수 있게 해줄 수 있을 것이나 그러지 못하고 있는 실정이다.

(9) 문화유산 스토리의 전개

일정한 테마하에 문화유산에 관한 스토리를 구성하고 이를 적절하게 연출함으로써 방문자들에게 감동을 유발하거나 또는 각오를 새롭게, 그리고 즐거움을 배가시킬 수 있다. 노는 가운데 역사와 문화에 깃든 정신을 배우게 할 수 있을 것이나, 이곳에서는 이를 적절히 활용하지 못하고 있다. 이를테면 일제시대에 남한산성에 얽힌 우리들의 민족자존을 파괴하는 과정을 듣게 되면 역사를 보는 새로운 눈이 뜨일 수도 있을 것이나 이러한 소재가 활용되지 않고 있다.

(10) 안내정보

- 안내표지판이 관광지의 이미지를 전달하지 못하고 있다. 문화유적 표지판의 바탕색은 진한 갈색이어야 하나 도로표지판과 같은 색이다. 입구의 도로표지판, 산성종로 앞의 안내표지판 등도 단순히 정보제공의 기능을 할 뿐 어떠한 감흥도 불러일으키지 못하고 있다. 도로변에는 픽토그램을 활용하고, 보행공간에서는 사진표지판을 적절한 크기로 제작하여 설치해 두어야 할 것이나 그러지 못하고 있다.
- 있어야 할 곳에 안내표지판이 없다. 남문 입구의 폐쇄된 도로부분, 남문을 통과한 직후, 산성마을에 들어서서 적절한 곳에 표지판이 있어야 할 것이나 없는 실정이다.
- 필요 이상으로 크거나 불필요한 내용이 오히려 미관을 해치고 있다. 화장실은 그림 표지만으로도 충분하나, 곳곳에 설치된 화장실 표지판이 지나치게 크고, 내용도 화장실, Restroom, 側間, 남한산성 도립공원이라는 식으로 되어 있다.
- 로고 깃발을 곳곳에 꽂아둠으로써 통일된 이미지형성에 기여할 수 있을 것이나 이를 활용하지 않고 있다. 이를테면, 성곽모양의 남한산성 로고를 새긴 깃발을 제작하여 산성의 주요지점, 산성마을 곳곳에 꽂아둔다면 분위기 형성에 크게 기여할 것이나 전혀 활용되지 않고 있다.
- 도로변 곳곳에 지도를 보고 주요 문화재를 탐방하거나 답사코스를 찾아가려 할 때 활용할 수 있도록 표지판이 붙어 있어야 하는데 그러지 못하고 있다.
- 호기심에 걸맞지 않은 것도 있다. 이를테면, 산성종로 로터리 가운데 비석이 무엇일까 궁금하여 차도를 건너간 사람들은 크게 실망하고 돌아서게 된다. 그곳에 자연보호 비석이 세워져 있기 때문이다. 차라리 그곳에는 종각을 세우고 종각 윗부분에 전광판을 설치하여 이곳에 대해 다양한 정보를 제공하는 게 효과적일 것이다.

(11) 홍 보

이곳 남한산성에 관한 정보는 다양한 매체를 통하여 효과적으로 홍보되어야 할 것이나 그러지 못하고 있는 실정이다.

(12) 인적 서비스

관광지의 인적 서비스는 관광지에 대한 이미지 형성에 중요한 역할을 하게 되는데 이 점 또한 많은 문제점을 안고 있다. 관리원과 종업원의 태도가 상당히 기계적이고, 복장이 적절하지 못하며, 전문해설요원이 확보되지 않아 지역민 모두가 관광안내원이 되어야 할 것이나 그렇지 못하다. 예를 들어, 행궁터를 묻자 궁터인가?라고 한다거나, 관아거리는 아예 모르고, 현절사 가는 길을 묻자 대형 음식점 종업원이나 초등학교 학생도 모르고 있는 실정이다.

4. 남한산성 이미지 창출방안

가 컨셉과 테마의 설정

(1) 테마파크 조건

남한산성은 유구한 역사가 깃든 공간이면서, 풍부한 문화유적이 있고, 자연자원 또한 풍부하며, 성곽으로 공간이 둘러싸여 있고, 접근성이 양호하며 충분한 배후시장을 가지고 있다. 따라서 문화유적 테마파크로서 성공할 수 있는 조건을 충분하게 갖추고 있다.

(2) 컨 셉

세계화 시대, 국경이 없어지는 시대를 맞으면서 역사 속에서 민족의 자존심을 지키기 위해 분투한 선조들의 삶을 되살려 가슴 뭉클하게 민족애를 느껴볼 수 있는 민족자존의 터.

(3) 테 마

- 조선조 산성마을 정취에 젖는다(산성마을의 삶): 종로 종각에서 종이 울리고 성곽에서 깃발이 펄럭이는 가운데 종로에서는 군사들이 행진을 하고 순라군이 걷는 가운데…….
- 전통민속 놀이에 취한다(전통민속놀이의 흥겨움): 흥겨운 각종 전통 민속놀이가 펼쳐지는 가운데 구경도 하고 신바람이 나서 참여도 해 보면서…….
- 아! 위대하여라(민족영웅과의 만남): 국가 수호를 위해, 의리를 지키기 위해 하늘을 찌를 듯한 기개와 충혼을 불태웠던 민족의 영웅들을 만나며…….

이 밖에도 다수의 테마를 설정할 수 있겠다.

나 상징성 확보

(1) 상징물

수어장대는 현존하는 건물 중 가장 화려하고 웅장한 건물임과 동시에 병자호란 때 45일간 피나는 항쟁으로 버티던 상징적인 장소이기도 하다(신구전문대출판사, 1997). 따라서 수어장대가 민족자존의 땅인 남한산성의 상징물로 적합한 것으로 보인다. 그리고 숭열전과 현절사를 보조적 상징물로 내세울 수 있다.

(2) 상징공간

서울의 종로와 같은 역할을 해왔던 산성 내 종로를 중심으로 한 주변공간 중 1블록(정선회관 주변지역이나 안내소 뒤편 주차장)이라도 상징공간으로 조성하고 이곳에 남한산성 미니어처와 조선조 산성마을의 풍물공간, 전통민속놀이 공연장을 조성하여 시끌벅적함을 맛보게 한다. 그리고 성곽탐방에 관한 정보도 제공하고 성곽관련 자료도 전시한다.

(3) 상징코스

남한산성에 이르는 몇 가지 코스 중에서 산성종로-행궁터-침괘정-숭열전-수어장대-서문-국청사-북장대-북문-산성종로 코스를 상징코스로 지정하고 상징코스답게 연출한다.

다 이동공간 연출

(1) 입구에서 산성마을

- 입구에서 영역감을 명확하게 한다. 남문과 동문으로 접근할 경우 산성에 진입하고 있음을 강하게 인지할 수 있게 표지판과 구조물을 설치·보강한다.
- 접근감을 부여하고 기대감을 키운다. 매표소에 이르기까지 몇 차례 반복하여 성곽의 일부를 볼 수 있게 한다. 성곽에 이르고 있고, 남문과 동문이 나타날 것이라는 분위기가 일어날 수 있도록 지금의 방호벽을 보완하고, 앰블램을 활용하며, 성곽의 일부를 몇 차례 반복하여 볼 수 있게 한다.
- 남문과 동문을 통과하며 호기심이 유발되게 한다. 남문과 동문에서 성안으로 들어서기 위해 일종의 통과의례를 치른다는 느낌이 들도록 하여 야릇한 호기심을 불러일으킨다.
- 산성마을에 접근하고 있음을 강하게 부각시킨다. 도로변에 조선조 시대의 옛마을에 접근하고 있음을 느끼게 하는 앰블램, 성곽그림표지판, 구조물 등을 설치하여 내려서 걷고 싶은 마음이 생기도록 한다.

(2) 주요 탐방코스

- 종로변에서 탐방코스 진입이 용이하도록 표지판을 설치한다.
- 코스상의 이동이 자연스럽게 흐르도록 한다. 적절한 곳에 표지판을 설치하여 방향을 잃지 않게 하고 일행 중 먼저 나온 사람이 기다리다가 일행과 함께 이동하도록 코스상 주요 매력물의 전후 공간을 확보한다.

- 흐름의 속도가 조절될 수 있도록 코스 주변에서 적절한 볼거리를 제공하고, 앉아 쉴 수 있도록 벤치를 곳곳에 배치한다.

(3) 종로 주변

- 종로나 행궁터에 이르는 관아거리를 조선조의 분위기가 나도록 설계한다. 산성마을의 주된 보행자 공간인 종로 주변의 농협, 우체국, 파출소 등 공공시설과 상가들의 외관 그리고 가로 자체도 조선조 당시의 분위기가 나게 보완한다.

라 경관연출

- 상징공간을 핵으로 하여 전체 이미지가 성곽 이미지로 통일되게 한다. 기존 산성마을의 경관은 혼잡 그 자체인데 성곽의 이미지를 형상화해 나간다. 가로설계, 테마공간설계 등을 통하여 성곽의 이미지를 형상화시킨다.
- 기존 상가들의 외관이 성곽으로 보이게 처리한다. 벽에 성곽무늬를 그리든가 돌로 일정 높이까지 쌓아 건물의 높이를 낮게 보이게 하든가 적절하게 은폐한다.
- 남한산성 5경 또는 8경을 선정하여 성곽 내부공간 전체가 핵심경관을 중심으로 한 덩어리가 되게, 그리고 연중 아름다움을 간직한 곳으로 홍보해 나간다.
- 야간경관에 꼬마전구를 사용하여 산성마을 전체가 성곽으로 보이게 한다.
- 토속적인 경관을 연출한다. 토속 동식물원을 조성하고, 야생화와 향토수종을 식재한다.
- 종업원, 주민, 공공시설 근무자들이 조선조의 복장을 갖추도록 한다.
- 다람쥐, 청설모 등이 곳곳의 공간에서 다수 서식하도록 하여 일시적 경관이 형성되게 한다.
- 산성마을에서 산마루를 바라보면 산성 곳곳에서 펄럭이는 깃발이 보이게 하고 몇 곳의 성곽을 조망할 수 있게 한다.
- 경관이 수려한 몇 곳을 전망대화한다.

마 관광할 거리 제공

(1) 볼거리

- 핵심 산성경관을 보게 한다. 수어장대, 수어장대 밑에서 남문 쪽으로 산성경관, 북문우측에서 북장대 쪽 산성경관, 서문 위에서 서문과 수어장대 쪽 산성경관, 올려다보는 동문경관 등을 강조한다.
- 축제 시에 청량산에서 만신들이 신기(神氣)를 받게 하고 만신들의 굿판을 크게 벌여두는 것은 독특한 볼거리가 될 수 있다.
- 소규모 이벤트(그림, 사진전시회, 콘서트, 무술경연대회 등)를 주말에 수시로 개최하고 장기적으로는 상설화시킨다.
- 주말에 전통민속놀이 놀이꾼들을 초청하여 풍물굿판을 벌이고 이것도 장기적으로 상설화시켜 간다.
- 곳곳에 흩어져 있는 비석들을 한곳에 모아 비석숲을 조성한다.
- 영화 또는 드라마 촬영장소에는 간이 세트나 주요 장면 사진표지판을 설치해 둔다.
- 용도가 모호한 시설물이나 미관을 해치는 시멘트 벤치를 제거한다.

(2) 배울거리

기존의 민족도장을 활용하여 민족정신, 호국정신, 현절사에 담긴 선비정신, 산성에 얽힌 조상의 지혜 등을 체험할 수 있게 하고, 축성의 역사와 일제의 민족정기 말살과정 등 지역의 역사와 문화를 이해하도록 한다. 그리고 전통민속놀이 공연장에서 풍물굿, 탈춤 등의 재미있는 동작도 배울 수 있는 기회를 제공한다.

(3) 먹을거리

남한산성에서 자라는 주요 산나물을 이용한 산채비빔밥이라든가 과거 성내임을 감안하여 우리나라 고유의 식단인 반상이나 궁중음식을 기본으로 하는 등 다양한 메뉴의 먹을거리를 개발한다.

(4) 살거리

기존 관광지에서 파는 전통공예품이 아니라 남한산성을 상징하는 모형이라든지 호국정신을 반영한 여러 가지 문구, 완구, 생활용품, 민속용품 등 기념품을 개발하여 남한산성의 이미지를 부각시킬 수 있는 살거리를 제공한다.

(5) 이야깃거리

현재 성내에 구전되는 전설지역(예: 낙매화터의 묘, 장경사, 취성암, 효자정, 청계당, 매바위 등)을 재현하는 공간을 만들고 그 전설을 간단하게 해설하는 프로그램을 개발한다.

바 안내정보 제공

(1) 안내책자와 표지판

- 다양하고 구체적이며 홍미를 유발하는 정보를 담은 안내정보자료를 개발한다.
- 각 코스마다, 혹은 지역마다 산성을 대표하는 로고가 새겨진 깃발이나 산성모양의 안내표지판을 설치하고 각 코스별로 난이도 혹은 특성에 따라 고유의 색을 부여한다. 그리고 산성종로 로터리 공간에 종각과 안내전광판을 설치하여 명확한 랜드마크가 되게 한다.

(2) 해설프로그램을 통한 정보제공

- 지역주민이나 관리직원, 남한산성 보존회, 남사모회원, 삼학사 현창회, 인근 대학 관련학과 학생 등에게 남한산성에 관한 해설프로그램 교육과정을 개설하여 남한산성을 찾는 이용자 중 희망자에게 산성 안내 및 해설을 통하여 정보를 제공한다. 이를 위해서는 해설가 풀(pool)을 구성해 두고 요구청이 있을 때 적절히 연결해 준다.

(3) 보여주는 방법 강구

- 숭열전에서는 안내자 또는 해설자가 홀을 부르는 가운데 4배를 올리고 난 후에

해설을 해주고, 현절사에서도 2배를 하게 하는 등 적절한 예를 갖추게 하고 해설해 주는 등 역사유적을 보여주는 적절한 방법을 강구하고 예를 갖추게 함으로써 탐방객의 주의력을 모으고 마음자세를 가다듬게 해야 할 경우도 있다.

사 홍 보

- 남한산성축제를 대규모화하여 다양한 볼거리와 놀거리를 연출함으로써 축제를 통한 홍보와 이미지 개선을 추구한다.
- 남한산성 주최 사생대회, 사진촬영대회, 백일장 등이나 산성 홍보용 포스터 만들기 대회, 상품화방안 공모전 등 다양한 공모전을 개최한다.

아 인적 서비스 제공

- 관리원, 종업원, 주민, 공공기관 근무자들 모두의 태도가 친절해야 하고, 이들이 조선조의 복장 또는 그러한 분위기가 나는 옷을 입게 하며 이들 모두가 관광안내원이 되도록 이들에게 정기적으로 친절교육, 서비스교육, 안내해설교육 등을 실시한다.

5. 결 론

남한산성은 유구한 역사, 풍부한 문화유적, 수려한 자연자원을 가지고 있고, 충분한 배후시장이 있으며, 접근성도 대단히 양호한 편이라서 문화유적 테마파크로 성공할 수 있는 가능성이 충분하다.

이러한 남한산성 방문자수가 지난 4년간 연평균 10.8%씩 감소추세를 보이고 있는데, 이러한 경향은 그간의 전반적인 관광여가 수요가 급증하던 추세임을 감안하면 이용이 급격하게 감소된 것으로 볼 수 있다. 이에 본 연구에서는 남한산성의 이미지를 재구축하기 위해 이미지 연출관련 문제점을 분석하고 이를 재건할 수 있는 방안을 모색해 보고자 하였다.

연출관점에서 진단해 본 결과, 관광여가 공간으로서의 남한산성은 입구의 영역감 부여, 매력물에 접근, 탐방코스, 매력물을 보여주는 방법, 상징적 요소, 경관연출, 이벤트 연출, 소리의 활용, 문화유산의 스토리전개, 안내정보제공, 홍보, 인적 서비스제공 등의 측면에서 상당한 문제점을 지니고 있는 것으로 분석되었다. 이러한 문제점을 개선하기 위해서

첫째, 성곽 내부공간을 민족자존의 터인 문화유적 테마파크로 가꾸어 가야 하겠다. 이 공간을 가슴 뭉클하게 민족애를 느껴 볼 수 있는 곳으로 개념화하고 산성마을의 삶, 전통민속놀이의 흥겨움, 민족영웅과의 만남 등을 스토리화하여 공간이 테마를 지니게 해나가야 하겠다.

둘째, 이동공간에 명확한 영역감과 접근감을 부여하고 호기심을 자극해야 하겠다. 입구에서 산성마을까지의 이동, 주요 탐방코스, 산성종로 주변 등이 조선조 당시의 이미지를 전달할 수 있어야 하겠다.

셋째, 상징공간을 핵으로 하여 전체 이미지가 성곽 이미지로 통일되게 경관이 연출되어야 하겠다. 가로설계, 테마공간설계, 기존 상가들의 외관설계, 토속경관 연출 등을 통하여 산성 내부공간이 성곽의 이미지를 형성하도록 한다.

넷째, 볼거리, 배울거리, 먹을거리, 살거리, 이야깃거리 등을 적절하게 연출한다. 대규모 축제와 크고 작은 이벤트를 개최하고 전통 민속놀이판을 벌이며, 비석숲을 조성하고, 다양한 먹을거리와 살거리를 개발함으로써 '민족자존의 터'라는 이미지를 강화시킨다.

다섯째, 친절하고 다양한 안내정보 제공, 새로운 이미지 강화를 위한 적극적인 홍보, 피부에 와 닿는 인적 서비스제공 등에 주력한다. 다양하고 구체적이며 흥미를 유발하는 정보를 제공하고, 해설가 풀을 구성해 두고 이를 활용하며, 다양한 매체와 대규모 축제를 통하여 새로운 이미지 구축에 힘을 기울이고, 관리원, 종업원, 주민, 공공기관 근무자 모두의 태도, 복장, 말씨를 서비스 중심 체제로 전환해 나가야겠다.

이상에서 제기된 연출관련 과제는 기본구상을 바탕으로 과제에 따라서 장기적인 접근과 단기적인 접근이 이루어져야 할 것이다. 그리고 남한산성이 훌륭한 관광여가 공간으로 다시 태어나기 위해서는 방문자의 행태조사, 남한산성에 대한 이미지 조사와 이를 근거로 한 이미지 수정작업, 로고제작과 CI 작업 그리고 관광지 관리체계 구축 등의 작업이 향후에 이루어져야 하겠다.

참고문헌 ••••••

남부영(1996). 남한산성의 역사적 의의. 남한산성 축성 370주년 기념 제1회 국제학술회의. 성남문화원.

박석희(1997). 관광과 환경의 공생을 위한 관광환경 관리전략. 『경기관광연구』. 소성관광종합연구소

박석희(1994). 『디즈니와 놀이문화의 혁명』. 일신사.

박석희(1994). 『신관광자원론』, 2판. 일신사.

박석희(1997). 관광상품화에 대한 개념 정립 및 그 전략. 『경기대학교 논문집』, 제40집 제9호.

소진광(1996). 남한산성의 현대적 재조명/남한산성의 역사적 의의, 『남한산성 축성 370주년 기념 제1회 국제학술회의』. 성남문화원/향토문화연구소.

신구전문대출판사(1997). 『남한산성 솔잎향기』.

이덕순(1998). 관광지의 상징성 측정 척도 개발에 관한 연구. 『관광농업연구』, 제5권 제1호.

이상률 역(1996). 『문화와 소비』. 문예출판사.

이태희(1997). 한국관광지 이미지 척도의 개발. 『관광학연구』, 20(2).

Gartner, W. C.(1993). Image Formation Process, *Journal of Travel & Tourism Marketing*, 2: 2-3.

Kotler, P.(1980). *Principles of Marketing*, NJ: Prentice Hall.

Pakey, P. C., and J. L. Crompton(1991). Image Differences between Prospective First-time, and Repeat Visitors to the Lower Rio Grand Valley, *Journal of Travel Research.* 30(Full): 10-16.

Phelps, A.(1986). Holiday Destination Image: The Problem of Assessment An Example Developed in Monerca. *Tourism Management*, 7(3).

* 이 장의 출처: 경기대학교 관광종합연구소(1998). 『경기관광연구』, 2.

제3부 관광과 노블티 추구

09 관악산 탐방객의 노블티 추구 정도

10 노블티에 의한 관광자원 유형구분

제9장 관악산 탐방객의 노블티 추구 정도

* 관악산에 가본 적이 있는가? 아니면 인근의 산에는?

* 사람들이 관광공간에서 추구하는 것은 궁극적으로 무엇이라 생각하는가?

* 그때는 노블티 추구자인가, 친숙성 추구자인가?

1. 머리말

우리 주변에는 충분하지는 않으나 다양한 유형의 관광휴양공간이 있다. 그간에 테마공원, 자연휴양림과 같은 새로운 유형의 공간이 다수 개발되기도 하였으며, 고궁과 같은 역사유적공간이 역사의 흐름에 따라 중요한 관광위락공간으로 전환되기도 하였다. 그러한 가운데서도 국립공원은 관광휴양공간으로서의 위치를 지키고 있기도 하다. 그리고 도시 주변의 산들은 도시자연공원으로 지정·개발되고 있다. 앞으로 삶의 질 향상을 위해서는 더 많은 양질의 관광휴양공간이 공급되어야 할 것이다.

그런데 그간에 우리는 이러한 관광휴양공간의 공급 측면에 중점을 두어 온 데 비하여 이러한 공간이 어떻게 이용되고 있는가? 이러한 공간을 사람들이 어떠한 욕구를 가지고 찾아오고 있는가? 이러한 공간을 이용한 사람들이 공간을 어떻게 평가하고 있는가? 하는 등의 문제에 대한 논의는 등한시해 왔다. 앞으로는 새로운 관광휴양공간을 공급한다는 접근보다는 기존의 공간을 어떻게 하면 더 효율적으로 사용할 수 있을 것인가에 대하여 관심을 기울여야 할 것이다.

이러한 관심의 일환으로 제기된 것이 공간의 이용 후 평가분야이다. 이는 환경설계연구와 직결된다. 즉, 환경 자체를 잘 설계하기 위해서는 설계 시에 이용자의 욕구와 이용 행태가 반영되어야 한다. 1980년대 들어 환경설계 연구의 특징은 환경 설계가와 행태 과학자 사이에 어느 정도 결합이 이루어지고 있다는 점이다. 그러나 환경의 이용 후 평가에 대해서는 여전히 초보적인 단계에 머물러 있다.

국내의 경우 이용 후 평가에 대한 단편적인 연구가 있어 왔다. 즉, 여현수(1988)의 서울대공원, 신규섭(1994)의 시설물 이용활성화를 위한 이용 후 평가, 안득수 외(1995) 근린공원 퍼골라 시설의 이용 후 평가에 관한 연구들이 그것이다. 이러한 연구들은 이용자의 만족도를 기준으로 하고 있다. 여기서 만족 정도는 세분화된 속성들에 대하여 리커트척도로 측정되고 있다. 그런데 이러한 접근은 만족, 불만족 정도만 파악할 수 있을 뿐이다.

왜 만족 정도가 높고 낮은가를 파악하는 데는 한계가 있다. 이용자들이 어떠한 욕구충족을 기대하며 왔고, 그들의 현지에서의 인지수준이 어떠한가를 파악해야 보다 유용한 정보를 얻어낼 수 있다. 따라서 본 연구에서는 박석희·김수라(1998)의 고궁 방문자들의 이용 후 노블티 평가의 후속연구로 노블티 측정척도의 개선을 시도한 연구(박석희, 1999)에서 개선된 새로운 척도를 가지고 관악산 자연공원에 대한 방문자의 이용 후 평가를 시도해 보고자 한다.

이러한 연구는 공간의 이용 후 평가에 대한 새로운 시도이다. 이러한 연구를 통하여 기존공간의 가치를 재발견하고 그 잠재된 가치를 구현하는데 기여하려는 게 이 연구의 목적이다.

2. 노블티에 관한 이론 고찰

가 노블티의 개념

노블티(Novelty)에 대하여 정순옥(1994), 조광익(1997), 이태희(1998), 이장주·박석희(1999) 등은 그들의 연구에서 개념은 조금씩 다른 가운데, 新奇性이라는 용어를 사용하고 있다. 한편, 『웹스터 사전』(Webster's New World, 1993)에서는 노블티(Novelty)를 첫째, 새롭고 신기하고 기이한 것 둘째, 변화 셋째, 혁신으로 정의하고 있다. 즉, 영어의 노블티에는 여러 가지 의미가 함축되어 있다. 그런데 국어대사전(이숭녕, 1261)에서 신기성은 새롭고 기이한 성질로 설명되고 있다.

여기서 보면, 우리말 신기성으로는 영어의 노블티가 지닌 의미를 충분하게 전달하지 못함을 알 수 있다. 특히 이태희의 연구(Lee, 1991)에서 제시된 노블티 측정척도에는 일상생활로부터의 변화, 스릴, 지루함 극복, 그리고 놀라움에 대한 기대 등 4가지 차원에 21개 속성이 포함되어 있다. 그리고 졸고(박석희, 1999)에서는 스릴, 지루함 극복, 환경변화, 새로움 발견, 자연과 하나됨, 낭만추구 등 6개 차원에 27개 속성이 포함되어 있다. 따라서 영어이면서 아직 외래어로 정착된 것은 아니지만 원래의 척도가 지닌 의미까지 잘 전달하려면 영어 노블티(novelty)를 구태여 우리말 신기성으로 바꾸지 않고 그냥 '노블티'로 하는 것이 보다 적절한 것으로 판단된다.

이러한 노블티에 대한 관광분야에서의 지배적인 견해는 노블티를 현재의 지각과 과거 경험 간 차이의 정도(Jenkins, 1969; Pearson, 1970; Judd, 1988)라고 정의한 것이다(이태희, 1991 재인용). 따라서 어떠한 자극이 새롭고 신선하고 특이한가를 측정함에 있어서 개인들은 그 당시에 나타난 어떤 자극과 그들이 과거에 경험한 자극들을 비교하게 된다. 그 결과 현재의 지각이 과거의 경험보다 클 때 노블티를 인정한다. 그리고 노블티는 친숙함이나 반복된 자극으로부터 느끼는 지루함에 대비되는 개념으로 새로운 자극을 제공하는 원천이며(이태희, 1998), 인지되는 노블티의 정도는 그 자극원에 따라서도 달라진다(이태희, 1998 재인용).

나 노블티의 역할

숙박이나 당일 관광여행 목적지 선택과정에 있어서 노블티의 역할에 대한 모델로서 관광지에서 개인이 관광지를 신기한 것으로 지각하는 정도는 각자가 선호하는 자극수준에 대한 함수이다(Mehrabian and Russel, 1973). 각성은 수면에서부터 광적인 흥분까지 하나의 연속체에 따라 범위가 지워지는 기본적인 속성이라고 개념화할 수 있는 것으로(Berlyne, 1960), 각성수준은 어떤 유기체가 특별한 시기에 어느 정도 '깨어 있고(wide-awake), 긴장하고(alert), 흥분된(excited)' 것을 암시하는 정신물리학적인 차원을 의미한다(이태희, 1991 재인용).

벌린(Berlyne)은 모든 사람들은 자신들이 유지하고자 하는 독특하고 표준적인 적응성의 최적각성수준을 가진다고 가정했으며, 이것은 '각성추구자'(arousal seeker)들의 특징인 높은 수준에서 '각성회피자'(arousal avoider)의 특징인 낮은 수준까지의 범위를 가진다고 가정했다. 즉, 일상생활에서 탈피하고, 다른 것, 다른 사람 및 환경을 경험하는 것을 포함하는 노블티를 추구하는 관광여행은 개인들의 각성에 대한 기대수준을 충족시켜 줄 것으로 보았는데, 이것은 Crompton(1979)의 마음의 평정회복을 깨뜨리는 것으로서의 휴가에 대한 견해와 Berlyne(1960)의 다양한 탐험에 대한 개념과 일치하고 있다(이태희, 1991 재인용). 즉, 관광자는 노블티를 경험하면서 자신들의 각성에 대한 기대수준을 충족시키려고 관광을 하는 것으로 볼 수 있다. 따라서 노블티는 관광자를 깨어 있게, 긴장하게, 그리고 흥분시키는 역할을 하게 된다.

다 노블티의 측정

이태희(Lee, 1991)는 미국 텍사스주에서 관광을 함에 있어 노블티추구 동기가 관광여행의 본질적인 심리적 기초가 된다고 보고 노블티를 구성하는 차원을 적용한 관광여행자의 관광여행 목적지 선택 결정과정을 모델로서 개념화하여 노블티 구성개념을 과학적으로 측정할 수 있는 표준화된 설문 문항을 개발하였다.

정순옥(1994)은 이태희가 미국에서 개발한 노블티 측정척도를 서울에 있는 롯데월드 방문자들을 대상으로 적용해 본 결과 '예측할 수 없는 일을 즐김' 속성이 놀라움에 대한 기대 차원에서 스릴차원으로 구성이 바뀔 뿐 나머지 20개 속성은 그 구성이 동일하였다. 그 설명력도 53.8%나 되는 것으로 밝힌 바 있다(정순옥, 45-47).

그런데 그간의 연구에서는 관광여행자의 자연과 하나 되려는 요인과 낭만을 추구하는 요인이 다루어지지 않았다. 그러나 근간에 와서 TV 기획물 등을 통하여 자연 속의 신기하고 진기한 모습을 볼 수 있는 기회가 많아지고 있다. 이를테면 전에는 그냥 지나치던 버섯을 보면, 그 생태를 살피기 시작한다. 야생동물도 전에는 단순히 동물이던 것에서 그 먹이사슬 관계를 이해하기 시작하고 있고, 햇볕이 쪼이는 숲속에서 신선한 공기를 마시며 잔잔한 감동을 맛보기 시작하고 있다.

Pearce(1987)와 Lee & John(737 재인용)도 가족과 이웃으로부터 탈피하여 새로운 사람을 만나려는 욕구는 유대관계를 향상시키고자 하는 희망과는 갈등관계라고 하면서, 새로운 사람을 만나는 욕구를 노블티로 보고 있다. 이미 알고 있던 사람들에게서도 새로운 모습을 발견할 수 있다. 특히, 관광여행을 함께하게 되면 그 사람의 진짜 모습을 볼 수 있다.

따라서 노블티 척도의 설명력을 더 높이기 위하여 이 척도에 대한 보완연구가 있어야 할 것으로 보고 수행한 노블티 척도 개선 연구결과 제시된 노블티 척도를 이용하여 관악산 자연공원 방문자를 대상으로 공원의 이용 후 평가를 시도하고자 한다.

라 노블티 측정척도

북한산 국립공원과 관악산 자연공원 방문자들을 대상으로 시도한 연구(박석희, 1999)에 적용한 노블티 측정 속성들의 신뢰도는 〈표 1〉에서 보는 바와 같이 기대치의 경우 각 속성의 Cronbach 알파계수가 모두 0.88 이상으로서 신뢰도가 매우 높다.

노블티 측정척도를 구축하기 위하여 북한산 국립공원 방문자 대상 조사자료와 관악산 자연공원 방문자 대상 조사자료를 주성분 분석을 이용한 요인분석을 실시하였다. 요인분석에 사용된 속성항목은 5점 척도로 측정한 27개 노블티 관련 사항으로써 직각회전을 실시하여 고유값(eigen value)이 1 이상인 6개의 요인을 도출하였다.

〈표 1〉 노블티 요인의 분석

요인명	측 정 항 목	크론바하 알 파	공통변량	요인적재량	비 고
요인 1: 스릴추구성	약간 위험하게 느껴지는 것 시도	0.889	.708	.822	고유값 =4.736 %분산 =17.539 %누적 =17.539
	위험한 행동을 하기	0.892	.694	.808	
	약간 겁이 나는 행동을 하기	0.890	.696	.806	
	스릴 있는 행동을 하기	0.888	.661	.757	
	모험심을 약간 수반하기	0.890	.595	.720	
	과감한 행동을 하기	0.889	.583	.690	
	어느 정도 놀라움 느낄 수 있는 것	0.889	.605	.666	
요인 2: 지루함 극복성	일상의 단조로움 벗어나려고 여행	0.894	.753	.832	고=2.771 분=10.265 누=27.804
	틀에 박힌 생활을 피하려고 여행	0.894	.737	.831	
	지루함 극복하려고 여행 떠남	0.893	.456	.574	
	예측할 수 없는 일 즐김	0.892	.550	.526	
	여행코스를 설정하지 않음	0.900	.371	.474	
요인 3: 환경변화성	환경의 변화 즐김	0.892	.720	.805	고=2.756 분=10.209 누=38.013
	일상의 환경과 다른 것 경험	0.891	.618	.699	
	새로운 곳을 방문	0.892	.590	.686	
	모험적인 활동 추구	0.890	.545	.569	
요인 4: 새로움 발견성	이전에 알지 못했던 것 알기 바람	0.889	.783	.799	고=2.702 분=10.009 누=48.022
	색다른 것을 경험 바람	0.889	.769	.778	
	새로운 것을 발견 바람	0.889	.680	.718	
	이전에 보지 못했던 것 보기 바람	0.890	.539	.617	
요인 5: 자연과 하나됨성	진기한 자연현상 구경	0.894	.728	.837	고=2.435 분=9.018 누=57.040
	야생동물 관찰	0.895	.691	.795	
	자연과 하나됨	0.894	.615	.719	
	감동적인 것 경험	0.893	.672	.704	
요인 6: 낭만추구성	아는 사람의 또 다른 모습 보기	0.892	.762	.821	고=1.857 분=6.880 누=63.919
	모르는 사람과도 사귐	0.892	.667	.739	
	낭만적인 것 경험	0.893	.592	.518	

주: 전체계수는 0.898임.

요인 6개가 설명하는 총분산 설명력은 63.9%이다. 일반적으로 사회과학에서는 총분산 설명 정도가 60%이면 양호한 것으로 인정하고 있다. 따라서 6개 요인으로 구성되는 이 연구의 노블티 구성개념은 양호하다. 그리고 공통변량은 각 요인에 의해서 측정항목의 분산이 어느 정도 설명되는가를 나타내는 것으로 0.4 이하이면 낮은 수준으로 본다. 본 자료의 공통변량은 여행코스를 설정하지 않는다는 항목이 0.4

이하이고 나머지는 모두 0.45 이상의 값을 가지고 있어 어느 정도 설명력이 있는 것으로 볼 수 있다.

요인분석을 통하여 6개 요인의 가장 적합한 측정 항목 조합을 얻을 수 있었다. 요인의 명칭은 요인 1은 스릴추구성, 요인 2는 지루함 극복성, 요인 3은 환경변화성, 요인 4는 새로움 발견성, 요인 5는 자연과 하나됨성, 요인 6은 낭만추구성으로 하였으며, 각 요인에 해당되는 속성은 〈표 1〉에서 보는 바와 같다. 요인별 속성항목의 개수는 스릴추구성이 7개, 지루함 극복성이 5개, 환경변화성이 4개, 새로움 발견성이 4개, 자연과 하나됨성도 4개, 그리고 낭만추구성은 3개로 구성되어 있다.

3. 결과의 분석 및 해석

가 노블티 기대치와 인지치의 차이 검증

관악산 자연공원을 방문하면서 기대하는 노블티의 기대치와 탐방 후에 갖게 되는 노블티의 인지치가 통계적으로 유의한 차이가 있는가를 t-검증한 결과는 〈표 2〉와 같다.

〈표 2〉 방문자의 노블티 기대치와 인지치의 차이 검증

구 분	평 균			t-값	p-값
	기대치(E)	인지치(C)	C-E		
전 체	3.29	2.72	-0.57	16.57	0.00
스릴추구성	2.85	2.34	-0.51	11.15	0.00
지루함 극복성	3.15	3.16	0.01	-0.42	0.67
환경변화성	3.69	2.93	-0.76	16.05	0.00
새로움 발견성	3.47	2.65	-0.82	16.53	0.00
자연과 하나됨성	3.49	2.64	-0.85	17.36	0.00
낭만추구성	3.32	2.67	-0.65	13.88	0.00

노블티 기대치의 경우 전체적으로 본 노블티 기대치 평균값이 3.29이나, 인지치 평균값은 2.72로써 기대치가 0.57이나 높고 통계적으로도 유의한 차이가 있다. 즉, 관악산 자연공원 방문자들은 관악산에서 새롭고, 색다르고, 진기한 것을 경험할 수 있을 것이라고 기대하는 정도는 '그저 그렇다' 수준을 약간 상회하고 있으나, 실제 인지치는 '그저 그렇다' 수준에 약간 못 미치고 있음을 알 수 있다.

스릴에 대한 기대치 평균도 2.85로써 '그저 그렇다' 수준을 하회하고 있으나, 실제 인지치 평균은 2.34로써 통계적으로 유의한 수준에서 스릴감도 기대에 미치지 못하고 있다. 일상 환경으로부터의 변화에 대한 기대치 평균값은 3.69로써 '그렇다'는 수준에 조금 못 미치고 있으나, 이 요인의 인지치 또한 2.93으로써 '그저 그렇다' 수준에 머무르고 있다. 새로움 발견에 대한 기대치 평균값도 3.47로써 뭔가 새로운 것을 어느 정도 경험할 수 있을 것으로 기대하고 방문하지만, 이 또한 통계적으로 유의한 상태에서 기대에 훨씬 부합하지 못함을 알 수 있다. 자연과 하나 되고 싶음도 기대치는 3.49로써 어느 정도 경험할 수 있을 것으로 기대하고 방문하지만, 인지치 평균값은 2.64로써 이 요인 역시 통계적으로 유의한 수준에서 기대에 훨씬 미치지 못하고 있다. 그리고 아는 사람의 또 다른 면모를 볼 수 있고, 모르는 사람과 사귀는 등의 낭만추구 요인도 기대치 평균이 3.32 수준이나 이 요인 또한 통계적으로 유의한 수준에서 인지치가 기대치에 미치지 못하고 있다.

그런데 6개 요인 가운데서 오직 한 개의 요인인 지루함 극복 요인만이 '그저 그렇다' 수준에서 기대에 부응하는 것으로 나타나고 있다. 즉, 지루함 극복 요인의 기대치 평균이 3.15인데 인지치 평균은 3.16으로써 통계적으로 유의한 차이가 없다.

이상에서 보면, 서울 외곽에 위치하고 있어 서울시 및 경기도민의 주요한 휴양공간의 하나인 관악산 자연공원이 결코 높지 않은 방문자들의 노블티 기대수준에 부응하지 못하고 있음을 알 수 있다. 오직 한 요인인 지루함 극복 요인만이 그것도 '그저 그렇다' 수준인 기대치에 부응하고 있을 따름이다. 연간 2백만 명 정도가 방문하는 관악산 자연공원이 이러한 상태에 놓여 있다는 것은 자연공원 관리가 지나치게 조방적 내지 방관 상태임을 가리키는 것으로 해석할 수 있다.

이와 같이 결코 높지 않은 노블티에 대한 기대치가 인지치에 미치지 못하고 있는 상태에서 관악산 자연공원 방문자의 경험의 질적 수준이 양질일 수는 없다. 그런데 현실적으로 방문자가 요구하는 휴양기회를 모두 제공할 수는 없으며, 또한 방문자가 원하는 만큼의 질 높은 자연환경을 유지한다는 것은 대단히 어렵다. 정보를 미리 제공함으로써 방문자들의 기대감을 사전에 낮게 하거나 또는 유형의 변경을 통하여 관광휴양 경험의 질적 수준을 높일 수 있을 것이다(최영국, 21).

따라서 자연공원관리 당국에서는 기대에 부응하기 위한 노력을 하거나, 정보 제공을 통하여 기대치를 더 낮추거나 아니면 방문자들이 다른 유형으로 그들의 노블티 요구를 충족시킬 수 있도록 해야 할 것이다.

나 노블티 속성별 기대치와 인지치 차이 분석 및 해석

노블티 척도는 스릴추구성, 지루함 극복성, 환경변화성, 새로움 발견성, 자연과 하나됨성, 낭만추구성 등 6개의 요인으로 구성되고, 각 요인에는 각각 7, 5, 4, 4, 4, 3개씩 속성이 포함되어 있다. 이들 요인별 속성이 관악산 자연공원 방문자들에게는 어느 정도 기대되고 인지되는가, 그리고 인지된 정도에서 기대된 정도의 차이를 뺀 새롭고 신선하고 신기한 노블티 값이 어떻게 나타나는가를 분석한 결과는 〈표 3〉에서 보는 바와 같다.

〈표 3〉 방문자의 노블티 속성별 기대치와 인지치 차이 검증

구 분	평 균			t-값	p-값
	기대치(E)	인지치(C)	C-E		
요인 1: 스릴추구성					
과감한 행동을 하기	2.93	2.34	-0.59	9.66	0.00
어느 정도 놀라움을 느낄 수 있는 것	3.03	2.35	-0.68	10.48	0.00
약간 겁이 나는 행동을 하기	2.67	2.24	-0.43	6.74	0.00
위험한 행동을 하기	2.31	2.17	-0.14	2.30	0.00
스릴 있는 활동을 하기	2.98	2.35	-0.63	10.76	0.00
약간 위험하게 느껴지는 것 시도	2.90	2.33	-0.57	9.13	0.00
약간 모험심을 수반하기	3.04	2.58	-0.46	6.35	0.00
소 계	2.83	2.33	-0.50	11.16	0.00

요인 2: 지루함 극복성					
지루함 극복하려고 여행 떠남	3.25	3.28	0.03	-0.52	0.60
여행코스를 설정하지 않음	2.92	2.95	0.03	-0.51	0.61
일상의 단조로움을 벗어나려고 여행	3.46	3.46	0.00	-0.09	0.92
예측할 수 없는 일 즐김	2.72	2.73	0.01	-0.25	0.80
틀에 박힌 생활을 피하려고 여행	3.41	3.41	0.00	-0.34	0.73
소 계	3.15	3.16	0.01	-0.43	0.67
요인 3: 환경변화성					
새로운 곳을 방문	3.77	2.91	-0.86	13.68	0.00
환경의 변화 즐김	3.84	3.23	-0.61	10.43	0.00
모험적인 활동 추구	3.41	2.64	-0.77	12.13	0.00
일상의 환경과 다른 것 경험	3.75	2.95	-0.80	13.28	0.00
소 계	3.69	2.93	-0.76	16.01	0.00
요인 4: 새로움 발견성					
새로운 것을 발견하기 바람	3.44	2.58	-0.86	13.83	0.00
색다른 것을 경험하기 바람	3.48	2.55	-0.93	14.44	0.00
이전에 알지 못했던 것 알기 바람	3.44	2.53	-0.91	13.84	0.00
이전에 보지 못했던 것 보기 바람	3.54	2.94	-0.60	10.86	0.00
소 계	3.47	2.65	-0.82	16.54	0.00
요인 5: 자연과 하나됨성					
야생동물 관찰	3.33	2.56	-0.77	10.19	0.00
진기한 자연현상 구경	3.56	2.29	-1.27	18.70	0.00
자연과 하나됨	3.55	3.27	-0.28	5.26	0.00
감동적인 것 경험	3.54	2.46	-1.08	17.02	0.00
소 계	3.49	2.64	-0.85	17.36	0.00
요인 6: 낭만추구성					
낭만적인 것 경험	3.58	2.69	-0.89	15.60	0.00
아는 사람의 또 다른 모습 보기	3.29	2.78	-0.51	7.93	0.00
모르는 사람과도 사귐	3.12	2.55	-0.57	8.44	0.00
소 계	3.33	2.67	-0.65	13.89	0.00

(1) 스릴추구성 요인 관련 속성

스릴 요인을 구성하는 7개 속성의 기대치 평균값은 〈표 3〉에서 보면, 2.83으로써 '그저 그렇다'는 수준이다. 즉, 관악산 자연공원을 방문하는 사람들은 관악산에서 새롭고, 신선하고, 신기한 스릴은 그저 그럴 것이라는 기대를 가지고 방문하고 있다. 그런데 이들이 관악산에서 인지하는 새롭고, 신선하고, 신기한 스릴의 정도는 인지치 평균값이 2.33으로써 '그렇지 않다'는 수준이다. 관악산을 방문하는 사람들은 관악산에서 새롭고, 신선하고, 신기한 스릴은 거의 인지하지 못한다는 반응이다. 여기서 보면, 관악산을 방문하는 사람들은 관악산이 그저 그런 정도로 새롭고, 신선하고, 신기한 스릴을 기대하고 방문하지만 관악산에 와보면 새롭고, 신선하고, 신기한 스릴 노블티는 인지할 수가 없음을 알 수 있다.

이러한 가운데서 7개 속성 모두가 노블티 차이값(인지치-기대치)이 '-'로 나타나고 있다. 특히 위험한 행동을 하기를 바라는 속성항목의 기대치는 평균값이 2.31로써 '그렇지 않다'는 수준인데, 실제로 인지치 평균값은 2.17로써 더 낮은 수준에서 '그렇지 않다'고 하여 관악산 자연공원 탐방이 위험한 행동을 하기 위해서도 아니고 실제로 거의 위험을 느끼지도 않고 있음을 알 수 있다. 그러나 실제로는 산의 정상부 내지는 경사가 급한 곳 등에 사고의 위험이 많다. 따라서 부주의에 의한 사고 발생의 가능성이 상당히 크다고 하겠다.

약간의 모험심을 수반하는 행위를 하고 싶어 하는 속성항목의 기대치는 평균값이 3.04로써 '그저 그렇다'는 수준이나, 실제로 그 인지치는 2.58로써 기대치에 훨씬 미치지 못하는 것으로 나타나고 있다. 그런데 이 항목에서도 관악산 자연공원의 경우에 방문자들이 약간의 모험심을 수반하는 행위를 할 수 있는 지점은 곳곳에 있다. 그냥 산에 올랐다가 내려가게 방임하는 상태에서는 자원이 지닌 가치를 제대로 지각할 수 없다. 자원의 가치를 제대로 지각할 수 있도록 조망지점을 정해두고, 필요한 경우에는 안전시설도 완비하여 방문자들이 놀라움과 감동을 느낄 수 있게 할 필요성도 있다.

스릴 있는 활동을 하고 싶다는 속성도 그 기대치 평균이 2.98로써 '그저 그렇다'는 수준이나 실제 인지치는 2.35로써 기대치에 훨씬 미치지 못하고 있는데, 이 속성항목 또한 관악산 자연공원의 여건을 활용하면 얼마든지 스릴 있는 활동 기회를 공급할 수 있을 것이다.

이상에서 보면, 현재 관악산 자연공원의 자원성이 충분히 활용되지 않고 있음을 알 수 있다. 관악산이라는 환경여건(set)을 제대로 활용하지 못하고 있다 하겠다. 환경여건을 적절하게 활용하기 위한 연출적 접근이 요망된다.

자연공원에서까지 어느 정도 놀라움을 느낄 수 있게 해야 하고, 스릴 있는 활동 기회를 공급하여 방문자의 기대에 부응해야 할 것인가에 대해서는 논의의 여지가 있다. 그러나 연간 200만 명 이상이 방문하는 자연공원이 단지 지루함을 극복할 수 있는 정도의 공간으로 인식되도록 내버려둔다는 것은 자원의 잠재가치를 사장시키는 것이다. 그리고 서울이라는 대도시를 포함한 수도권 주민에게 적절한 관광휴양 기회의 공급이라는 차원에서도 충분한 검토가 있어야 할 사항이라 하겠다.

(2) 지루함 극복성 관련 속성

지루함 극복 요인을 구성하는 3개 속성의 기대치 평균값은 〈표 3〉에서 보면, 3.15로써 '그저 그렇다'는 수준을 조금 상회하고 있다. 즉, 사람들은 관악산에서 어느 정도 지루함을 극복할 수 있을 것으로 기대하고 관악산을 방문하고 있다. 이들이 관악산에서 인지하는 지루함 극복의 정도는 인지치 평균값이 3.16으로써 이 또한 '그저 그렇다'는 수준을 조금 상회하는 선에서 일단은 기대에 부응하고 있다. 즉, 노블티 차이값이 0.01로써 그 정도는 미약하나 '+'값으로 나타나고 있다. 따라서 관악산을 방문하는 사람들은 일단 기대한 만큼 지루함을 극복하고 있음을 알 수 있다.

이러한 가운데서도 지루함 극복, 여행코스를 설정하지 않음 등 5개 속성항목은 모두 '그렇다'는 수준에서 기대치 평균값이 인지치 평균값보다 크거나 같아 그 정도는 미약하지만 노블티 차이값이 '+'부호로 나타나고 있다. 즉, 실제로 기대했던 만큼은 지루함을 극복할 수 있음을 나타낸다. 즉, 관악산은 지루함을 없애기에 충분한 공간이라고 볼 수는 없지만 그저 그런 수준에서 지루함을 극복할 수 있는 공간임을 알 수 있다.

도시의 외곽, 그것도 인구규모가 1천만 명이 넘는 대규모 도시인 서울의 외곽에 위치하는 관악산은 일차적으로는 일상의 지루함을 극복할 수 있는 공간으로서의 기능을 제대로 수행해야 할 것이다. 그러나 현재 상태는 그렇지 못하다. 지루함 극복 노블티의 정도가 현재 수준에서 훨씬 높아질 수 있도록 노력해야 할 필요성이 제기된다.

(3) 환경변화성 요인 관련 속성

환경변화 요인을 구성하는 4개 속성의 기대치 평균값은 〈표 3〉에서 보면, 3.69로써 '그렇다'는 수준을 약간 하회하고 있다. 즉, 관악산을 방문하는 사람들은 관악산에서 상당한 수준의 새롭고, 신선하고, 신기한 환경변화 노블티를 경험하려고 관악산을 방문하고 있다. 그런데 방문자들이 관악산에서 인지(認識)하는 새롭고, 신선하고, 신기한 환경변화를 경험하는 정도는 인지치 평균값이 2.93으로써 '그저 그렇다'는 수준이다. 즉, 사람들은 상당한 수준에서 환경의 변화를 기대하고 북한산을 방문하고 있으나, 환경변화 노블티는 '그저 그렇다'는 수준에 머물고 있다는 반응이다.

이러한 가운데서 4개 속성 모두가 그 정도에 차이는 있으나 노블티 차이값이 '–'로 나타나고 있다. 특히, 환경의 변화를 즐기고 싶어서, 새로운 곳을 방문하고 싶어서, 그리고 일상의 환경과 다른 것을 경험하고 싶어서 찾아온다는 사람들의 기대치는 3.7 이상으로 상당히 높으나 실제로 현장에서 인지하는 노블티 정도는 기대에 훨씬 미치지 못하고 있음을 알 수 있다.

크고 작은 암자와 풍부한 자연환경이 공존하고 있는 관악산 자연공원은 훌륭한 관광휴양공간이다. 이러한 공간에서 방문자들이 일상의 환경과 다른 것을 충분하게 경험하지 못하고, 환경의 변화를 제대로 즐길 수 없다면 저들을 위하여 우리는 또 어떤 새로운 환경을 다른 곳에 조성해야 할 것인가? 그렇지 않다. 기존의 관악산 자연공원을 가지고도 일상의 환경과 다름을 발견해내고, 환경의 변화를 즐길 수 있도록 공원관리 당국과 관련 집단 그리고 방문자가 관악산 자연공원의 자원을 활용하는 방법을 모색해야 할 것이다. 이른바 관악산 자연공원 환경의 재발견 작업이 절실하게 요청된다.

(4) 새로움 발견성 요인 관련 속성

새로움 발견 요인을 구성하는 4개 속성의 기대치 평균값은 〈표 3〉에서 보면, 3.47로써 '그저 그렇다'는 수준을 약간 상회하고 있다. 즉, 관악산을 방문하는 사람들은 관악산에서 어느 정도 수준의 새롭고, 신선하고, 신기한 노블티를 추구하며 관악산을 방문하고 있다. 그런데 방문자들이 관악산에서 인지(認識)하는 새롭고, 신선하고, 신기한 환경변화를 경험하는 정도는 인지치 평균값이 2.65로써 '그저 그렇다'는 수준을 상당히 하회하고 있다. 즉, 사람들은 어느 정도 수준에서 새로움을 기대하고 관악산을 방문하고 있으나, 새로움 발견 노블티는 '그저 그렇다'는 수준을 상당히 밑돌고 있다.

이러한 가운데서 4개 속성 모두가 그 정도에 차이는 있으나, 노블티 차이값이 '–'로 나타나고 있다. 특히, 색다른 것을 경험하고, 이전에 알지 못했던 것을 알고 싶어서, 그리고 새로운 것을 발견하려고 찾아온다는 사람들의 기대치는 3.4 이상으로 비교적 높으나 실제로 현장에서 인지하는 노블티 정도는 기대에 훨씬 미치지 못하고 있음을 알 수 있다.

새로운 것, 색다른 것, 그리고 이전에 알지 못했던 것을 알 수 있는 기회가 없거나 또는 경험할 수 없다는 것은 관악산 자연공원이 지닌 자원의 가치가 제대로 구현되지 않고 있음을 입증하는 것이다. 거의 방치되어 있는 공간에서 방문자들이 새로움과 색다름을 느낄 수 있도록 노력해야 할 것이다. 그렇게 하기 위해서는 공원관리 당국에서는 관악산 자연공원이 지니고 있는 자원 소재들을 발견해내고 이들을 보여주는 방법을 찾고, 방문자들이 새로운 것을 발견할 수 있게 도와주며, 방문자들도 스스로 보다 새로운 것을 발견해내는 능력을 키워야 할 것이다. 이를 위해서는 생태학습장도 만들고, 방문자 안내소에서 다양한 환경학습프로그램도 개발하며, 이들을 통하여 방문자들이 관악산의 문화유산과 자연생태에 관한 지식을 습득하도록 해야 할 것이다. 그리고 관악산의 문화유산과 생태관련 해설프로그램도 개발하고 다양한 방법으로 자원해설 서비스도 제공해야 하겠다.

(5) 자연과 하나됨성 요인 관련 속성

자연과 하나됨성 요인을 구성하는 4개 속성의 기대치 평균값은 〈표 3〉에서 보면, 3.49로써 '그저 그렇다'는 수준을 상회하고 있다. 즉, 관악산을 방문하는 사람들은 관악산에서 비교적 높은 '그저 그렇다'는 수준의 새롭고, 신선하고, 신기한 노블티를 경험하면서 자연과 하나가 되고 싶어 관악산을 방문하고 있다. 그런데 방문자들이 관악산에서 인지하는 자연과 하나됨을 경험하는 정도는 인지치 평균값이 2.64로써 '그저 그렇다'는 수준을 하회하고 있다. 즉, 사람들은 상당한 수준에서 자연과 하나가 되기를 기대하고 관악산을 방문하고 있으나, 자연과 하나 되는 노블티는 '그저 그렇다'는 수준을 밑돌고 있다.

이러한 가운데서 4개 속성 모두가 그 정도에 차이는 있으나, 노블티 차이값이 '–'로 나타나고 있다. 특히, 진기한 자연현상을 구경하고 싶고 그러한 가운데 감동적인 순간을 경험하고 싶다는 사람들의 기대치는 각각 3.56과 3.54 수준이나 실제로 현장에서 인지하는 노블티 정도는 기대에 훨씬 미치지 못하고 있음을 알 수 있다.

야생동물을 보고, 진기한 자연현상도 관찰하며, 자연과 하나 되는 감동을 경험하고 싶은 기대감이 크지도 않으나, 실제 인지치는 이에 훨씬 미치지 못하고 있다는 것은 관악산 자연공원이 그것이 지닌 자원의 가치를 제대로 구현시키지 못하고 있음을 여실하게 보여주고 있는 것이라 하겠다.

공원관리 당국에서는 관악산 자연공원이 지니고 있는 자원 소재들을 발견해내어 이들을 효과적으로 보여주는 방법을 찾고, 방문자들이 새로운 것을 발견할 수 있게 도와주며, 방문자들도 스스로 보다 새로운 것을 발견해내는 능력을 키울 수 있도록 도와주어야 할 것이다. 이를 위해서는 역시 방문자 안내소에서 다양한 자연환경 학습프로그램을 개발하고, 이를 통하여 방문자들이 관악산의 자연생태에 관한 지식을 습득하도록 해야 할 것이다. 그리고 관악산의 자연생태관련 해설프로그램도 개발하고 다양한 방법으로 자연자원 해설 서비스도 제공해야 하겠다.

(6) 낭만추구성 요인 관련 속성

낭만추구성 요인을 구성하는 3개 속성의 기대치 평균값은 〈표 3〉에서 보면, 3.33으로써 '그저 그렇다'는 수준이다. 즉, 관악산을 방문하는 사람들은 관악산에서 아는 사람 그리고 모르는 사람과 만나면서 낭만적인 노블티를 경험하고 싶어 관악산을 방문하고 있다. 그런데 방문자들이 관악산에서 인지하는 낭만적인 것을 경험하는 정도는 인지치 평균값이 2.67로써 '그저 그렇다'는 수준을 약간 하회하고 있다. 즉, 사람들은 결코 높지 않은 수준에서 낭만적인 사귐을 기대하고 관악산을 방문하고 있으나, 낭만추구 노블티는 '그저 그렇다'는 수준을 약간 밑돌고 있다.

이러한 가운데서 3개 속성 모두가 그 정도에 차이는 있으나, 노블티 차이값이 '–'로 나타나고 있다. 특히, 낭만적인 것을 경험하고 싶은 기대치는 3.58 수준이나 실제로 현장에서 인지하는 노블티 정도는 2.69로써 기대에 훨씬 미치지 못하고 있음을 알 수 있다. 모르는 사람과도 사귀고 싶다는 기대치는 3.12로써 '그저 그렇다'는 수준이나, 실제 인지치는 2.55로써 '그렇지 않다'는 수준에 가깝다. 즉, 사람들과의 교제를 통하여 낭만을 즐길 수 있는 기회 또한 결코 높지 않은 기대에 부응하지 못하고 있다 하겠다.

다양한 유형의 만남 공간을 만들어둠으로써 만나고, 이야기 나누고, 유희하고, 사랑을 속삭일 수 있게 해야 할 것이다. 이러한 성격의 공간일 때 비로소 관악산 자연공원이 진정한 본질적인 여가공간으로 자리매김될 수 있을 것이다.

4. 결론 및 시사점

본 연구는 대도시 인접 관광휴양공간이 노블티 측면에서 어떻게 평가될 수 있는가를 밝힘으로써, 그러한 공간이 지닌 가치를 구현할 수 있는 방안을 모색하는 데 기여하려고 하였다. 이를 위해서 여기서는 방문자들이 많고 공간의 성격이 분명한 관악산 도시자연공간을 선택한 방문자들을 대상으로 설문조사를 실시하고 그 자료를 이용하여 도출한 노블티 측정척도를 이용하여 관악산 자연공원 방문자들이 기대하고 인지하는 노블티를 분석하였다.

1999년 5월 중의 주중과 주말에 관악산 도시 자연공원에서 369매의 유효표본을 확보하였다. 기대치와 인지치 차이 검증은 t검증을 적용하였고, 차이발생 원인을 규명하기 위해서는 F검증을 적용하였다.

본 연구를 통해 발견된 주요사항을 요약하면 다음과 같다.

첫째, 관악산 자연공원은 결코 높지 않은 전체 노블티 기대수준에 적절하게 부응하지 못하고 있다.

둘째, 6개 요인 가운데서 오직 지루함 극복 노블티만이 '그저 그렇다'는 수준에서 기대에 부응하고 있고, 나머지 5개 요인은 모든 속성항목에서 기대에 부응하지 못하고 있다.

셋째, 스릴 노블티는 '그저 그렇다'는 수준에서 기대하며 방문하고 있으나 거의 기대에 부응하지 못하는 상태이다.

넷째, 환경변화 노블티를 상당한 수준에서 기대하고 방문하지만, 실제 인지치는 '그저 그렇다'는 수준에 머물러 있다.

다섯째, 새로움 발견 노블티도 비교적 높은 수준에서 기대하고 방문하지만, 실제 인지치는 '그저 그렇다'는 수준을 하회하고 있다.

여섯째, 방문자들은 자연과 하나가 되고 싶어 하고, 사람들과 어울리는 낭만도 기대하나, 이러한 노블티도 '그저 그렇다'는 수준을 크게 밑돌고 있다.

일곱째, 지루함 극복 요인을 제외한 나머지 5개 요인에서 기대치와 인지치 간에 유의한 차이가 나는 것은 인지치보다는 기대치의 변수별 차이에 기인하는 것으로 나타났으며, 이상에서 보면 현재의 관악산 자연공원은 공원이 지닌 관광휴양공간으로서의 환경여건(set)을 제대로 활용하지 못함으로써 귀중한 자원이 거의 방치된 상태라고 할 수 있다. 연간 200만 명 이상이 방문하는 자연공원이 노블티 측면에서 볼 때 단지 서울 시민들의 지루함을 극복하기 위한 공간으로서의 기능만 어느 정도 수행하고 있는 실정임을 알 수 있다.

본 연구 결과를 바탕으로 몇 가지 시사점을 제시하면 다음과 같다.

첫째, 관악산 자연공원에서 자연공원 환경 재발견 운동을 전개해야 하겠다. 관악산에서 환경의 변화를 즐기고, 새로운 곳을 방문하며, 또는 일상 환경과 다른 것을 통한 노블티를 상당한 수준에서 기대하고 방문하지만, 실제 인지치는 훨씬 낮은 실정이다. 그런데 이러한 결과는 공원의 환경여건을 제대로 활용하지 못하는 데서 기인한다고 볼 수 있다. 따라서 공원관리 당국과 관련 집단, 그리고 방문자 개개인이 환경을 재발견한다는 자세부터 갖추어야 한다. 동시에 환경여건을 적절하게 연출할 필요성도 있다.

둘째, 관악산 자연공원에서 방문자들이 새롭고 색다름을 느낄 수 있도록 노력해야 하겠다. 새로운 것을 경험하고, 이전에 몰랐던 것을 알게 되고, 그리고 새로운 것을 발견하는 노블티에 대한 기대치에 부응하기 위해서는 생태 학습장을 만들고, 방문자 안내소를 설치하며, 다양한 환경학습프로그램도 개발하고, 문화유산 및 자연생태 관련 해설프로그램도 개발·운영할 필요가 있다. 그렇게 함으로써 의미 없이 버려져 있던 자원이 탐방자를 깨어 있고, 긴장하게 하여, 전에는 몰라서 지나쳤던 것에 방문자가 자신의 주의력을 기울이도록 해야 하겠다. 그렇게 하면 개미 한 마리와 풀 한 포기도 새로운 생명체로서 다가올 수 있다.

셋째, 관악산 자연공원이 자연과 하나가 되어 감동할 수 있는 공간, 사람들과의 만남을 통해 낭만추구 노블티를 즐길 수 있는 공간으로 다시 태어나게 해야겠다. 자연의 신기한 현상을 찾아내어 볼 수 있도록 알려주고, 야생동물이 더 많이 서식하게 하며, 자연생태에 관한 지식 습득 기회를 제공함으로써 방문자 개개인이 자연에 보다 가까이 다가가야 자연과 하나가 될 수 있다. 그리고 다양한 유형의 만남 공간을 제공함으로써 관악산 자연공원이 본질적인 여가 공간으로서 자리매김될 수 있게 해야 할 것이다.

끝으로, 사고 발생의 위험성을 최소화시켜야겠다. 실제로 관악산 자연공원 곳곳에는 안전사고의 위험성이 많다. 방문자들의 위험한 행동을 통한 노블티를 기대하는 정도도 낮으나, 실제 인지치는 이보다 더 낮다. 즉, 방문자들은 위험요소에 상당히 둔감한 상태임을 알 수 있다. 따라서 공원관리 당국에서는 안전사고에 대한 주의를 환기시켜야 할 것이다.

이번 연구가 일정시점에 내국인만을 대상으로 수행되었기 때문에 보다 광범위한 연구를 통하여 자연 및 문화 환경 여건과 노블티 간의 관계를 분석하고, 이를 바탕으로 관악산 자연공원이 새롭게 태어날 수 있도록 앞으로 많은 연구와 실천적 노력을 기울일 때 관악산 자연공원의 가치가 제대로 구현될 수 있을 것이다.

참고문헌 ••••••

박석희(1999). 국립공원 탐방자의 신기성 추구정도 측정에 관한 연구. 『한국공원휴양학회지』, 1(2).

박석희·김수라(1998). 고궁 방문자의 이용 후 평가에 관한 연구. 『경기관광연구』, 제2호, 경기대학교 소성관광종합연구. pp. 53-71.

신규섭(1994). 시설물 이용활성화를 위한 이용 후 평가. 『환경과 조경』, 69: 128-133.

안득수·허준·노재현(1995). 근린공원 퍼골라 시설의 이용 후 평가에 관한 연구. 『조경연구』, 58호, 23(2).

여현수(1988). 공원환경 설계평가에 관한 연구. 경기대학교 대학원 석사학위 청구논문.

이장주·박석희(1999). 지역축제의 이미지 측정척도 개발에 관한 연구. 『관광학연구』, 22(3): 256.

이태희(1998). 관광객의 신기성 욕구수준에 따른 관광목적지 선호도 차이에 관한 연구. 『관광학연구』, 22(1): 11-12.

정순옥(1994). 관광자원의 매력 측정에 관한 연구. 경기대학교 대학원 석사학위논문.

조광익(1997). 국립공원 방문자의 관광 이미지 구성요인. 『관광학연구』, 21(1): 243.

최영국(1999). 국립공원 방문객의 효과적 관리방안 연구. 『한국공원휴양학회지』, 1(1): 21.

Lee, Tae-Hee(1991). Conceptualizing Measuring the Novelty Construct in Tourism. The Graduate College of Texas A&M University, Unpublished Ph. D. Dissertation.

Lee, Tae-Hee(1992). Measuring Novelty Seeking in Tourism. *Annals of Tourism Research*, 19(4): 737.

Pearce, D. G.(1987). *Tourism Today: A Geographical Analysis.* New York: John Wiley & Sons, Inc.

Taylor, Stein V., & Lee E. Martha(1995). Managing Recreation Resources for Positive Outcomes: An Application of Benefits-based Management. *Journal of Park and Recreation Administration*, Fall: 52-70.

* 이 장의 출처: 한국공원휴양학회(1999). 『한국공원휴양학회지』, 1(2).

제10장 노블티에 의한 관광자원 유형구분

* 우리는 관광자원을 어떻게 분류하고 있는가?

* 관광자원을 왜 분류한다고 생각하는가?

* 새로운 관광자원분류 기준으로 노블티를 적용할 수 있을까?

1. 머리말

경제의 고속성장과 더불어 발전해온 관광은 사회가 점차 다양화됨에 따라 그 양상이 많이 달라지고 있다. 관광객은 획일적인 관광에서 벗어나 자신의 취향과 욕구에 맞는 관광지를 선택하게 되었으며, 관광지의 매력속성이 관광지 선택에 있어 매우 중요한 요인이 되었다. 관광을 하는 근본적 이유는 뭔가 다르고 새로운 것을 갈구하기 때문이다(Crompton, 1979; Dann, 1977). 또한 생활근거지를 떠나서 다른 지역으로 관광을 하는 가장 근본적인 동기 중 하나는 이전에 접하지 못했던 새로운 환경 및 행태를 경험함으로써 생활 근거지에서 경험할 수 없었던 심리적·물리적 자극을 받아 적정수준의 만족을 구하는 것이라고 할 수 있다(Pearce, 1987). 타 지역에 대한 이러한 유형의 막연한 선호나 기대 혹은 동경은 새로운 자극과 경험, 즉 노블티에 대한 욕구에서 기인한다고 할 수 있다(이태희, 1991). 또한 기존에 관광객의 노블티에 대한 욕구를 다룬 선행 연구들(Bello and Etzel, 1985; Cohen, 1972; Mclntosh, 1977; Wahlers and Etzel, 1985; Snepenger, 1987)에서도 새로움을 경험하는 것이 관광의 중요한 동기가 된다는 것이 입증되었다. 그러나 기존 연구들은 노블티 측정척도를 개발하거나 개발된 노블티 척도를 관광지에 적용하는 연구가 대부분이었다. 따라서 본 연구에서는 관광지에서의 적용 외에 노블티에 의하여 관광지 유형 구분이 가능한지에 대하여 검토해 보고자 한다.

자원유형은 자원의 체계적 연구 및 이용을 위해서 많은 연구분야에서 분류해왔으며 관광자원의 경우도 예외는 아니다. 관광자원의 경우 일반적으로 약 1~2개의 요인에 의하여 실용적인 측면으로 분류방법이 제시·적용되어 왔다. 주요한 관광자원 분류방법으로는 자원입지, 이용수준, 토지이용단위, 자원 성격 등을 중심으로 한 분류 등이 있으나, 학자들의 임의 분류방식에 의존하고 있으며 객관적인 척도를 사용한 연구가 거의 없다.

자원입지에 따른 분류방법의 경우 '이용자 중심형지역', '중간형지역', '자원중심형지역'으로 분류되고 있으며, 이용측면에 따른 분류는 미국 관광자원조사위원회의 경우 '고밀도 관광지역', '일반관광지역', '자연관광지역', '특수경관지역', '야생지역', '역사유적지역' 등으로 분류하고 있다. 또한 자원성격 및 토지이용단위를 기준으로 '자연자원의존형', '문화자원의존형', '인공시설자원의존형' 등으로 분류하고 있다. 그러나 위에 열거한 이러한 관광자원분류는 자원에 초점을 맞추어 자원 중심적으로 분류된 것으로 자원을 이용하는 이용자의 측면은 고려되지 않았으며 또한 객관적인 척도나 기준으로 분류된 것이 아니라 하겠다.

따라서 자원 자체를 가지고 유형을 분류하는 방법에서 그 자원을 이용하는 이용자의 행태를 중심으로 객관적인 척도나 기준을 가지고 유형을 구분할 필요성이 제기되고 있다. 이에 측정척도로 검증된 노블티 척도로 관광자원 유형구분이 가능한지 검증해 보고자 한다. 즉, 성격이 서로 다른 에버랜드, 올림픽공원, 제부도 방문자를 대상으로 이들의 노블티 기대치를 측정해 봄으로써 노블티를 관광자원 유형구분의 기준으로 적용할 수 있는가, 이들 관광지에서 노블티의 기대치와 인지치에 차이가 있는가, 그리고 자원특성별로 노블티 추구자와 회피자 간에는 어떠한 차이가 있는가 등의 문제를 규명해 보고자 한다.

2. 관광자원 유형 및 노블티에 관한 이론 고찰

가 관광자원의 개념과 유형

관광자원의 개념을 총체적으로 설명하기는 매우 어려우나 일본의 경우, 관광자원은 관광자에게 매력성과 유인성을 가진 생활 자원으로서 모든 자연과 문화현상을 의미하며, 자원으로서 이용해도 소모되지 않는 특성을 가진 것으로 설명하고 있다. 또한 이러한 관광자원에 관광사업체가 공급하는 재화와 서비스가 추가되거나 관광자원을 바탕으로 한 각종 행동이 포함됨으로써 관광자의 매력이나 필요를 일으키는 일체의 사물을 관광대상이라고 지칭하고 있다. 이 같은 주장은 관광자원을 협의의 의미로 해석하고 그 관광자원에 교통, 관광시설과 서비스, 정보제공 등의 기능을 결합시킴으로써 관광대상에 포함시킬 수 있는 것으로 이해할 수 있다.

경제학적인 견해로 관광자원은 관광이라는 서비스를 생산하는 요소이며 관광서비스는 생산과 동시에 소비되는 특성을 지니고 있으므로 관광행위는 관광서비스의 생산과 소비활동이라고 할 수 있다. 또한 관광행위는 신가정경제학적 견해를 바탕으로 조합할 때 재화, 시간, 여행의 함수로 볼 수 있다. 이것을 좀 더 구체화시키면 관광행위는 자연적 매력, 인문적 매력, 관광시설 매력, 부대시설, 기반시설, 인력, 시간, 여행 등 8가지 생산요소로 설명될 수 있다. 이러한 8가지 생산요소 중 자연적 매력, 인문적 매력, 관광시설 매력은 협의의 관광자원에 해당되며, 그 밖의 공급처리시설, 편의시설, 인력, 시간, 여행 등 5가지 생산요소는 광의의 관광자원개념에 포함된다(박석희, 1995).

관광자원의 유형분류는 일반적으로 약 1~2개의 요인에 의하여 실용적인 측면으로 분류방법이 제시·적용되어 왔다. 주요한 관광자원 분류방법으로는 자원입지, 이용수준, 토지이용단위, 자원 성격 등을 중심으로 한 분류를 들 수 있다. 그러나 관광자원은 그 유형과 성격이 다양하기 때문에 동·식물을 분류하듯이 유연관계를 추적해서 밝힐 수는 없으며(박석희, 1995), 학자마다 임의로 구분한 것이어서 체계적이고 이론에 입각한 분류체계라고 보기는 어렵다. 또한 분류를 위한 척도가 마련되지 않아 객관성이 매우 부족한 실정이다.

나 노블티의 측정척도화 과정

노블티 측정방법은 크게 주관적인 관점에 의한 방법과 객관적 검증절차에 의한 방법으로 나뉠 수 있다. 주관적 관점에 의한 측정방법으로는 피어슨, 허쉬만 등의 연구가 있다. 피어슨(Pearson, 1970)은 노블티 구성개념을 10개의 항목으로 구성하였다. 이 척도는 일반적으로 인생에 있어서 새로운 경험에 대한 욕망을 측정하고자 하는 의도에서 개발되었는데 전체 신뢰도 계수는 0.76으로 나타났다.

허쉬만(Hirschman, 1984)도 노블티 추구를 '신기한 자극을 추구하고자 하는 개인의 욕망'으로 설명하고 새로운 스타일의 춤, 가게, 옷, 가구, 영화, 책, 레스토랑, 헤어스타일과 같은 새로운 어떤 것을 추구하려는 의사 등으로 구성된 측정도구를 개발하였다.

이러한 노블티 관련 척도들은 대부분이 주관적인 관점에서 항목을 미리 정한 후, 예비조사 및 전문가 조사 등을 거치지 않은 채 통계적 처리만으로 개발되었다. 이에 이러한 연구의 한계점을 보완한 연구가 이태희(1991)의 연구이다. 「이」(1991)의 연구에서는 개인이 관광을 통해 경험하고자 하는 새로운 환경·행태에 대한 욕구와 동기를 정의하고, 이를 측정하는 문항들을 개발하였다. 즉, 노블티 구성개념을 적용한 여행자의 여행목적지 선택결정과정을 모델로서 개념화하고 각 개인이 갖는 노블티 개념을 과학적으로 측정할 수 있는 표준화된 설문문항을 개발하였다.

설문문항개발 과정은 먼저 노블티 구조를 정의한 후에 노블티와 관련된 기존문헌 및 연구결과를 근거로 84개 문항을 작성한 후 전문가들에 의해 각 문항의 특성 측정의 정확성, 명확성, 유효성에 의해 평가되어 선별기준에 미치지 못한 43개 문항이 삭제되었다. 나머지 41개 문항을 가지고 미국 내 30개 대학의 219명의 대학생에게 예비조사를 실시한 후 각 문항들의 안정성(reliability) 및 상관관계의 일관성(item-to-total correlation)을 판정하고 부적격 문항 20개를 삭제하여, 4개의 하부구조(dimension)

를 파악하였다. 이것을 가지고 290명의 Texas 여행 경험이 있는 실제 관광객들에게는 우편조사로, 628명의 Texas A&M 대학생에게는 일반설문조사로 본 조사를 실시하여 노블티 구성개념의 하부구조를 파악하였다.

예비조사와 본 조사를 통하여 추출된 노블티의 하부구조로는 ① 일상의 생활환경으로부터의 변화(change from routine) ② 미지의 환경으로 여행하려는 기대에서 오는 긴장감(thrill) ③ 변화 없는 반복된 생활환경에서 오는 지루함 극복(boredom alleviation) ④ 예측할 수 없는 새로운 환경이 주는 놀라움에 대한 기대(surprise)의 네 가지 개념이 파악되었다.

각 구조의 세부항목으로는 첫 번째 요인인 일상의 생활환경으로부터의 변화(change from routine)에는 각각 새로운 관광지, 환경의 변화, 모험적인 여행, 일상의 환경과 다른 관습·문화, 새로운 것, 색다른 것, 이전에 알지 못했던 것, 이전에 보지 못했던 것 등이다. 두 번째 요인인 미지의 환경으로 여행하려는 기대에서 오는 긴장감(thrill)에는 과감한 행동, 놀라움을 느낄 수 있는 것, 약간 겁이 나는 활동, 위험하고 스릴 있는 놀이, 스릴 있는 활동, 약간 위험하게 느껴지는 것, 약간의 모험심 동반 등이 포함된다. 세 번째 요인인 변화 없는 반복된 생활환경에서 오는 지루함 극복(boredom alleviation)에는 지루함 극복, 일상적인 일이 주는 지루함 극복, 틀에 박힌 생활을 피하기 위한 여행 항목 등이며, 네 번째 예측할 수 없는 새로운 환경이 주는 놀라움에 대한 기대(surprise)요인에는 미리 여행코스를 설정치 않음과 휴가계획을 자세히 세우지 않음, 예측할 수 없는 일을 즐김 등이 포함된다.

그러나 이러한 「이」(1991)의 연구가 단순히 측정척도 개발 수준이었다면 이를 관광지에 적용하여 측정척도의 신뢰성과 타당성을 검증한 연구가 정순옥(1994)의 연구이다. 「정」(1994)의 연구는 「이」(1991)의 연구에서 개발된 노블티 측정척도를 모델로 하여 우리나라 관광지에서의 적용가능성을 파악하였으며, 노블티 기대치 및 인지치를 이용한 제 변수 간의 차이분석과 노블티 추구자 및 회피자 분류를 통한 제 변수와의 관련성 검증을 시도하였다. 측정척도는 이미 개발된 「이」의 측정척도를 그대로 사용하였으며, 관련문헌의 검토결과 테마공원 중에서 노블티가 비교적 높은 점수를 받은 롯데월드(엄서호, 1991; 정필용, 1993)를 적용 대상지로 선정하였다. 분석 결과 미국에서의 연구와 동일하게 4가지 차원의 요인으로 묶였다. 그러나 요인의 순서가 「이」의 연구에서는 요인 1인 일상생활로부터의 변화와 요인 2인 스릴의 순서로 나타난데 비하여 롯데월드에 적용하여 측정한 결과 요인 1과 요인 2의 순서가 뒤바뀌었다. 이러한 현상의 원인은 미국인들의 경우 노블티를 '변화'와 관련지어 가장 우선적으로 고려하는 데 비하여, 적용사례지역이 '테마파크'라는 특성상 '스릴'이라는 요인이 노블티 요소로 가장 중요시된 것으로 보인다.

또한 각 차원의 세부항목 변동은 요인 4의 놀라움에 대한 기대 차원의 요인 항목 중 "예측할 수 없는 일 즐김"이라는 항목이 「정」의 연구에서는 요인 1인 스릴 차원에 묶인 것이다. 그러나 실제 인지치를 가지고 분석한 경우에는 「이」의 연구결과와 같이 일상생활로부터의 변화가 요인 1로, 스릴이 요인 2로 나타났다. 여기서 21개 항목이 4개 차원의 요인으로 묶였고, 차원의 항목 간 변화가 거의 없다는 점을 고려할 때, 「이」의 노블티 척도가 신뢰할 수 있고 타당한 척도로서 국내에서도 적용이 가능하다고 할 수 있다.

그 후 박석희(1998)의 연구에서는 대상지를 국립공원인 북한산으로 하여 「정」의 논문이 갖는 한계점을 보완하였으며, 측정척도 항목에서도 기존의 척도에 몇 가지 항목을 추가하여 보완된 측정척도를 사용하였다. 「박」의 연구에서는 그간의 노블티 측정척도가 관광자의 '자연과 하나됨성 요인'과 '낭만을 추구성 요인'이 다루어지지 않음을 지적하였다. 즉, 자연 속에서의 신기하고 진기한 모습을 통해 자연과 하나가 되려는 욕구와 Pearce(1987)와 Lee와 Crompton(1992) 등이 가족과 이웃으로부터 탈피하여 새로운 사람을 만나는 욕구를 노블티로 보고 있음에 착안하여 이 두 가지 요인에 대한 항목을 첨가하였다.

항목은 Taylor와 Martha(1995)가 국립공원 방문자들의 편익 측정 시에 사용한 속성항목 중 일부를 참조하였다. 또한 「정」의 연구에서 사용된 척도 항목 중 대상지에 맞지 않는 "놀라움을 기대하며 휴가계획을 수립한다"라는 속성항목을 삭제하여 총 2개 차원, 7개 속성항목을 추가하여 전체 27개 항목으로 척도항목을 보완하였다.

그 결과 기존 4개 차원에 '자연과 하나됨성' 차원과 '낭만추구성'의 차원이 추가되어 총 6개 요인이 도출되었다. 요인의 명칭은 각각 스릴추구성, 지루함 극복성, 환경변화성, 새로움 발견성, 자연과 하나됨성, 낭만추구성이며, 요인별 속성항목의 개수는 스릴추구성이 7개, 지루함 극복성이 5개, 환경변화성이 4개, 새로움 발견성이 4개, 자연과 하나됨성 4개, 낭만추구성이 3개로 구성되었다.

「정」의 연구와 비교하여 「박」의 연구결과에서 개선된 것은 첫째, 기존 20개 측정항목에 7개 항목을 추가한 결과 신뢰도가 높은 가운데 총분산 설명력이 53.8%에서 63.9%로 크게 높아진 것이다. 둘째, 기존의 척도로 설명하지 못했던 자연과 하나됨성 요인과 낭만추구성 요인이 추가되어 척도의 외적 타당성이 높아진 것이다. 셋째, 기존의 척도는 일상생활로부터 변화라는 요인에 8개의 속성이 포함되었는데 이 요인이 환경의 변화와 새로움 발견성이라는 2개 요인으로 구분되었다. 이는 일생생활로부터의 변화가 2개의 서로 다른 차원으로 설명될 수 있다는 근거를 제공하는 의미있는 결과이다.

다 노블티 추구자 및 회피자

노블티 추구자와 회피자는 「이」(1991)의 연구에서 처음으로 개념을 정의한 것으로 자극추구(Stimulation seeking), 자극회피(Stimulation avoidance)의 개념을 변형한 것이다. 자극 추구자는 다르고, 기이하고, 인상적이며, 모험적이고, 재충전적이며, 일상생활로부터의 변화를 주고, 흥분을 주는 것으로 지각되는 관광목적지를 선호하는 사람으로, 자극 회피자는 친숙하고, 책임 있는 계획된 경험을 더 많이 선호하는 사람으로 정의하고 있다(Wahlers and Etzel, 1985). 노블티를 경험하려는 욕구와 노블티를 수용하는 정도는 관광객 개개인의 성격이 다르듯 개인별로 차이가 난다(Jensen, 1980; Zuckermann, 1979). 이 근원적인 차이로 인해 관광객들을 노블티를 추구하려는 관광객과 노블티를 회피하려는 관광객으로 분류할 수 있다. 노블티 추구자와 노블티 회피자인 관광객의 이러한 차이점은 일부 사람들은 휴가기간에 높은 수준의 신기한 경험을 희망하고, 다른 사람들은 낮은 수준의 신기함을 희망한다는 것을 말해 준다.

Cohen(1972)은 노블티 추구자와 회피자와의 유사개념으로 노블티와 친숙성을 설명하고 있다. 그는 관광경험에는 어느 정도의 친숙함과 노블티가 공존한다는 가정하에 연구를 진행하였으며, 노블티-친숙성 연속체에서 관광객 유형을 4가지로 구분하였다. 첫째는 조직된 대중관광객(organized mass tourist)이며, 둘째, 개별적인 대중관광객(individual mass tourist), 셋째, 탐험가(explorer), 넷째, 방랑자(drifter) 등이다. 연구결과에서 조직된 대중관광객은 친숙감을 최대로, 노블티는 최소로 추구하며, 개별대중관광객은 친숙감을 우세하게 추구하지만 일상적인 경험을 통한 노블티를 다소 많이 추구하고자 한다. 또한 탐험가들은 노블티가 지배적이지만 자신들을 지역상황에 완전히 빠져들게 하지는 않지만, 방랑자는 노블티가 최고에 달해 있고 친숙감은 완전히 사라진 상황을 선호한다.

그레이(Gray, 1979)는 노블티 추구자와 회피자의 유사개념으로 향일성(sunlust)과 방랑성(wanderlust)이라는 용어를 사용하였다. 향일성은 말 그대로 친숙한 것을 추구하는 관광행동유형을 보이는 것으로 노블티 회피자와 유사개념이며, 방랑성은 친숙한 것을 벗어나 새로운 경험을 추구하고자 하는 관광행동유형으로 노블티 추구자의 유사개념으로 해석할 수 있다.

한편, 플로그(Plog, 1972)는 사이코 그래픽스에 의한 연속체상의 새로움 추구자(allocentric person)와 안정성 추구자(psychocentric person)의 관광행동 유형을 제시하였다. 전자의 유형은 자기확신적이며, 일반적으로 성공적이고, 고소득자이고, 여행을 자주 하는 사람들로서, 이들은 관광지에서 고상한 경험을 통하여 새로운 것을 발견하려는 그들의 욕구를 충족시키기 위하여 혼잡하지 않은 관광지를 선호하는 경향이 있으며, 특히 사람들을 만나고 이상한 문화에 대하여 탐구하려는 데 많은 흥미를 보인다. 후자는 자기 확신적이지 못하며, 보통의 지위에서 일하며, 저소득층으로서, 여행을 자주하지 않는 사람들인데 이들은 친숙한 관광지에서 안전한 여행을 하려고 한다(박석희, 1994).

3. 결과의 분석 및 해석

가 측정속성의 신뢰도 및 적합도 검증

본 연구에 적용한 노블티 측정속성의 신뢰도 검증을 위해 속성별 Cronbach 알파 계수를 구하였다.

〈표 1〉 노블티 측정척도의 신뢰도

측정항목	제거하기 전	제거한 후
새로운 곳을 방문하고 싶었다.	0.9078	0.9168
환경의 변화를 즐기고 싶었다.	0.9059	0.9149
모험적인 활동을 하고 싶었다.	0.9040	0.9128
일상의 환경과 다른 것을 경험하고 싶었다.	0.9044	0.9132
평소에 하지 않던 과감한 행동을 하고 싶었다.	0.9047	0.9135
어느 정도 놀라움을 느낄 수 있는 것을 하고 싶었다.	0.9025	0.9111
때때로 약간 겁이 나는 행동을 하고 싶었다.	0.9038	0.9131
위험한 행동을 하고 싶었다.	0.9055	0.9146
새로운 무엇인가를 발견하고 싶었다.	0.9032	0.9120
색다른 것을 경험하고 싶었다.	0.9015	0.9102
전에 모르고 있던 것을 경험하고 싶었다.	0.9019	0.9107
전에 보지 못했던 것을 보는 것이 바람직하다고 생각하고 있었다.	0.9042	0.9131
스릴 있는 활동을 하고 싶었다.	0.9040	0.9128
약간 위험하게 느껴지는 것이라도 시도해 보고 싶었다.	0.9046	0.9137
여행 중에는 약간의 모험심을 수반하는 편이다.	0.9054	0.9150
지루함을 없애기 위해 여행을 떠나곤 한다.	0.9092	–
미리 마음속에 여행 코스를 설정하지 않는 편이다.	0.9097	–
기대하지 않은 일을 즐기려고 여행계획은 세우지 않는다.	0.9121	–
관광지 내에서 어떤 활동을 할 것인가를 계획하지 않는 편이다.	0.9105	–
일상의 단조로움을 벗어나려고 여행을 하는 편이다.	0.9080	0.9182
틀에 박힌 생활을 피하기 위해 때때로 여행을 하였다.	0.9071	0.9170
예측할 수 없는 일들을 즐기는 편이다.	0.9083	0.9182

자연과 하나가 되고 싶었다.	0.9071	0.9165
야생동물을 보고 싶었다.	0.9067	0.9161
자연에 대해 많은 학습을 할 수 있을 것이다.	0.9066	0.9160
진기한 자연현상을 보고 싶었다.	0.9050	0.9144
감동적인 것을 경험하고 싶었다.	0.9032	0.9124
새로운 사람들과 대화를 하고 싶었다.	0.9065	0.9158
아는 사람의 또 다른 모습을 보고 싶었다.	0.9075	0.9170
가족/친지/동료들과 유대감을 강화하고 싶었다.	0.9093	–
낭만적인 것을 경험하고 싶었다.	0.9055	0.9151

주: 1) 제거 전 전체 신뢰계수=0.9088, 제거 후 전체 신뢰계수=0.9174.
2) 음영 표시한 부분은 제거한 문항임.

분석결과〈표 1〉에서 보듯이 측정변수의 전체적인 신뢰계수는 0.9088로 항목들의 동질성이 상당히 높다는 것을 알 수 있으나, "지루함을 없애기 위해 여행을 떠나곤 한다", "미리 마음속에 여행코스를 설정하지 않는 편이다", "기대하지 않은 일을 즐기려고 여행계획은 세우지 않는다", "관광지 내에서 어떤 활동을 할 것인가를 계획하지 않는다", "가족/친지/동료들과 유대감을 강화하고 싶었다" 항목의 신뢰계수는 전체 항목의 신뢰성을 떨어뜨리는 것으로 나타나서 이 항목들을 제거하였다. 제거 후 전체 신뢰성의 값은 0.9174로 더 높아졌음을 알 수 있다.

적합도 검증은 Kaise-Meyer-Olkin(KMO) 척도는 변수쌍들 간의 상관관계가 다른 변수에 의해 잘 설명되는 정도를 나타내는 것이므로 이 척도의 값이 적으면 요인분석을 위한 변수들의 선정이 좋지 못함을 나타낸다. 본 연구에서는 KMO값이 0.883으로 항목들이 요인분석에 매우 적합한 것으로 판단할 수 있다.

나 타당성 검증

본 연구에서는 요인항목 총 26개 항목에 대하여 개념타당성을 검증하는 판별타당성 및 집중타당성을 검증하고 불필요한 변수를 삭제하고자 요인분석을 실시하였다.

〈표 2〉 노블티 요인의 분석

요인명	측정항목	코뮤낼리티	요인적재량	비 고
요인 1: 스릴추구성	약간 겁나는 행동하기	0.763	0.841	고유값 =8.836 %분산 =33.984 %누적 =33.984
	위험한 행동하기	0.633	0.775	
	약간 위험하게 느껴지는 것 시도	0.715	0.735	
	과감한 행동하기	0.653	0.732	
	스릴 있는 행동하기	0.641	0.705	
	놀라움을 느낄 수 있는 행동하기	0.681	0.679	
	모험적인 활동 추구	0.591	0.575	
요인 2: 새로움 추구성	색다른 것 경험하기	0.831	0.747	고=2.644 분=10.171 누=44.155
	새로운 것 발견 바람	0.724	0.741	
	이전에 보지 못했던 것 바람	0.704	0.739	
	전에 알지 못했던 것 경험하기	0.769	0.691	
요인 3: 자연과 일치성	자연에 대한 학습하기	0.663	0.789	고=1.756 분=6.576 누=50.910
	야생동물 관찰하기	0.636	0.757	
	자연과 하나 되기	0.637	0.711	
	진기한 자연현상 구경하기	0.642	0.704	
	감동적인 것 경험하기	0.665	0.566	
요인 4: 환경변화성	환경의 변화를 즐기기	0.714	0.787	고=1.607 분=6.182 누=57.092
	새로운 곳을 방문	0.615	0.750	
	일상환경과는 다른 것 경험하기	0.674	0.692	
요인 5: 낭만추구성	아는 사람의 또 다른 모습 보기	0.741	0.828	고=1.511 분=5.813 누=62.905
	새로운 사람과 대화하기	0.680	0.768	
	낭만적인 것 경험하기	0.621	0.696	
요인 6: 지루함 극복성	틀에 박힌 생활을 피하려고 여행	0.765	0.841	고=1.130 분=4.347 누=67.252
	일상의 단조로움을 벗어나려고 여행	0.741	0.832	
	예측할 수 없는 일들 즐기기	0.447	0.517	
	약간의 모험심 수반하기	0.540	0.403	

주: 총분산 설명력: 67.3%.

요인분석 결과 아이겐값(eigen value)이 1 이상의 단일요인이 아닌 6개의 독립된 요인으로 구별되어 판별타당성이 있다고 할 수 있다. 또한 집중타당성은 요인적재량이

0.40 이상으로 나타났으므로 본 연구에서 사용한 측정항목들은 집중타당성이 있다고 볼 수 있다. 요인분석을 통하여 6개 요인의 가장 적합한 측정항목 조합을 얻을 수 있었으며, 요인 1은 스릴추구성, 요인 2는 새로움 추구성, 요인 3은 자연과의 일치성, 요인 4는 환경변화성, 요인 5는 낭만추구성, 요인 6은 지루함의 극복성으로 명명하였다. 각 요인에 해당되는 속성은 〈표 2〉와 같이 스릴추구성이 7개, 새로움 추구성이 4개, 자연과의 일치성이 5개, 환경변화성이 3개, 낭만추구성이 3개, 지루함 극복성이 4개로 구성되어 있다. 4개 차원의 총분산 설명력이 67.3%로 6개 요인으로 구성되는 본 연구의 노블티 구성개념은 양호하다고 할 수 있다.

다 노블티 요인의 관광지별 차이 검증 및 기대치와 인지치의 차이 검증

총 26개 항목에서 추출된 6개 차원의 요인별로 각 대상지를 차이 검증해 본 결과 스릴추구성 요인이 0.000, 새로움 추구성 요인 0.071, 자연과의 일치성 요인 0.118, 환경변화성 요인 0.020, 낭만추구성 요인 0.375, 지루함 극복성 요인이 0.057 등으로 나타났다. 유의수준을 5%로 가정하였을 때 스릴추구성 요인과 환경변화성 요인만이 관광지별로 차이를 나타냈고, 유의수준을 10%로 할 경우 새로움 추구성과 지루함 극복성 요인도 관광지별로 차이가 있는 것으로 나타났다.

노블티 요인의 관광지별 기대치 차이 검증에서는 전체값의 p-값이 0.009로 유의한 것으로 나타나 에버랜드, 올림픽공원, 제부도 노블티의 기대치에 차이가 있는 것으로 나타났다. 그러나 세부요인에서 자연과의 일치 항목과 낭만추구 항목에서는 관광지별로 차이가 없는 것으로 나타났다.

노블티 요인의 관광지별 인지치 차이 검증에서는 p-값이 0.000으로 유의한 것으로 나타나 에버랜드, 올림픽공원, 제부도 노블티의 인지치에 차이가 있는 것으로 나타났다. 노블티의 세부요인에서도 세 대상지의 노블티 요인들의 인지치가 모두 차이가 있는 것으로 나타났다.

이는 방문자들이 대상지를 방문하기 전에는 자연과의 일치나 낭만추구 항목에 있어서 대상지마다 노블티의 차이를 느끼지 않으나 대상지에서의 경험 후에는 자원의 특성에 따라 노블티의 차이를 느끼는 것을 알 수 있다.

〈표 3〉 노블티 요인의 관광지별 기대치와 인지치의 차이 검증

구 분		에버랜드	올림픽공원	제부도	F-값	p-값
기대치	전 체	3.33	3.08	3.24	4.810	0.009
	스릴추구성	3.08 (1)	2.57 (3)	2.81 (2)	11.239	0.000
	새로움 추구성	3.50 (1)	3.22 (3)	3.35 (2)	2.671	0.071
	자연과 일치성	3.42 (1)	3.23 (3)	3.41 (2)	2.147	0.118
	환경변화성	3.58 (2)	3.35 (3)	3.62 (1)	3.973	0.020
	낭만추구성	3.25 (3)	3.31 (2)	3.40 (1)	0.983	0.375
	지루함 극복성	3.39 (1)	3.17 (3)	3.26 (2)	2.880	0.057
인지치	전 체	2.96	2.64	2.86	10.708	0.000
	스릴추구성	2.85 (1)	2.25 (3)	2.37 (2)	22.128	0.000
	새로움 추구성	2.89 (1)	2.59 (3)	2.89 (1)	7.801	0.000
	자연과 일치성	2.95 (2)	2.66 (3)	3.05 (1)	8.711	0.000
	환경변화성	3.39 (2)	3.22 (3)	3.52 (1)	5.397	0.005
	낭만추구성	2.92 (2)	2.85 (3)	3.17 (1)	6.164	0.002
	지루함 극복성	3.33 (1)	2.98 (3)	3.30 (2)	8.234	0.000

주: ( ) 안은 순위.

라 노블티 추구자와 회피자 간의 구분 및 차이 검증

(1) 노블티 추구자와 회피자 간의 구분

노블티 추구자의 경우 전체 366명 중 93명으로 25.40%를 차지하며 회피자의 경우 107명으로 29.23%이다. 각 관광지별 분포를 보면 에버랜드의 경우 노블티 추구자 27.87%, 회피자가 21.31%로 세 대상지에서 노블티 추구자가 가장 많은 비율을 차지하고 있으며 올림픽공원의 경우 노블티 추구자 24.79%, 회피자가 41.32%로 세 대상지 중 가장 많은 노블티 회피자가 방문하는 것으로 나타났다. 제부도는 노블티 추구자가 23.58%, 회피자가 25.20%로 나타나 노블티 추구자와 회피자가 세 대상지 중 가장 비슷하게 분포하는 것으로 나타났다.

〈표 4〉 노블티 추구자·회피자의 관광지별 구분

(단위: 명, %)

구 분	전 체 (n=366)	에버랜드 (n=122)	올림픽공원 (n=121)	제부도 (n=123)
	기대치	기대치	기대치	기대치
추구자	93(25.40)	34(27.87)	30(24.79)	29(23.58)
회피자	107(29.23)	26(21.31)	50(41.32)	31(25.20)

(2) 노블티 추구자와 회피자의 노블티 요인에 대한 관광지별 차이 검증

노블티 추구자와 회피자의 노블티 요인에 대한 관광지별 기대치 차이 검증에서는 에버랜드, 올림픽공원, 제부도 세 곳 모두에서 유의수준 10%에서 추구자 및 회피자 노블티 기대치의 전체값에 차이가 있는 것으로 분석되었다. 또한 기대치 값을 비교하였을 때 추구자는 에버랜드에서 값이 가장 크며, 회피자는 제부도에서 가장 값이 큰 것으로 나타났다. 이는 관광지별로 모험 지향성에 차이가 있는 것으로 해석할 수 있다.

인지치의 경우 노블티 추구자와 회피자 모두 p-값이 0.799, 0.225로 관광지별로 차이가 없는 것으로 나타났다. 이는 전체적으로 인지치의 노블티가 결코 높은 수준이 아님을 말해주고 있다 이러한 이유는 조사대상지 자체가 각 대상지별로 노블티의 특성을 보유하고 있기는 하나 래프팅이나 동굴탐험 등과 같이 노블티 성향이 강한 곳이 아니기 때문에 그리고 관광지마다 노블티가 강하게 부각되게 조성되어 있지 않기 때문인 것으로 판단된다.

〈표 5〉의 추구자의 기대치와 인지치 분석결과에서 에버랜드의 경우는 기대치와 인지치가 각각 4.01, 3.86으로 분석되어 인지치가 기대치에 미치지 못하나 올림픽공원과 제부도는 기대치와 인지치가 같거나 비슷한 수준으로 나타났다.

〈표 5〉 노블티 추구자와 회피자의 노블티 요인에 대한 관광지별 기대치·인지치 차이 검증

구 분		추구자					회피자				
		에버랜드	올림픽공원	제부도	F-값	p-값	에버랜드	올림픽공원	제부도	F-값	p-값
기대치	전 체	4.01	3.86	3.80	3.075	0.051	2.57	2.49	2.70	3.192	0.045
	스릴추구성	4.10	4.00	3.90	0.988	0.377	2.35	2.24	2.37	1.254	0.287
	새로움 추구성	4.11	4.02	4.00	1.166	0.314	2.39	2.08	2.42	5.098	0.007
	자연과 일치성	4.09	4.05	3.92	2.334	0.100	2.55	2.43	2.55	0.721	0.488
	환경변화성	4.09	4.12	4.07	0.235	0.791	2.73	2.38	2.58	4.241	0.017
	낭만추구성	4.21	4.10	4.06	2.060	0.131	2.35	2.45	2.68	5.232	0.006
	지루함 극복성	4.04	3.80	3.77	7.100	0.001	2.57	2.58	2.68	0.918	0.402
인지치	전 체	3.86	3.91	3.80	0.226	0.799	2.54	2.48	2.59	1.500	0.225
	스릴추구성	3.84	3.89	3.73	0.596	0.556	2.29	2.10	2.21	2.827	0.061
	새로움 추구성	3.79	4.04	3.78	1.822	0.173	2.40	2.31	2.50	2.938	0.055
	자연과 일치성	3.81	3.72	3.87	1.187	0.310	2.44	2.36	2.48	0.971	0.380
	환경변화성	3.95	4.03	3.97	0.898	0.409	2.53	2.61	2.60	0.342	0.711
	낭만추구성	3.81	3.84	3.86	0.186	0.830	2.42	2.41	2.74	9.025	0.000
	지루함 극복성	3.99	3.97	3.97	0.077	0.926	2.64	2.43	2.69	4.511	0.012

마 종합논의

기존의 노블티 측정척도에 새로운 항목을 추가하여 적절성과 타당성을 검증하는 과정은 설명력이 67.3%로 향상되고 노블티 요인도 기존 요인인 4개 차원에서 크게 벗어나지 않았으며 추가된 2개 차원의 항목도 요인별로 적절하게 묶인 것으로 나타났다. 이러한 결과들은 노블티 측정척도가 점진적으로 객관화되며 측정척도로서 타당성을 가지게 된다는 것을 말해준다.

노블티 요인과 자원유형이 다른 세 대상지와의 차이 검증에서는 기대치의 경우 스릴성, 새로움 추구성, 환경변화성, 지루함 극복성 요인만이 관광지별로 차이가 있는 것으로 나타났으나, 인지치의 경우에는 이외에 자연과의 일치성, 낭만추구성 등 모든 요인이 관광지별로 차이가 있는 것으로 나타났다. 이는 노블티로 관광자원 유형의 구분이 가능하다는 것을 보여준다.

노블티 추구자와 회피자의 경우는 「정」의 논문에서는 추구자의 경우 기대치 평균이 4.0점 이상, 회피자의 경우는 3.0점 이하로 정의하였다. 기대치에서는 성별, 사전 정보추구에만 노블티 추구자와 회피자 간에 차이가 있는 것으로 나타났으며, 인지치의 경우는 전체적으로 추구자와 회피자 간에 차이가 있는 것으로 나타났다. 본 연구에서는 추구자의 경우 기대치 평균이 3.5점 이상, 회피자의 경우는 3.0점 이하로 정의하였다. 분석결과 관광자원의 유형이 테마파크인 에버랜드의 경우만이 추구자가 많았으며 자연적 요소가 강하며 정적인 올림픽공원과 제부도의 경우에는 회피자가 많았다. 또한 노블티 추구자와 회피자의 경우 관광지를 방문하기 전 단계에서는 관광지 유형과 상관없이 세 관광지 모두에서 노블티 기대치에 차이가 있는 것으로 나타났다. 그러나 관광지를 방문한 후에는 노블티 추구자 및 회피자의 경우 모두 노블티에 대해서는 차이가 없는 것으로 나타났다.

마지막으로 본 연구결과를 종합적으로 정리한다면 다음과 같다. 아래 〈표 6〉에서 나타내고 있는 것과 같이 기대치의 추구자나 회피자, 인지치의 추구자와 회피자의 노블티 요인들은 각 관광지별로 차이가 나지 않아 관광지의 유형구분이 어렵다. 그러나 노블티의 추구자나 회피자로 구분하지 않고 인지치의 전체값으로 관광지의 노블티를 측정하는 것의 값은 노블티 요인들이 각각의 관광지 유형별로 차이가 있는 것으로 나타나 향후 관광지 유형구분의 기준으로 노블티를 사용할 수 있음을 시사하고 있다.

〈표 6〉 노블티 요인의 관광지별 추구성향의 차이 검증

구 분	기대치			인지치		
	추구자	회피자	전체	추구자	회피자	전체
전 체	0.051	0.045	0.009	0.799	0.255	0.000
스릴추구성	0.377	0.287	0.000	0.556	0.061	0.000
새로움 추구성	0.314	0.007	0.071	0.173	0.055	0.000
자연과 일치성	0.100	0.488	0.118	0.310	0.380	0.000
환경변화성	0.791	0.017	0.020	0.409	0.711	0.005
낭만추구성	0.131	0.006	0.375	0.830	0.000	0.002
지루함 극복성	0.001	0.402	0.057	0.926	0.012	0.000

주: 각각의 p-값.

4. 결론 및 시사점

이 연구는 관광지 노블티 측정을 위해 그간에 개발된 측정척도를 관광현지에서 적용해 봄으로써 측정척도의 타당성이 확보될 수 있는가를 밝히고 관광자원의 성격이 서로 다른 에버랜드, 올림픽공원, 제부도 방문자를 대상으로 이들의 노블티 기대치를 측정해 봄으로써 노블티를 관광자원 유형구분의 기준으로 적용할 수 있는가, 이들 관광지에서 노블티의 기대치와 인지치에 차이가 있는가, 그리고 자원특성별로 노블티 추구자와 회피자 간에는 어떠한 차이가 있는가 등의 문제를 규명해 보고자 하였다.

분석결과를 요약하면 다음과 같다.

첫째, 이미 개발된 측정척도에서 새로운 항목을 첨가하고 요인분석한 결과 총분산 설명력이 67.3%로 지금까지의 노블티 연구 중 가장 높은 것으로 나타나 측정척도의 타당성이 확보되었다.

둘째, 노블티 요인의 관광지별 차이 검증에서는 기대치의 경우 스릴추구성, 새로움 추구성, 환경변화성, 지루함 극복성 요인들이 관광지별로 차이가 있는 것으로 나타났다.

셋째, 노블티 요인의 관광지별 차이 검증에서는 인지치의 경우는 스릴추구성, 새로움 추구성, 환경변화성, 지루함 극복성, 자연과 일치성, 낭만추구성 등 6개 요인 모두 차이가 있는 것으로 나타났다.

넷째, 기대치의 노블티 추구자와 회피자의 차이 검증에서는 관광지별로 추구자, 회피자에 차이가 있는 것으로 분석되었으나 인지치의 경우는 노블티 추구자, 회피자의 관광지별 노블티에 차이가 없는 것으로 분석되었다.

이러한 결과를 볼 때, 총분산 설명력이 높고 관광지의 기대치와 관계없이 인지치에서 모든 요인의 차이가 존재하는 것은 측정도구의 타당성 및 일반화가능성이 검증되었다고 볼 수 있다. 또한 노블티 요인과 자연유형이 다른 세 대상지와의 차이 검증에서 노블티의 인지치에서 6개의 요인 모두가 관광지별로 차이가 나타났으므로 이 측정척도로 관광자원 유형의 구분이 가능함을 알 수 있다.

노블티 추구자 및 회피자는 기대치에 차이가 있음에도 불구하고 인지치에서 차이가 없는 것으로 나타났으며 이는 노블티 지각수준이 추구자·회피자와 상관없이 지각됨을 말해주고 있다.

결론적으로 관광자원 유형구분은 노블티 척도로 가능한 것으로 확인되었으며, 특히 노블티의 기대치보다 인지치를 사용할 경우가 더 정확하게 구분할 수 있음을 알 수 있다.

본 연구는 노블티라는 관광매력속성을 자원유형이 전혀 다른 세 곳의 대상지에 적용하여 측정하였으나 자원유형을 모두 망라하여 조사한 것이 아니고 또한 선정한 관광지들이 자원유형을 대표하기는 하지만 어느 정도 자원특성들이 복합되어 있으며 노블티가 높은 관광지가 아니기 때문에 측정결과에 대하여 일반화시키기에는 한계점이 있다 하겠다.

향후 연구에서는 노블티 측정 대상지의 자원유형을 다양화하며, 또한 노블티 기대치와 관광지 방문 후 만족 간의 관련성 연구가 필요하다고 본다.

참고문헌 ••••••

박석희(1995). 『신관광자원론』, 일신사. pp. 39-97.

박석희(1998). 국립공원 탐방자의 신기성 추구정도 측정에 관한 연구. 『한국공원휴양학회지』, 1(2): 161-174.

이태희(1997). 한국관광지 이미지의 측정척도 개발. 『관광학연구』, 20(2): 80-95.

정순옥(1994). 관광자원의 매력측정에 관한 연구: 롯데월드의 신기성을 중심으로. 경기대학교 대학원 석사학위 논문.

Bello, and Etzel(1985). The role of novelty in the pleasure Travel Experience, *Journal of Travel Research*, Summer: 20-26.

Berlyne, D. E.(1950). *Conflict Arousal and Curiosity.* New York: McGraw Hill Book.

Berlyne, D. E.(1960). Novelty and Curiosity as Determinants of Exploratory Behavior. *British Journal of Psychology.* pp. 68-89.

Cohen, E.(1972), Toward a Sociology of International Tourism. *Sociology of Tourism.* pp. 164-182.

Crompton, J. L.(1979). Motivations for pleasure vacation, *Annals of Tourism Research*, 6: 408-424.

Dann, G. M. S.(1977). Anomie, ego-enhancement and tourism. *Annals of Tourism Research*, 4(4): 184-194.

Hirschman, E. C.(1984). Experience Seeking: A Subjectivist Perspective of Consumption. *Journal of Business Research*, 12: 115-136.

Lee, Tae-hee & Crompton, J. L.(1992). Measuring novelty seeking in tourism. *Annals of Tourism Research*, 19: 732-751.

Pearce, D. G.(1987), *Tourism today: a geographical analysis*, NY: John Willey & Sons, Inc.

Pearson, P. H.(1970), Relationships between global and specified measures of novelty seeking. *Journal of Consulting and Clinical Psychology*, 34: 199-204.

Wahlers, and Etzel(1985). Vacation preferences as a manifestation of optimal stimulation and lifestyle experience. *Journal of Travel Research*, 17: 283-295.

* 이 장의 출처: 한국공원휴양학회(2000). 『한국공원휴양학회지』, 2(2). 김연정과 공동.

제4부 관광자원의 해설

11 관광자원해설기법과 생동감 나는 해설

12 관광자원해설의 교육효과

13 현장체험의 교육효과

14 문화교육의 영향

15 환경지식의 영향

제11장 관광자원해설기법과 생동감 나는 해설

* 관광자원 해설을 들으며 관광을 해 본 적이 있는가?

* 그냥 관광하던 경우와 해설을 들으며 관광하는 경우 차이가 있던가?

* 좀 더 생동감이 있었으면 하고 아쉬움을 느낀 적이 있는가?

1. 개 념

Interpretation의 사전적 의미는 '의미를 설명한다'는 것이다. 즉, 단순한 설명이 아니라 문화유산이 지니고 있는 의미를 연구하여 이를 쉽게 풀어서 밝힌다는 의미가 강하다. 이러한 의미의 Interpretation을 우리말로 적확하게 표현하기가 용이하지 않으나 해설(解說)로 하되 앞에 문화유산을 붙여 '문화유산해설'이라고 함으로써 문화유산의 의미를 해석하여 알 수 있도록 풀어서 밝힌다는 뜻을 갖게 하는 것이 적절하겠다.

이러한 문화유산해설에 대한 정의를 몇 가지 살펴보면 다음과 같다.

틸든(F. Tilden)은 문화유산해설이란 사실적 정보(factual information)를 주고받는 것이 아니고, 진품을 보여준다든가, 직접 경험하도록 한다든가 또는 적절한 매체를 사용하여 현상에 내재된 의미와 관련성을 나타내 보이려고 하는 교육적 활동이라고 하였다.

왈린(Harold Wallien)은 문화유산해설이란 문화유산이 지니고 있는 아름다움, 복잡

미묘함, 다양성, 그리고 상호관련성에 대한 오묘함, 경이로움 내지는 알고 싶음 등의 해설사가 느끼는 바를 방문자도 느끼게끔 도와주는 활동이라고 하면서 방문자가 처한 낯선 환경에서도 편안한 마음을 느끼게 해주는 동시에 방문자의 지각발달을 도와주는 활동이라고 정의하였다.

에드워즈(Yorke Edwards)는 문화유산해설이란 정보서비스, 안내서비스, 교육적 서비스, 여흥 서비스, 선전 서비스, 그리고 영감적 서비스 등 6가지가 적절하게 조합된 것으로서 문화유산해설을 통하여 관광객에게 새로운 이해, 새로운 통찰력, 새로운 열광, 그리고 새로운 흥미를 불러일으킬 수 있다고 하였다.

알드리지(Don Aldridge)는 문화유산해설이란 방문자에게 그가 있는 곳을 설명해 주는 기술(the art of explaining)이되 방문자로 하여금 환경의 상호관련성의 중요성에 대한 인식을 키워줌과 동시에 환경보호에 대한 필요성을 일깨워주는 기술이라고 하여 문화유산해설이 곧 자원보호의 좋은 기술임을 지적하고 있다.

이상의 정의들에서 보면 문화유산해설이란 방문자에 대한 ① 교육적 활동이고, ② 지각발달도모 활동이며 ③ 새로운 이해, 통찰력, 열광, 흥미를 불러일으키는 활동일 뿐 아니라, ④ 자원보전에 기여할 수 있는 설명기술이라고 간단히 요약될 수 있다.

2. 문화유산해설과 관광안내

현대적 공원해설의 아버지 틸든은 방문자들이 만나는 어떠한 소재라도 문화유산해설 대상에 포함시켰다. 박물관에서는 예술품, 공원에서는 잘린 사슴뿔, 도심지에서는 각종 기념품과 건축장식 등까지 그 대상이 되었다.

여기서 보면 문화유산해설과 관광안내가 어떻게 구분되는 것인가 하는 의문이 생긴다. 문화유산해설은 국립공원에서나 이루어지는 것이라고 보는 시각에서라도 국립공원이 주요한 여행목적지가 되고 그 여행을 위해 관광안내가 이루어지는 경우라면, 어디까지가 문화유산해설이고, 어디까지가 관광안내인지 그리고 그 차이점은 무엇인가에 대한 논의가 있게 마련이다.

점차 많은 공공 또는 사조직에서 문화유산해설기술과 철학을 자신들의 프로그램에 적용하고 있는데, 다음 3가지 점에서 문화유산해설사와 관광안내원 간에 차이가 있다(Pond, 73).

첫째, 문화유산해설사는 국립공원과 같은 특정 장소에 상주하며, 관광안내원은 도시 또는 지역 전체를 관광객과 함께 여행한다는 점이다. 그런데 여기서 특정 장소를 규정함에 있어 어려움이 따를 수 있다. 소규모지역인 경우에는 지역관광안내원(local guider)이 곧 문화유산해설사가 될 수 있다.

둘째, 문화유산해설사는 자원의 의미와 가치전달에 주력하며, 관광안내원은 여행관리에 주력한다. 문화유산해설사는 관광자원이 지니고 있는 의미와 가치를 방문자에게 효과적으로 전달하기 위해 노력하는 데 국한되어 있으나, 관광안내원은 관광객과 숙식을 함께하면서 많은 시간을 보내며 또한 여행을 통해 발생되는 문제에 대한 책임도 지게 된다.

셋째, 문화유산해설사는 그 자신이 관광자원으로서의 가치를 지니는 데 반해, 관광안내원은 그렇지 못하다. 문화유산해설사의 모습, 언어, 복장 등이 그대로 관광매력물이 되어 관광객에게 특이함을 맛보게 할 수 있으나, 관광안내원의 경우에는 지역 관광안내원이라고 하더라도 그 지역의 범위가 넓어지면 이러한 특이함을 제공하는 데 한계를 지니게 된다.

그러나 이러한 차이점은 폰드(Pond, 73)의 지적대로 양쪽에서 노력하게 되면, 실제로는 대단히 좁혀질 수 있다. 여행하는 동안 절차상의 문제가 간소화되고 또한 여러 번의 여행경험을 통하여 여행관련 절차를 숙지한 상태를 상정하면, 그 경우에는 지역 관광안내원만이 존재하게 될 것이다. 그러한 경우라면 문화유산해설사와 관광안내원의 역할은 거의 같아진다.

3. 관광자원해설사의 필요성

관광자원해설사는 관광자원이 지니고 있는 가치와 의미를 포착해내어 관광객들이 그 의미와 가치를 잘 이해할 수 있도록 도와주는 일을 한다. 관광자원해설사는 길가에 버려진 돌멩이나 기와 조각에서도 그 지역의 역사와 문화를 일구어 그 돌멩이와 기와 조각이 관광객과 의사소통이 되게 도와줌으로써 관광객이 고객을 끄덕이거나 그 상황 속에 몰입되게 도와주는 역할을 한다. 따라서 그들은 분명히 연금술사이다. 그런데 왜 이러한 연금술사가 필요한가?

첫째, 관광객은 그들이 아는 것만큼 보게 된다. 모르고 보면 그야말로 팔만대장경판도 빨래판에 불과할 수 있다. 이를테면, 아파트 높이 남짓한 야산에서 행주치마에 돌을 담아 날라 던지는 처절한 싸움 끝에 몇 배가 넘는 왜군을 물리친 행주산성에서 우리 조상들의 함성을 듣고, 오늘의 이 상황에서 각오를 다질 수 있는 순간을 만든다는 것은 해설사의 도움이 없으면 불가능하다. 특히 흙으로 성을 쌓고 흙으로 집을 짓고 살던 문화이고 보면, 그냥 보면 흙덩이만 보일 뿐이다.

둘째, 체득해야 진짜 자기 것이 된다. 시험공부를 위해 달달 외운 지식은 돌아서면 절반은 잊어버리고, 조금 지나면 깡그리 잊어버린다. 그래서 모이면 잘하자만 외치고 정작 어떻게 하는 것이 잘하는 것인지를 모르고 엄벙덤벙 살고 있지 않는가? 온고이지신이 무슨 말인지를 안다손 치더라도 행주산성에서 승리할 수 있었던 그 지혜를 해설사 없이 관광을 하면서 터득한다면, 그 관광객은 천재임에 틀림없다.

셋째, 이제 우리 관광객들도 알맹이 경험을 추구하고 있다. 우선 재미있어야 한다. 그러나 재미있는 것만으로는 다시 오고 싶을 정도로 그리고 이웃에게 가보라고 권유할 정도로 감동을 받지는 않는 것으로 나타나고 있다. 그냥 놀러 다니는 것 같지만, 사실 관광객들은 놀면서 금싸라기를 발견하고 싶어 한다. 해설사가 없이는 이러한 저들에게 그곳의 고유한 의미와 가치를 제대로 전해줄 수가 없다.

넷째, 관광객이 즐거운 마음으로 호주머니에서 지갑을 꺼내게 해야 한다. 우선 관광객이 와야 하지만, 애써서 유치했거나 스스로 온 그들에게 기념품도 하나 구입하지 않는다고 불평만 할 것이 아니다. 그들을 만족시키고 감동시켜 보라. 그러면 그들은 그 대가를 지역에 지불하고 간다. 이러한 일도 해설사가 없이는 대부분 불가능하다.

다섯째, 관광자원 관리비용을 절감할 수 있다. 의미와 가치를 알고 보게 되면, 함부로 쓰레기를 버릴 수 없다. 흔들어 부수거나 낙서하는 것을 일일이 따라다니면서 막는다는 것은 어쩌면 불가능한 일일 수도 있다. 그렇게 하면 선조를 욕되게 하는 일이라는 것을 알려주어야 한다. 물론 경고판을 붙여둘 수도 있겠으나, 그 효과가 열성적인 해설사의 해설을 능가할 수는 없는 일이다.

이 밖에도 여러 가지 필요성이 제기될 수 있다. 따라서 모처럼 시작한 일이 용두사미가 되지 않도록 우리 모두 지켜보고 도와주어야 하겠다. 그리고 스스로 봉사하겠다고 모인 저 관광자원해설사들의 고운 뜻을 살려야겠다. 그러기 위해서는 저들의 능력을 활용할 수 있는 시스템을 구축하여 저들이 전문해설사가 될 수 있는 기회를 우선적으로 만들어주어야 하겠다.

4. 관광자원해설사의 자질

틸든은 관광자원해설은 어느 정도까지는 가르치는 기술이라고 이야기한 바 있다. 이것은 어떠한 사람은 이 분야에서 크게 성공할 수 있는 자질을 지니고 태어났음을 의미한다. 관광자원해설이 제한된 분야이고 특히 환경에 크게 영향을 미칠 수 있기 때문에 관광자원해설프로그램을 운영하는 사람은 그 일을 선택하기 전에 자신에게 그것에 적절한 개인적 특성이 있는가를 마음속으로 검토해 보아야 한다. 더욱이 이러한 자질은 배우는 사람들이 이러한 분야를 선택하려고 할 경우에는 반드시 고려해 보아야 한다.

관광자원해설사로서 성공할 수 있는 개인적 자질은 다음과 같다(Risk, 500-502).

가 열정이 있나

열정(enthusiasm)은 어려움이 있을 때 그것을 최소화시켜 줄 수 있다. 열정은 바람직한 결과를 산출하기 위한 열중과 정열을 필요조건으로 한다. 열중과 정열이 있는 사람의 눈에서는 열정을 나타내는 말 그대로의 번뜩임을 찾아낼 수 있다. 열정적인 사람은 잘 웃고 생각을 잘 가다듬으며 스스로 통제할 줄 알기 때문에 감독할 필요가 거의 없는 사람이다.

나 유머감각과 균형감각이 있나

유머감각과 균형감각은 상호협력적인 것이다. 자신에 대한 유머에 대하여 그것을 모욕하는 것으로 생각하지 않는 한, 어떤 상황에서 유머가 없는 사람이라면, 그는 치명적이다. 균형감각은 그 사람이 지나치게 심각한 것으로 보이지 않게 하는 데 도움이 된다. 유머감각과 균형감각은 모두 일이 잘 안 되어 가고 있는 것 같을 때 크게 도움이 될 수 있다.

다 명료성

명료성(anticulateness)은 관광자원해설사가 어휘를 적절하게 선택하여 조합하고 나열함으로써 분명하고 막힘없이 의사소통을 하고 표현할 수 있어야 함을 의미한다. 연습을 많이 하게 되면 이러한 능력은 커질 수 있다.

말을 조리 있게 하는 재주는 경험을 통해 연마되기 전에 어느 정도 파악될 수 있는 부분이다. 특히 이 명료성은 방문자들의 눈을 통해 관광자원해설사에 대한 신뢰성과 관리 당국에 대한 이미지에 강하게 영향을 미치는 사항이므로 잘 살펴보아야 한다.

라 자신감

자신감이 있는 사람은 그들 주변의 사람들에게도 자신감을 불어넣어 줄 수 있다. 그들은 새로움을 도전으로 생각하며, 새로운 프로젝트를 성공적으로 수행함으로써 관리당국에 없어서는 안 될 사람으로 대부분 입증된다. 자신감이 있는가를 알 수 있는 지표 가운데 한 가지는 그 사람이 다른 사람과 눈 마주침(Eye contact)을 지속할 수 있는 능력이다.

마 따뜻함

사람들은 그들을 좋아하는 사람을 좋아한다는 것을 상기해야 한다. 따뜻함이 부족하다면 그것은 사람들과 만날 때 방문자가 지각하는 이미지를 사람들과 함께하는 것을 좋아하는가 그렇지 않는가에 대하여 분명하게 알게 해준다.

바 침착성

침착성은 성숙, 신뢰, 따뜻함 등을 포함한 몇 가지 특성으로 구성된다. 침착한 사람은 상황과 자신을 잘 통제하고 있다는 느낌을 주면서 낯선 사람과 쉽사리 만난다. 침착성은 경험을 통해 그리고 나이가 들면서 키워질 수 있는 자질이다.

사 신뢰성

아마도 지각되는 신뢰성(perceived credibility)이라고 표현하는 것이 더 정확하겠다. 신뢰성이란 어떤 사람의 의사소통 형태가 믿음이 간다는 느낌을 주는 것을 가리킨다. 그야말로 생각은 하지 않고 입에 모터를 단 것 같은 사람은 신뢰성이 없다. 이러한 것은 바람직하지 않다. 자주 망설이며, 아마도 모르긴 해도 추측컨대, 또는 여러분도 아시다시피와 같은 말을 과다하게 사용하는 경우에는 신뢰성을 떨어뜨리고 망가뜨린다.

아 즐거운 표정과 태도

인상, 움직임, 의상 등 사람들이 자신의 편안한 느낌의 결정에 영향을 미치는 이러한 특성이 복합된 것이 표정과 태도이다. 어떤 사람에게는 저절로 끌리는가 하면 또 다른 사람에게는 왠지 모르게 싫어지는 것을 우리는 알고 있다. 의상, 얼굴표정, 습관, 기이한 버릇으로 분명히 그가 다른 사람에게 어떠한 영향을 주는가를 정확하게 평가할 수 있다.

5. 관광자원해설의 핵심요소

가 관여(involvement)시켜라

첫째, 첫 대면이 중요하다.

둘째, 방문자들의 지식과 관심을 이용하라.

셋째, 질문을 던져라.

넷째, 모든 감각기관을 활용하라.

다섯째, 소그룹을 형성시켜 다양하게 하라.

나 골격이 짜임새(organization) 있어야 한다

첫째, 이야깃거리(topic)를 선택한다.

둘째, 테마를 선택하고 개발한다.

셋째, 서두를 잘 꺼낸다.

넷째, 호의적인 분위기를 형성한다.

다섯째, 테마에 대한 관심을 환기시킨다.

여섯째, 마무리를 짓는다.

다 골격에 생명을 불어 넣자

첫째, 테마를 살리기 위해서 실제로 있었던 이야기를 테마와 관련시킨다.

둘째, 일화나 예를 이용한다.

셋째, 증언을 이용한다.

넷째, 비교한다.

다섯째, 시각재료를 사용한다.

라 전달(delivery)되어야 한다

첫째, 열정적이어야 한다.

둘째, 다양하게 해 보라.

셋째, 스스로 확신을 느껴야 한다.

넷째, 눈을 마주쳐라.

다섯째, 몸짓을 많이 활용하라.

여섯째, 자연스럽고 친절하며 즐거워하라.

일곱째, 상황에 맞추어서 빠르기를 조정하라.

6. 생동감 넘치게 하는 기법

어떠한 여행이나 해설이 기억에도 남고 동기도 부여하게 하는 것은 무엇일까? 해설사가 어떻게 하면 그들의 해설이 생생하고 흥미롭게 되는가? 명백하고 즐겁고 기억에 남는 해설을 해내는 데는 확고한 규칙은 없지만, 그 과정을 잘 해낼 수 있는 기법은 많이 있다. 여행자, 지역, 그리고 해설사는 각기 독특하다. 이들을 잘 조합하면, 하나의 경험과 한 가지 해설 유형을 만들 수 있다. 이를테면, 한 그룹의 사람들을 즐겁게 하는 이야기도 다른 그룹에게는 평범한 이야기가 될 수도 있다. 해설사나 안내자는 방문자의 흥미와 호기심에 적절히 반응해야 한다. 필요하다면, 즉시 코스를 바꿀 수 있도록 재빠르고 융통성이 있어야 한다.

가 장소 또는 대상에 대한 열정

어떠한 장소나 특성을 생동감 있게 하는 첫 번째 핵심적 사항은 해설사가 그 대상에 대하여 지속적으로 즐겁고 외경스런 느낌을 갖는 것이다. 열광하는 것은 금방 알아볼 수 있으며 고도로 전염성이 강하다. 열렬한 해설사를 만나면, 방문자는 그 장소를 좋아하게 되고 그곳에 관해 더 많이 알고 싶어진다. 틸든은 자신이 제시한 6가지 원칙을 하나로 요약하면 사랑이라고 한 바 있다(Tilden, 1957).

확실히 해설사가 한 장소를 생동감 있게 하기 위하여 그곳에 대한 모든 사항에 매료될 필요는 없다. 핵심은 해설사가 그곳에 관해 무엇을 사랑하는가에 있다. 그것은 자연의 모습일 수도 있고, 그 자연의 모습에 대하여 방문자들의 이해가 그 곳 방문으로 어떻게 확대되어 가는가 하는 것일 수도 있다. 동 시대나 역사적 인물에 대한 매혹일 수도 있다. 해설사의 견해로 볼 때, 그 지역을 변모시켰거나, 그 지역의 이상을 실현시킨 인물에 대한 매혹일 수도 있다. 아니면 그 장소에 대한 해설사 개인의 느낌 또는 추억일 수도 있다. 그 느낌이나 추억이 방문자와 가까운 관계 또는 즐거움 코드를 쳐줄 수만 있으면 된다.

나 사람들에 대한 열정

냉담함은 서비스 제공에 있어서 죄악의 한 가지이며, 관광객들이 결코 용서할 수 없는 것이다. 관광객들은 해설사가 그들을 좋아하는가 아닌가를 금방 느낀다. 해설사가 자신들을 좋아하지 않는다고 느끼면 관광객들도 해설사에 대하여 같은 반응을 나타낸다.

해설기술을 마스터 한다는 것은 어떤 화젯거리에 대한 자신의 지식을 사람들과 연결시키는 능력을 가지고 있음을 가리킨다. 관광객들에게 진정으로 관심을 갖는 해설사는 관광객들에 대하여 더 많이 알려고 노력할 것이다. 그래서 그들이 왜 여행을 나섰는지, 전에 어디를 여행하였는지, 그리고 그들의 흥밋거리가 무엇인지를 알아낼 것이다. 이렇게 하는 가운데 해설사는 관광객들을 그 장소에 친숙하게 할 것이고, 그들이 환영받고 있다는 느낌을 갖게 만들 수 있을 것이다. 문제가 발생하면, 이미 서로 존중하고 즐거움을 나누는 관계가 형성되어 있기에 해설사는 커다란 연민을 느끼게 될 것이다. 관광객들도 이들 해설에 대하여 기꺼이 신뢰감을 느끼게 될 것이다.

다 장소와 경험 간의 관련성 강화

한 지역에 대한 종합적인 역사도 관광객이 그 역사에 아무런 관련성을 느끼지 못할 때는 의미가 없다. 박물관을 찾는 사람이 박물관에서 자신의 일부를 인식할 때, 비로소 자신을 발견한다는 것이다. 그림 속에 자신이 있고 전쟁터 속에 자신이 있다. 농기구 속에 선조의 모습이 떠오르고 초가지붕 속에 할머니의 이야기가 도란거리고 있음에서 자신의 뿌리를 유추할 수 있게 된다.

우리들 자신의 옛 발자취를 더듬어 올라가다 다시 생각하면 우리가 어떻게 살아야 할 것인가가 전개된다. 그때 해설사가 전문가들이 밝혀둔 이야기를 들려주게 되면, 우리들은 보고 있던 역사의 편린들이 또렷한 의미를 지닌 채 다가옴을 느낄 수 있다.

라 정보 이상의 해설 강조

많은 안내자나 해설사들은 해설을 정보를 제공하는 것으로 잘못 알고 있다. 걸어다니는 백과사전(Walking encyclopedia)이라 불리는 것이 그들에 대한 최상의 찬사라고 믿는다. 그러나 사실 정보는 해설의 한 가지 성분에 지나지 않는다. 틸든의 세 번째 해설의 원칙은 "정보는 해설이 아니다. 해설은 정보에 근거하여 밝히는 것이다. 정보와 해설은 전적으로 별개의 것이다. 그러나 모든 해설은 정보를 포함한다"는 것이다.

효과적인 해설은 정보를 섞고 추출해내는 일이다. 건물이나 동상의 크기나 주춧돌에 새겨진 날짜는 재미있는 이야기로 연결되지 않는 한 아무런 의미가 없는 사소한 것에 불과하다. 그러나 날짜와 같은 세부적인 것이 이야기의 양념이 되거나 강조 사항이 될 수 있다. 해설사는 그들 자신에게 물어보는 것이 도움이 될 것이다. 왜 그들은 이것을 돌보아야 했던가? 이것이 그들의 삶에 어떤 의미를 지니고 있는가? 또는 이곳(이 사람, 이 시대)이 나를 매료시키는 것은 무엇인가?

관광객은 해설사 자신의 견해를 알고 싶어 한다. 좋든 싫든 해설사가 관광객이 그 지역에서 알게 된 유일한 개인 중 한 사람이며, 해설사의 개인적 느낌과 견해가 그 여행에서 가장 의미 있는 부분이 된다.

은퇴한 FBI 요원인 맥카프리라는 사람도 시간제 해설사였는데, 그는 이렇게 이야기하고 있다. "놀라운 일이다. 그러나 진정코 사실이다. 해설하는 과정에서 좀 더 인간적일수록 관광객들은 더 좋아한다. 그들이 정말로 알고 싶어 하는 것은 내가 여기서 일하면서 좋아하는 것이 무엇인가, 그리고 조지 위싱턴 대통령에 관해서 내가 어떻게 생각하는가 하는 것이다."

그러나 해설사는 인간적인 면과 필요에 따라 적절히 거리를 유지하는 것 간의 균형을 유지하는 방법을 배우는 것이 중요하다. 해설사가 지나치게 인간적이고 친하게 되는 것은 프로 정신의 부족으로 종종 인식되기 때문이다.

마 이야기를 지어내고 해줄 수 있는 능력

이야기가 장소와 사람들을 살아 있게 한다. 유명한 이야기꾼인 심스(Laura Simms)는 이야기한다. "당신은 어떤 곳에 몇 번이나 가더라도 그대로 외부자(外部者)로 남게 된다. 그러나 그곳의 이야기를 알게 되면, 당신은 이제 더 이상 방문자가 아니다. 당신은 참여자가 된다. 내가 이야기를 알게 되자 뉴질랜드는 과일처럼 싱싱하게 다가왔다. 이제 나는 그 속의 역사를 만들기 시작한다."

확실히 해설사에게 있어서 진실성과 정확성은 아주 중요한 덕목이다. 고의적으로 잘못된 정보를 주거나 선동하는 것은 슬픈 일이다. 해설사는 모든 예술가들과 마찬가지로 관광객이 자신의 이야기 속으로 들어오도록 수식하고 강화할 수 있는 권한을 타고난다. 너무나도 자주 해설사는 전설이 강력한 의미를 지니고 있을 때는 진짜라고 하면서 얼굴 붉어지고 부끄러운 일화나 전설을 길게 늘어놓는다.

사실 삶 그 자체가 방대한 이야기의 모음이라고 볼 수도 있다. 그래비와 와이드머(John Gravey and Mary Law Widmer)는 그들의 저서 『아름다운 크리센트: 뉴올리언스의 역사』에서 이렇게 이야기하고 있다. "역사는 하나의 이야기이다. 하나의 이야기로서 이야기꾼에 따라 달라진다. 이야기하는 사람의 관점에 따라 본래의 역사가 관련지어진다. 이 때문에 잇따르는 연대기는 하나의 역사이지 본래의 그 역사는 아니다. 정해진 역사는 없다. 오로지 기록보다 많거나 적게 이야기되는 이야깃거리가 있을 따름이다."

때때로 알려진 사실은 따로 있지만 해설사는 그것을 옮겨 쓸 자유를 가지고 있다. 역사가이며 작가이고 그리고 필라델피아 해설사인 마리온(John Francis Marion)씨는 이렇게 이야기하였다. "나는 역사 속에서 공상하는 사람이다. 내가 역사를 읽을 때 나는 나 자신을 역사 속의 인물 사이에 투영하는데 그것이 이야기가 된다. 사실을 쭉 펼쳐놓고 내가 하고 싶은 대로 한다."

해설사는 진실을 전할 의무를 무시할 수 없기 때문에 사실과 허구를 구분해야 한다. 입증되지 않거나 의문시되는 전설을 시작하면서 서두에 "전하는 바에 의하면……" 또는 "이야기는 이렇습니다……" 등으로 시작하는 것도 한 가지 방법이다.

바 자극적 질문 능력

질문을 하는 능력도 아주 값진 해설기술이다. 관광객을 참여시킴으로써 해설사는 그들을 관여시킨다. 자극적인 질문을 하는 것은 보기보다 복잡하다. 질문만 한다고 되는 것이 아니다. 많은 해설사들은 방문자들을 몰입시키기 위해 질문을 한다. 질문은 당신의 레퍼토리를 첨가하는 데 있어 고도로 유용한 기술이다.

질문은 여러 가지 목적을 달성한다(Regnier et al.,: 31).

- 흥미를 자극한다.
- 프로그램을 짜임새 있게 한다.
- 창조적인 생각을 고무한다.

- 중요한 점을 강조한다.
- 방문객들이 생각과 느낌을 공유할 수 있도록 기회를 제공한다.

사 질문 시 알아둘 점

- 한 사람에게 묻지 말고 전체 청중에게 물어라. 이렇게 해야 모두가 생각하게 된다.
- 한 번에 한 가지만 물어라.
- 대답할 시간을 주어라. 이것을 기다리는 시간(wait-time)이라고 한다. 연구 결과 질문자가 더 많은 시간을 줄수록 더 나은 대답이 나왔다. 자신이 스스로 대답하지 마라. 만약 아무도 대답을 하지 않으면 그대로 내버려두어라. 아니면 말을 바꾸어서 물어보자.
- "누가 알까" 또는 "누가 이야기할 수 있을까"와 같이 시작하며 묻지 마라. 그러한 말투는 그 질문에 답이 있는지를 의심하게 만든다.
- 청중의 능력에 맞추어서 질문하라.
- 질문에 대한 응답은 비록 그 답이 틀렸을지라도 품위 있게 받아들여라. 프로그램에 참여하는 사람들이 바보가 된 듯이 느끼게 하지 마라.
- 끝으로, 예 또는 아니오 식의 단순한 질문은 하지 마라.

질문은 보통 질문 내용만큼 자극적이다. 질문을 만들면서 해설사는 다양한 수준의 질문을 이용해야 하며, 반응할 시간도 적절하게 주어야 한다. 그리고 응답에 대하여 놀려서는 결코 안 된다. 해설과정에서 질문하는 것이 항상 가장 좋은 방법은 아니다. 어린이들에게는 질문하면 아주 성공적일 수 있으나 젊은이나 어른들에게는 별로이다. 그들은 사람들 앞에서 말한다는 것이 어색하다고 느낀다.

아 부분을 전체에 관련시키는 능력

자연주의자인 해설사는 사과꽃에 앉아 있는 한 마리의 벌을 가지고 자연에서 공생관계를 설명할 수 있다. 한 마리의 벌은 꽃에서 꿀을 빨아올려 먹고 배 속에 넣었다가 꿀통에다 꿀을 채운다. 이 꿀은 또 사람이 먹고 약을 만드는 데도 사용된다. 물론 꿀벌이 꿀을 빨아올리기 위하여 몸을 이리저리 돌리고 하는 과정에서 꽃가루가 암술머리에 붙음으로써 수정이 이루어지고 그 세포가 분열하여 커지면서 사과 씨앗이 형성된다. 이 씨앗을 보호하기 위하여 과육이 형성되는데 이것이 우리가 즐겨먹는 사과이다.

벌과 나비가 없으면 이러한 수정이 이루어질 수 없고, 꽃이 없으면 벌·나비가 먹을 것이 없게 된다. 이와 같이 꿀벌 한 마리인 부분을 가지고 자연 속에서 거미줄같이 얽혀 더불어 살아가고 있는 모습을 알려줄 수 있다. 즉 전체에 관련시켜 해설을 할 수 있는 능력이 있어야 한다.

사찰 마당에 서 있는 석탑 하나는 무심코 지나칠 수도 있으나 그 탑의 모양을 가지고 불교문화의 변천과정, 석공에 기술의 변천사를 설명하게 되면, 역시 부분이 곧 전체가 될 수 있음을 보여줄 수 있다. 이러한 부분을 전체에 관련시키는 능력은 해설사에게 특히 요구되는 사항이다. 그것은 관광객이 해설사를 통하여 그 자원이 지니고 있는 의미를 알게 되기 때문이다.

자 유머를 활용하는 능력

현명하게 사용하면 유머는 가장 효과적이고 널리 호소하는 의사소통수단 가운데 하나이다. 반면에 유머는 극단적으로 어설퍼지고 방해가 될 수도 있다. 많은 해설사들은 재미있게 해줄수록 관광객에게 더 인기가 있다고 잘못 생각하고 있다. 사람들이 웃기를 좋아한다고 항상 웃기려고 애를 쓰면 역효과가 날 수도 있다.

해설사는 유머의 미묘함을 인식하는 것이 중요하다. 어떤 해설사는 재치와 유머를 농담과 같은 것으로 생각하는데, 사실은 진실에 근거한 뒤틀린 접근이 종종 보다 더 유머감각이 있다. 그룹원을 끊임없이 웃기려고 시도하는 해설사는 관광객을 괴롭히는 것이 될 수 있다. 어떤 경우에는 손님들이 해설사에 대하여 불평을 할 수도 있다. “그는 코미디언이 되려다 실패한 사람과 같다. 온종일 진실을 들어보았는지 모르겠다.”라고.

해설사가 유머의 공격적이고 격리시키는 힘에 대하여 이해하는 것도 중요하다. 유머에 대한 취향은 다르다. 따라서 다양한 문화적 배경을 가진 사람들에게 지나친 유머는 피해야 한다. 유머를 활용할 때 필요한 지침은 다음과 같다.

- 자신에 맞게 한다. 농담을 하는 것이 편안하지 않으면 하지 마라. 웃기려 해도 웃지 않는 것만큼 애처로운 것은 없다.
- 민족에 관련된 농담이나 타 지방, 타 언어, 다른 풍습, 다른 신념을 가벼이 다루지 마라.
- 해설사가 얼마나 유머감각이 있느냐를 가지고 해설사의 자질을 평가하는 사람은 거의 없음을 기억하라.
- 장시간 해설을 하는 경우에는 손님 중에서 이야기할 사람을 찾아 함께하는 것도 유쾌함과 유머거리가 될 수 있다.

차 분명하고 다채로운 언어 사용

말은 대단한 의사전달 도구이다. 해설사는 말을 통하여 그림을 그리게도 하고 관광객을 현실세계에서 상상의 세계로 옮겨놓을 수도 있다. 해설사들은 자신들의 언어를 대충사용하는 경우가 대부분이거나, 풍부한 어휘구사가 대단히 학자다운 것으로 생각한다. 사실은 간단한 언어, 어린애들도 이해할 수 있는 언어를 구사하는 것이 가장 좋다.

카 침묵할 때를 알기

종종 가장 적절하고 힘 있는 해설은 침묵이다. 침묵하게 되면 존경 또는 반성하는 기분을 갖게 하거나 관광객에게 그들 스스로 그곳에 빠져들고 평가할 시간과 공간을 주게 된다. 그리고 침묵은 관광객이 정신적으로 휴식할 수 있게 해준다. 해설사의 해설 없이 관광객을 내버려두면 관광객들 스스로가 무엇을 발견하게 된다. 침묵은 해설이 없는 게 아니라, 사실은 해설에서 아주 중요한 한 부분이다.

묘지나 사찰, 성당과 같은 성스러운 곳은 사려 깊게 다루어야 한다. 해설사는 그러한 성스럽고 엄숙한 분위기를 존중할 의무가 있다. 야단스럽게 해설을 하게 되면, 다른 사람들에게 방해가 될 수 있다. 필요하다면 어떻게 하라는 적절한 행동만 알려주는 것으로 충분하다. 극히 아름다운 경관이나 전쟁의 참상이 빚어졌던 곳 같은 경우에도 마찬가지로 침묵 속에서 관광객들 스스로 전쟁의 참혹함을 떠올려보거나 경관의 아름다움에 취할 수 있도록 해주는 게 낫다.

그리고 시간이 없거나 계획을 잘못 짜서 들리지 못할 곳에 대해서도 침묵하는 것이 좋다. 그렇지 않으면 들리지 못하거나 참여하지 못하는 이벤트에 대하여 호기심을 갖게 되고, 지금하고 있는 여행이 알맹이가 빠진 것이 아닌가 하는 생각을 갖게 할 수 있기 때문이다.

타 멈출 때를 알기

틸든은 분명히 "부족한 것이 낫다(Less is more)"고 설명하고 있다. 많은 해설사들은 그들이 알고 있는 모든 사실을 관광객에게 전하려는 잘못을 범하고 있다. 그렇게 하게 되면, 관광객들은 정보 과부하(誇負荷)에 처하게 된다. 훌륭한 해설사라면, 언제 그만두는 것이 좋은가를 알아야 한다.

연예 산업에서는 아쉬움을 남기고 떠나는 것이 황금 규칙이다. 가장 적절한 그만두는 시점은 절정기이다. 공연하는 사람의 마지막 한 가지 숨겨둔 재주까지 다 보여주고 난 다음이 아니다. 다음에 와서 또 보고 듣고 즐겨야겠다는 마음을 가지고 떠나게 해야 한다.

파 새로운 것 학습과 프로그램 개발

해설사가 관광객에게 진부하게 보이지 않고 영감을 불어넣어 주는 확실한 방법은 그들이 택한 테마에 대하여 경이로움과 외경감(畏敬感)을 유지하는 것이다. 영리하고 활기찬 해설사는 실제로 모든 종류의 지식, 물질, 예술 형태를 자신들의 해설프로그램 속에 짜넣어야 한다.

어떤 장소에서 정말로 감동을 받는 사람은 흥미롭고 관련되는 정보를 얻으려고 서두르지 않는다. 해설사 스스로가 먼저 감동을 받아야 남에게 진한 감동을 받게 해줄 수 있다.

7. 탐방로 해설기술

탐방로 해설에 적용될 수 있는 몇 가지 기술을 살펴보자.

가 가능한 그곳의 모든 것을 알고 있어야

모든 탐방로 해설은 부지에 관한 이야기를 해야 한다. 경관의 특이함은 무엇인가? 철저히 부지의 특징적 모습들과 친숙해져야 한다. 거기에 서식하고 있는 식물과 동물에 대해서도 알아야 한다. 다양한 종들의 계절적 순환에 대해서도 알아야 한다. 문화와 역사도 물론 알고 있어야 한다.

나 방문자를 관여시켜야

방문자의 관여 정도가 증가될수록 그 경험은 잊을 수 없는 것이 된다. 시연과 시각적인 도움을 통하여 개념을 구체화시키고자 확고한 표현을 제시할 수 있다. 해설사는 질문도 한다. 기둥을 만져보도록 요구함으로써 방문자들을 신체적으로 관여시킬 수 있다. 유머스럽게 그리고 미리 준비한 그림이나 사진 또는 표를 꺼내어 보여주며 설명할 수도 있다. 그리고 다양한 비유를 통하여 펼쳐지는 전경을 만지듯이 만들 수 있다.

다 주인 되기

당신의 주인 역할을 기억하라. 최소한 15분 먼저 도착하라. 프로그램을 시작하기 전에 사람을 만나면 그들의 관심과 배경을 알 수 있다. 당신의 청중을 따뜻하게 맞이하라. 당신 자신에 대해 소개하고, 그리고 테마, 거리와 걸리는 시간 등을 알려주어라. 기대감은 즉시 형성되어야 한다.

늦은 사람들을 위해서 출발점에서 보이는 곳에서 첫 번째 멈춤을 계획하라. 그렇게 함으로써 모든 사람들이 경험을 공유하게 할 수 있다. 그리고 최초의 출발점에서 프로그램을 종결지어라. 만약 당신이 탐방로 코스를 완결할 수 없거나, 당신이 탐방로 도중에 종결지어야 한다면, 최소한 방문자를 출발점으로 되돌아가게 해주어야 한다.

걸음 속도 또한 고려 사항이다. 그룹원 전체가 같은 걸음속도가 되게 하라. 방문자의 신체적 능력을 평가하여 가장 천천히 걷는 사람 정도로 움직여야 한다. 방문자의 불편을 알아라. 당신의 얼굴에는 따뜻한 태양이 비치고 바람이 스쳐 지나가지만 방문자에게는 그렇지 않을 수도 있다.

라 열광적인 멈춤 계획

해설지점에서 해설사 혹은 해설 대상 물체는 중앙에 있어야 한다. 멈춤은 항상 명확한 목적을 가져야 한다. 탐방로 해설은 한 줄의 진주목걸이에 비유되어 왔다. 각각의 진주는 통찰이라는 보석이다. 큰 줄은 함께 묶는 하나의 통일된 실이다. 즉, 모든 진주알이 하나의 테마로 묶인다. 당신은 주의 깊게 각각의 진주와 줄에 있어서의 진주의 위치를 조절해야 한다. 물론 방문자가 전체 진주목걸이를 인지할 수 있어야 한다.

대부분의 멈춤은 간단해야 한다. 전형적인 도보해설은 약 한 시간 정도 지속되기 때문에 걷는 도중에 약 5번 정도의 멈춤을 계획해라. 경관 또는 야생동물의 관찰은 좀 더 오래 멈출 수 있다. 활동과 흥미가 시간을 조절할 것이다.

단체의 흥미에 민감해져라. 단체에서 열성적인 사람들과 지루해 하는 사람들에 대해 알아야 한다. 관심이 시들해지기 전에 움직여라. 그들이 좀 더 원할 때 미련을 남기고 떠나라.

마 유연성을 가져야

걷는 것은 뜻밖의 일이 생기면 변화된다. 당신이 어떤 지점에서 멈추는 것을 계획했더라도, 만약 족제비가 갑자기 나타나면, 족제비프로그램으로 돌려라. 당신 프로그램의 테마 속으로 놀라움을 짜넣어서 알려줄 수 있는 순간을 활용해라.

뜻밖의 자연적 사건들은 항상 환영할 만한 것은 아니다. 악천후가 발생할 수 있다. 악천후의 경우에 대비한 프로그램을 준비하라. 프로그램이 날씨에 의존하는 것처럼 보이지 않도록 주의해야 한다. 좋은 날씨는 방문자의 해설에 있어서 관건이 된다.

바 큰 집단 통제

어떤 프로그램들은 특히 대규모 단체, 아마도 30명 혹은 그 이상을 유인한다. 대규모 단체의 관심을 유지한다는 것은 연습을 통해 얻을 수 있는 기술이다.

당신은 분명한 지도자가 되어야 한다. 당신의 단체는 도시공원에 있는 한 무리의 비둘기가 아니라, 기러기의 정돈된 비행 형태를 닮아야 한다. 대규모 단체는 때로는 해설사의 독단적인 리더십을 필요로 한다.

해설하기 전에 모든 사람이 설명지점에 도착하기를 기다려라. 당신이 해설할 때 들리도록 말해라. 모든 사람이 당신과 주의를 기울이는 사물을 볼 수 있도록 해라. 때로는 단상에서 이야기해야 이것이 가능할 것이다.

한 자연주의자는 샛강을 따라 한 마리의 비버 구경팀을 이끌고 있었다. 제방은 협소했고 멈춤 장소 주위에 단체가 서 있을 공간은 거의 없었다. 그 자연주의자는 모든 사람들이 명백히 볼 수 있고, 들을 수 있도록 냇물로 걸어 들어갔다. 단체에게 말하는 동안 탐방로를 벗어나는 것은 선명도를 역시 증가시킨다. 바위 위에 혹은 경사면에 서 있는 것도 똑같은 효과를 가질 수 있다. 부지에서 사용할 '자연스런 무대'를 찾아 둘 수도 있다.

대규모 집단을 이끄는 또 다른 기술은 해설할 대상물을 지나가면서 단체를 인솔하는 것이다. 당신이 대상물을 지나가다가 다시 돌아올 때 관찰자들은 그 대상물의 주위에 자연스럽게 원을 그리게 된다. 동행 시의 행동 하나하나는 대개 계획되고, 때로는 우연한 해설을 결합하기도 한다. 열정을 쏟으며 부지에 대하여 확고하게 이해시킨다면 즐거운 프로그램 창출에 도움이 될 것이다.

사 완전한 순환

탐방로 해설은 테마적으로 그리고 물리적으로 순환적이어야 한다. 각각의 해설동행은 같은 지점에서 시작되고 끝나야 한다. 담화와 같이 동행은 시작, 중간, 끝이 있다. 시작과 끝은 관련되어야 한다. 그래야 청중들은 완전하다는 느낌을 갖게 된다. 중간중간의 멈춤은 시작단계에서 설정된 테마를 발전시키는 역할을 한다.

8. 마무리

왔던 손님 또 오게, 그리고 다른 사람까지 데리고 오게 하는 힘은 관광객의 심리를 파악하여 그들의 요구를 적절하게 충족시켜 주는 데 있다.

관광객의 표정을 살펴보면 그들이 재미있어 하는지 즐거워하는지를 알 수 있다. 해설사가 선생님의 기능을 수행하지만, 관광지에서 해설사가 관광객을 훈육하려고 해서는 절대 안 된다.

- 최소한 아는 것의 80%라도 전달할 수 있는 해설기술을 연마하자.
- 관광자원해설사야말로 관광자원에 생명을 불어넣는 마술사이다.
- 관광자원해설사 자신이 바로 관광자원이다.
- 자신의 팬을 만들자.

참고문헌 ••••••

박석희(1999). 『나도 관광자원 해설가가 될 수 있다』. 백산출판사.

유홍준(1993). 『나의 문화유산답사기』. 창작과비평사.

전고필(2000). 『무등산의 누정과 원림을 찾아서』. 샘물.

* 이 장의 출처 : 박석희(1999). 『나도 관광자원 해설가가 될 수 있다』. 백산출판사.

제12장 관광자원해설의 교육효과: 종묘 방문자를 대상으로

* 관광자원해설이 효과가 있을까?
* 효과가 있다면 그 효과는 어떤 것일까?
* 그 효과를 확인할 수 있을까?

1. 머리말

관광의 환경이 변화하고 있다. 최근의 관광객은 관광지를 대상으로 단순한 구경뿐만 아니라, 방문지의 자원에 대한 정보를 정확히 보다 풍부하게 획득하고자 하는 학습욕구를 갖고 있다. 또한 관광객 스스로 자원의 보전에 대한 필요성을 인식하고 있다. 그러나 관광객이 관광의 자유로움을 스스로 통제하기란 어려운 일이다. 이러한 이유로 현장에서 활동하고 있는 자원해설사의 필요성이 대두되고 있다. 자원해설사에 의한 자원해설서비스의 제공은 관광지를 찾은 관광객에게 자원에 대한 정보를 제공하여 자원에 대한 지식을 증진시키며, 교육성 지각수준에 긍정적인 영향을 미쳐 정보의 전달과 동시에 관광지 관리의 필요성, 관광지 관리프로그램의 홍보가 이루어지게 한다. 이를 통하여 관광지의 관리를 용이하게 할 수 있다.

최근 국내에서는 자원해설에 대한 관심이 높아져 많은 연구자들이 자원해설사에 의한 해설효과, 효과검정, 척도마련 등에 대하여 연구를 하고 있다. 이러한 연구의 경향은 자원해설의 중요성을 인식하게 된 것이라 하겠다.

관광자원 해설은 관광지에서 이문화(異文化)를 쉽고 친근하게 받아들여 인식의 전환을 유도할 수 있다(Sharpe, 1976). 이는 문화와 역사자원에 대한 친밀한 감성 및 가치관을 갖게 하여 궁극적으로 문화와 역사에 대한 이해, 보호 및 관리의식을 증대시킬 수 있다(박석희, 1997). 또한 관람객의 자원훼손행위를 최소화하여 지속가능한 관광지 관리에 기여하게 된다(엄서호, 1999). 이러한 의미에서 '종묘'에서의 자원해설을 통한 자원의 가치와 자원에 대한 정보제공, 자원관리에 미치는 효과에 관하여 주목해 볼 필요가 있다.

따라서 본 연구는 자원해설사에 의한 관광지에서의 학습증진효과와 이에 따른 관리의식의 증진 정도, 교육성 지각수준 정도를 검정해 봄으로써 자원해설사에 의한 관광자원해설의 효과와 관련한 기초자료를 제공하고자 한다. 구체적 목적으로는 방문한 관광지에서 자원해설사에 의한 해설이 제공되는 경우에 첫째, 해설을 전·후하여 방문객들의 학습효과에 차이가 있는가를 밝힌다. 둘째, 해설 전·후의 학습효과와 관리에 대한 의식·교육성 지각 간의 상관관계를 밝힌다.

아울러 본 연구는 관광지에서의 자원해설사의 중요성을 검정하여 여러 지방자치단체와 민간단체에서 추진 또는 계획 중인 관광자원해설사의 교육과 인증제를 통한 운영에 근거를 마련할 수 있다. 관광자원해설사를 적극적으로 활용케 함으로써 자원의 적절한 관리, 운영을 유도하며 관람객에게는 보다 풍요롭고 즐거운 경험을 제공하는 데 기여하게 될 것이다.

2. 이론 고찰

가 자원해설과 자원해설사

해설(Interpretation)의 사전적 의미를 살펴보면 '의미를 설명한다'는 것으로 단순한 설명이 아닌 자원이 지니고 있는 의미를 연구하여 이를 쉽게 풀어 밝힌다는 의미가 강하다. 이러한 의미에서 관광자원에 대한 해설을 '자원해설'이라 칭함으로써 '자원의 의미를 해석하여 알 수 있도록 풀어서 밝힌다'는 뜻을 갖고 있다(박석희, 1999). Sharpe(1997)는 관광자원해설은 관광객이 방문하는 장소에 대해 인식, 감상, 지식습득, 이해 능력을 증대하도록 도와주고 전통문화의 선전 및 외화획득에 기여할 수 있으며 자원의 소중함을 느끼고 긍지를 가지게 하는 교육적 효과를 기대할 수 있는 관광자원보전에 대한 필요성을 일깨우는 기술인 동시에 정보전달과정(Communication Process)이라고 하였다. 이상의 정의들이 언급하였듯이 자원해설이란 방문자에 대한 교육적 활동이며 지각발달 도모 활동이고 새로운 이해·통찰력·열광·흥미를 불러일으키는 활동일 뿐만 아니라 자원보전에 기여할 수 있는 설명기술이라고 할 수 있다.

이러한 자원해설에 관한 연구는 해설이 방문지역에 대한 학습을 통한 경험축적을 갖게 하는 교육적 활동이라고 보는 Tilden(1967) 등의 연구로 시작하여 최근까지 크게 자원해설사의 중요성(박석희와 허정, 1993), 자원해설의 평가기준(Suchman, 1967; 이명진, 2000), 차별화된 해설방법의 필요성(박석희, 1994·1995)에 관한 분야를 중심으로 연구가 이루어지고 있다.

자원해설사란 관광대상의 특징과 상호관련성을 묘사하거나 설명함으로써 관광지에 대한 방문자의 관심과 즐거움 및 이해를 증진시키는 행위자를 말한다(문화관광부, 2001). 복합적인 욕구를 지닌 관광객에 대하여 관광자원해설사는 관광지에서 교육자와 관리자의 역할을 동시에 수행하면서, 자원과 인간을 연결시켜주는 매개체의 역할을 한다.

자원해설사의 활동은 문화재, 관광자원, 지역문화자원 등을 국내외 관광객을 대상으로 정확히 설명·이해시킴으로써 관광객의 문화체험 및 문화에 대한 이해를 도와주는 활동(문화관광부, 2001)으로 또한 관광자의 지적 욕구를 충족시켜주고, 관광지의 자연과 문화자원에 관한 풍부한 지식을 전달하며, 과거의 문화에 의미를 부여하여 현재와의 교류를 가능하게 하는 교육적 활동이라고 할 수 있다(Juvenville, 1987; Nuryanti, 1966; 박석희, 1998).

나 자원해설의 효과

첫째, 학습효과를 들 수 있다. 관광지에서의 교육효과는 자원해설사에 의한 효과적인 지식과 정보의 전달에서 비롯된다. 관광객은 관광활동을 통해 자아실현이라는 내면적 가치를 추구하고, 문화를 체험하고, 관광자원에 관한 새로운 지식을 습득하고자 한다.

자원해설의 학습방법은 기본적으로 방문지역에 대한 이해수준과 관광자의 욕구수준을 결합하는 형태로 해설의 내용은 참여계층의 학습수준에 따른 세분화와 차별화가 이루어져 제공될 수 있다. 해설프로그램은 관광자의 이해수준을 제고하기 위한 여러 가지 학습방법을 동원하게 된다. 학습자의 반응을 받아들여 정확한 피드백을 제공해 줄 수 있는 자원해설사는 가장 좋은 매체인 것이다(전성연·김수동, 1998). 종묘에서 사용되는 교육매체로는 안내해설판, 리플릿 그리고 자원해설사가 있으며 그들의 교육매체로서의 성격은 〈표 1〉과 같다.

〈표 1〉 종묘에서 사용되는 교육매체의 비교

종류/매체	자원해설자	리플릿	안내해설판
형 식	교수자의 음성 + 해설판	인쇄된 교재	인쇄된 교재
감 각	시각 + 청각	시 각	시 각
피드백	가 능	불가능	불가능
이동성	가 능	가 능	불가능

둘째, 자원훼손행위에 대한 관리효과이다. 자원훼손행위란 이용자에 의해 고의로 행해지는 물리적인 파괴행위를 일컫는 반달리즘(vandalism)과 여가공간에서 일어나는 물리적, 사회·심리적으로 손해를 일으키는 행위를 총체적으로 가리키는 용어(Heywood, Mullins and Blower, 1984)이다.

자원을 보호하기 위한 관리정책은 지속적으로 개발되어 왔으며 〈표 2〉와 같이 관리정책은 직접적인 방법과 간접적인 방법으로 구분된다(Manning, 1986).

〈표 2〉 **관광지에서 자원훼손행위의 관리기법**

자원훼손 행위규제	직접적 관리기법	제도적 기법: 정원제, 예약제, 통행금지구역 설정
		운영적 기법: 자원훼손행위에 대한 감시와 제재
	간접적 관리기법	교육적 기법: 자원훼손행위의 심각성에 대한 인식 유도, 이용규칙에 대한 정보의 제공

본 연구에서는 자원해설사에 의한 관리기법의 효과를 평가하려 하므로 직접적인 관리기법에서 운영적 기법과 간접적 관리기법인 교육적 기법이 이에 해당된다. 이러한 기법상의 특성으로 인하여 직접적인 관리기법은 간접적인 관리기법에 비해 보다 확실하고 즉각적인 효과가 나타난다. Dawes 등(1977)은 관광지의 관리에 있어서 직접 대면방법은 관리인과 이용객이 서로 얼굴을 맞대고 대화를 가능케 해 관람객들이 관광지 내에서 바람직한 행위와 그렇지 않은 행위에 대해 보다 정확히 이해할 수 있다고 한다. 그러나 Emmons(1997)는 직접적인 관리로 인해 보여지는 행동은 개인의 지식과 태도의 변화에서 나타나는 것이 아닌 단지 자원해설사의 제재와 질책을 피하기 위한 행동일 수 있어 일회적인 행동에 그칠 가능성이 높다고 주장하였다. Lucas(1982)는 직접적인 관리는 관람객들의 경험에 대한 변화를 가져올 수 있으며 자율적인 선택에 대한 제한을 가져올 수 있다고 단점을 지적한 바 있다.

자원해설을 통해 유익한 정보를 제공해 줌으로써 자원의 관리와 관련된 의사결정을 현명하게 할 수 있게 하며 관광지의 불필요한 훼손, 손상을 감소시켜 관리 또는 대체 비용을 절감할 수 있다(박명희, 1999). Ross와 Moeller(1974), Fazio(1979), Godin과 Leonard(1979), Lucas(1982) 등은 관람객들에게 공원이용규칙과 적절한 이용방법을 교육하는 것은 훼손행위를 줄일 수 있는 효과적인 방법임을 지적하였다. 관리도구로서 교육의 중요성(Womble et al., 1950)과 관람객의 행위를 변화시킬 수 있는 다양한 정보와 교육방법에 대한 연구(Fazio, 1979; Roggenbuck and Berrier, 1982) 등의 다양한 연구가 수행되었다. 연구의 결과는 대부분 관리자들의 중요한 역할은 규칙에 대한 정보의 제공이라고 밝히고 있다.

셋째, 자원해설에 의한 교육성 지각 효과이다. 관광객 만족은 관광지 매력의 지각 수준에 따라 달라질 수 있으며 관광객이 관광지 매력에 대한 교육성을 지각하게 된다면 관광객 만족은 높아질 수 있을 것이다. 관광지 교육성을 높이기 위해서는 관광객들이 매력을 지각하는 수준을 높여야 하는데, 관광객의 지각수준을 높일 수 있는 방법은 자원해설사를 통해서 가능하다(Cohen, 1985; 박석희, 1995). 자원해설이 관광객의 학습욕구를 충족시키고 관광지 교육성을 높이기 위해서는 관여, 짜임새, 생명 불어넣기, 전달이라는 핵심요소를 갖추고 있어야 하며(Lewis, 1991; 박석희, 1999), 관광지 교육성은 관광자원이 가지고 있는 교육적 가치를 관광객에게 전달하여 관광자의 학습욕구를 충족시켜주고, 교육적인프로그램을 개발하여 관광객이 관광매력을 지각하는 수준을 강화시킬 수 있어야만 높아질 수 있다(Moscardo, 1996: 378). 그리고 대상활동, 대상지역, 대상집단에 따라서 해설내용을 세분화하고 차별화하는 다양한 자원해설 프로그램을 계획하여야 할 것이다(Jubenville, 1987: 198).

다 연구가설 설정

연구가설 1: 자원해설 전후에 자원에 대한 지식 정도에 차이가 있다.

관광객은 관광행위를 통하여 새로운 것을 알고 이해하려는 학습욕구를 갖고 있다. 교육매체로서의 자원해설사에 의한 학습은 일반적인 학습과는 달리 관광현장에서 이루어지는 직접체험에 의한 지식의 축적을 가능하게 한다(김태영, 1996). 또한 후일의 학습에 긍정적인 영향을 미치게 된다(한국청소년연구원, 1996). 이번 연구에서는 자원해설사의 주된 역할이라 할 수 있는 자원해설의 학습증진효과를 검정해 보고자 한다.

연구가설 2: 자원해설 전후에 자원에 대한 보호관리의식에 차이가 있다.

자원해설사에 의한 해설청취 후에는 해설청취 전과 비교하여 해당 관광자원에 대한 관심이 높아지므로 자원에 대한 태도가 긍정적으로 변화되고, 자원을 보호하고자 하는 보호의식의 제고로 이어지며, 이는 관리의식의 강화를 가져오게 된다. 이는 자원해설사의 존재가 관광객뿐만 아니라 관광지에도 긍정적인 영향력을 미친다는 것을 의미한다.

연구가설 3: 자원해설에 의한 학습효과와 자원보호의식 간에 양(+)의 상관관계가 있다.
연구가설 4: 자원해설에 의한 학습효과와 교육성 지각수준 간에 양(+)의 상관관계가 있다.

3. 결과의 분석 및 해석

가 조사대상의 특성

본 연구에서는 분석의 모집단을 관광지를 방문하여 해설을 청취한 방문자로 한다. 본 조사표본의 인구통계적 특성을 살펴보면 성별에서 남자 196명(48.4%), 여자 209명(51.6%)으로 나타나 남녀의 비율은 비슷했다. 연령별 분포로는 10대가 309명(76.3%), 20대 이상이 96명(23.7%)으로 10대의 표본이 압도적으로 많게 나타났으며 학력별로는 전체 응답자 중 284명(70.1%)이 중학교 재학생임을 알 수 있다. 이러한 분포의 원인으로는 종묘를 방문하여 자원해설을 희망하는 대상자들이 대부분 인솔교사를 동반하거나, 또는 학습과제를 갖고 방문한 학생들이기 때문으로 판단되며 성인의 경우 종묘가 도심에 위치한 관광지로서 대부분 조용한 휴식을 위한 방문으로 해설을 원하지 않는 데 기인하는 것으로 보여진다.

종묘를 방문하는 관광객의 관광과 자원해설서비스에 대한 경험을 살펴보면 종묘를 방문한 경험은 최초방문인 경우가 조사대상자의 70.4%(274명)로 가장 많았으며 두 번째 방문이 24.7%(96명)로 나타나 대부분이 종묘를 낯설게 느낄 수 있음을 보여주고 있다. 그러나 다른 고궁에 대한 방문경험을 묻는 질문에 대해서는 84.1%(327명)가 다른 고궁에 대한 방문경험을 갖고 있는 것으로 조사되었다. 자원해설을 제공받아 본 경험에 대한 질문에는 36.0%(248명)만이 이전에 자원해설서비스를 받아본 경험이 있는 것으로 조사되어 종묘를 방문하는 대부분의 관광객이 종묘에 대한 경험이 없으며 자원해설서비스를 이용하는 것에도 익숙지 않음을 알 수 있다.

나 해설 전·후 차이 검정

(1) 해설 전·후의 학습효과 차이 검정

해설서비스를 제공받기 이전과 이후의 지식 정도의 측정을 통해 자원해설을 전후로 자원에 대한 지식 정도의 차이를 검정하게 된다.

〈표 3〉에서와 같이 전체집단의 해설제공 이전의 지식 정도는 10점을 만점으로 측정된 설문에서 4.20점을 나타냈으나 해설서비스를 제공받은 이후에는 7.58로 평균 3.06점 증가되었다. 유의성의 경우 p-값이 0.000으로 유의도 5% 이내의 매우 유의한 수준으로 나타났다. 지식 정도가 평균 이상 증가된 집단의 해설서비스 제공 이전의 지식 정도는 2.86점으로 매우 낮음을 알 수 있다. 그러나 해설이 제공된 이후에는 8.39점으로 5.53점이 상승하여 자원해설이 관광객의 자원에 대한 지식습득에 크게 기여함을 보였다. 평균 이상의 집단 내에서의 유의성은 p-값이 0.000으로 유의도 5% 이내를 보여 매우 유의한 것으로 나타났다. 평균미만 집단의 경우에도 해설서비스를 제공받기 이전과 이후의 자원에 대한 지식 정도를 비교하여 보면 제공받기 이전의 평균값은 5.22점이었으나 이후에는 6.99점으로 나타나 1.76점의 평균값의 상승을 보이고 있다. 평균 미만 집단의 그룹 내 유의성의 경우 p-값이 0.000으로 역시 유의수준 5% 이내에서 매우 유의한 것으로 나타났다.

〈표 3〉 평균 이상, 미만의 그룹별 해설 전·후의 학습효과 차이

구 분			빈 도	평 균	t-값	p-값
학습 효과	전 체	해설 전	405	4.20	-23.788	0.000*
		해설 후	405	7.58		
	평균 이상 증가집단	해설 전	188	2.86	-52.579	0.000*
		해설 후	188	8.39		
	평균 미만 증가집단	해설 전	201	5.22	-23.590	0.000*
		해설 후	201	6.99		

주: *는 5% 유의수준.

위의 분석은 관광지에서 제공되는 자원해설은 자원에 대한 정보를 제공하는 행위임을 검정하였다. 자원해설이 교육적 활동임을 지적한 Tilden(1967, 1877)과 정보제공의 효과가 있음을 지적한 박석희(1989) 등의 지적이 본 연구에서도 확인된 것이다. 이로써 자원해설사의 해설행위는 정보제공을 통한 관광객의 지식습득에 의한 학습효과가 탁월한 것으로 검정되었다. 〈표 3〉에서 보여주듯이 두 집단 간의 유의성이 인정되고 있으므로 이어지는 학습효과와 관리 의식, 학습효과와 교육성 지각수준과의 상관성 검정에서도 이 두 집단을 구별하여 검정해 나갈 것이다.

(2) 해설 전·후의 관리의식 차이 검정

자원해설 전후에 자원에 대한 보호관리의식에 차이가 있음을 검정하기 위한 분석으로 본 연구의 근간이 되는 학습 증진정도에 따라 평균이상의 집단과 미만 집단 간의 유의성이 인정되므로, 학습효과 증진정도에 따른 평균이상과 미만인 집단의 관리의식의 증진정도를 〈표 4〉에서 확인하였다. 전체적으로는 해설서비스의 제공 이후에는 관리에 관한 의식정도가 5점 리커트 척도를 이용한 설문에서 평균 1.42의 상승정도를 보였으며, 유의성은 p-값 0.000으로 유의수준 5% 이내에서 유의한 차이를 보였다. 학습효과가 평균이상 증가된 집단은 해설을 통해 평균적으로 1.53점만큼의 관리의식의 증진효과를 나타내며 p-값 0.000의 5% 유의수준 내에서 유의성도 보이고 있다. 학습효과가 평균미만 증가된 집단의 경우는 평균 1.31점의 증진효과를 보여 적은 정도의 증진을 보이고 있다.

〈표 4〉 학습효과 증진정도에 따른 관리의식의 증진정도

구 분		빈 도	평 균	t-값	p-값
학습효과 전 체	해설 전 관리의식	357	2.23	-28.531	0.000*
	해설 후 관리의식	357	3.65		
학습효과평균 이상증가집단	해설 전 관리의식	169	2.02	-4.861	0.000*
	해설 후 관리의식	169	3.55		
학습효과평균 미만증가집단	해설 전 관리의식	188	2.42	-18.450	0.000*
	해설 후 관리의식	188	2.74		

주: *는 5% 유의수준.

이처럼 증진정도가 미약하게 나타난 원인으로는 자원해설프로그램의 목적이 자원의 가치전달과 자원의 보호라는 측면에서 볼 때, 현재 종묘에서 진행 중인 자원해설의 내용은 자원에 대한 보호의식을 고취시키는 내용이 전혀 포함되어 있지 않다는 것이다. 이는 차후로 기획되는 해설프로그램에 자원관리를 위한 내용을 넣어야 함을 시사하고 있다. 그리고 Westphal과 Haverson(1986)이 지적했듯이 의식변화의 평가에 있어서는 장기적, 지속적으로 연구가 수행되어야 했으나 이번 조사는 일회에 한정된 해설서비스 제공과 그에 따른 조사로 이루어졌던 것에서도 원인을 찾을 수 있을 것으로 본다.

다 학습효과와의 상관성 검정

(1) 학습효과와 관리의식 간의 상관성

자원해설에 의한 학습효과와 자원보호의식 간에 양(+)의 상관관계가 있는가를 검정한 결과는 〈표 5〉와 같다. 학습효과와 관리의식 간에는 상관계수 0.166, 유의수준 p-값 0.002의 유의한 차이가 있는 가운데 학습효과가 클수록 관리의식도 강한 것으로 나타나고 있다.

〈표 5〉 학습효과와 관리의식 간의 상관성 검정

변수관계	상관관계
학습효과-관리의식	상관계수=0.166(p=0.002*)

주: *는 5% 유의수준.

학습증진의 정도와 관리의식 사이에 양의 상관성을 보인 본 연구의 내용은 Waiters(1978)에 의하여 정의된 바 있다. 그는 관람객들은 보다 많은 정보를 알기 원하며 정보를 재미있고 쉽게만 전달할 수 있다면 정보의 전달로써 관리의식을 고취시킬 수 있다고도 하였다.

(2) 학습효과와 교육성 지각수준 간의 상관성

자원해설에 의한 학습효과와 교육성 지각수준 간에도 양의 상관관계를 보이고 있다. 학습효과가 크면 교육성 지각수준도 높음을 보여주고 있다. 검정한 결과는 〈표 6〉과 같다.

〈표 6〉 학습효과와 교육성 지각수준 간의 상관성 검정

변수관계	상관관계
학습효과-교육성 지각수준	상관계수=0.099(p=0.053*)

주: *는 5% 유의수준.

전체집단에 대한 학습효과와 교육성 지각수준 간의 상관성은 상관계수 0.099로 나타나 양(+)의 상관성은 보였으나 매우 미약하였다. 유의성은 p-값이 0.053으로 10% 수준에서 유의한 차이를 보이고 있다. 이와 같은 결과의 원인으로는 설문문항 수의 과다(24문항)로 인한 응답자의 집중력이 떨어지는 점을 고려하지 못한 설문설계의 문제점과 설문내용에 따른 단락별 확인이 안 된 점을 들 수 있다. 이는 차후 연구에 있어 교육성 지각수준를 묻는 설문은 테마별 통계작업이 필요함을 보여주고 있으며 적절한 설문구성의 필요성을 보이고 있다.

4. 결론 및 시사점

본 연구는 국내·외의 많은 연구자들에 의하여 검정되거나, 검정을 위한 이론적 정리가 시도된 바 있는 관광지에서의 자원해설서비스 제공의 효과를 한국의 전통제례공간인 종묘에서 검정·고찰하였다. 2002년 3월 23일부터 4월 20일까지의 기간에 '종묘'를 방문하여 자원해설서비스를 제공받고자 희망하는 관광객 405명을 대상으로 조사를 실시하였으며, 그 자료를 분석하여 얻은 주요 결론은 다음과 같다.

첫째, 관광지를 방문하여 자원해설서비스를 제공받은 경우 학습증진효과의 측면에서 제공받기 이전에 비하여 자원에 대한 지식정도가 높게 나타났으며 통계적 유의성도 인정되었다. 즉 자원해설서비스의 제공은 관광객에게 종묘의 제례와 종묘건축의 의의, 자원에 대한 가치를 효과적으로 전달하는 것으로 평가되었다.

둘째, 관광지를 방문하여 자원해설서비스를 제공받은 이후에는 이전과 비교하여 관광객의 관리의식이 증진됨이 검정되었다. 즉 자원해설이 자원의 보호의식증진에 긍정적인 역할을 하고 있는 것으로 나타났다.

셋째, 관광자원에 대한 관리의식과 학습효과의 증진 간에는 양(+)의 상관관계가 있음이 밝혀졌다. 학습효과가 높은 경우에 관리의식 역시 높은 것으로 검정되어 자원해설사의 학습매체로서의 역할이 자원의 관리에 긍정적인 효과를 가져오는 자원관리자로서의 역할을 동시에 수행할 수 있음을 보여주고 있다.

넷째, 관광자원에 대한 교육성 지각수준과 학습효과의 증진 간에는 양(+)의 상관관계가 있음이 밝혀졌다. 해설서비스의 제공은 자원에 대한 가치를 인식하고 가치관을 형성 및 변화시키는 데 긍정적인 영향을 미치는 것으로 나타났다.

본 연구를 통하여 검정된 자원해설서비스의 효과에 의해 자원해설사의 역할은 교육매체로서의 역할과 자원관리자로서의 역할이 인정되었다.

이미 자원해설을 가장 전문적인 분야로 확대해 나가면서 심층적인 연구를 계속하고 있는 관광선진국의 예를 보더라도 우리나라에서도 자원해설의 기능과 자원해설사에 대한 연구는 지속적으로 이루어져야 하며 관광지의 관리와 운영에서 자원해설사의 도입에 대한 적극적인 검토가 이루어져야 할 것이다.

이상의 가설 검정 결과를 바탕으로 다음과 같은 시사점을 제시할 수 있다.

첫째, 사전지식 정도에 따라 세분화 및 차별화된 해설서비스를 제공해야겠다. 자원해설사는 교육매체로서의 역할을 충분히 하고 있음이 검정되었다. 그러므로 앞으로 관광지의 의미와 가치를 전달하기 위해서는 자원해설사를 이용하는 것이 효과적일 것으로 예상된다. 그러나 사전지식의 정도가 무시된 프로그램은 효율적인 학습효과 증진에 문제점이 있음을 알 수 있다. 이런 문제점의 해결을 위해서는 사전지식 정도에 따른 차별화된 해설서비스의 제공이 이루어져야 할 것으로 판단된다. 그러므로 앞으로 해설서비스의 제공 시에는 방문자의 사전지식 정도에 따른 수준별 프로그램을 실시할 필요가 있다고 판단된다. 또한 관광자의 이해를 돕기 위해서는 자원해설의 원칙이 발전되어야 하며 이전의 많은 연구에서도 지적하였듯이 자원해설프로그램은 다양한 자원해설방법 및 매체를 사용하는 것이 효율적이다(이명진, 1998). 그리고 다양한 형태의 관광자를 위하여 특별한 프로그램—어린이를 위한 프로그램, 젊은층, 도시인의 의식을 높이기 위한 프로그램, 장애인을 위한 프로그램—등을 개발하여 관광지를 방문하는 관광자의 교육정도에 따라 해설내용을 세분화하고 차별화하여 자원해설을 제공하는 것에 초점을 맞추어야 하겠다.

둘째, 관광지에 자원해설사를 배치하여 관광지의 품질 유지를 기해야 하겠다. 자원해설서비스를 제공함으로써 관광자원에 대한 보호관리의식이 증진되는 것으로 나타났다. 이것은 관광객이 자원의 보호방법과 관리자의 홍보에 대한 이해를 쉽게 하며 관리적 행동의 선택을 용이하게 한다. 그러므로 관광지에서 관광자원해설을 하는 것이 관광지에서 일어날 수 있는 각종의 직·간접적인 훼손행위를 방지할 수 있고 나아가서 이는 관광지의 관리 및 보수비용의 절감을 가져올 수 있다.

본 연구는 그간에 국내외의 많은 연구자들이 연구의 대상으로 하였던 자원의 이용이 아닌 자원해설의 효과 검정을 통한 자원해설사의 역할을 밝혔다는 점에서 의미가 있다고 할 수 있다. 그러나 본 연구의 한계점으로 '종묘'를 방문하여 자원해설서비스를 희망하는 관광객으로 조사대상을 한정함으로써 표본이 10대에 집중되었다. 향후 연구에 있어서는 좀 더 다양한 집단이 포함될 수 있도록 표본이 구성되어야 하겠다. 다음으로 일반적으로 인정되는 관리의식 측정척도가 개발되어 있지 않았으므로 앞선 연구자들의 사전연구를 바탕으로 간편척도를 만들어 사용하였다. 향후 보편타당한 관리의식 측정을 위한 척도가 개발되어야 하겠다. 그 밖에 일회에 적절한 해설 대상인원수, 해설내용과 진행순서, 자원해설사 개인의 능력 차이에 따른 호감도와 이해력 증진정도의 차이를 고려한 검정이 요구된다. 마지막으로는 해설서비스가 제공되었을 때와 제공되지 않았을 때를 비교하여 관광객의 만족도, 해설서비스 제공에 따른 효과도 연구해 볼 필요가 있겠다.

참고문헌 ······

고동우(1998). 관광의 심리적 체험과 만족감의 관계. 고려대학교 대학원 박사학위논문.

김동욱·김종섭(1997). 『종묘와 사직』. 대원사.

김용근(1994). 자원공원에서 환경훼손행위 관리를 위한 Communication 정책의 효과(단독). 『한국조경학회지』, 19: 2.

남상준 외 4인(1999). 『환경교육의 원리와 실제』. 원미사. 39-67.

박기령(1999). 청소년의 교육관광에 관한 연구. 동아대학교 교육대학원 석사학위논문.

박명희(1999). 관광자원의 해설이 관광자 만족에 미치는 영향. 대구대학교 박사학위논문.

박석희(1989). 관광자원의 해설과 그 기법, 『경기대 논문집』, 459-477.

박석희(1996). 관광자원 해설의 평가에 관한 연구, 『경기대 논문집』, 317-336.

박석희(1999). 『나도 관광자원 해설가가 될 수 있다』. 백산출판사.

박준홍(1990). 관광자원으로서 문화재(유·무형) 이용에 관한 연구. 단국대학교 경영대학원 석사학위논문.

박창규·엄서호(2000). 관광지 해설사 양성교육 방향 및 활용전략에 관한 연구. 『문화관광연구』, 23: 1-20.

백성광(1997). 문화관광자원의 해설성향에 관한 연구. 경기대학교 경영대학원 석사학위논문.

성태제(1998). 『교육연구방법의 이해』. 학지사.

엄서호(1999). 「관광지 해설사 인증제도 시행에 관한 연구」. 43-57.

유경환(1988). 문화관광과 문화환경; 문화관광의 새대를 연다. 문화예술.

이명진(1999). 관광자원 교육성의 측정척도 개발 및 관광자 만족과의 관련성 분석. 경기대학교 대학원 박사학위논문.

이명진(2000). 자원해설에 따른 관광지 교육성 지각의 차이. 『관광·레저 연구』, 185-199.

최나리(2001). 생태관광동기 및 태도와 자원해설이 관광객 만족에 미치는 영향. 동아대학교 대학원 석사학위논문.

최영국(2000). 지속가능한 관광의 개념 및 과제. 『국토』, 223: 6-19.

한국청소년 연구원(1996). 「문화권 탐방활동 연구보고」, 4-7.

Bob, Simpson(1993). Tourism and Tradition: From healing to heritage. *Annals of Tourism Research,* 20.

Coutant, G. C.(1985). Interpretation－the changing role of a profession. *Journal of Interpretation*, 10(2).

Heywood, J. L., Mullins G. W., and Blower, S.(1984). A user orientation to managing vandalism. In *Trends(vandalism)*, 21: 25-27.

Kye-sung Chon, & Michael D. Olson(1991). Functional and Symbolic Congruity Approaches to Consumer Satisfaction/Dissatisfaction in Consumerism. *Journal of the International Academy of Hospitality Research*, May.

Mcavoy, L. H., & Hamborg, R.(1984). Wilderness Visitor Knowledge of Regulation: A Comparison of visitor Contact Methods. *Journal of Interpretation*, 9(1).

Sharpe, G. W.(1976). *Interpreting the Environment*, New York: John Wiley & Sons, Inc.

* 이 장의 출처 : 한국공원휴양학회(2002). 『한국공원휴양학회지』, 4(2). 박희주와 공동.

제13장 현장체험의 교육효과

* 왜 교육이 중요하다고 생각하는가?

* 현장체험교육을 받아본 적이 있는가?

* 관광도 일종의 현장체험교육이라는 데 동의하는가?

1. 머리말

지구상에서 인류가 출현한 이래 많은 변화와 발전을 거듭해 왔다. 인류가 경험한 변화 중 가장 큰 변화는 수천 년 전에 이룩한 농업혁명과 서구에서 일어나 전 세계에 확산된 산업혁명이다. 이 변화들은 지금의 인간사회를 태동시켰으며 앞으로 변화할 미래 사회의 출발점임은 부인할 수 없을 것이다. 이제 우리는 또 하나의 중요한 변화를 맞이하고 있다. 그것은 수년 안에 이루어내야만 하는 '환경혁명'이다. 현재 인류의 존립마저 위태롭게 할 수 있을 만큼 위험수위에 도달한 환경문제를 해결하지 않고서는 더 이상의 발전도 무의미하게 될 것이다(이병곤 외, 1994).

환경문제 해결에 대한 노력은 1972년 스톡홀름 '인간환경선언'을 시작으로, 2000년 '유엔환경계획(UNEP)'에 이르기까지 다각적으로 이루어지고 있다. 하지만 환경문제에 대한 각 분야에서의 많은 노력에도 불구하고 실질적인 인간 행동의 변화를 유도하지는 못하고 있는 실정이다. 환경문제를 해결하기 위한 노력들이 별다른 성과를 거두지 못하자 최근 들어 환경문제의 근원적인 해결이 사후 처방적인 노력들만으로는 불가능하다고 인식하여 체계적인 환경교육을 통해 인간의 행동을 환경친화적으로 전환시켜야 한다는 견해들이 점차 확산되고 있다.

현재, 환경교육은 주로 학생들을 대상으로 학교에서 이루어지고 있다. 하지만 최근 들어, 학교 환경교육의 한계점이 많은 연구들을 통해 드러나면서, 자연환경에서의 직접체험을 통한 환경교육의 필요성이 대두되고 있다. 이런 분위기 속에서 체험적 환경교육을 위한 생태학교, 학습장, 수련장들이 만들어지고 있다. 그러나 자연환경에서의 환경교육장의 수적 증가에 비해 환경교육장이 교육적으로 얼마나 효과적인지는 검증되지 않은 상태이다.

이에 본 연구에서는 자연환경에서의 환경교육 전과 후의 환경관심, 지식, 태도, 행동의 차이 검증을 통해 직접적 체험 교육의 효과와 효과의 지속성을 파악해 보고, 체험식 실외교육과 강의식 실내교육의 교육효과 차이 검증을 통해 환경교육 방법 간의 효과를 비교해 보고자 한다.

2. 이론 고찰

가 환경교육의 목적과 목표

환경교육은 "환경과 환경문제에 대한 탐구 및 문제해결을 위한 교육으로서, 인간이 환경과의 상호관계를 바르게 이해하도록 하여 환경에 대한 인식과 태도, 더 나아가 행동을 변화시켜 환경의 질을 향상시키려고 하는 교육적 활동"으로 정의되고 있다(박주원, 1996). 1970년대 이후 환경문제 해결에 대한 교육적 접근이 중요한 관심사로 떠오르면서 환경교육에 대한 논의가 본격적으로 시작되었다. 환경교육에 대한 개념은 시대의 흐름에 따라 조금씩 다르게 규정되고 있는데, 초기에는 생물학적·물리적 환경의 측면만을 강조하며 환경 및 환경문제에 대한 과학적 지식의 획득에 중점을 두다가 점차 사회·경제·문화적 측면의 환경 즉, 환경에 대한 바람직한 태도와 행동에 중점을 두는 방향으로 정립되어 왔다(남상준, 1995). 환경교육의 기본 목적은 인간으로 하여금 생물학적, 지리적, 사회적, 경제적 및 문화적 제 요소들 간의 복잡한 상호관련성을 이해하게 하고, 동시에 환경문제를 발견·해결하며, 환경의 질을 관리할 수 있는 지식, 가치관, 태도 및 기능을 습득하게 하는 것으로 환경에 관한 지식습득, 곧 인식에서 출발하여 환경문제 해결을 위한 기능 및 가치, 태도를 길러 궁극적으로 환경문제의 해결에 참여하도록 하는 데 있다.

국제 환경교육 워크숍에서 작성된 「베오그라드 헌장」에서는 환경교육의 목적을 달성하기 위한 하위단계의 목표로 인식, 지식, 태도, 기능, 평가능력 및 참여로 나누어 제시하였으며 이것은 현재까지 의미 있게 다루어지고 있다. 한편, 우리나라에서는 베오그라드 헌장에서 제시한 환경교육의 목표를 근거로 하여 환경교육과 관련된 학습활동의 목표를 환경청(1988)에서는 정보 및 지식 습득, 가치와 태도 함양, 기능 육성의 세 가지 영역으로 제시하고 있다(박주원, 1996 재인용).

이상의 내용을 종합해 보면, 환경교육의 목표는 인간과 환경과의 상호관계를 이해함과 동시에 환경문제를 인식하게 하며, 환경의 질을 향상시킬 수 있는 기능과 태도를 갖게 함으로써 바람직한 인간을 길러내는 데 있다.

나 환경교육의 필요성

Moncrief(1970)는 환경교육이 필요한 이유를 ① 인간과 자연과의 상호 관련성에 대한 이해의 부족 ② 인간과 환경의 한계성에 대한 이해의 부족 ③ 인간의 환경에 대한 도덕성 결핍 ④ 환경문제가 인간에 의해 장기간 누적된 결과로 나타난다는 것에 대한 이해의 부족 ⑤ 환경문제를 해결할 수 있는 기술 개발에 대한 지나친 기대감으로 설명하였다. 이상의 다섯 가지는 기존의 연구를 통해 나타난 환경교육에 대한 필요성을 집약해 놓은 것이라 할 수 있다. 하지만, 이러한 당위론적 환경교육의 필요성이 일반인들에게 어느 정도 인식되고 있는지는 밝혀지지 않고 있다. 그러나 최근 들어 교육학을 비롯한 여러 분야에서 다양한 방법으로 환경교육의 필요성에 대한 인식이 구체화되어 나타나는 경향이 있다. 관광분야에서의 생태체험과 같은 체험관광이 좋은 예라 하겠다.

다 환경교육에 대한 평가

황영현(1996)은 환경교육을 평가하는 데 있어서 두 가지 측면을 제시하고 있다. 첫째는 환경교육의 효율성에 관한 문제이다. 효율성이란 제공된 프로그램이 얼마나 대상자들을 몰입시키고 주의를 환기시키는지에 관한 문제 및 경제성에 관련된 문제이다. 둘째는 환경교육의 효과에 관한 문제로 환경교육프로그램을 실시하면서 기대한 최종적인 결과가 실제로 얼마나 달성되었는지에 관한 것이다. 효율성은 효과를 극대화하기 위해 매체가 적절히 이용되고 있는가에 대한 평가항목이라고 할 수 있으며 일반적으로 시간과 비용이라는 두 가지 사항에 대한 평가가 함께 이루어진다.

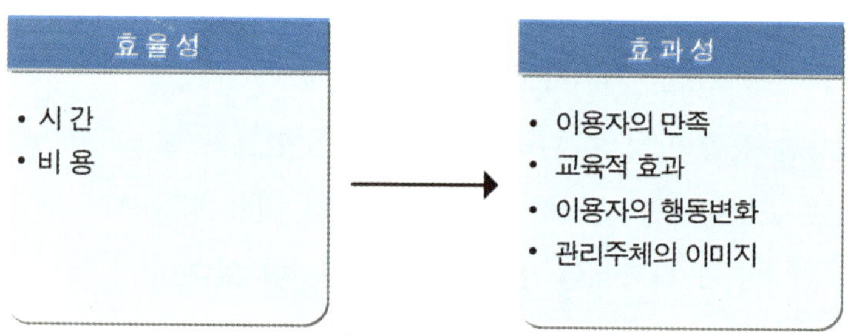

자료: 황영현(1996), 산림휴양객을 대상으로 한 '스스로 알아보는 환경해설'의 효과에 관한 연구, 서울대학교 대학원 학위논문.

[그림 1] 환경교육의 평가이론

환경교육의 교육적 효과에 대한 평가는 활용된 프로그램이 대상자의 행동을 얼마나 변화시키는가를 평가하는 것이라고 할 수 있다. 그러나 인간의 행동은 교육 직후가 아니라, 일정한 시점이 지난 후에야 현실화되는 특성이 있기 때문에 행동 자체의 변화를 연구하기보다는 행동 예측을 가능하게 하는 지식, 관심, 태도, 행동의도와 같은 변수를 이용한 연구들이 주종을 이루어 왔다. 본 연구에서는 환경교육 직후 행동 예측 변수들을 이용하여 교육적 효과를 평가하고 시간이 경과한 시점에서 행동 자체의 변화를 평가하고자 한다.

라 연구모형 및 가설의 설정

본 연구의 연구모형은 환경교육 평가이론의 두 가지 측면 중 선행 연구들을 통해 타당성이 입증된 측정척도가 있는 '교육의 효과'와 '이용자의 행동 변화' 부분만을 측정하였으며, 교육의 효과와 이용자의 행동변화를 측정하기 위하여 환경행동 결정 요인인 환경관심, 환경지식, 환경태도, 환경행동의 변화를 이용하여 환경교육을 평가하고자 하였다.

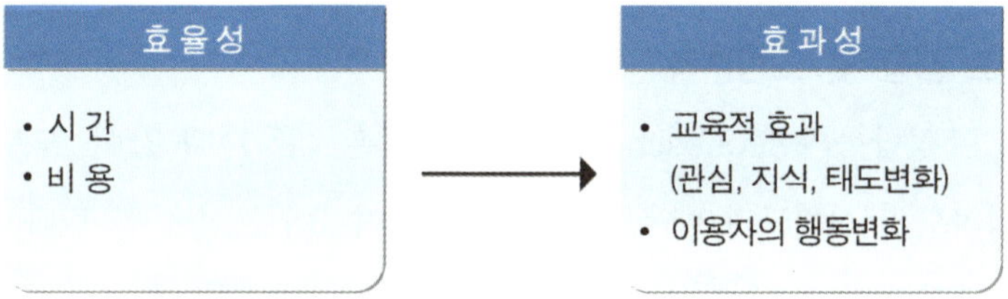

[그림 2] 환경교육 평가모형

본 연구를 통해 검증해야 할 연구가설은 다음과 같다.

H1. 환경교육 직후 교육적으로 긍정적 효과가 있다.
  H1-1. 환경교육 직후 환경관심이 더 높아진다.
  H1-2. 환경교육 직후 환경지식이 더 높아진다.
  H1-3. 환경교육 직후 환경태도가 더 긍정적으로 변한다.
  H1-4. 환경교육 직후 환경행동이 더 긍정적으로 변한다.
H2. 환경교육을 받고 시간이 경과한 후 교육적으로 긍정적 효과가 있다.
  H2-1. 환경교육 경과 후 환경관심이 더 높아진다.
  H2-2. 환경교육 경과 후 환경지식이 더 높아진다.
  H2-3. 환경교육 경과 후 환경태도가 더 긍정적으로 변한다.
  H2-4. 환경교육 경과 후 환경행동이 더 긍정적으로 변한다.
H3. 실내교육보다 실외체험교육이 환경교육 효과가 더 크다.
  H3-1. 실내교육에 비해 실외체험교육을 받은 후 환경관심이 더 높아진다.
  H3-2. 실내교육에 비해 실외체험교육을 받은 후 환경지식이 더 높아진다.

H3-3. 실내교육에 비해 실외체험교육을 받은 후 환경태도가 더 긍정적으로 변한다.
H3-4. 실내교육에 비해 실외체험교육을 받은 후 환경행동이 더 긍정적으로 변한다.

3. 결과의 분석 및 해석

가 신뢰도 검증 및 요인분석

환경태도 측정항목의 Cronbach의 알파계수 값은 〈표 1〉과 같이, 모두 0.74 이상으로서 측정척도의 신뢰도가 매우 높다고 판단되며 요인분석을 한 결과, 아이겐값이 1 이상인 3개의 독립된 요인이 추출되었다.

〈표 1〉 환경태도 측정항목에 대한 요인분석

측정항목		크론바하 알파	요인 적재량	공통성	비 고
요인 1: 인간중심적 자연관	• 동·식물은 인간을 위해 존재	0.7503	0.827	0.713	고유값= 3.707 %분산=30.890 %누적=30.890
	• 인류는 자연을 통치할 수 있음	0.7578	0.777	0.616	
	• 인간은 자연을 변화시킬 수 있음	0.7586	0.640	0.476	
	• 인간은 자연에 순응할 필요가 없음	0.7663	0.615	0.404	
요인 2: 자연과의 조화	• 조절 가능한 경제발전 필요성	0.7690	0.765	0.585	고유값= 1.897 %분산=15.805 %누적=46.695
	• 인간과 자연의 조화로움	0.7483	0.706	0.622	
	• 자연 파괴의 비참한 결과	0.7465	0.689	0.604	
	• 인류는 환경을 파괴함	0.7474	0.640	0.557	
요인 3: 성장의 한계	• 자연은 예민해서 파괴되기 쉬움·	0.7664	0.722	0.554	고유값= 1.111 %분산= 9.258 %누적=55.952
	인구의 한계에 도달	0.7670	0.700	0.512	
	• 지구는 한정된 자원	0.7730	0.692	0.516	
	• 우리 사회의 성장 한계	0.7815	0.692	0.555	

주: ○ 표준형성 적절성의 Kaiser-Meyer-Olkin 측도: 0.804.
○ Bartlett의 구형성 검정·근사 카이제곱: 920.078·자유도: 66·유의확률: .000.

각 요인의 설명력은 요인 1이 30.890%, 요인 2가 15.805%, 요인 3이 9.258%로 설명되어 전체 설명력은 55.952%로 나타났으며 추출된 3개의 요인은 각각 인간 중심적 자연관, 자연과의 조화, 성장의 한계로 명명하였다.

환경행동 측정항목의 Cronbach의 알파계수 값은 〈표 2〉와 같이, 모두 0.68 이상으로서 측정척도의 신뢰도가 비교적 높다고 판단되며 요인분석을 한 결과, 아이겐값이 1 이상인 4개의 독립된 요인으로 추출되었다. 각 요인의 설명력은 요인 1이 24.831%, 요인 2가 11.256%, 요인 3이 10.909%, 요인 4가 9.783%로 설명되어 전체 설명력은 56.779%로 나타났으며 추출된 4개의 요인은 각각 재활용, 자연보호, 에너지절약, 구매행동으로 명명하였다.

〈표 2〉 환경행동 측정항목에 대한 요인분석

측 정 항 목		크론바하 알 파	요 인 적재량	공통성	비 고
요인 1: 재활용	• 건전지 재활용 및 분리수거 • 종이나 신문 재활용 • 유리병 재활용	0.6881 0.6841 0.6931	0.760 0.744 0.725	0.611 0.633 0.550	고유값= 2.980 %분산=24.831 %누적=24.831
요인 2: 자연보호	• 쓰레기 봉투나 쓰레기통을 이용 • 식생에 피해 주지 않음 • 금지구역에 들어가지 않음	0.6885 0.7023 0.6909	0.765 0.760 0.688	0.643 0.614 0.531	고유값= 1.351 %분산=11.256 %누적=36.087
요인 3: 에너지 절 약	• 목욕·샤워 시 물 절약 • 목욕·샤워의 횟수 제한 • 형광등이나 전기제품을 끔	0.6894 0.7027 0.7096	0.747 0.672 0.487	0.619 0.518 0.370	고유값= 1.309 %분산=10.909 %누적=46.996
요인 4: 구매행동	• 재활용 병 음료 마심 • 쇼핑백 이용 • 캔음료 마시지 않음	0.7009 0.7083 0.7009	0.743 0.711 0.550	0.593 0.575 0.556	고유값= 1.174 %분산= 9.783 %누적=56.779

주: ○ 표준형성 적절성의 Kaiser-Meyer-Olkin 측도: 0.688.
○ Bartlett의 구형성 검정·근사 카이제곱: 578.414·자유도: 66·유의확률 : .000.

나 연구가설의 검증

(1) 연구가설 1의 검증

환경교육의 효과성을 검증하기 위해 교육 전과 교육 직후로 하여 사전·사후측정을 하였다. 차이 검증은 각 평균값의 차를 이용하여 실험집단 내 차이 검증을 실시하였다. 측정대상은 실외교육을 받은 A집단과 실내교육을 받은 B집단으로 분석방법은 동일집단에서 실시하는 대응 표본 t-검증을 이용하였다.

〈표 3〉은 실험집단 내 차이를 검증한 결과로서 5% 유의수준에서 환경관심에 대한 실내교육, 환경지식에 관한 실내외교육 모두가 통계적으로 유의한 차이가 없는 것으로 나타났다. 실내교육에서 환경관심이 유의한 차이를 보이지 않은 것은 주입식 형태의 실내교육이 학생들에게 환경에 대한 관심을 제대로 갖게 하지 못한다는 것을 나타낸다. 따라서, 실내교육을 실시할 때에는 학생들이 관심을 가질 수 있도록 다양한 교육도구와 방법을 개발·이용해야 할 필요가 있음을 알 수 있다. 그리고 환경지식에 관한 교육은 실내교육과 실외교육 간에 차이도 없는데, 이는 실외교육에서도 개선의 여지가 있음을 나타내는 것으로 보인다.

〈표 3〉 실험집단 내 차이 검증

구 분		차이평균	표준편차	t-값	자유도	유의확률
환경관심	실외교육	0.4350	0.5974	7.282	99	0.000***
	실내교육	0.0575	0.6265	0.918	99	0.361
환경지식	실외교육	0.0225	0.6417	0.351	99	0.727
	실내교육	0.0475	0.7314	0.649	99	0.518
환경태도	실외교육	0.6467	0.4317	14.981	99	0.000***
	실내교육	0.3667	0.5648	6.492	99	0.000***
환경행동	실외교육	0.6908	0.5500	12.560	99	0.000***
	실내교육	0.3133	0.6192	5.060	99	0.000***

주: 차이평균=사후측정치 평균-사전측정치 평균.
***0.001 수준에서 유의함.

(2) 연구가설 2의 검증

환경교육 효과의 지속성을 검증하기 위해 실험집단 C를 대상으로 환경교육을 받기 전에 사전 측정을 한 후 19일이 지난 시점에서 경과 후 측정을 하여 각 평균값의 차를 이용한 실험집단 내 차이 검증을 실시하였다. 분석방법으로는 동일집단에서 실시하는 대응 표본 t-검증을 이용하였다. 그 결과, 〈표 4〉와 같이 5%의 유의수준에서 모두 유의한 차이가 있는 것으로 나타났다. 〈표 3〉의 환경교육을 받은 직후에는 환경지식이 유의한 차이를 보이지 않았으나 경과 후 측정에서는 환경지식도 유의한 차이를 보인 것으로 나타났다. 이는 학교수업이나 여러 매체가 지식 전달의 주요수단이지만, 직접적 체험을 통한 지식이 더 오랫동안 간직되고 있음을 시사하고 있다.

〈표 4〉 경과 후 측정의 차이 검증

구 분	차이평균	표준편차	t-값	자유도	유의확률
환경관심	0.3175	0.6570	4.833	99	0.000*
환경지식	0.1525	0.6365	2.396	99	0.018*
환경태도	0.4358	0.5089	8.574	99	0.000*
환경행동	0.7108	0.6587	10.792	99	0.000*

주: 차이평균=사후측정치 평균-사전측정치 평균.
*0.05 수준에서 유의함.

(3) 연구가설 3의 검증

실외체험교육과 실내교육의 교육효과 차이를 검증하기 위하여 독립표본 t-검증을 이용하여 실험집단 간 차이를 검증하였다.

〈표 5〉 실험집단 간 차이 검증

<table>
<tr><th colspan="2" rowspan="2">구 분</th><th rowspan="2">차이
평균</th><th rowspan="2">표준
편차</th><th colspan="2">Levene의
등분산 검정</th><th colspan="3">평균들의 동일성에
대한 t-검증</th></tr>
<tr><th>F-값</th><th>유의확률</th><th>t-값</th><th>자유도</th><th>유의확률</th></tr>
<tr><td rowspan="2">환경관심</td><td>실외교육</td><td>0.4350</td><td>0.5974</td><td rowspan="2">0.006</td><td rowspan="2">0.940</td><td rowspan="2">4.361</td><td rowspan="2">198</td><td rowspan="2">0.000*</td></tr>
<tr><td>실내교육</td><td>0.0575</td><td>0.6265</td></tr>
<tr><td rowspan="2">환경지식</td><td>실외교육</td><td>0.0225</td><td>0.6417</td><td rowspan="2">2.265</td><td rowspan="2">0.134</td><td rowspan="2">-0.257</td><td rowspan="2">198</td><td rowspan="2">0.797</td></tr>
<tr><td>실내교육</td><td>0.0475</td><td>0.7314</td></tr>
<tr><td rowspan="2">환경태도</td><td>실외교육</td><td>0.6467</td><td>0.4317</td><td rowspan="2">9.523</td><td rowspan="2">0.002</td><td rowspan="2">3.939</td><td rowspan="2">185.228</td><td rowspan="2">0.000*</td></tr>
<tr><td>실내교육</td><td>0.3667</td><td>0.5648</td></tr>
<tr><td rowspan="2">환경행동</td><td>실외교육</td><td>0.6908</td><td>0.5500</td><td rowspan="2">0.762</td><td rowspan="2">0.384</td><td rowspan="2">4.558</td><td rowspan="2">198</td><td rowspan="2">0.000*</td></tr>
<tr><td>실내교육</td><td>0.3133</td><td>0.6192</td></tr>
</table>

주: 차이평균=사후 측정치 평균-사전 측정치 평균.
*0.05 수준에서 유의함.

이때, 실험집단 간 차이는 각 실험집단의 평균값 차를 이용하였다.

〈표 5〉와 같이, 실외교육과 실내교육을 받은 집단 간의 차이 검증에서는 5%의 유의수준에서 환경관심, 태도, 행동이 유의확률 0.000으로서 두 집단 간의 차이가 있는 것으로 나타났으며 실외교육을 받은 집단이 환경지식을 제외한 모든 차이평균이 높게 나타나 실외교육의 교육효과가 더 높은 것으로 보인다.

(4) 연구가설 검증의 결과

본 연구의 가설을 검증한 결과는 〈표 6〉과 같다.

〈표 6〉 연구가설의 검증 결과

가 설 내 용	분석결과
H1. 환경교육 직후 환경행동 결정요인에 유의한 차이가 있다.	
H1-1. 환경교육 직후 환경관심이 더 높아진다	채택
H1-2. 환경교육 직후 환경지식이 더 높아진다	기각
H1-3. 환경교육 직후 환경태도가 더 긍정적으로 변한다.	채택
H1-4. 환경교육 직후 환경행동이 더 긍정적으로 변한다.	채택
H2. 환경교육을 받고 시간이 경과한 후 교육적으로 긍정적 효과가 있다.	
H2-1. 환경교육 경과 후 환경관심이 더 높아진다.	채택
H2-2. 환경교육 경과 후 환경지식이 더 높아진다.	채택
H2-3. 환경교육 경과 후 환경태도가 더 긍정적으로 변한다.	채택
H2-4. 환경교육 경과 후 환경행동이 더 긍정적으로 변한다.	채택
H3. 실내교육보다 실외체험교육이 환경교육 효과가 더 크다.	
H3-1. 실내교육에 비해 실외체험교육을 받은 후 환경관심이 더 높아진다.	채택
H3-2. 실내교육에 비해 실외체험교육을 받은 후 환경지식이 더 높아진다.	기각
H3-3. 실내교육에 비해 실외체험교육을 받은 후 환경태도가 더 긍정적으로 변한다.	채택
H3-4. 실내교육에 비해 실외체험교육을 받은 후 환경행동이 더 긍정적으로 변한다.	채택

4. 결론 및 시사점

자연환경에서의 체험적 환경교육이 교육적으로 얼마나 효과가 있는가를 살펴보고 체험적 실외교육과 전통적 실내교육방법의 교육적 효과를 비교해 보고자 하였다. 이를 위해 환경관심, 환경지식, 환경태도, 환경행동을 변수로 설정하고 가설을 설정한 후 이를 실험설계를 이용한 차이 검증을 실시하였다. 그 결과를 요약하면 다음과 같다.

첫째, 전체 학생의 50.3%가 학교수업 이외에는 환경교육을 받아 본 경험이 없는 것으로 나타났다.

둘째, 환경교육의 효과성을 측정하기 위해 교육한 직후 측정한 결과, 실외교육을 받은 집단은 환경지식을 제외한 모든 부분에서 유의한 차이를 보였으나, 실내교육을 받은 집단은 환경지식과 환경관심에서 유의한 차이를 보이지 않았다. 평균점수는 두 집단 모두 사후측정 후 높게 나타났다.

셋째, 환경교육을 받고 시간이 경과한 후 측정한 결과, 환경관심, 지식, 태도, 행동에서 유의한 차이를 보였으며 각 평균점수가 사전측정 때보다 높게 나타나 시간이 경과한 후에도 교육효과가 지속됨을 알 수 있다.

넷째, 교육방법에 따른 효과를 검증하기 위해 실내교육과 실외교육을 비교한 결과, 환경지식을 제외한 환경관심, 환경태도, 환경행동에서 유의한 차이를 보였으며 실외교육을 받은 후 차이평균이 실내교육을 받은 후보다 환경지식을 제외한 모든 부분에서 높게 나타났다.

이를 바탕으로 다음과 같은 시사점을 제시할 수 있다.

첫째, 학교수업 이외에 환경교육을 받은 학생들이 50%도 안 된다는 것은 학교 이외에 환경교육을 받아볼 기회가 많지 않음을 나타낸다. 따라서 학교는 학생들에게 다양한 환경교육의 기회를 제공하기 위한 노력이 필요하며, 환경학습장은 학교 및 단체와 연계해 학생들이 쉽게 이용할 수 있도록 여건을 조성해 주어야 할 것이다.

둘째, 실내교육이 환경관심을 불러일으키지 못하는 것은 학생들이 지식 중심의 교육에는 흥미를 갖지 못한다는 것을 의미하는 것으로 볼 수 있다. 따라서 학교에서는 학생들의 흥미를 끌기 위해 TV나 VTR 같은 시청각 자료 등 다양한 교육방법을 개발해야 할 것이다.

셋째, 사전사후 측정과는 달리 시간경과 후 측정에서 환경지식이 유의한 차이를 보인 것은 지식 전달의 주요수단이 학교 수업이나 여러 매체들이지만, 자연환경에서의 직접적인 체험을 통한 지식이 더 오랫동안 간직되고 있음을 시사하고 있다.

넷째, 환경교육의 방법 면에서 체험적 실외교육이 실내교육보다 더 효과적인 것으로 나타나, 지식 위주의 교육보다는 실천 위주의 교육이 더 효과적인 방법임을 시사하고 있다. 그러나 아직까지 체험적 환경교육에 대한 효과적인 프로그램에 대한 연구가 이루어지지 않고 있으며, 자연환경 학습장에서 사용되는 프로그램의 평가에 대한 연구 또한 이루어지지 않고 있다. 이에, 체험적 교육방법의 프로그램 개발과 평가에 대한 연구가 속히 이루어져야 할 것이다.

다섯째, 학생들이 올바른 환경에 대한 지식과 관심을 갖기 위해서는 학생들을 지도하는 교사들이 환경에 대한 관심이 있어야 한다. 이에 학교에서는 교사들에게 정규적으로 환경에 대한 교육받을 기회를 제공해 주어야 할 것이다.

여섯째, 학교에서는 학생들 중심의 환경 동아리 모임을 육성하여 학생들 스스로 환경에 대한 중요성을 깨닫고 환경문제를 해결하도록 해야 할 것이며, 환경 백일장, 환경 그림 그리기 대회 등 다양한 이벤트를 통해 환경에 대해 관심을 가질 수 있도록 노력해야 할 것이다.

일곱째, 자연환경 학습장에서는 전문적인 환경 해설사를 육성하는 한편, 해설사의 손이 미치지 못하는 곳에서는 표지판 등 다양한 해설방법을 이용하여 자연공간을 찾는 학생들의 이해를 도와야 할 것이다.

본 연구는 연구 대상지를 해양을 중심으로 이루어지는 특정 수련원으로 국한하였기 때문에, 분석결과를 전체 대상지에 일반화하는 데 무리가 있다는 점과 환경태도와 환경행동의 측정척도에 있어, 대상지 중심의 척도가 아니라 일반적 자연환경에 대한 척도를 사용하였기 때문에 더 높은 효과를 밝혀내지 못했다는 한계점이 있다. 앞으로의 연구에서는 환경교육에 대한 평가가 다양한 방법으로 이루어져야 하며, 효과적인 환경교육을 위한 프로그램 개발이 우선되어야 할 것이다. 아울러, 환경교육에 대한 정확한 측정이 이루어지기 위해, 연구 대상지와 대상자에 맞는 측정척도의 개발이 우선되어야 할 것이다.

참고문헌

김대성(1995). 환경친화적 행태의 결정요인과 학교 환경교육의 정책 방향에 관한 연구. 부산대학교 대학원 박사학위논문.

남상준(1995). 『환경 교육론』. 대학사.

박주원(1995). 중학교 환경교과교육 실시효과에 관한 비교 조사연구 - 환경에 관한 지식. 태도, 실천을 중심으로. 이화여자대학교 대학원 석사학위논문.

송영은(1999). 도시공원의 환경교육 기능 평가 및 개선방안에 관한 연구. 서울대학교 환경대학원 석사학위논문.

이병곤 · 김일곤 · 전영곤(1994). 『지구환경문제와 보전대책』. 법문사.

인천광역시교육청(1999). 『탐구학습 지도 자료』. 인천광역시교육청.

황영현(1996). 산림휴양객을 대상으로 한 '스스로 알아보는 환경해설'의 효과에 관한 연구. 서울대학교 대학원 석사학위논문.

Diekmann. Andreas, & Preisendorfer. Peter(1998). *Environmental Behavior*. Rationality & Society, 10(1): 79-103.

Dunlap. Riley E., Van Liere, & Kent D.(1978). The New Environmental Paradigm. *Journal of Environmental Education,* 9(4): 11-19.

Manning, Robert E.(1998). *Integration in natural resources education Designing a core curriculum.* Society & Natural Resources, 11(2): 179-191.

Moncrief, Lewis W.(1970). *The Cultural Basis for Our Environmental Crisis*. Science, 170(October): 508-512.

Negra, Christine., & Manning, Robert E.(1997). Incorporating environmental behavior, ethics and values. *Journal of Environmental Education*. 28(Winter).

Raymon, Benton Jr.(1994). *Environmental Knowledge and Attitude of Undergraduate business students compared to non-business students*. Business & Society, 33(2): 12-16.

Tarrant, Michael A., & Green, Gary T.(1998). Outdoor Recreation and the Predictive Validity of Environmental Attitudes. *Leisure Sciences*. 21: 17-30.

Willits, Fern K.(1994). Environmental Attitudes and Behavior: A Pennsylvania Survey. *Environment and Behavior,* 26(March): 239-260.

* 이 장의 출처 : 한국공원휴양학회(2001). 『한국공원휴양학회지』, 3(1). 김재호 공동.

제14장 문화교육의 영향

* 우리 주변에서 시행하고 있는 문화관련 교육에는 어떤 것이 있는가?
* 문화관련 교육이 문화관광객에게 영향을 미친다고 생각하는가?
* 친숙한 정도에 따라 이미지가 달라진다고 생각하는가?

1. 머리말

문화에 대한 사회적 관심이 확산되고 있는 가운데 문화학교, 박물관 강좌나 문화 유산 답사, 문화 예술관련 강좌 등의 프로그램이 다채롭고 질적 수준도 높아졌으며, 이러한 프로그램의 참여나 인기도 급성장을 하고 있다(이태호, 1998). 이는 소득수준과 여가시간의 증대를 통해 개개인의 여가와 문화에 대한 욕구가 증대되고 있음을 의미한다. 국내외의 관광학 연구에서뿐만 아니라, 타 연구에서도 아직까지 문화관광 행동을 중심으로 한 문화교육과 관련된 연구는 희소하다. 하지만 문화에 대한 교육과 관심은 '문화의 세기'에 들어서면서 늘어나고 있는 문화관광 소비자의 관광행동에 상당한 영향을 미칠 수 있다.

문화교육을 통해 얻는 지식과 경험은 문화관광자원에 보다 접근하기 쉽게 만들고, 대상에 대한 친밀감을 형성시킨다고 볼 수 있는데, 이것은 친숙성 개념으로 설명할 수 있겠다. 소비자 행동론에서 소비자의 친숙성은 그 소비자가 제품과 관련하여 얼마나 많은 경험을 쌓았는가에 의해 결정되며(이학식, 2000), 소비자가 제품의 구매결정시 선택대안의 집합을 형성하고, 구매 후의 태도 등에 관한 소비자의 행동을 이해하는 데 중요하다(김성희, 1994).

본 연구에서는 문화교육을 통한 친숙성 증대가 문화관광지 방문자에 영향을 미치게 되는가, 미친다면 어떠한 영향을 미치게 되는가라는 문제의식에서 Prentice와 Andersen(2000)의 연구를 기초로 하여 문화관광공간 방문자의 만족에 미치는 영향 모델을 재구성하고, 이를 국내의 문화관광 소비자 행동에 적용하여 보고자 한다. 구체적으로는 문화관광공간에서 만족에 영향을 미치는 변인들의 영향관계를 통해 만족구조를 검증하고, 전체 모형을 구성하고 있는 변인들 간의 인과관계와 그 영향의 정도를 파악하고자 한다. 그러한 영향을 규명함으로써 문화교육 필요성의 근거를 제시하고, 정책적 방안수립에 기여하려는 데 연구의 목적이 있다.

2. 이론 고찰

가 문화교육의 개념

현대사회에서 문화관광(cultural tourism)은 관광행동의 하나의 유형으로서 관점에 따라 개념의 정의가 다양하다(Tighe, 1985; WTO, 1985; McIntosh and Goledner, 1990). 문화관광에 대한 정의를 종합하면, 문화관광은 타 지역의 독특한 생활양식이나 역사, 예술, 문화유산 등의 감상 및 체험을 통하여 문화적 관광욕구 충족을 목적으로 하는 관광활동이라고 정의할 수 있다. 문화관광자원에 해당하는 도자기 축제와 같은 축제는 지역주민들의 총체적인 삶과 전통문화적 요소가 잘 반영되어 있는 종합적인 문화행사이며, 해당지역 문화의 동질성과 특수성을 공감하고 재생하며, 교육하고, 계승하여 상징하는 중요한 장이다.

조용환(1999, 214)은 문화교육을 '문화사회화'로 일컬어야 할 활동이라고 말하면서, 어른 아이 할 것 없이 모든 사람이 부단한 반성과 주체적인 판단 속에서 삶의 질을 향상해 나가도록 예술, 지식, 기술, 가치 등을 서로 가르치고 배우는 활동이요, 그 과정으로 개념화하였다. 문화교육의 개념에 대한 논의 가운데 공통된 주장은 문화교육의 필요성이다. 문화는 사회구성원 개개인이 독특한 삶을 향유하도록 할 뿐 아니라 사회 전체가 조화와 통합(한국문화정책개발원, 1999)을 이룰 수 있도록 해주는 메커니즘이다. 그러한 유무형의 문화를 창출하고 보존하는 데에는 성숙한 개개인이 존재해야 하므로(한국문화정책개발원, 1999) '문화의 세기'를 바르게 보내기 위해서 올바른 문화교육의 필요성이 제기되는 것이다. 문화교육의 중요성에 대한 인식의 예로 문화정책, 학교교육, 문화예술관련 기관, 그리고 적극적인 움직임을 보이고 있는 박물관을 들 수 있다.

문화에 대한 개념이 전통문화, 예술문화, 대중문화 등의 범위에서 매우 복잡하고 다양하게 다루어지고 있기에 본 연구에서는 문화교육을 '전통문화의 이해를 위한 학습'을 의미하는 것으로 정의하였다.

나 만족도의 개념과 측정방법

일반적인 개념으로 만족도는 동기(motivation)와 밀접하게 관련이 있어 보이는 요구에 기초한(need-based) 정의로서(윤동구, 2001; Stankey, 1972; Dann, 1981; Noe, 1987), 관광관련 연구에서는 관광객들의 요구(needs)에 부합하여 만족하게 될 관광에 대한 요구와 동기, 경험의 유형 등을 인지하는 것으로 가정하고 있으며, 관광객들은 만족, 충족된 심리적 산출 등을 정확히 판단할 수 있다는 것을 의미한다.

만족에 대한 개념으로 평가만족(appraisal satisfaction)으로 불리는 다른 접근방법은 소비자 만족 연구에서 가장 많이 사용된 정의를 인용하여 기대와 실제상황 사이의 차이로 정의된다(Van Raaij and Francken, 1984; Pizam, 1978). 소비자 만족을 정의하는 또 다른 관점은 기존의 시각과는 달리 전반적인 만족을 개별적인 속성에 대한 만족과 구별하는 것이다(Spreing et al., 1996; Fornell, 1992; Gnoth, 1994; Bigne et al., 2001). 전반적인 만족은 상품이나 서비스에 대한 감정적 반응인 정서적 상태이며, 구매 후 총체적인 평가를 의미하는 좀 더 넓은 개념으로 받아들여지고 있다. 가장 최근의 관광분야

연구에서도 후자의 전반적인 만족을 조작적 정의로 채택하고 있다. 이러한 연구들을 바탕으로 본 연구에서는 만족의 경우에 관광활동으로 생성되는 관광객의 정서적 상태인 총체적인 경험의 질에 대한 일종의 태도로 설정하고자 한다.

관광자 만족에 대한 초기연구에 있어 중요한 선행변수는 총 방문자수와 이용밀도(Clawson and Knetsch, 1966; Fisher and Krutilla, 1972; Shelby, 1980) 등과 관련된 것이었으며 이후 발전된 형태로 Shelby(1980)는 혼잡지각 체험과 관련된 것이었다. 이들 연구는 방문자수 및 위락지역 방문횟수를 독립변수로, 이용자 만족도를 종속변수로 보았다. 한편, 인지적 일관성을 가정하는 기대-수행 일치(不一致)와 전반적 만족의 관계는 기대점수와 수행점수를 산출하여 두 변수의 차이점수를 독립변수로, 전반적인 만족도는 일반적인 평가점수로 산출하였다(Geva and Goldman, 1991). 관광경험의 만족은 점차 다차원적 평가방식으로 이어지면서 다양한 측정척도가 개발되었으며(Beard and Ragheb, 1980; Manfredo, 1984) 지속적으로 특별한 관광목적지를 찾은 방문자의 만족도를 측정하기 위해 다양한 접근이 이뤄지고 있다. 최근에는 다항목 척도가 아닌 단일항목으로 전반적인 만족도를 측정한 연구들이 있다(Fornell et al., 1996; Bolton and Lemon, 1999; Bigne et al., 2001). 최근 국내의 만족도 관련 연구에서도 전반적 만족도, 추천의사, 재방문의사 등의 항목을 포함하고 있음을 알 수 있다(박창규, 1997; 고동우, 1998).

다 만족도 영향 요인

(1) 친숙도

소비자 연구에서 주요 설명변인으로 다루어지는 친숙도(familiarity)와 관련된 여러 연구(Park and Lessig, 1981; Zinkhan and Muderrisoglu, 1984; Johnson and Russo, 1984; Marks and Olson, 1981; Bettman and Park, 1980)에서 그 정의는 접근법에 따라 차이는 있지만 '특정 상품에 대한 인지적 구조'라는 공통점을 지닌다. 따라서 친숙성 개념은 정확하게 일치되고 있지는 않지만, 제품 사용빈도, 제품군에 대한 지식, 사용경험, 기억 속에 저장된 이전 경험의 인지적 표상 등으로 정의된다.

친숙도 측정에 관한 선행연구(Zinkhan and Muderrisoglu, 1984; Johnson and Russo, 1984; Bettman and Park, 1980)를 검토해 볼 때, 상품 친숙성의 개념적 조작과 측정방법이 연구자에 따라 각기 다르며, 주로 피험자들이 보고한 주관적인 평정에 의해 상품 친숙성 정도가 측정되고 있다. 따라서 상품 친숙성 정도의 측정은 주관적으로 지각하고 있는 상품 친숙성 정도뿐만 아니라, 그 상품에 대해 실제적으로 알고 있는 지식정도에 대한 측정도 포함되어야 함을 알 수 있다.

(2) 이미지

우리는 일상적으로 '이미지'라는 말을 사용하고 있으며, 그 의미는 다양하게 사용되고 사용하는 사람에 따라 여러 가지 의미로 받아들여지고 있다. 자극과는 관계없이 과거의 경험으로부터 구체적·감각적으로 마음속에 재생되는 상(像)이고, 또한 사물이나 목적지에 대한 지식(신념)·느낌·전반적인 인상에 관한 개개인들의 정신적인 표출로 구성된 태도의 개념으로 인식된다(Baloglu and McCleary, 1999). 또한 홍광표와 김영국(1989)은 관광이미지를 관광객이 관광지의 제반 관광환경을 경험하는 현재의 지각과정과 과거의 체험으로부터 형성되는 주관적 태도라고 하였다. 본 연구에서는 연구의 특성상 방문자가 방문하고 난 후 실제의 경험으로부터 형성되는 주관적 태도로 보고자 한다.

관광지 이미지를 형성하는 요소에는 일반적으로 흥분, 탈출, 휴식 등의 사회·심리적 측면과 기후, 풍경, 문화, 시설 등 물리 환경적 측면의 내용이 포함된다(권정택, 2000). 이장주(1997)는 이용성, 유희성, 신기성, 향토성, 전통성, 체험성, 교육성이라는 7개의 축제이미지 요인을 개발한 바 있다.

(3) 만족도 영향요인 간의 관계

관광학에서 친숙성에 관한 연구는 이미지 형성에 관련된 테마가 대부분이다. 관광지에 대한 친숙성은 언어나 인쇄물보다 훨씬 더 강한 이미지를 창출하며, 이미지 형성에 미치는 사람들의 잠재적 성향 때문에 관광지에 대한 개개인들의 친숙성을 고려해야 한다고 한다. 또한 특정 관광지에 대하여 얼마나 친숙하냐가 정서적 공간에서 이미지의 위치에 영향을 준다(Baloglu and Brinberg, 1997).

관광상품과 관련하여 관광을 정의한다면, 관광은 관광자가 관광상품을 소비하는 행위이다. 여기서 소비는 관광상품에 대한 이미지를 소비하는 것이 된다(박석희, 1997). 따라서 관광자가 어떠한 이미지를 가지고 왔고, 또 어떠한 이미지를 가지고 가느냐 하는 시각에서 관광경험의 질적 기준이 되는 만족도와의 관계를 밝혀야 할 필요성이 있다.

만족도와 이미지 간의 관련성에 대해서는 크게 두 가지 관점으로 구분할 수 있다. 하나는 이미지와 만족을 서로 대등한 관계로 보는 견해이다. 즉 이미지와 만족을 상관관계로 보아야 한다는 견해이다. 다른 하나는 이미지와 만족이 영향을 주고받는 인과관계로 볼 수 있다는 견해이다. 이것은 다시 만족이 이미지 형성에 영향을 준다는 관점과 이미지가 만족에 영향을 미친다는 관점을 말한다.

라 연구모형 및 가설설정

본 연구는 방문자의 지각된 친숙성의 정도가 목적지에 대한 만족과의 관련성과 전체 각 단계에서 문화교육이 미치는 영향관계를 파악하는 데 있다. 연구목적에 의해 [그림 1]과 같은 연구모형을 설정하였다.

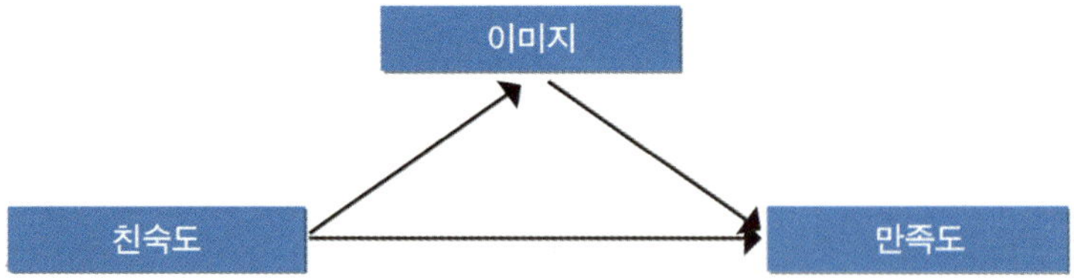

[그림 1] 연구모형

본 연구의 친숙성과 만족과의 인과적 구조에 관한 이론적 토대는 친숙한 대상지에서 방문 전 방문의도에 대한 친숙성의 영향을 연구한 Prentice와 Andersen(2000)의 연구이다. 본 연구에서 만족의 개념은 재방문의사, 추천의사 등을 포함하는 개념으로 간주하고, 그러한 만족은 방문 후에 새로운 방문의도를 형성하는 것으로 보고, 친숙성 개념을 확장시켜 방문자가 목적지 방문 후에 느끼는 만족에 적용하고 그 관계를 설명하고자 하였다. 따라서 연구가설은 다음과 같이 설정할 수 있겠다.

문화교육이 방문자 만족에 미치는 영향을 알아보기 위해 문화교육을 받은 경험의 유무에 따라 만족과 만족에 영향을 미치는 변수들별로 유의한 차이가 있을 것임을 가정하였다. 다음으로 지각된 친숙도와 목적지에 대한 만족 사이의 구조적 인과성(causality structure)의 검증을 시도하였다.

• 연구가설 1. 문화교육 정도에 따라 만족도와 그 영향요인에 차이가 있다.

세부가설 1. 문화교육을 받지 않은 집단, 문화교육(도자기교육 제외)을 받은 집단, 도자기교육도 받은 집단 간 만족도에 차이가 있다.

세부가설 2. 문화교육을 받지 않은 집단, 문화교육(도자기교육 제외)을 받은 집단, 도자기교육도 받은 집단 간 친숙도에 차이가 있다.

세부가설 3. 문화교육을 받지 않은 집단, 문화교육(도자기교육 제외)을 받은 집단, 도자기교육도 받은 집단 간 이미지에 차이가 있다.

• 연구가설 2. 문화교육 정도에 따라 만족도 영향요인 간에 인과관계가 있다.

세부가설 1. 문화교육을 받지 않은 집단, 문화교육(도자기교육 제외)을 받은 집단, 도자기교육도 받은 집단 사이에 친숙도와 만족도 간에 회귀관계가 있다.

세부가설 2. 문화교육을 받지 않은 집단, 문화교육(도자기교육 제외)을 받은 집단, 도자기교육도 받은 집단 사이에 친숙도와 이미지 간에 회귀관계가 있다.

세부가설 3. 문화교육을 받지 않은 집단, 문화교육(도자기교육 제외)을 받은 집단, 도자기교육도 받은 집단 사이에 이미지와 만족도 간에 회귀관계가 있다.

3. 결과의 분석 및 해석

가 응답자의 인구통계학적 특성

응답자의 일반적인 특성을 파악하기 위하여 빈도분석을 실시한 결과는 〈표 1〉과 같다.

응답자 가운데 문화교육을 받은 집단이 49.6%, 문화교육을 받지 않은 집단이 50.4%로 두 집단이 거의 비슷한 수준이다. 각 변수별로 살펴보았을 때, 나이를 제외한 나머지 변수에 대해 각 집단 내의 구성비율은 집단 간에 큰 차이를 보이지 않고 있다. 각 집단 내의 연령별 비율을 보면 문화교육을 받은 집단은 20~30대가 37.1%, 40대 이상은 62.8%이고, 문화교육을 안 받은 집단은 20~30대가 60.2%, 40대 이상은 39.8%로 문화교육을 받은 집단의 연령층이 다소 높게 나타나고 있다.

또한 전체를 문화교육을 받지 않은 집단(50.4%), 도자기와 관련이 없는 문화교육을 받은 집단(28.7%), 도자기 교육도 받은 집단(20.9%)으로 구분하였다. 세 집단으로 구분 시에도 비슷한 인구통계적 구성비율을 보이고 있다. 그런데 도자기 교육을 받은 집단의 응답자의 직업에서 다른 집단들과 달리 학생이 20.8%로 가정주부 다음으로 높은 비율을 차지하고 있다.

〈표 1〉 응답자의 인구통계학적 특성

(단위: 명, %)

구 분		문화교육 받은 집단			문화교육 안 받은 집단	합 계
		도자기교육 받은 집단	도자기교육 안 받은 집단	계		
나이	20대	17(22.1)	14(13.2)	31(16.9)	48(25.8)	79(21.4)
	30대	10(13.0)	27(25.5)	37(20.2)	64(34.4)	101(27.4)
	40대	27(35.1)	32(30.2)	59(32.2)	48(25.8)	107(30.0)
	50대 이상	23(29.9)	33(31.1)	56(30.6)	26(14.0)	82(22.2)

직업	학생	16(20.8)	6(5.7)	22(12.0)	20(10.8)	42(11.4)
	회사/공무원	4(5.2)	9(8.5)	13(7.1)	21(11.3)	34(9.2)
	농업/어업	1(1.3)	1(0.9)	2(1.1)	2(1.1)	4(1.1)
	전문/관리직	11(1.3)	12(11.3)	23(12.6)	21(11.3)	44(11.9)
	자영업	2(2.6)	7(6.6)	9(4.9)	5(2.7)	14(3.8)
	가정주부	42(54.5)	66(62.3)	108(59.0)	116(62.4)	224(60.0)
	기능/생산직	0(0.0)	0(0.0)	0(0.0)	1(0.5)	1(0.3)
	기타	1(1.3)	5(4.7)	6(3.3)	0(0.0)	6(1.6)
학력	중졸 이하	4(5.2)	8(7.5)	12(6.6)	21(11.3)	33(8.9)
	고졸	21(27.3)	43(40.6)	64(35.0)	65(34.9)	129(35.0)
	대학재/졸	48(62.3)	50(47.2)	98(53.6)	91(48.9)	189(51.2)
	대학원 이상	4(5.2)	5(4.7)	9(4.9)	9(4.8)	18(4.9)
가구당 월소득	150만 원 미만	27(35.1)	31(29.2)	58(31.7)	68(36.6)	126(34.2)
	150~300만 원 미만	23(29.9)	49(46.2)	72(39.3)	75(40.3)	147(39.8)
	300만 원 이상	27(35.1)	26(24.5)	54(29.5)	43(23.1)	96(26.0)
거주지	서울	32(41.6)	33(31.1)	65(35.5)	58(31.2)	123(33.3)
	경기	33(42.9)	60(56.6)	93(50.8)	115(61.8)	208(56.4)
	기타	12(15.6)	13(12.3)	25(13.7)	13(7.0)	38(10.3)
표본수		77(100.0)	106(100.0)	183(100.0)	186(100.0)	369(100.0)

나 측정척도의 신뢰도 및 타당도 검증

만족도와 친숙도 항목의 신뢰도 검증 결과는 〈표 2〉와 같다.

〈표 2〉 만족도·친숙도 항목 신뢰도 분석

항목		평 균	표준편차	항목 간 상관관계	항목제거 시 알파계수
만족도	• 도자기엑스포 방문에 만족한다.	3.43	.97	.744	.896
	• 도자기엑스포 방문으로 행복하다.	3.18	1.02	.727	.880
	• 도자기엑스포 방문을 잘 선택했다고 생각한다.	3.59	1.02	.808	.862
	• 다음 도자기엑스포에 다시 방문할 의향이 있다.	3.45	1.12	.716	.883
	• 도자기엑스포를 주위 사람들에게 방문하도록 권하겠다.	3.54	1.08	.749	.875
친숙도	• 나는 도자기에 친숙하다.	3.27	1.15	.661	.783
	• 나는 도자기에 대해 잘 알고 있다.	2.79	1.07	.725	.758
	• 나는 도자기축제에 자주 참가하는 편이다.	2.73	1.20	.546	.836
	• 나는 도자기에 대한 정보를 자주 찾는 편이다.	2.67	1.21	.710	.760

주: 1) 만족도: 알파계수=0.8976, 조정된 알파계수=0.8988.
2) 친숙도: 알파계수=0.8297, 조정된 알파계수=0.8321.

만족도 항목은 Cronbach's α계수가 0.898로 높게 나타났다. 친숙성 항목의 경우 자기문항 제거 시 신뢰계수가 전체 신뢰도보다 높은 1개의 항목을 제외한 4개의 항목으로 신뢰도를 검증하였는데, 〈표 3〉에서와 같이 Cronbach's α계수는 0.8297로 높게 나타났다.

이미지 항목의 신뢰도 검증 결과 〈표 3〉, 이미지 항목은 전체 Cronbach's α계수가 0.915로 매우 높게 나타났다. 주성분 분석을 이용한 요인분석을 실시한 결과 이미지는 4개의 주요요인으로 구성되어 있으며, KMO값(0.912), 각 변수의 공통성(0.4 이상), 총 분산설명력(58.76%)에 의해 변수들의 선정이 적당한 것으로 볼 수 있다.

〈표 3〉 이미지 항목 신뢰도 및 요인 분석

구 분	요인명	항 목	아이겐값	요인 적재량	코뮤 낼리티	분산 설명력	항목제거 시 알파계수
이미지	유희성·신기성	• 몹시 감동적이다.	7.733	.758	.677	38.663	.908
		• 볼거리가 많은 곳이다.		.705	.617		.908
		• 행사내용에 자신이 몰두할 수 있다.		.678	.576		.910
		• 낭만적 경험을 할 수 있다.		.649	.537		.909
		• 역사적 가치가 있다.		.596	.569		.908
		• 진기하다.		.544	.502		.910
		• 행사지역은 즐길 수 있는 곳이 많다.		.504	.565		.910
		• 행사내용이 다양하다.		.454	.574		.910
	체험성	• 문화적 체험의 기회가 많다.	1.835	.755	.643	9.177	.912
		• 새로운 경험을 할 수 있다.		.751	.617		.912
		• 우리 문화의 자부심을 느끼게 한다.		.715	.649		.910
		• 교양을 넓혀 준다.		.675	.627		.912
	이용성·교육성	• 행사시간을 잘 지킨다.	1.182	.768	.615	5.911	.914
		• 행사장이 찾기 쉽다.		.705	.531		.914
		• 행사내용을 잘 알 수 있다.		.658	.564		.911
		• 가족중심으로 즐길 수 있다.		.540	.562		.912
		• 행사내용이 교육적이다.		.515	.560		.910
	전통성	• 민간 토속신앙적인 분위기가 있다.	1.002	.765	.681	5.009	.911
		• 문화적 가치가 있다.		.600	.604		.909
		• 행사내용이 향토적이다.		.484	.480		.910

주: 1) 이미지: 전체 분산설명력=58.759, KMO값=0.921, 알파계수=0.915.

다 가설 검증

(1) 연구가설 1의 검증

방문객을 집단 I(도자기교육을 포함한 문화교육을 받은 집단), 집단II(도자기교육을 제외한 문화교육을 받은 집단), 집단III(문화교육을 받지 않은 집단)으로 구분한 후 평균값에 의한 집단 간 차이를 비교 분석한 후 일원분산분석(one-way ANOVA)에 의해 유의도를 검증하고, 사후검증으로 던컨 다중범위분석(Duncan's multiple range test)을 실시하였다.

〈표 4〉 문화교육 유무에 따른 주요 변수별 영향 차이

구 분		집단 유형	문화 교육	도자기 교육	평균	던컨 그룹	F-값	구 분		집단 유형	문화 교육	도자기 교육	평균	던컨 그룹	F-값
만족도	전체 만족	집단 I	유	유	3.80	A	36.592*	이미지	유희성·신기성	집단 I	유	유	3.35	A	17.159*
		집단 II	유	무	3.70	A				집단 II	유	무	3.25	A	
		집단III	무	무	3.00	B				집단III	무	무	2.85	B	
	재방문 (다음회)	집단 I	유	유	4.00	A	46.432*		체험성	집단 I	유	유	4.06	A	14.648*
		집단 II	유	무	3.95	A				집단 II	유	무	4.00	A	
		집단III	무	무	2.95	B				집단III	무	무	3.62	B	
	추천 의도	집단 I	유	유	4.08	A	42.086*		이용성·교육성	집단 I	유	유	3.50	A	12.708*
		집단 II	유	무	3.95	A				집단 II	유	무	3.59	A	
		집단III	무	무	3.08	B				집단III	무	무	3.19	B	
친숙도	주관적 친숙성	집단 I	유	유	3.86	A	69.231*		전통성	집단 I	유	유	3.76	A	10.867*
		집단 II	유	무	3.28	B				집단 II	유	무	3.74	A	
		집단III	무	무	2.54	C				집단III	무	무	3.35	B	
	객관적 친숙성	집단 I	유	유	3.52	A	72.723*								
		집단 II	유	무	3.04	B									
		집단III	무	무	2.17	C									

주: 1) 집단 I: 도자기교육도 받은 집단, 집단II: 문화교육(도자기교육 제외)을 받은 집단, 집단III: 문화교육을 받지 않은 집단.
2) *는 P〈0.01 수준에서 유의함을 나타냄.

모든 주요 변수별 영향 정도는 〈표 4〉에서 보는 바와 같이 모두 세 집단 간에 유의한 차이가 있는 것으로 나타나 연구가설 1은 채택되었다. 그런데 사후검증 결과 만족도와 이미지, 선호도(요인 2 제외)에 대해 집단 I·II는 비슷한 성격의 집단으로 집단 III과는 뚜렷한 차이가 있음을 알 수 있다. 그리고 친숙도의 경우 세 집단 모두 서로 다른 성격의 집단으로 나타났다.

(2) 연구가설 2의 검증

변수 간 영향관계의 파악과 관련된 가설로서 제안된 연구모형에서 방문객의 지각된 친숙도, 이미지, 선호도와 만족도의 인과적 관계성을 알아보기 위하여 구조방정식모형 분석(analysis of structural equation modeling)을 이용하여 인과계수를 측정하였다.

〈표 5〉에서 보는 바와 같이 산출된 각 경로계수들이 통계적으로 유의한지를 기각비(C.R)를 통해 분석한 결과 친숙도 ➡ 이미지, 친숙도 ➡ 만족도, 이미지 ➡ 만족도의 5개 경로는 p〈0.01로 매우 엄격한 수준에서 유의하게 나타났다.

〈표 5〉 이론모형의 경로계수

경로				추정치	표준오차	기각비
외생변수	친숙도	➡	이미지	0.427	0.048	6.661
↓	친숙도	➡	만족도	0.361	0.050	6.276
내생변수	이미지	➡	만족도	0.414	0.107	4.444

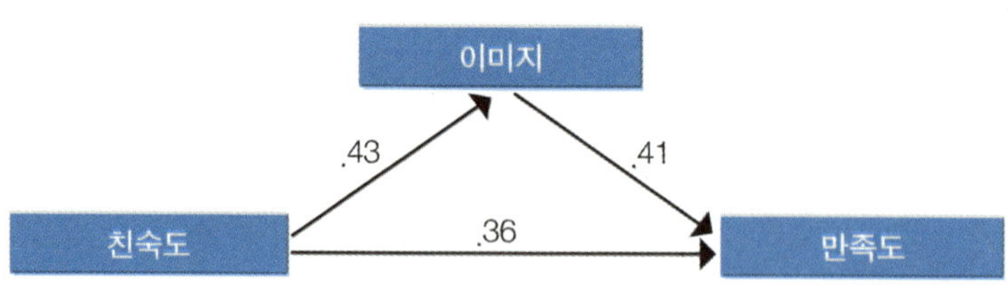

[그림 2] 주요 변수 간 인과관계

전체의 인과관계 구조 내의 영향 정도를 살펴본 결과를 정리하면 다음과 같다. 친숙도가 종속변수인 이미지와 만족도에 미치는 영향은 〈표 6〉에서와 같이 경로계수가 각각 0.427, 0.361로 모든 관계에서 유의한 수준에서 직접적인 정(+)의 효과를 갖고 있음을 알 수 있다. 이미지에 미치는 영향이 만족도에 미치는 영향보다 큰 것으로 나타났다. 또한 친숙도가 만족도에 미치는 간접적인 영향에 대해서는 경로계수가 0.274로 유의한 영향을 미치고 있다. 이미지의 만족도에 대한 영향은 유의한 수준에서 직접 또는 간접적으로 영향을 미치며, 그 경로계수는 각각 0.414, 0.145로 직접적인 영향의 정도가 더 크다는 것을 알 수 있다.

〈표 6〉 독립변수·매개변수의 영향

구 분	친숙도·이미지	친숙도·만족도	이미지·만족도
총효과	0.427	0.635	0,559
직접효과	0.427	0.361	0.414
간접효과	–	0.274	0.145
기각비(C.R)	6.661	6.276	4.444

〈표 7〉 독립변수·매개변수의 영향

구 분	부합도 지수	권장수준	본 모형평가
절대적합지수	χ^2통계량	p〉.05	χ^2=130, d.f.=48, p=.000
	GFI	〉.90	.946
	RMR	〉.05 or .08	.034
	RMSEA	.05 ~ .08	.068
증부적합지수	NFI	〉.90	.938
	TLI	〉.90	.944
	AGFI	〉.90	.913

위의 만족도 모형이 적합한지를 보기 위해 〈표 7〉과 같이 여러 부합도 지수 중 연구모형의 경우 χ^2통계량을 제외한 모든 지수들이 기준치를 충분히 충족시키고 있다. 이와 같은 부합지수들의 종합적 평가의 검토를 통해 본 연구모형은 전반적으로 적합한 모형으로서 그 결과를 수용하여도 무리가 없을 것으로 해석된다.

4. 결론 및 시사점

본 연구에서는 문화교육의 참여경험 유무에 따른 문화관광공간에 대한 태도의 차이를 분석하고자 하였다. 또한 변수들 간의 인과관계를 밝히며, 문화교육의 참여경험 유무에 따른 인과관계의 차이를 검증함으로써 궁극적으로 문화관광자원의 지속적인 발전과 유지를 위한 문화교육의 필요성의 근거를 제시하고, 문화관광자원의 관리에 대한 정책적 방향을 제시하려는 데 그 목적이 있다.

세계도자기 엑스포 방문자들을 대상으로 한 실증분석 결과, 연구가설 1의 문화교육을 받지 않은 집단, 도자기교육을 제외한 문화교육을 받은 집단과 도자기교육도 받은 집단 간의 만족도와 방문자의 만족에 영향을 주는 요인(친숙도, 이미지)에 대해 세 집단 모두 유의한 차이가 있는 것으로 나타났다. 문화교육에 참여한 경험이 있는 집단과 그렇지 않은 집단 간에 뚜렷한 차이가 나타나고, 이러한 결과는 현재 행해지고 있는 문화교육프로그램의 내용과 관련하여 이해할 수 있다.

변수 간 영향관계의 파악과 관련된 연구가설 2는 이론 고찰을 통해 밝혀진 친숙도와 이미지의 관계, 이미지의 만족도와의 관계, 탐색적으로 이미지와 만족도의 관계로서 각 변수들이 정(+)의 회귀관계가 있음이 검증되었다. 분석 결과 중요한 사실은 전체의 인과관계의 구조 내의 영향 정도를 살펴보았을 때, 친숙도 ➡ 이미지 ➡ 만족도의 영향을 나타내는 경로에서 그 영향관계가 매우 크게 나타나고 있다.

문화관광자원과 관련하여 문화교육의 목적이 방문자의 만족과 자원관리, 이미지 개선 등에 있다고 볼 때 본 연구는 다음과 같은 점을 시사한다. 문화관광자의 만족 및 만족결정요인에 대한 체계적인 연구를 통하여 문화관광에서의 일반화된 만족 모형을 구축할 필요가 있다. 또한 연구 결과에서 나타난 문화교육의 중요성은 실무적인 측면에서 방문자들의 긍정적인 평가와 지속적인 관심을 얻기 위한 계획 및 관리 방안에 반영되어야 할 것이다.

참고문헌

고동우(1998). 관광의 심리적 체험과 만족감의 관계. 고려대학교 대학원 박사학위논문.

권정택(2001). 관광이벤트의 방문동기와 사후 이미지가 만족과 재방문 의도에 미치는 영향. 대구대학교 대학원 박사학위논문.

김성희(1994). 제품친숙성과 관여의 정보탐색과 상기집합에 대한 영향. 전북대학교 대학원 석사학위논문.

나영은(1992). 의복 스타일 선호에 영향을 미치는 요인. 서울대학교 대학원 석사학위논문.

박석희(1997). 관광상품화에 대한 개념정립 및 그 전략. 『경기대학교 논문집』, 40(1): 541-570.

박창규(1997). 관광자 만족 결정경로와 요인에 관한 연구. 경기대학교 대학원 박사학위논문.

오영준(1996). 지역별 관광객 선호도에 관한 연구. 경기대학교 대학원 석사학위논문.

이장주(1997). 지역축제의 이미지 측정척도 개발과 적용에 관한 연구. 경기대학교 대학원 박사학위논문.

이태호(1997). 현단계 박물관의 교육적 기능에 대한 진단과 전망. 『교육철학』, 18: 27-53.

이학식·안광호·하영원(2000). 『소비자행동』. 법문사.

윤동구(2001). 관광객 만족 구조모형의 개발에 관한 연구. 경기대학교 대학원 박사학위논문.

조용환(1999). 한국 문화교육의 정책과 실상. 『교육철학』, 21: 205-220.

한국문화정책개발원(1999). 지식기반 확충과 문화교육: 어린이와 문화교육.

홍광표·김영국(1989). 경주지역 문화자원의 관광이미지 평가에 관한 연구. 『신라문화』, 6집.

Baloglu, S., and Brinberg, D.(1977). Affective images of tourism destination. *Journal of Travel Research*, 35: 11-15.

Baloglu, S., and McCleary, K.(1999). A model of destination image formation. *Annals of tourism Research*, 26: 868-897.

Beard, J. G., and Ragheb, M. G.(1980). Measuring leisure satisfaction. *Journal of Leisure Research*, 12(1): 200-233.

Bettman, J., and Park, W.(1980). Effects of prior knowledge and experience and phase of the choice process on consumer decision processes: A protocol analysis. *Journal of Consumer Research*, 7: 234-248.

Bigne, J. S., Enrique, M., Isabel, M., and Javier, S.(2001). Tourism image, evaluation variables and after purchase behavior: inter-relationship. *Tourism Management*, 22: 607-616.

Bolton, R. N., and Lemon, K. N.(1999). A dynamic model of customer's usage of services: Usage as an antecedent and consequence of satisfaction. *Journal of Marketing Research*, 36(2): 171-186.

Clawson, M., and Knetsch, J.(1966). *Economics of Outdoor Recreation*, Baltimore: The Johns Hopkins Press.

Fisher, A. C., and Krutilla, J. V.(1972). Determination of optimal capacity resource based recreation facilities. *Natural Resources Journal*, 12: 417-444.

Fornell, C., Johnson, M. D., Anderson E. W., Cha, J., and Bryant, B. E.(1996). The american customer satisfaction index: Nature, purpose and findings. *Journal of Marketing*, 60: 7-18.

Geva, A., and Goldman, A.(1991). Duality in consumer post-purchase attitude. *Journal of Economic Psychology*, 12: 141-164.

Gnoth, J.(1994). Quality of service and tourist satisfaction. In S. Witt., and L. Moutinho(eds.). *Tourism Marketing and Management Handbook*. Hempel Hempstead, Prentice Hall. pp. 279-284.

Johnson, E., and Russo, E.(1984). Product familiarity and learning new information. *Journal of Consumer Research*, 11: 542-550.

Park, W., and Lessig, P.(1981). Familiarity and its impact on consumer decision biases and heuristics. *Journal of Consumer Research*, 8: 223-230.

Manfredo, M. J.(1984). The comparability of onsite and offsite measures of recreation needs. *Journal of Leisure Research*, 16(3): 245-249.

Marks, L., and Olson, J.(1981). Toward a congnitive structure conceptualization of product familiarity. *Advances in Consumer Research*, 8: 145-150.

McIntosh, R., Goeldner, C., & Ritchie, J. R.(1990). *Tourism: Principles, Practices, Philosophies*. New York: Wiley.

Noe, F. P.(1987). Measurement specification and leisure satisfaction. *Leisure Science*, 9(3): 155-166.

Pizam, A., Newman, Y., and Reichel, A.(1978). Dimensions of tourist satisfaction. *Annals of Tourism Research*, 5: 314-322.

Prentice, R., and Andersen, V.(2000). Evoking ireland modeling tourist propensity. *Annals of Tourism Research*, 27(2): 490-516.

Shelby, B.(1980). Crowding models for back-country recreation. *Land Economics*, 56(1): 43-55.

Spreng, R. A., Mankenzie, S. B., and Olshavsky R. W.(1996). A re-examination of the determinants of consumer satisfaction. *Journal of Marketing*, 60(3): 15-32.

Stankey, G. H. A.(1972). A strategy for the definition and management of wilderness quality. In J. V. Krutilla(ed.). *National Environments: Studies in Theoretical and Applied Analysis*. Baltimore. MD: John Hopkins University Press. pp. 88-144.

Tighe, A.(1985). Cultural tourism in the U.S.A. *Tourism Management*, 6(4): 234-251.

Raaij, W. F., and Francken, D. A.(1984). Vacation decision, activities and satisfaction. *Annals of Travel Research*, 11(1): 141-142.

Zinkhan, G., and Muderrisoglu, A.(1984). Involvement familiarity, cognitive differentiation, and advertising recall: A test of convergent and discriminant validity. *Advances in Consumer Research*, 12: 356-361.

* 이 장의 출처 : 한국공원휴양학회(2002). 『한국공원휴양학회지』, 4(2). 이혜현과 공동.

제15장 환경지식의 영향

* 관광객의 행동을 바람직하게 변화시키기 위해서는 무엇을 해야 할까?
* 그대의 환경에 관한 지식은 어느 정도 된다고 생각하는가?
* 생태계에 관한 지식이 생태관광객의 만족수준을 높여줄 수 있을까?

1. 머리말

1970년대 이후 환경문제의 심각성이 더욱 크게 부각되고 환경문제가 전 세계적으로 중요한 이슈가 됨으로써 직접적 피해자인 인간의 환경에 대한 관심이 매우 높아지고 있다. 인간은 누구나 깨끗한 환경으로부터 혜택을 누리고자 하는 강한 욕구를 가지고 있다. 그러나 환경의 보전에는 큰 비용을 지불하려고 하지 않기 때문에 사회적 딜레마가 발생하게 된다(민현선, 1998). 이러한 사회적 딜레마는 일상생활에서 야기되는 문제이기도 하지만 자연환경을 직접 느끼는 관광지에서는 더 심각한 문제점이 될 수 있다.

대부분의 환경이 곧 관광대상이 될 수 있어 고갈시키지 않는 환경의 이용은 관광의 성공을 위해 필요한 도전요소이자 필요조건이 되는 것이다. 따라서 관광의 질이 환경조건에 크게 의존된다고 볼 때, 한정된 자연환경자원의 관리는 관광개발에 있어서도 관심 있게 다루어져야 할 중요 부분이라고 할 수 있다(장인식, 1991).

이 분야의 선행연구들은 주로 중·고등학생들의 환경인식을 다룬 연구들이나(김정

혜, 1995; 백승룡, 1996; 김은영, 1997), 최근에는 환경인식이 아닌 환경지식적인 측면에서의 연구로 국내외 학계에서 많이 진행되고 있다(김수철, 1994; 최남숙, 1994; 송달용, 1997; 민현선, 1998; 오용선, 1998).

그렇지만, 이러한 연구들은 관광지에서라기보다는 주로 일상생활에서의 일반적인 환경지식에 대한 연구이기 때문에 자연환경에 대한 연구라고 보기에는 한계가 있다. 따라서 본 연구에서는 북한산 국립공원을 방문하는 관광자들의 환경지식을 평가하여, 환경지식과 환경태도, 친환경행동 간에 어떠한 영향관계가 있는지 실증적으로 규명함으로써, 국립공원 관리자들에게 유용한 정보를 제공하고, 친환경행동에 대한 관광자의 환경지식과 환경태도 간의 관계에 관한 이론정립을 시도하려는 데 연구의 목적이 있다.

2. 관광과 자연환경에 관한 이론 고찰

가 관광과 자연환경 간의 관계

자연환경에 대해 관광이 미치는 영향에는 관광으로 인하여 자연환경보호와 경관이 좋아지는 긍정적인 측면과 자연환경파괴라는 부정적인 측면에서 볼 수 있다(WTO, 1991; 정익준, 1998 재인용). 즉 관광에 있어서 자연환경은 관광으로부터 보호받을 수 있고 또 관광에 의해 훼손될 수도 있다. 이러한 관광과 환경 간의 관계는 공생적 관계와 갈등적 관계로 구분할 수 있다. 전자의 경우, 관광환경의 보전은 관광이 현존하는 역사유적지, 건축물 및 기념물의 재건을 자극시키고, 오래된 건물과 장소를 완전히 새로운 관광시설로의 변형을 자극하며, 자연자원의 보전에 대한 자극제가 되기도 한다(박석희, 1997). 관광과 자연환경과의 관계에 있어서, 관광개발이 진행될수록 관광의 질이 저하되는 부정적인 영향을 나타내는 반면, 관광과 자연환경의 상충관계가 일반적이나 관광개발이 환경의 질을 더욱 보완해 주고 향상시키는 긍정적인 측면도 있다(이광희 · 변재진, 1992).

나 환경지식과 친환경행동 간의 관계

환경태도와 친환경행동에 영향을 미치는 환경지식에 대하여 이승신(1993)과 민현선(1998)은 "전체 환경과 이에 관련된 문제에 대한 경험과 기본적인 이해를 갖는 것으로, 환경을 보전하기 위해 필요한 환경문제에 관한 사실, 개념 및 관념"을 의미한다고 정의하였고, 송달용(1997)은 환경지식을 "환경문제에 대한 해결지식이며 환경문제해결에 대한 기능, 생태학적 개념에 대한 적절한 이해"로 정의하였으며, "자연생태계에 대한 불확실한 지식은 자기도 모르는 상태에서 예측할 수 없는 생태계에 대한 위해한 행동을 유발하게 되는 것"이라 하였다.

'환경에 대한 방문자태도', '환경의식', '환경에 대한 관심', '환경보전태도', '환경에 대한 방문자의식' 등의 용어로 표현되는 환경태도에 대해서 이승신(1993)은 환경태도는 "환경문제를 방지하고 환경을 보호하기 위해 지속적으로 갖고 있는 신념과 감정으로서 긍정적 또는 부정적인 심리적 성향을 의미한다"라고 정의하였다. 또한 송달용(1997)은 환경태도를 "비교적 지속적으로 견지하고 있는 환경에 대한 긍정적인 인지적, 정의적 및 행동적 경향성이며, 환경의 질 향상을 위하여 일상생활 중 환경문제를 야기시키는 행동을 배제하고 생태계의 평형성과 자기조절 기능을 회복시키는 생활양식을 선택하며, 스스로 절약하는 생활을 실천하고 오염된 환경을 개선하여 현재는 물론 미래도 쾌적한 환경에서 살아갈 수 있도록 하려는 태도"라고 정의하였다.

환경지식과 환경태도로 인하여 유발되는 친환경행동이란 우리 생활과 관련된 일체의 인간행동 중 환경을 보전하며 재생하려는 태도와 관심을 가지고, 환경문제 해결에 대한 구체적인 실천행위로 정의내릴 수 있다(최남숙, 1994; 오용선, 1998). 그간에 환경지식과 환경태도, 친환경행동과 관련하여 이론을 도출하고 그들의 관계를 입증하고자 하는 연구들이 많이 있어 왔다. 즉, '지식의 증가는 호의적 태도를 유발하고 그것은 보다 나은 환경의 질을 조장하는 행동으로 이끈다'라는 가설은 기존의 연구에서도 밝혀졌다(김대성, 1995).

환경지식에 관한 선행연구들의 결과를 보면 Bradley(1999)는 고등학생들을 대상으로 한 그의 연구에서 환경지식이 높을수록 환경태도에 대해 긍정적인 반응을 보인다고 하였고, Hus(1996) 또한 대만의 사회지도자들을 중심으로 연구한 환경지식과 환경태도 사이의 긍정적인 상관관계에 대해서 설명하고 있다. Mansaray(1998)는 나이지리아의 중등교사들 중 미술, 과학, 사회과학과 선생님들을 대상으로 환경지식과 태도를 조사하였는데, 선생님들의 환경지식이 낮을수록 환경태도도 부정적임을 발견하였다. 노남숙(1994)은 환경관리 행동을 보다 적극적으로 수행하기 위해서는 환경문제에 관한 의식함양과 관심증대, 환경보전에 관한 긍정적 태도도 중요하나 행동수정을 위해 가장 기본이 되는 지식정보인 환경관리 지식이 요구된다고도 하였다. 이승신 등(1993)은 환경보전행동이 환경보전태도와 환경지식에 의해 영향을 받고 있으며, 태도보다는 지식이 환경보전행동을 더 잘 설명한다고 하였으며, 송달용(1997)도 친환경행동(pro-environmental behavior)은 환경 및 환경에 관련된 문제를 지각·인지하고(환경지식), 이에 대한 관심과 태도를 형성하며(환경태도), 이를 바탕으로 환경문제를 해결하고자 한다고 하였다. 따라서 이와 같은 전통적 사고의 흐름인 행태변화 체계 즉, 지식(Knowledge) ➡ 태도(Attitude) ➡ 행동(Behavior) 모델[KAB모델]은 친환경행동 연구의 유용한 틀로써 그 역할을 하고 있다([그림 1] 참조)

자료: H. R. Hungerford and T. L. Volk, "Changing Learner Behavior through Environmental Education", *The Journal of Environmental Education,* Vol. 21, No. 3: 9.

[그림 1] **KAB모델(행태변화체계)**

다 연구모형과 가설의 설정

본 논문은 친환경행동을 분석하는 데 용이한 KAB모델을 적용하되, 척도는 1975년 Maloney와 Ward에 의해 개발되어 그 후 여러 연구(Synodinos, 1990; Stackman and Moor,

1991; Benton, 1994)에서 증명된 환경지식에 관한 척도를 사용하였고, 1997년 송달용에 의해 개발된 척도와 1996년 John과 Harvey에 의해 개발된 척도를 사용하였다. 그리고 1995년 Giray와 Canan이 재검증한 환경태도에 관련된 척도와 1997년 Christine과 Robert에 의해 다시 한 번 조사된 친환경행동에 관한 척도를 이용하였다.

본 연구에서는 친환경행동을 분석하는 데 환경지식이 환경태도에 영향을 주고, 이러한 태도는 국립공원 내에서 자연환경 보전적인 행동 즉 친환경행동에 영향을 주며, 또한 환경태도를 매개로 하지 않고 환경지식이 친환경행동에 직접적인 영향을 미치는지를 연구하고자 한다. 기존의 연구들에서는 응답자들의 개인적 변수와 환경교육경험, 환경관련 정보원 등이 환경지식에 영향을 미치는 변수로 되어 있다. 그러나 본 연구에서는 경로분석(path analysis)을 통하여 친환경행동을 규명하는 데 목적이 있기 때문에 환경지식을 하나의 외생변수로 하여 다른 변수의 영향을 받는 것이 아닌 이미 주어진 것으로 간주되는 변수로서 설정하였다. 따라서 환경지식에 영향을 미치는 변수로 검증된 응답자의 개인적 특성과 환경교육 경험유무, 환경정보원 등의 타 외생변수들은 배제를 전제로 하고 연구모형을 검증하고자 하였다.

본 연구의 연구가설은 앞에서 논한 이론적 배경과 제시한 연구모델에 의하여 다음과 같이 설정하였다.

H1: 환경지식은 환경태도에 정의 영향을 준다.
H2: 환경지식은 친환경행동에 정의 영향을 준다.
H3: 환경태도는 친환경행동에 정의 영향을 준다.
H4: 환경태도는 환경지식과 친환경행동 간의 관계를 매개한다.

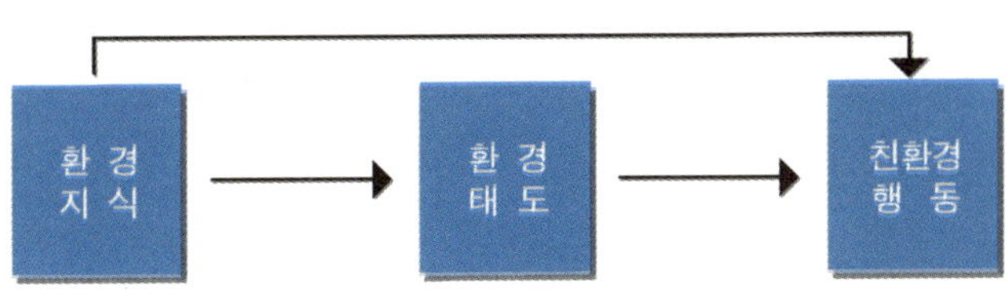

[그림 2] 연구모형

3. 결과의 분석 및 해석

가 응답자의 일반적 특성

응답자의 일반적인 특성을 파악하기 위하여 빈도분석을 실시한 결과를 살펴보면 다음의 〈표 1〉과 같다.

〈표 1〉 조사대상집단의 일반적 특성

(단위: 명, %)

구 분	내 용	빈 도	비 율	구 분	내 용	빈 도	비 율
성 별	남성 여성	170 149	53.3 46.7	환 경 교 육	경험 있음 경험 없음	129 190	40.4 59.6
연 령	19세 이하 20대 30대 40대 50대 60대 이상	18 79 78 89 39 16	5.6 24.8 24.5 27.9 12.2 5.0	교 육 기 관	학교 소비자/시민단체 반상회/부녀회 소비자보호원/구청 종교단체 기타	71 30 11 7 11 2	53.8 22.7 8.3 5.4 8.3 1.5
학 력	중졸 이하 고재/졸 전문대재/졸 대재/졸 대학원 이상	12 134 50 100 23	3.8 42.0 15.7 31.3 7.2	환 경 정보원	TV/라디오 잡지/신문 환경관련 서적 학교 기타	188 97 11 6 17	58.9 30.4 3.4 1.9 5.3
직 업	사무/기술직 전문직 자영업 주부 학생 기타	50 39 46 85 60 39	15.7 12.2 14.4 26.6 18.8 12.2	방 문 횟 수	처음 1주일에 1회 정도 1개월에 1회 정도 1~3년에 1회 정도	51 100 86 82	16.0 31.3 27.0 25.7

조사대상 집단의 성별구성을 살펴보면 남자가 53.3%, 여자가 46.5%로 비슷하고, 연령별로는 20대 24.8%, 30대 24.5%, 40대 27.9%, 50대 39%로 고른 분포를 보였다. 교육수준별로는 고졸 이하가 37.9%, 대재/졸이 31.3%로 나타났고, 직업별로는 주부가 26.6%, 학생이 18.8%로 가장 높은 비율을 나타내고 있다.

방문횟수는 1주일에 1회 정도가 31.3%로 가장 높은 비율을 나타냈다. 환경교육에 대한 경험유무에서는 환경교육을 받은 적이 있는 응답자가 40.4%, 환경교육을 받은 경험이 없다가 59.6%로 더 높게 나타났으며, 환경교육을 받은 응답자들이 환경교육을 받은 기관은 학교가 53.8%로 가장 높게 나타났고, 소비자/시민단체 22.7%, 반상회/부녀회 8.3%, 종교단체 8.3%, 소비자보호원/구청 5.2%, 기타 1.7%순으로 나타났다.

환경정보원에 대해서는 TV/라디오가 58.9%로 가장 높은 비율을 보였고, 다음으로 잡지/신문이 30.4%의 비율을 보였다.

나 측정척도의 신뢰도 검증

본 연구에서도 신뢰도 분석을 실시한 결과 〈표 2〉에 나타난 것과 같이 15개 항목 전체 Cronbach's α계수가 0.7176으로서 높은 신뢰성을 보이고 있으나, Giray와 Canan (1995)의 연구결과 Cronbach's α계수는 0.75로 본 연구에서보다 더 높은 것으로 나타났다. 또한 다음 〈표 3〉에서 변이계수를 살펴보면 각 항목의 변이계수가 대체로 고른 분포를 나타내고 있어 자료가 안정되어 있음을 알 수 있다.

〈표 2〉 환경태도 측정변수의 신뢰도 검증

측정항목	평균값	표준편차	변이계수	변수 제거 시 α	크론바하 알파계수
세계 인구증가에 관심	3.22	0.96	29.81	0.71	0.7176
세계 인구가 식량을 초과	3.57	0.95	26.61	0.71	
가족수에 따른 세금납부	2.56	1.09	42.58	0.71	
자연환경 파괴하는 사람이 싫음	4.17	0.78	18.71	0.68	
자연환경 파괴 광경에 가슴이 답답함	4.28	0.71	16.59	0.68	
자연환경의 파괴가 가장 심각한 환경오염문제	4.30	0.76	17.67	0.68	
자연환경보전에 애쓰는 분들께 감사함	4.37	0.62	14.19	0.69	
자연환경 파괴의 원인은 인간임	4.38	0.65	14.84	0.69	
원자력은 믿을 만한 깨끗한 에너지원이 아님	3.26	1.06	32.52	0.71	
우리나라에 원자력발전소가 필요치 않음	2.71	0.95	35.06	0.71	
원자력발전소 근처에 살고 싶지 않음	4.03	1.01	25.06	0.69	
원자력발전소에서 근무하고 싶지 않음	3.44	1.17	34.01	0.69	
물부족문제 해결은 생활용수를 절약하는 것	4.13	0.74	17.92	0.69	
물절약 습관을 일상생활화함	3.77	0.81	21.49	0.70	
평소에 전력을 아껴씀	3.78	0.82	21.69	0.70	

다 환경태도 측정항목의 요인분석 결과

측정변수에 대한 요인분석 결과 〈표 3〉과 같이 15문항에 대해 4개의 요인이 추출되었으며 이것은 Giray와 Canan(1995)의 연구에서 추출된 요인과 동일하게 추출되었다. 단 Giray와 Canan연구에서는 에너지 절약에 속하던 항목(물부족문제 해결은 생활용수를 절약하는 것)이 본 조사에서는 자연환경보전 요인에 속하였다. 이는 Giray와 Canan의 연구대상이 터키였고, 그들과 우리나라 사람들의 물에 대한 인식의 차이로 유추할 수 있다. 본 연구에서 환경태도에 대한 요인의 전체 설명력이 56.12%로 Giray와 Canan의 연구에서 총 51.00%의 설명력에 비해 높은 설명력을 가짐을 알 수 있다.

〈표 3〉 환경태도 측정변수에 대한 요인분석 결과

측정항목	아이겐값	요인 적재량	코뮤 낼리티	분산 설명력(%)
요인 1: 자연환경보전	3.552			23.67
물부족 문제를 해결하기 위해 생활용수 절약		0.711	0.611	
자연환경 파괴의 원인은 인간		0.704	0.512	
자연환경 파괴가 가장 심각한 환경오염문제		0.673	0.520	
자연환경보전에 애쓰는 사람에게 감사		0.625	0.517	
파괴된 자연환경 광경에 가슴이 답답		0.610	0.644	
자연환경을 파괴하는 사람을 꺼려함		0.528	0.580	
요인 2: 원자력 에너지에 대한 관심	2.062			13.74
직장이 없어도 원자력발전소에서는 근무 안 함		0.775	0.616	
원자력은 믿을 만한 에너지원이 아님		0.741	0.560	
원자력발전소 근처에서 살고 싶지 않음		0.671	0.538	
우리나라에 원자력발전소 필요 없음		0.641	0.430	
요인 3: 절약습관	1.584			10.56
평소에 전력을 아낌		0.866	0.787	
물절약 습관이 있음		0.854	0.754	
요인 4: 인구증가에 대한 관심	1.223			8.15
세계 인구가 식량을 초과		0.651	0.462	
인구증가에 관심이 있음		0.575	0.537	
가족수에 따라 세금을 납부		0.550	0.405	

전체설명력: 56.13%.

라 가설 검증

(1) 환경지식과 환경태도와의 관계

환경지식의 환경태도에 대한 영향관계를 파악하기 위하여 회귀분석을 실시하였는데 결과는 〈표 4〉와 같다. 환경지식과 환경태도 간의 회귀분석에서는 유의수준 1%에서 통계적으로 유의한 결과를 보여주고 있으며, R^2값이 0.308로 총분산의 30.8%를 설명하고 있다. 분석결과 환경지식은 환경태도에 정(+)의 영향을 미치는 것으로 나타났다.

〈표 4〉 환경태도에 대한 환경지식의 회귀분석 결과

항 목 \ 구 분	회귀계수	표준 β계수	t-값	p-값	R^2
상 수	-1.056	–	-11.496	0.000	0.308
환경 지식	0.160	0.555	11.885	0.000	

〈표 5〉는 이러한 환경지식이 태도의 각 요인별로 미치는 영향에 대한 결과이다. 환경지식이 태도에 영향을 미치는 데 있어서 태도를 구성하는 4가지 요인 중 요인 1인 자연환경보전과 관련한 태도에 가장 큰 영향을 미친다고 볼 수 있다.

〈표 5〉 환경지식이 태도의 각 요인에 미치는 영향

항 목 \ 구 분		회귀계수	표준 β계수	t-값	p-값	R^2
요 인 1: 자연환경	상 수	-1.462	–	-7.166	0.000	0.148
	환경지식	0.221	0.384	7.409	0.000	
요 인 2: 원 자 력	상 수	-0.837	–	-3.885	0.000	0.048
	환경지식	0.126	0.220	4.016	0.000	
요 인 3: 환경관심도	상 수	-0.698	–	-3.213	0.000	0.034
	환경지식	0.105	0.183	3.321	0.001	
요 인 4: 인구증가	상 수	-1.228	–	-5.873	0.000	0.104
	환경지식	0.185	0.323	6.072	0.000	

즉 환경지식과 요인 1 간의 회귀분석에서는 유의수준 1%에서 통계적으로 유의한 결과를 보여주고 있으며, R^2값이 0.148로 총분산의 14.8%를 설명하고 있다. 환경지식이 높을수록 자연환경보전에 대한 태도도 높다는 것을 알 수 있다. 따라서 국립공원의 자연환경보전을 위한 관리 측면에서 본다면, 환경지식을 관광객들에게 습득하게 하는 방법이 자연환경보전을 위한 하나의 방법이 된다고 볼 수 있다.

(2) 환경지식과 친환경행동 간의 관계

다음의 〈표 6〉은 환경지식에 대한 친환경행동의 회귀분석결과이다. 회귀모형에서 R^2값은 0.153으로 총분산의 15.3%를 설명하며 환경지식과 친환경행동 간의 인과관계는 유의수준 1%에서 검증되어 환경지식이 높을수록 친환경행동 정도도 높아지는 것으로 나타났다.

〈표 6〉 친환경행동에 대한 환경지식의 회귀분석 결과

구 분 항 목	회귀계수	표준 β계수	t-값	p-값	R^2
상 수	3.073	–	26.474	0.000	0.153
환경 지식	0.128	0.391	7.573	0.000	

(3) 환경태도와 친환경행동 간의 관계

아래의 〈표 7〉에서 보듯이 환경태도와 친환경행동 간의 회귀분석 결과에서는 R^2값이 0.225로 총분산의 22.5%의 설명력을 보이고 있으며, 인과관계 또한 유의수준 1%에서 검증되었다. 따라서 환경태도는 친환경행동에 정의 영향을 준다는 연구가설 3은 채택되었는데, 이는 태도가 환경친화적일수록 행동도 환경친화적으로 유발될 수 있음을 의미한다.

〈표 7〉 친환경행동에 대한 환경태도의 회귀분석 결과

구분 / 항목	회귀계수	표준 β계수	t-값	p-값	R^2
상 수	3.923	–	139.217	0.000	0.225
환경적 태도	0.542	0.475	9.606	0.000	

〈표 8〉에서 알 수 있듯이 태도를 구성하는 4요인을 개별변수 처리하여 다중회귀분석 결과 자연환경보전 항목이 유의수준 1% 내에서 R^2값이 0.167로서 총분산의 16.7%를 설명하고 있어 친환경행동에 가장 큰 영향을 미치고 있었다.

〈표 8〉 친환경행동에 대한 태도의 각 요인별 회귀분석

구분 / 항목	회귀계수	표준 β계수	t-값	p-값	R^2	
					각 요인	전체
상 수	3.923	–	142.981	0.000	–	0.273
요인 1-자연환경	0.234	0.409	7.980	0.000	0.167	
요인 2-원자력	0.061	0.108	1.926	0.055	0.012	
요인 3-환경관심도	0.123	0.215	3.925	0.000	0.046	
요인 4-인구증가	0.124	0.218	3.973	0.000	0.047	

이상의 회귀분석 결과를 종합하여 볼 때 연구가설 1-환경에 대한 지식은 환경태도에 정의 영향을 준다, 연구가설 2-환경에 대한 지식은 친환경행동에 정의 영향을 준다. 연구가설 3-환경태도는 친환경행동에 정의 영향을 준다는 모두 채택되었다.

(4) 환경지식, 환경태도, 친환경행동 간의 경로분석

친환경행동과 태도, 환경지식 간의 관계는 〈표 9〉와 같이 환경지식이 환경태도에 정의 영향을 미치는 것으로 나타났고(경로계수 0.5635), 환경태도도 친환경행동에 정의 영향을 미치는 것으로 나타났으며(경로계수 0.4843), 환경지식과 친환경행동 간의 관계 역시 정의 인과관계를 보였다(경로계수 0.3913).

〈표 9〉 **본 연구모형에 대한 경로분석 결과**

구 분 / 경 로	경로계수	표준오차	t-값	p-값
환경지식 → 환경태도	0.5635	0.0106	12.146	0.0001*
환경태도 → 친환경행동	0.4843	0.0699	9.857	0.0001*
환경지식 친환경행동	0.3914	0.0169	7.573	0.0001*

주: *는 1% 유의수준.

위에서 살펴본 경로분석 결과로부터 친환경행동에 대한 환경지식과 환경태도의 직·간접 효과를 살펴보면 다음의 [그림 3]과 같다.

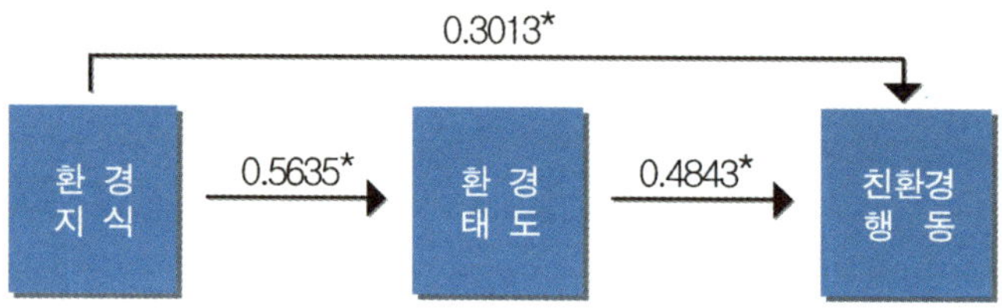

주: *는 1% 유의수준.

[그림 3] **경로분석 결과**

친환경행동에 대한 환경지식의 간접효과를 보면, 〈표 9〉에서도 알 수 있듯이, 환경태도를 통한 환경지식의 간접효과는 0.27($\gamma 11 \times \beta 11 = 0.5635 \times 0.4843$)로 나타나고 있다. 즉 환경지식은 환경태도에 정의 영향을 미침으로써 친환경행동에 간접적인 영향도 주고 있다. 그러나 친환경행동에 대한 직접효과와 간접효과에 대한 경로계수를 보면 환경지식의 친환경행동에 대한 직접효과가 간접효과보다 크다는 것을 알 수 있다.

(5) 기타 분석 결과

기존의 환경지식에 대한 여러 연구들을 보면 환경지식에 미치는 변수들은 주로 개인적인 변수들과 환경정보에 관한 관심, 환경교육 등을 들 수 있다. 본 연구에서는 학력변수가 환경지식, 환경태도, 친환경행동에 영향을 미치는가에 대해 회귀분석과 교차분석 등을 통하여 분석하였다.

결과 환경지식과 환경태도, 친환경행동이 유의수준 1% 내에서 학력변수만이 모두 유의한 것으로 나타났다. 관광자의 방문횟수는 환경태도에서 유의수준 1% 내에서 유의하고, 연령변수의 경우도 환경태도와 친환경행동에서 유의수준 5%에서 유의함을 나타냈다. 이러한 친환경행동이 학력에 얼마나 영향을 받는지 다시 학력집단을 고집단과 저집단으로 나누어 회귀분석을 통해 결과를 분석하였다. 먼저 고학력집단은 전문대재/졸 이상 집단으로 총 설문응답자(319명)의 54.2%이고, 저학력집단은 고재/졸 이하 집단으로 45.8%이다.

〈표 10〉 학력집단에 따른 지식, 태도, 행동 간의 회귀분석

항목		구분	회귀계수	표준 β계수	t-값	p-값	R^2
태도에 대한 지식	고학력	상수	-0.909	0.452	-5.784	0.000	0.205
		지식	0.141		6.635	0.000	
	저학력	상수	-1.126	0.572	-9.104	0.000	0.327
		지식	0.169		8.365	0.000	
행동에 대한 지식	고학력	상수	3.564	0.233	23.053	0.000	0.054
		지식	0.065		3.132	0.002	
	저학력	상수	2.821	0.413	15.280	0.000	0.171
		지식	0.164		5.447	0.000	
행동에 대한 태도	고학력	상수	3.995	0.423	134.774	0.000	0.179
		태도	0.381		6.099	0.000	
	저학력	상수	3.871	0.473	74.344	0.000	0.224
		태도	0.637		6.450	0.000	

위 〈표 10〉에서 알 수 있듯이 저학력집단은 고학력집단보다 지식과 태도 간에 더 강한 인과관계를 보였고, 이는 고학력집단일수록 태도형성에 있어서 외부에서 제공되는 지식이나 정보에 영향을 덜 받는 것으로 보인다. 지식이 행동에 미치는 영향에 관해서는 저학력집단의 경우가 고학력집단의 경우보다 더욱더 강한 인과관계를 보이고 있는데, 이는 지식과 태도 간의 관계분석에서보다 집단 간에 더 큰 차이를 보였다. 태도와 행위 간의 관계에 있어서는 앞의 지식과 태도, 지식과 행동보다는

차이가 적었지만, 저학력집단의 경우가 고학력집단보다 더 강한 인과관계를 보이고 있다.

4. 결론 및 시사점

본 연구는 국립공원을 방문하는 탐방객들을 대상으로 환경지식과 환경태도, 친환경행동이 상호 어떠한 관련성을 가지며, 친환경행동에 어느 정도 영향을 미치는지를 연구가설을 설정하고 이를 실증적으로 검증하고자 하였으며, 설정한 가설을 회귀분석과 경로분석을 이용하여 검증하였으며 그 결과는 다음과 같다.

첫째, 환경지식은 환경태도와 친환경행동에 정의 영향을 주는 것으로 나타났고, 환경태도도 친환경행동에 정의 영향을 주는 것으로 나타났다.

둘째, 환경태도를 통한 친환경행동에 대한 환경지식의 직접효과가 간접효과보다 더 큰 것으로 나타났다.

셋째, 국립공원 탐방객의 학력을 저학력집단과 고학력집단으로 나누었을 때, 저학력집단이 고학력집단보다 환경지식과 환경태도 간에 더 강한 인과관계를 보였으며 이는 환경태도와 환경행동에 미치는 영향으로 학력이 큰 영향을 주지는 못하는 것을 시사하며, 고학력집단일수록 태도형성에 있어 외부에서 제공되는 지식이나 정보에 영향을 덜 받는 것으로 볼 수 있다.

국립공원 방문자의 환경지식이 탐방객의 환경태도에 정의 영향을 미치며 특히 환경태도 중 자연환경보전에 미치는 영향이 가장 크다는 결론은 국립공원의 관리 측면에서 탐방객들의 환경지식을 증가시키는 것이 필수적임을 시사하고, 또한 이러한 환경지식의 증가가 긍정적인 친환경행동을 유도한다는 것을 시사받을 수 있다.

본 연구에서는 환경지식에 있어서 기존의 척도에 두 차례 검증을 거쳤지만, 본 연구자가 알고자 하였던 자연환경에 관한 지식이 아닌 광범위한 환경지식에 대한 척도를 사용하였고, 환경태도에 있어서는 기존에 개발된 외국 논문에서 발췌하였기 때문에 한국인들의 정서에 맞지 않는 부분과 환경지식과는 마찬가지로 자연환경 부분만을 본 것이 아니라, 자연환경을 포함한 일반적인 환경에 대한 태도를 본 것이기 때문에 애초에 자연환경에 대한 지식과 태도가 친환경행동에 미치는 영향을 연구하고자 한 본 연구자의 의도와는 약간 맞지 않는다는 점이 본 연구의 한계점이라 할 수 있다.

따라서 앞으로의 연구에서는 환경지식과 태도를 규명할 때 자연환경에만 국한시켜 그러한 지식이 친환경행동에 미치는 영향을 규명하고, 또 관광객의 환경태도가 역으로 환경지식 습득에 어떠한 영향을 미칠 수 있는지를 밝히는 연구가 필요할 것으로 본다.

참고문헌 ••••••

김대성(1995). 환경친화적 행태의 결정요인과 학교환경교육의 정책방향에 관한 연구. 부산대학교 대학원 박사학위논문.

김대희(1997). 환경친화적 가치관에 따른 환경교육의 발전방향에 관한 연구. 서울대학교 대학원 박사학위논문.

김수철(1994). 중·고등학생의 환경보전에 대한 지식, 인지적 태도 및 행동. 한국교원대학교 대학원 사회과학교육과 석사학위논문. p. 13.

민현선(1998). 환경친화적 소비행동에 대한 태도와 소비행동. 서울대학교 대학원 석사학위논문. pp. 2-37.

박석희(1997). 『신관광자원론』. 일신사.

송달용(1997). 실업계고등학교 학생의 환경친화적 행태에 관한 연구. 서울대학교 대학원 석사학위논문.

오용선(1998). 환경친화적 소비자의 합리적인 행동 특성. 『환경정책』, 6(2): 232.

이광희(1992). 환경보존을 실현하는 생태유지관광개발에 관한 연구. 『관광학연구』, 16: 44-46.

이승신(1993). 환경보전을 위한 소비자능력. 『소비자학연구』, 4(2): 77-95.

장인식(1991). 한국의 관광개발과 자연환경보존에 관한 연구. 한양대학교 대학원 석사학위논문.

정익준(1998). 『최신관광학원론』, 형설출판사.

최남숙 (1994). 서울시 주부들의 환경교육과 환경보전행동에 관한 연구. 이화여자대학교 대학원 박사학위논문.

Benton, Ratmond(1994). Environmental knowledge and attitudes of undergraduate business students compared to non-business students. *Business & Society*, 33(2): 1-9.

Bradley, Waliczek, Zajicek(1999). Relationship between environmental knowledge and environmental attitude of high school students. *The Journal of Environmental Education*, 30(3): 4-5.

Gambro, John S., & Switzky, Harvey N.(1996). A national survey of high school students' environmental knowledge. *The Journal of Environmental Education*, 27(3): 4-7.

Giray, Berberoglu, & Canan, Tosunoglu(1995). Exploratory and confirmatory factor analyses of an environmental attitude scale(EAS). *The Journal of Environmental Education*, 26(3).

Hungerford, H. R., & Volk, T. L.(1990). Changing learner behavior through environmental education. *The Journal of Environmental Education*, 21(3): 9.

Hus, S. J., & Roth, R. E.(1996). An assessment of environmental knowledge and attitudes held by community leaders in the hualien area of Taiwan. *The Journal of Environmental Education*, 28(1): 9.

Mansaray, A., Ajiboye, J. O., *et al.*(1998). Environmental knowledge and attitudes of some Nigerian secondary school teachers. *Environmental Education Research*, 4(3): 1.

Christine, Robert(1997). Incorporating environmental behavior, ethics and values into nonformal environmental education programs. *The Journal of Environmental Education*, 28(2).

* 이 장의 출처 : 한국공원휴양학회(2000). 『한국공원휴양학회지』. 2(1), 이수옥과 공동.

제5부 관광객의 태도변화

16 관광지 광고가 태도에 미치는 영향

17 환경정보제공이 환경행동에 미치는 영향

18 경고메시지가 환경태도에 미치는 영향

19 인터넷 여행커뮤니티 참여의 영향

20 관광지의 정보 · 이미지 · 행동의도 간의 관계

제16장 관광지 광고가 태도에 미치는 영향

* 관광지도 광고를 해야 할까?
* 관광지광고가 과연 효과가 있을까?
* 어떤 점에 포인트를 두고 광고를 해야 한다고 생각하는가?

1. 머리말

관광은 다른 산업과는 달리 관광자원이 비이동성을 지니고 있어 소비자가 관광자원이 있는 곳으로 이동해야만 그들의 욕구를 충족시킬 수 있는 특수성을 지니고 있다. 따라서 관광지가 아무리 매력적이라고 해도 관광주체인 관광객에게 알려져 소비되지 못한다면, 그것은 관광자원과 관광지로서의 가치를 상실하게 되는 것이다. 이러한 점에 의해 관광구조는 관광주체인 관광객과 관광대상인 관광자원이나 서비스를 연결하는 관광매체의 존재가 필수불가결하며, 이러한 관광매체로는 공간적 매체인 교통기관, 도로, 운송시설 등과 기능적 매체인 여행업체, 관광가이드, 관광광고 등으로 구성되어 있다(김사헌, 1997)

이와 같이 관광은 그 특수성으로 인하여 관광매체가 중요한 부분을 차지하고 있는데, 그 중 특히 광고는 해가 거듭될수록 급격히 발달해 가고 있는 매스미디어의 하나로서 최근 들어 그 중요성이 더욱 부각되고 있는 매체이다. 광고는 판촉활동의 한 수단으로 소비자들에게 상품에 대한 정보를 제공해 주고, 구매를 유도하는 마케팅 커뮤니케이션으로서의 역할을 수행하고 있다. 따라서 관광에 있어서도 광고는 매스미디어의 발달로 다른 매체보다 용이하고, 빠르게 많은 잠재관광객을 관광지로 이끌 수 있다는 점에서 그 중요성이 크다고 할 수 있다.

이런 관점에서 보면 관광분야에 있어서 광고의 중요성은 인정받고 있지만, 관광학에 있어서 광고에 대한 연구는 극히 소수에 불과하고 그나마 단편적으로 이루어져 온 것이 사실이다. 대부분의 연구가 광고의 현황분석이나 광고소재 등에 치우쳐 있는 반면, 이론적으로 관광객이 관광광고에 노출되었을 때 어떠한 인과관계를 통해 태도를 형성하고 있으며, 광고노출에 따라 발생하는 인지적 반응이나 정서적 반응과 같은 심리적 반응 중에서 어떠한 반응이 관광지 태도에 더 많은 영향을 미치는가 하는 관광지 광고효과에 관해서는 실질적으로 연구되지 않은 실정이다.

이에 본 연구는 일반상품광고의 광고효과모형을 적용해 관광지 광고가 관광지에 대한 태도에 어떠한 영향을 미치는가를 검증하고자 한다. 이를 위해, 관광지 광고에 노출되었을 때 발생하는 심리적 반응인 인지적 반응과 정서적 반응이 관광지 태도에 미치는 영향에 대해 연구함으로써 보다 효율적인 관광지 광고 제작에 기여하고자 한다.

본 연구의 구체적인 목적은 다음과 같다.

첫째, 관광광고가 관광지에 대한 태도에 미치는 영향을 분석하고자 한다.

둘째, 관광광고에 노출되었을 때 발생되는 인지적 반응 및 정서적 반응이 광고에 대한 태도에 미치는 영향을 살펴보려고 한다.

2. 이론 고찰

가 관광광고의 개념 및 특성

관광광고는 일반광고와 마찬가지로 마케팅 커뮤니케이션의 한 부분이다. 일반적으로 관광광고의 개념은 생산된 관광상품에 대한 정보를 잠재관광객이 있는 시장에 알려줌으로써 관광욕구를 불러일으키게 하여 상품을 구매할 수 있게끔 해주는 호텔, 여행 알선업 및 관광지의 선전광고활동을 의미한다고 할 수 있다(김상훈, 1979).

그러나 관광광고는 일반광고와는 달리 관광지 샘플을 직접 보여줄 수 없고, 소비자인 관광객이 스스로 상품을 체험해야 하는 것으로(최승이와 한광종, 1993), 관광객이 직접 찾아가야만 소비가 가능하기 때문에 광고에 있어서 일반상품 광고보다 더 세밀한 주의가 필요하다. 또한 가장 근본적인 차이는 일반광고는 상품 판매의 이익배분이 기업과 같이 좁은 범위에 한정되지만, 관광광고에 의한 이익배분은 관광지 방문으로 생기는 수익이 기업에만 한하지 않고, 지방 또는 국가라고 하는 넓은 범위에 걸쳐 있다(김형섭, 1992: 106)는 것이다. 이것은 관광이 지역이나 국가의 이익을 목적으로 하는 특색이 있기 때문이다. 따라서 기업이나 국가의 이익과 이미지 제고 측면에서 보면 관광광고가 일반상품이나 기업광고보다 더 크게 기여한다고도 볼 수 있다.

따라서 관광광고를 효율적으로 활용한다면 국가 이미지 변화와 같이 어렵게만 생각되어 왔고 시간도 많이 소비되었던 것도 단시간 안에 효과적으로 변화시킬 수 있을 것이다. 또한 잠재관광객에게 알지 못했던 관광지에 대한 지식을 전달하고, 관광매력을 전파함으로써 잠재고객에게 관광동기를 부여함으로써 관광사업의 활성화를 도모할 수 있을 것이다.

나 광고효과의 개념 및 측정방법

광고효과는 1940년대 사회심리학자인 호블랜드(Hovland)를 중심으로 커뮤니케이션 효과연구에 본격적인 심리적 과정을 연구하기 시작한 것을 시초로 오늘날까지 많은 연구가 진행되어 왔다.

일반적으로 광고효과는 소비자가 광고에 노출되면서 심리적인 반응을 경험하게 되고, 이러한 경험이 소비자 행동의 원인으로 작용하는 것을 의미한다. 따라서 광고효과를 광고에 노출되어 소비행동이 이루어지기까지의 심리적 과정으로 보면, 비인식, 인식, 이해와 이미지, 태도, 행동의 위계과정으로 이루어진다고 보기도 한다. 그러나 마지막 단계인 행동은 일반적으로 생각하기에 광고효과의 최대지표라고 생각할 수 있지만 언제나 행동이 광고에 의해서만 일어나는 것이 아니고, 실직적으로 태도의 심리적 반응들과 행동경향성이 항상 행동과 일치한다고는 볼 수 없기 때문에 실질적인 광고효과 측정은 행동의 과정을 생략하고 하는 것이 오히려 정확할 수 있다(김완석, 2000)

광고효과의 영향변수로는 광고자극의 출처나 소구방법, 소비자 특성, 광고노출 매체나 광고위치와 같은 노출환경의 특성과 심리적 반응으로 본다. 그러나 이 과정 중에서 가장 중요한 변수는 심리적 반응으로 인지적 요소와 정서적 요소 그리고 태도를 내포하고 있고, 보통 광고효과 측정은 이 심리적 반응의 측정을 의미한다. 기존의 광고효과 측정방법으로는 사전검사, 사후검사, 캠페인 등으로 측정되어 왔다. 세부적으로 인지적 측면과 정서적 측면, 태도의 측정방법을 보면 다음과 같다.

첫째, 인지적 반응측면의 측정은 사후검사의 한 가지인 소비자의 기억을 측정하는 회상검사가 일반적으로 사용되고 있고, 노출되고 있는 동안에 측정하는 방법으로는 기계를 사용한 측정방법 등이 있다. 측정척도로는 Burke와 Edell(1989)과 같은 경우는 평가, 행동, 온화함의 3가지 요인으로 나누어지는 25문항으로 측정하였고, 김완석(1989)의 경우는 포괄적인 평가차원, 감각 자극성 차원, 표현성 차원, 명명하지 못한 차원 등 4가지 요인으로 나누어지는 80문항으로 측정하였다.

둘째, 정서적 반응의 측정은 인지적 반응과 마찬가지로 광고에 노출되는 동안에 측정하는 방법과 노출 후에 측정하는 방법이 있다. 형용사 응답표와 같은 경우는 광고 노출 후에 느낌을 표시하는 것이고, 온정성 감지기와 같은 경우는 컴퓨터를 이용해 광고노출 동안에 경험하는 따뜻함 정도를 측정하는 방법이다. 정서적 반응 측정 같은 경우는 최근에 연구가 시작되었기 때문에 측정방법이 다양하지 않다. 정서적 반응을 측정하는 척도로는 Burke와 Edell(1989)과 같은 경우에는 고양감(upbeat), 온화함(warm), 부정적(negative)의 3요인으로 나뉘는 56항목으로 측정하였고, Holbrook & Batra는 즐거움(pleasure), 각성(arousal), 우세함(domination)의 3요인으로 나뉘는 29문항으로 측정하였으며, 김완석은 긍정적 감정, 부정적 감정, 내적 활성,

내적 비활성의 4개 요인으로 나뉘는 44문항으로 측정하였다.

셋째, 태도는 주로 단일차원으로 보는 관점에서 측정이 이루어지고 있다. 태도측정에는 주로 리커트척도나 어의차이척도가 사용된다. 리커트척도는 대상에 대한 질문을 평가하는 방법이고, 어의차이척도는 Osgood 등이 개발한 것으로(김완석, 2000), Osgood의 어의차이척도는 Burke와 Edell(1989), Holbrook과 Batra(1987), Yi Youjae(1990), 강해웅(1990), 김완석(1989) 이외에도 다수의 연구에서 광고태도나 상표태도 측정에 사용되었다.

다 광고효과 모형

(1) 광고태도와 상표태도

광고효과 모형의 구성요인으로는 광고태도와 상표태도, 심리적 반응인 인지적 반응과 정서적 반응이 있다. 상표태도는 특정 상표에 대한 좋고 나쁜 느낌, 또는 상표에 대한 전반적인 평가를 의미한다. 대표적인 태도 연구자인 Fishbein의 태도이론 연구에 의하면 광고에 노출된 소비자는 광고의 상표정보에 의한 상표인지에 의하여 상표태도를 형성한다고 하였다. Fishbein은 태도이론에서 제품속성만이 가장 유일한 매개변수로 상표태도를 형성한다고 하였다.

그러나 1980년대 들어서면서 Mitchell과 Olson(1981) 등은 광고에 노출된 소비자들은 상표태도 형성에 대한 매개변수로서 인지적 반응뿐만이 아닌 광고에 대한 태도도 함께 고려해야 한다고 주장하였다. Mitchell과 Olson(1981)의 실험에 의하면 상표태도는 인지적 반응에 의한 경우보다 광고태도와 인지적 반응 두 가지에 의해 더 잘 설명되었고, 광고태도에 의한 설명이 인지적 반응보다 더 크게 나타났다. 광고태도는 광고의 대상에 대한 태도가 아니라 광고 자체에 대한 태도를 뜻하는 것이다. 광고태도는 상황에 매인 구성 개념, 즉 노출 시에 생긴 광고에 대한 감정적 반응이라고 해석되며, 그것은 또 노출시점이나 노출 바로 직후의 상표태도와 같이 다른 반응변인들에 최대의 영향을 미칠 것으로 기대될 수 있다(이상빈, 1996).

Mitchell과 Olson(1981)의 연구결과는 Fishbein의 태도이론의 중요 가정인 제품속성에 대한 신념이 태도형성의 유일한 매개변수라고 하는 가정과는 달리 제품에 대한 인지적 반응과 광고태도라고 하는 변수가 상표태도를 더 잘 설명한다고 하였다. 따라서 이러한 연구들을 발단으로 광고효과 연구자들 간에는 광고태도라는 변수에 대한 관심이 높아졌고, 그 결과 광고가 상표태도나 구매의사에 대한 영향을 미치는 과정에서 광고태도가 하는 역할을 밝히려는 연구들이 많이 나타나게 되었다(Lutz, Mackenzie and Belch, 1983; Edell and Burke, 1984; 김완석, 1989).

80년대 이후부터 광고태도에 관한 연구가 활발하게 진행되어 왔는데 광고태도가 광고효과에 어떠한 영향을 주는지에 관해서는 학자마다 조금씩 견해가 다르지만 공통적으로 상표태도에 광고태도가 중요한 매개요인이라는 점에서는 일치한다.

(2) 인지적 반응과 정서적 반응

광고효과에 있어서 인지적 반응은 광고특징에 대한 판단으로 구성되어 있고, 정서적 반응은 광고 노출 시에 발생하는 다양한 정서라고 할 수 있다. 인지적 반응은 앞의 Fishbein의 태도형성 모형에서 제시된 것처럼 오래 전부터 광고효과에 있어서 주요 영향변수로 제기되어 왔다. 전통적으로 소비자는 제품에 대한 신념 혹은 인지에 의하여 태도를 형성하고, 궁극적으로 이에 따른 행동을 하게 되는 것으로 간주해 왔다(이학식a, 1990). 인지적 반응이론(Greenwald, 1968; Wright, 1973)에 의하면 소비자는 광고 메시지를 이해한 후 메시지 내용에 동의하거나 그렇지 않을 가능성이 있고, 이와 같이 소비자는 메시지에 대한 노출 시의 반응에 의하여 상표에 대한 태도가 형성된다고 하였다.

1980년대 초반에 광고태도와 상표태도와의 관계가 소비자행동 연구자들의 주요 관심사항의 중 하나로 대두된 이래, 1980년대 중반 이후부터 정서적 반응에 관한 연구가 활발히 진행되었다(Burke and Edell, 1989; Batra and Ray, 1986; Edell and Burke, 1987; Holbrook and Batra, 1987; Madden, Allen, and Twible, 1988; Stayman and Aaker, 1988; 이학식, 1990). 정서적 반응은 사람이 어떤 대상에 대해 긍정적 또는 부정적 느낌을 가지고 있는가에 관한 것 즉, 대상에 대한 전반적인 평가를 나타낸다(김완석, 2000).

정서적 반응이 광고태도와 상표태도에 미치는 영향에 관한 연구에 의하면, 인지적 반응뿐만이 아닌 정서적 반응도 광고효과의 중요한 변수임을 밝히고 있다(Batra and Ray, 1986; Yi Youjae, 1990; Lutz, 1985; Bruke & Edell, 1989).

라 연구모형 및 가설설정

본 연구의 목적은 관광지 광고효과에 영향을 주는 정서적 반응 및 인지적 반응, 관광지 광고태도와 관광지 태도 간의 영향관계를 실증적으로 파악하는 데 있다. 연구목적에 의해 [그림 1]과 같은 연구모형을 설정하였다.

연구모형은 선행연구인 Mitchell과 Olson(1981)이 제시한 감정전이가설모형과 Yi Youjae(1990), Bruke와 Edell(1989) 등의 모형을 바탕으로 설계되었다.

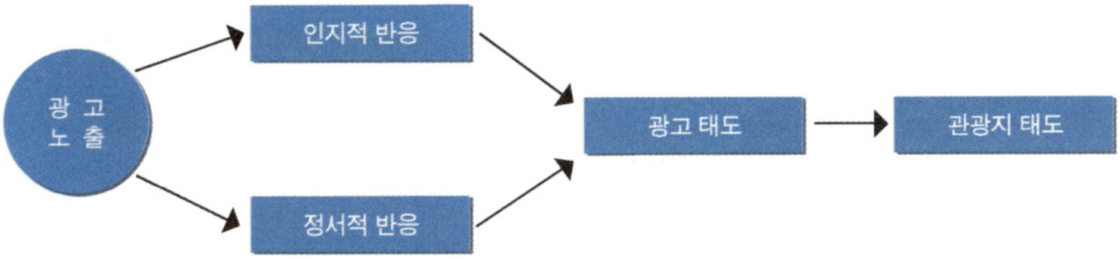

[그림 1] **관광지 광고효과의 모델**

연구모형을 토대로 광고노출 전과 후의 관광지 태도와 광고노출에 따른 심리적 반응이 관광지 태도에 영향을 미치기까지의 광고태도의 매개정도를 알아보기 위하여 연구가설을 설정하면 다음과 같다.

- 연구가설 1. 광고노출 전과 후의 관광지 태도에는 유의한 차이가 있다.
- 연구가설 2. 광고에 대한 심리적 반응은 광고태도에 영향을 미친다.
  세부가설 2-1. 광고에 대한 인지적 반응은 광고태도에 영향을 미친다.
  세부가설 2-2. 광고에 대한 정서적 반응은 광고태도에 영향을 미친다.
- 연구가설 3. 광고에 대한 심리적 반응은 관광지 태도에 영향을 미친다.

세부가설 3-1. 광고에 대한 인지적 반응은 관광지 태도에 영향을 미친다.
세부가설 3-2. 광고에 대한 정서적 반응은 관광지 태도에 영향을 미친다.
• 연구가설 4. 광고에 노출된 후 발생되는 광고태도는 관광지 태도에 영향을 미친다.

3. 결과의 분석 및 해석

가 측정척도의 신뢰도 및 타당도 검정

(1) 인지적 반응 항목 검정

신뢰도와 타당도 검정을 위해 신뢰도 분석과 요인분석 그리고 확인적 요인분석을 실시하였다. 신뢰도 검증 결과 자기문항 제거 시 신뢰계수가 전체 신뢰도보다 높은 6개의 항목을 제외한 24개의 항목으로 신뢰도와 타당도를 검증하였다.

〈표 1〉은 인지적 반응 항목의 신뢰도와 타당도 검증 결과이다. 즉, 신뢰도는 요인분석 결과 24문항에 대한 4개의 요인 '호오성', '공감성', '표현성', '친숙성'으로 추출되었다. KMO값이 0.925로 상당히 높게 나왔고, 인지적 반응 측정항목에 대한 전체 분산설명력이 70.4%로 전반적으로 적절하다고 볼 수 있다.

또한 추출한 요인들이 과연 원래의 모집단을 대표하고 있는가를 확인하는 확인적 요인분석을 위해 Amos를 이용한 공분산구조분석을 하였다. 확인적 요인분석은 수렴타당도(convergent validity)를 검증하기 위한 것이다. 그 결과 모수추정치(parameter estimate)가 S.E값의 2배보다 큰 값을 가지는 경우, 다시 말하면 기각비(C.R)값이 1.96 이상일 경우 그 측정모델은 수렴타당도가 있다고 결론 내릴 수 있는데(이경옥, 2000), 모든 항목의 기각비가 1.96보다 크게 나와 본 연구의 인지적 반응 측정척도는 요인분석에 대한 확인적 요인분석으로 수렴타당도가 있다는 결론을 내릴 수 있다.

〈표 1〉 인지적 반응 항목의 요인분석 및 신뢰도 분석

요인	측정항목	아이겐값	요인 적재량	코뮤 낼리티	분산 설명력(%)	항목제거 시 알파계수
호오성	보기 싫다 - 보기 좋다	13.097	0.794	0.832	54.572	.9475
	싫다 - 좋다		0.794	0.840		.9475
	아둔하다 - 재치있다		0.740	0.703		.9480
	덤덤하다 - 호기심 생김		0.715	0.752		.9470
	보고싶지 않다 - 보고 싶다		0.667	0.739		.9479
	매력없다 - 매력있다		0.665	0.731		.9471
	나쁘다 - 좋다		0.633	0.659		.9480
	흐릿하다 - 선명하다		0.508	0.619		.9476
공감성	공감할 수 없다 - 공감할 수 있다	1.517	0.806	0.750	6.319	.9482
	멋없다 - 멋있다		0.707	0.754		.9472
	인위적이다 - 자연스럽다		0.691	0.633		.9488
	기억가치 없다 - 기억할 만하다		0.688	0.692		.9479
	설득력 없다 - 설득력 있다		0.637	0.650		.9479
	호감이 안 간다 - 호감이 간다		0.508	0.684		.9473
	단조롭다 - 다채롭다		0.476	0.343		.9499
표현성	모방적이다 - 독창적이다	1.220	0.803	0.734	5.083	.9487
	진부하다 - 참신하다		0.743	0.788		.9473
	평범하다 - 인상적이다		0.740	0.771		.9473
	재미없다 - 재미있다		0.610	0.697		.9474
	어색하다 - 어울린다		0.500	0.623		.9473
	칙칙하다 - 산뜻하다		0.474	0.657		.9473
	촌스럽다 - 세련됐다		0.465	0.586		.9476
친숙성	생소하다 - 친근하다	1.062	0.902	0.883	4.425	.9503
	낯설다 - 낯익다		0.843	0.775		.9504

주: 전체 분산설명력=70.399, KMO값=0.925, 전체 신뢰도계수=0.9504.

(2) 정서적 반응 항목의 검정

정서적 반응 항목의 신뢰도와 타당도를 검증한 결과는 〈표 2〉와 같다.

신뢰도 분석결과 자기항목 제거 시 신뢰도가 커지는 '무서움' 항목을 제외시킨 21개 항목 4개 요인으로 추출되었다. 제1 요인은 각성(arousal)으로 Edell(1987)의 고양감(upbeat), 온화함(warm), 부정적(negative)의 3요인 중에서 각성과 유사하고, 제2 요인인 경쾌함은 Holbrook과 Batra(1987)의 즐거움(pleasure), 각성(arousal), 억제(domination)

의 세 가지 차원에서 즐거움과 유사하다. 제3 요인은 자부심, 제4 요인은 행복함으로 명명하였다. KMO는 0.889로서 변수들의 선정이 적당하다고 볼 수 있고, 정서적 반응 항목의 전체분산설명력이 65.181%로 비교적 높게 나왔다.

또한 수렴타당도 검정을 위한 확인적 요인분석결과 기각비(C.R)가 모두 1.96보다 크기 때문에 수렴타당도가 있다고 볼 수 있다.

〈표 2〉 정서적 반응 항목의 요인분석 및 신뢰도 분석

요 인	측정항목	아이겐값	요 인 적재량	코 뮤 낼리티	분 산 설명력(%)	항목제거 시 신뢰도
각성	들 뜸	8.750	0.822	0.756	41.665	.9204
	흥분감		0.812	0.802		.9185
	짜릿함		0.716	0.730		.9195
	긴장감		0.633	0.636		.9202
	호기심		0.591	0.653		.9214
	놀라움		0.551	0.546		.9217
	상쾌함		0.412	0.416		.9221
즐거움	흥미로움	2.096	0.719	0.684	9.982	.9215
	친근감		0.665	0.511		.9238
	좋 음		0.635	0.704		.9208
	부러움		0.625	0.604		.9206
	편안함		0.600	0.774		.9216
	즐거움		0.599	0.672		.9196
	신뢰감		0.441	0.527		.9223
자부심	자부심	1.746	0.826	0.705	8.313	.9237
	고마움		0.811	0.707		.9229
	감동적임		0.609	0.567		.9207
행복감	흐뭇함	1.097	0.805	0.752	5.221	.9213
	행복감		0.789	0.726		.9217
	뿌듯함		0.602	0.754		.9196
	만족감		0.369	0.462		.9207

주: 전체 분산설명력=65.181, KMO값=0.889, 전체 문항 신뢰도계수=0.9249.

나 가설 검증

(1) 연구가설 1검증

• 연구가설 1. 광고노출 전과 후의 관광지 태도에는 유의한 차이가 있다.

홍콩에 대한 광고를 접하기 전의 사전집단과 광고를 본 후의 사후집단 간의 홍콩에 대한 태도변화의 차이를 검증한 결과는 〈표 3〉과 같다. 즉, 홍콩에 대한 태도변화의 차이 검증에서는 유의확률이 0.000으로서 두 집단 간의 태도가 1%의 유의수준에서 유의한 차이가 있고, 또한 광고를 접하기 전에 홍콩에 대한 태도보다 광고를 보고 난 후의 홍콩에 대한 태도가 더 좋아졌음을 알 수 있다.

따라서 광고에 노출되기 전과 후에 관광지 태도에 유의한 차이가 있다고 하는 연구가설 1은 채택되었다.

〈표 3〉 사전실험과 사후실험 간의 홍콩에 대한 태도 차이 검증

구 분	평 균	표준편차	t-검증 결과			가설채택 여부
			t-값	자유도	유의확률	
사전실험	4.9482	0.9331	4.380	163	0.000	채택
사후실험	5.2515	0.9010				

(2) 연구가설 2검증

• 연구가설 2. 광고에 대한 심리적 반응은 광고태도에 영향을 미친다.
  세부가설 2-1. 광고에 대한 인지적 반응은 광고태도에 영향을 미친다.
  세부가설 2-2. 광고에 대한 정서적 반응은 광고태도에 영향을 미친다.

연구가설 2는 광고에 노출되었을 때 발생하는 심리적 반응 즉, 인지적 반응과 정서적 반응이 광고태도에 영향을 미친다는 것이다. 각각의 인지적 반응과 정서적 반

응의 요인별로 광고태도에 대한 영향 정도를 보면 〈표 4〉와 같다. 회귀분석 결과 각 요인들의 총 설명력을 나타내는 결정계수(R^2)가 75.4%로 매우 높게 나타났다. 또 각 요인의 다중공선성을 나타내는 VIF도 그 값이 작기 때문에 요인별 공선성이 낮다고 할 수 있다. 유의확률 p-값은 인지적 반응의 요인들이 5%에서 모두 유의하다고 볼 수 있다.

〈표 4〉 광고태도에 대한 요인별 영향 정도

구 분		회귀계수	표준 β계수	t-값	p-값	VIF	가설채택 여 부
인지적 반 응	상 수	5.325	–	132.175	0.000*	–	채택
	호오성	0.444	0.442	8.390	0.000*	1.705	
	공감성	0.384	0.383	7.557	0.000*	1.577	
	표현성	0.341	0.342	7.317	0.000*	1.341	
	친숙성	0.221	0.222	4.655	0.000*	1.395	
정서적 반 응	각 성	0.068	0.069	1.471	0.143	1.353	부분채택
	즐거움	0.125	0.124	2.073	0.040*	2.211	
	자부심	0.064	0.064	1.488	0.139	1.125	
	행복감	0.101	0.101	2.172	0.031*	1.321	

주: R^2=0.75, *는 5% 수준에서 유의함.

정서적 반응의 요인은 즐거움(0.040), 행복감(0.031)과 같은 긍정적 반응들은 광고태도에 유의한 영향을 미친다고 볼 수 있지만 각성(0.143)과 자부심(0.139)은 유의하지 않게 나타나 광고태도에 유의한 영향을 미치지 못하는 것으로 밝혀졌다. 광고태도에 대한 각 요인들의 영향 정도를 표준 β계수로 보면, 대체적으로 인지적 반응의 영향 정도가 정서적 반응보다 더 높았고, 인지적 반응 중에서도 호오성(0.442), 공감성(0.383), 표현성(0.342), 친숙성(0.222)의 순으로 영향을 미치는 것으로 나타났고, 정서적 반응은 즐거움(0.124), 행복감(0.101)의 순으로 영향을 미치는 것으로 나타났다.

결과적으로 인지적 반응을 나타내는 요인의 회귀계수값이 0.2 이상으로서 정서적 반응을 나타내는 요인보다 더 많은 영향을 미치고 있고, 전반적으로 인지적 반응과 정서적 반응 모두가 광고태도에 유의한 영향을 준다는 결론을 내릴 수 있다.

(3) 연구가설 3검증

• 연구가설 3. 광고에 대한 심리적 반응은 관광지 태도에 영향을 미친다.
　세부가설 3-1. 광고에 대한 인지적 반응은 관광지 태도에 영향을 미친다.
　세부가설 3-2. 광고에 대한 정서적 반응은 관광지 태도에 영향을 미친다.

연구가설 3은 인지적 반응과 정서적 반응 모두 관광지 태도에 직접적인 영향을 미치는 것을 검증하기 위해 회귀분석한 결과 〈표 5〉와 같다.

〈표 5〉 관광지 태도에 대한 요인별 영향 정도

구 분		회귀계수	표준 β계수	t-값	p-값	VIF	가설채택 여 부
인지적 반응	상 수	5.258	–	86.705	0.000	–	부분채택
	호오성	0.266	0.296	3.346	0.001*	1.704	
	공감성	0.146	0.163	1.917	0.057	1.572	
	표현성	0.008	0.099	1.268	0.207	1.340	
	친숙성	0.008	0.098	1.225	0.222	1.389	
정서적 반응	각 성	0.004	0.047	0.602	0.548	1.351	부분채택
	즐거움	0.198	0.220	2.185	0.030*	2.208	
	자부심	3.611	0.040	0.558	0.577	1.122	
	행복감	3.138	0.035	0.450	0.654	1.321	

주: R^2= 0.31, * 는 5% 수준에서 유의함.

인지적·정서적 반응을 나타내는 요인이 관광지 태도에 미치는 영향은 유의확률 p-값이 5% 유의수준에서 인지적 반응의 호오성(0.001)과 정서적 반응의 즐거움(0.030)이 유의하게 나타났다. 총 설명력(R^2)은 0.31로 비교적 잘 설명하는 것으로 나타났고, 다중공선성도 매우 낮게 나타났다.

결론적으로 인지적 요인인 호오성과 정서적 요인인 즐거움은 관광지 태도에 직접적으로 영향을 주는 요인임을 알 수 있고, 가설은 모두 부분채택이 되었다.

관광지 태도에 미치는 영향을 표준 β계수로 보면, 인지적 반응인 호오성이 0.266

으로 정서적 반응인 즐거움(0.198)보다 더 유의한 영향을 미치는 것으로 밝혀졌다. 따라서 광고에 노출된 후 나타나는 인지적·정서적 반응은 관광지 태도보다는 광고 태도에 더 유의한 영향을 미치며, 인지적 반응이 정서적 반응보다 더 많은 영향을 미친다고 볼 수 있다.

(4) 연구가설 4검증

• 연구가설 4. 광고에 노출된 후 발생되는 광고태도는 관광지 태도에 영향을 미친다.

마지막으로 광고태도가 관광지 태도에 미치는 영향을 알아보기 위해 회귀분석한 결과는 〈표 6〉과 같다.

〈표 6〉 광고태도가 관광지 태도에 영향 정도

구 분	회귀계수	표준 β계수	t-값	p-값	VIF	가설채택 여부
상 수	2.238	–	7.679	0.000	–	채택
광고태도	0.538	0.595	9.426	0.000*	1.000	

주: R^2=0.35, * 는 1% 수준에서 유의함.

회귀분석 결과 총 설명력을 나타내는 결정계수(R^2)가 35%로 잘 설명을 해주고, 다중공선성(VIF)도 1로 나와서 공선성도 매우 낮다고 볼 수 있다. 또한 유의확률 p-값도 유의하기 때문에 광고태도는 관광지 태도에 영향을 미친다고 보고, 영향 정도는 표준 β계수가 0.595로 비교적 유의한 영향을 많이 미치는 것으로 결론지을 수 있다. 따라서 연구가설 4는 채택된다.

4. 결론 및 시사점

현대의 관광구조에 있어서 관광지와 관광자원을 연결하는 매체로서 광고는 매우 중요한 커뮤니케이션 수단이다. 관광지 광고는 다른 매체에 비해 보다 빠르고 쉽게 잠재관광객에게 관광지 이미지를 변화시킬 수 있는 수단이다. 그러나 지금까지 관광부문에서 관광지 광고에 대한 연구가 미약하였으며, 특히 심리학적 관점에서 본 관광지 광고효과에 관한 연구는 이루어지지 않았다. 따라서 본 연구의 목적은 일반상품의 광고효과모형을 관광지에 적용시켜 봄으로써 광고가 관광지 태도에 미치는 영향을 살펴보고자 하였고, 심리적 반응인 인지적·정서적 반응이 광고태도, 관광지 태도에 미치는 영향을 실증적으로 검증하고자 하였다. 관광지 광고효과모형을 검증한 결과는 다음과 같다.

첫째, TV에서 방영되었던 홍콩 관광진흥청에서 제작한 관광지 광고를 시청한 후 홍콩에 대한 태도는 광고 시청 전과 후에 차이가 나타났다. 시청 후의 평균값이 시청 전보다 높게 나타나는 것으로 보아 광고가 관광지 태도를 긍정적으로 변화시킨다는 것을 알 수 있었다.

둘째, 인지적 반응과 정서적 반응이 광고태도에 미치는 영향에 관해서는 인지적 반응을 나타내는 요인들은 모두 유의한 정도의 영향을 미치고 있었지만, 정서적 요인들은 즐거움과 행복감이라고 하는 두 가지 요인만이 관광태도에 영향을 미치는 것으로 나타났다. 전반적으로는 인지적 반응요인들이 정서적 반응요인보다 광고태도에 보다 더 유의한 영향을 미치는 것으로 나타났다.

셋째, 인지적·정서적 반응과 관광지 태도와의 관계는 인지적 요인 중에서 호오성과 정서적 요인 중에서 즐거움 요인이 관광지 태도에도 영향을 주는 것으로 나타났다.

넷째, 광고태도는 관광지 태도에 유의한 양(+)의 영향을 미치는 것으로 나타났다.

이와 같은 실증분석 결과에 의해서 관광지 광고효과에 관한 몇 가지 시사점을 찾을 수 있다.

첫째, 광고는 관광지 태도를 변화시킬 수 있는 매체로서 광고를 통해서 긍정적 관광지 태도를 형성할 수 있을 것임을 알 수 있다.

둘째, 광고에 노출된 후 발생되는 인지적 반응과 정서적 반응은 광고태도에 유의한 영향을 주고, 그중에서도 특히 인지적 반응이 더 유의한 영향을 주는 것으로 나타났다. 따라서 관광지 광고에 있어서는 광고에 의해 발생하는 인지적 측면을 강조할 수 있는 광고가 요구된다는 것 알 수 있다.

셋째, 인지적 반응의 호오성과 정서적 반응의 즐거움 요인들은 직접적으로도 관광지 태도에 영향을 주는 요인이고, 여기서도 마찬가지로 인지적 반응인 호오성이 보다 유의한 영향을 미치기 때문에 관광지 광고의 효율적인 제작을 위해서는 광고의 인지적 측면을 강조하는 광고제작에 노력을 기울여야 함과 동시에 호오성이나 즐거움을 활성화시키는 관광지 광고제작이 필요할 것이라고 사료된다.

넷째, 광고에 노출되었을 때 나타나는 심리적 반응들은 직접적으로 관광지 태도를 형성하기보다는 간접적으로 광고태도를 통해 관광지 태도에 영향을 미친다고 볼 수 있기 때문에 관광지 광고 제작 시에는 보다 긍정적인 광고태도를 형성할 수 있는 광고가 요구된다고 하겠다.

본 연구의 한계점으로는 연구대상을 대학생으로 한정하였기 때문에 표본의 특성상 외생변수가 있을 수 있었고, 관광지 대상이 홍콩이라는 국가적 특성상 연구결과를 일반화하는 데 무리가 있을 수 있다는 점을 들 수 있다.

따라서 향후 연구에서는 본 연구의 한계점을 극복한 연구가 필요할 것으로 사료된다. 앞으로 본 연구의 시사점을 토대로 관광에 있어서 관광지 광고의 중요성을 인식하여 보다 효율적인 광고를 제작하는 데 더 많은 노력을 기울여야 할 것이다.

참고문헌 ••••••

강해웅(1990). 광고효과에 관한 연구-광고에 대한 감정적 반응을 중심으로-. 서울대학교 경영학과 석사학위논문

김사헌(1997). 『관광경제학신론』. 일신사.

김상훈(1979). 『관광사업개론』. 형설출판사.

김완석(1989). 광고의 반응차원에 관한 연구(II): 인지적 평가와 감정반응. 『한국심리학회지』, 2(1).

김완석(2000). 『광고심리학』. 학지사.

김형섭(1992). 외래관광객 유치증대를 위한 해외관광광고활동에 관한 연구. 『관광연구』, 2. 대한관광경영학회

손대현(1985). 『관광마케팅론』, 일신사.

이경옥(2000). AMOS 검증을 통한 구조모형분석. 2000년 SPSS 사용자 사례 논문집.

이상빈 역(1996), 『소비자심리와 광고효과』. 나남출판.

오택섭(1997). 『설득이론과 광고』. 나남출판.

이재수(1999). 『광고심리학』. 조형사.

이학식(1990). 소비자 정보처리에 대한 관여도와 광고유형의 조정적 역할, 『경영학연구』, 19(2). 한국경영학회.

이학식 · 안광호 · 하영원(1999). 『소비자 행동』. 법문사.

조경섭(1998). TV정치광고의 광고효과연구: 이미지광고를 중심으로", 『광고학연구』, 9(2). 한국광고학회.

채서일(1999). 『사회과학 조사방법론』. 학현사.

최승이 · 한광종(1993). 『觀光廣告 · 弘報論』. 대왕사.

Batra, R., & Ray, M. L.(1986). Affective responses mediating acceptance of advertising. *Journal of Consumer Research,* 13: 234-249.

Burke, M. C., & Edell, J, A.(1989). The Impact of feelings on Ad-Based affect and cognitive. *Journal of Marketing Research*, 26: 70-95.

Fishbein, M.(1963). An investigation of the relationship between beliefs about an object and the attitude toward the object. *Human Relations*, 16: 233-240.

Greenwald, A. G.(1968). Cognitive Learning, Congnitive Response to Persuasion, and Attitude Change. *Psychological Foundation of Attitudes.* New York: academic Press. pp. 147-170.

Holbrook, M. B., and Batra, R.(1987). Assessing the Role of Emotion as Mediator of Consumer Responses to Advertising. *Journal of Consumer Research*, 14: 404-420.

Lutz, & Richard. J.(1977). An Experimental Investigate of Causal Relations Among Congnition, Affect, and Behavioral Intention. *Journal of Consumer Research*, 3: 197-208.

Madden, T. H., Allen, C. T., & Twible, J. L.(1988). Attitude Toward the Ad: An Assessment of Diverse Measurement Indices Under Different Processing "Sets". *Journal of Marketing Research*, 25: 242-252.

Mitchell, A., & Olson, J. C.(1981). Are product attribute beliefs the only mediator of advertising effects on brand attribute. *Journal of Marketing Research*, 18: 318-332.

Olson, D., Schlinger, M. J., & Yong, C.(1982). How consumer react to new product Ads. *Journal of Advertising Research*, 22: 24-30.

Putrevu, Sanjay, & Lord, Kenneth, R.(1994). Comparative and noncomparative advertising:

Attitudinal effects under cognitive and effective. *Journal of Advertising*, 23.

Schimp, T. A.(1981). Attitude toward the Ad as a mediator of consumer brand choice. *Journal of Advertising*, 10: 9-15.

Stephens, Debra, and Biehal, Gabriel(1992). Attitude Toward The ad and Brand Choice, *Journal of Advertising*, 21.

Yi, Youjae(1990). Cognitive and affective priming effects of the context advertisement, *Journal of Advertising*, 19: 40-52.

* 이 장의 출처 : 경기대학교 관광종합연구소(2001). 『경기관광연구』, 5. 여경진과 공동.

제17장 환경정보제공이 환경행동에 미치는 영향

*관광지의 방문자 안내소에 들러본 적이 있는가?
*방문자 안내소에서 제공하는 정보가 관광하는 데 도움이 되던가?
*방문자 안내소의 효과를 증대시키기 위해서는 어떻게 해야 할까?

1. 머리말

자연환경은 관광산업의 기본이 되는 주요한 자원이므로 자연환경의 보전은 관광산업의 미래와 밀접한 관계가 있다(이광희와 변재진, 1992). 근간에 와서 사람 위주의 사고에서 벗어나야 함이 강조되고 있으며, 모든 생명체에 존재가치를 부여하자는 이 외침은 어쩌면 위기에 직면한 현대문명의 단말마적 절규일 수 있다. 이처럼 국립공원 환경에 대한 문제의 열쇠를 쥐고 있는 것은 국립공원 방문자임에 틀림없다. 이들의 소리에 귀기울이지 않고, 이들의 행태를 눈여겨 관찰하지 않고서 국립공원 문제 해결에 접근한다는 것은 한마디로 불가능하다(박석희, 1996).

본질적으로 관광지 내의 환경을 해치는 주체는 사람 즉, 탐방객이며 관광지 내에서의 그들의 무분별한 행동으로 관광지 생태계의 각 개체에까지 인간의 흔적이 남겨지고 있다. 이와 같이 국립공원 생태계 파괴의 근본적인 원인으로 지적할 수 있는 것은 인간의 이용이다. 그러나 국립공원이 자연보존만을 추구하고 있기보다는 교육, 휴양 등 인간의 적절한 이용을 목적으로 하고 있는 이상, 인간에 의한 이용과 자연자원의 보전을 어떻게 효율적으로 달성할 것인가가 가장 핵심적인 문제라고 할 수 있다. 여기에 방문자를 대상으로 하는 교육의 필요성이 있다고 할 수 있으며, 이러한 국립공원 방문자들의 행동을 조절하고 환경에 대한 책임감을 부여해 주는 기능을 가진 장치 중의 하나가 바로 환경교육이라 할 수 있으며, 환경교육을 실행하는데 보다 구체적이고 직접적인 교육의 실효를 가질 수 있는 것 중의 하나가 바로 방문자 안내소(visitor center)라 할 수 있다.

따라서 본 연구에서는 내장산 국립공원 방문자들을 대상으로 방문자 안내소를 들른 집단을 환경정보 노출집단(exposed group)이라 하고, 들르지 않은 집단을 환경정보 비노출집단(unexposed group)으로 명명하여, 이들 두 집단 간에 방문자들의 국립공원 방문 시 환경태도, 행동의도 그리고 환경행동에 차이가 있는지를 밝힘으로써 방문자 안내소가 제공하는 정보의 교육적 기능수행의 여부를 밝혀내고 이들 두 집단의 환경태도, 행동의도 그리고 환경행동 간의 인과관계를 규명·비교함으로써 방문자 안내소의 역할을 확인하고자 한다.

2. 이론 고찰

가 태도·행동의도·행동 간의 관계

합리적 행위이론에서의 행동에 대한 태도는 질문내용에 대한 개인의 행동 수행을 위한 우호적 혹은 비우호적인 감정으로써 정의된다(Grob, 1995). 그러므로 국립공원 내의 자연환경의 관심에 대한 태도 구조는 환경보호 실천의지 혹은 환경적 행동을 향한 방문자들의 초보적인 태도이다.

행동에 대한 태도는 특정 행동의 수행이 좋은가 나쁜가에 대한 개인의 판단이며, 개인의 특정 행동에 대한 태도는 '행동에 따라 야기되는 결과가 실제 얼마 정도의 확률로 인식되는가'라는 주관적 확률치와 각각의 결과에 대한 긍정적 혹은 부정적 평가치를 구하여, 이 두 변수의 값을 서로 곱한 후 마지막으로 합산하는 방식으로 예측 가능하다(Ajzen and Fishbein, 1980).

환경태도는 환경에 대한 태도, 환경행동에 대한 태도로 나눌 수 있는데, 이러한 두 가지 형태는 모두 본질적으로 환경행동을 예견하기 위하여 사용된다. 어떤 개인 태도의 대상이 자연환경 자체이거나 혹은 자연환경을 이루는 환경 개체이거나 간에 그 태도의 방향은 환경행동으로 향한다. 하지만 Hines 등(1986/87)의 주장에 따르면, 환경태도와 환경행동의 관계에 관한 연구 중에서 합리적 행위이론과 이의 발전모델인 계획행동이론의 구조적 틀에서 이루어진 것은 20% 정도에 불과하다.

태도와 행동의 인과관계를 살펴보기 위해서는 태도측정과 행동측정이 개념적인 측면에서 서로 관계가 있어야 한다. 만약 태도측정이 표적행동(target behavior)과 관계가 없는 것이라면, 어느 누구도 태도지표가 행동을 예견한다고는 생각할 수 없다(Schuman, 1997). 이 두 가지 변수의 관계를 규명하기 위해서는 통상적으로 단일 항목 태도지표보다는 다항목 태도지표가 더 타당하다는 주장이 지배적이며, 다항목 태도지표로 특정 환경행동을 측정하는 것이 보편적이다(Sample and Warland, 1973).

Ajzen(1991)은 한 개인이 특정한 행동을 이행하기 위해 요구된 기회와 자원 그리고 의도를 갖는 정도에 따라 그는 그 행동을 하는 데 있어 마땅히 성공할 수 있다고 하였다. 이 구조는 합리적 행위이론을 확장시킨 모델이라고 할 수 있으며, 만약 의도가 비동기적 요소들(개인적 기술, 사람, 돈 그리고 다른 사람의 협조)에 의해 제약을 받게 된다 할지라도 이 모델의 적용가능성은 높다고 할 수 있다. 또한 이 모델은 개인의 의지적 조절상태와 무관한 행동을 설명하기 위한 연구에도 이용될 수 있을 것이다.

행동을 위한 의도 역시 행위, 목표, 상황 그리고 시간 인자들로 구성되어 있다. 행동의도를 측정하는 것은 어떤 개인이 주어진 행동의 실행 가능성을 측정하는 것이므로, 행동의도를 측정하기 위해서는 행동을 측정하는 데 사용된 인자들을 적용시킬 수 있다. 예를 들어서, 커뮤니케이션을 통한 환경교육 후 방문지 근처의 안내판을 관심을 가지고 유심히 읽어보는 행동은 환경행동에 대한 강한 의도로써 정의할 수 있다. 장애요소의 개념(Ham and Sewing, 1989) 역시 합리적 행위이론에서 제시된 매개

변수들로 그것들은 어떤 개인의 행동의도와 실제로 나타날 행동 사이에 존재할 수 있는 상관변수이다. 매개변수들은 행동의도로부터 수행될 어떤 계획된 행동(planned behavior)의 실천을 방해할 수가 있다.

나 정보와 행동 간의 관련성

Rome과 Romero는 방문자 안내소(visitor center)에서는 방문자를 대상으로 정보제공을 영사기, 표지판, 브로셔, 또는 각종 가이드라인, 전시, 슬라이드, 비디오, 프레젠테이션을 활용할 수 있다고 제언하고 있다.

국립공원 방문자 안내소는 국립공원을 찾는 방문자들에게 해당 국립공원에 대한 생태, 지형, 지질, 역사, 인문사회, 풍속 등 공원자원을 이해토록 하고 방문에 필요한 각종 자료의 전시 또는 정보를 제공하여 방문편의를 도모하기 위한 시설이다. 방문자 안내소는 공원 및 공원자원을 자세히 관찰하려는 방문자는 물론, 방문시간의 제한을 받는 단체, 외국인 방문자에게도 짧은 시간에 공원의 일반현황을 효율적으로 이해하게 할 수 있는 기능도 갖고 있다.

방문자에게 제공되는 정보가 방문자로 하여금 특정방식의 행동을 요구하는 것이어서 이러한 행동이 육체적, 정신적으로 피곤함을 준다면, 메시지가 의도하는 행동을 하도록 방문자들을 설득하기란 쉽지가 않다(Anderson, 1971). 메시지에 의하여 요구된 행동을 할 때 응답자들의 위험 정도에 대한 인식은 메시지의 영향력을 결정짓는 주요인이며, 이러한 전제조건하에 메시지 정보원천의 신뢰도의 중요성이 제고(提高)된다고 할 수 있다(McEwen, 1975).

다 환경교육에 따른 행동변화

환경교육 연구의 초기에는 환경에 대한 바람직한 행동변화를 도모하기 위하여 환경에 대한 지식의 증가만을 중시하거나 혹은 지식이 증가하면 바람직한 태도로 이어지고 이것이 환경의 질을 개선하는 행동으로 이어진다(Hungerford and Volk, 1990: 21; 오해섭, 1998 재인용)고 보고 있다.

오해섭(1998)은 환경교육 체제확립을 목적으로 교육과정 및 교수 학습전략 수립에 필요한 기초자료를 제시하기 위하여, 청소년들의 환경 책임성 행동 형성에 작용하는 변수들을 구명하고 이들 간의 관련성을 밝히고자 '청소년의 환경 책임성 행동'에 관하여 연구를 실시하였다. 그리하여 세부적으로는 청소년의 환경 책임성 행동수준을 측정하고, 청소년의 환경 책임성 행동수준과 관련된 변수와의 관계를 구명하며, 청소년의 인구학적 및 사회심리적 특성 변수들이 환경 책임성 행동에 미치는 영향 정도의 측정을 시도하였다.

여기서 그는 사회 심리적 변수를 자연환경 및 환경 지식, 환경행위 기능적 지식, 환경활동 경험, 환경행동에 대한 태도, 개인적 통제성향, 환경감수성, 규범적 신념으로 두었다. 그의 연구 결과 청소년의 환경 책임성 행동을 결정짓는 요인은 설명력을 가지는 순서가 환경행동에 대한 태도(4.06), 환경감수성(3.70), 환경행동에 대한 규범적 신념(3.67), 환경활동 경험(3.30), 환경행위기능적 지식(2.99)의 순이다. 또한 인구통계학적 특성 변수에 따른 환경책임성 행동수준은 지역과 종교는 유의한 차이가 없었으나, 학력수준별로 행동수준에도 차이가 있었으며 환경문제에 대한 정보 및 인식에 대한 대중매체의 이용은 신문이 가장 높고 잡지와 라디오 등 기타, TV순으로 나타났다.

또한 대부분의 관광공간 방문자는 혼자서는 여행하지 않기 때문에 관광공간 방문자와의 각종 교육매체를 통한 커뮤니케이션은 방문자 단체 내의 상호작용을 유도해 낼 수 있다(Bettinghaus, 1968). 단체의 규모가 클수록 환경메시지를 활용하는 데는 난점(難點)이 따른다. 또한 단체가 정기적(formal) 혹은 체계적(structured)으로 구성되어도 환경메시지를 활용하는 데는 난점(難點)이 증가하게 된다. 단체의 규모가 크면 조사원과 방문자 간의 메시지에 대한 직접적 상호작용이 거의 이루어질 수 없으며 이로써 단체 내 개개인들과의 상호관계가 이루어질 수 없기 때문에, 메시지에 대한 응답률 또한 감소하게 된다(Roggenbuck and Berrier, 1982). 또한 메시지에 대한 응답자들의 주의부족(lack of attentiveness)은 메시지가 가진 영향력을 감소시킬 수 있다(Bettinghaus, 1968; Haaland and Venkatesan, 1970). 메시지에 대한 응답자들의 주의부족으로 인해 응답자 개개인의 편견이 개입될 수 있고, 설문 당시 응답자 개개인의 육체적 피로와 정신적인 불안정이 설문 시의 편의(bias)로 작용할 가능성이 높기 때문이다(Roggenbuck and Berrier, 1982).

라 연구모델 및 가설설정

본 연구와 관련된 모델을 설정하면 [그림 1]과 같다. 우선 앞에서 살펴본 바와 같이 Ajzen과 Fishbein(1980)의 합리적 행위이론모델을 변형 적용하여 국립공원의 방문자 안내소를 통한 환경정보에 방문자들이 노출되었을 때와 그렇지 않았을 때의 환경태도, 행동의도, 환경행동에 차이가 있는지를 살펴본다. 그리고 환경정보에 노출된 집단과 그렇지 않은 집단 간에 환경태도, 행동의도, 환경행동 간의 인과관계도 밝혀 보고자 한다.

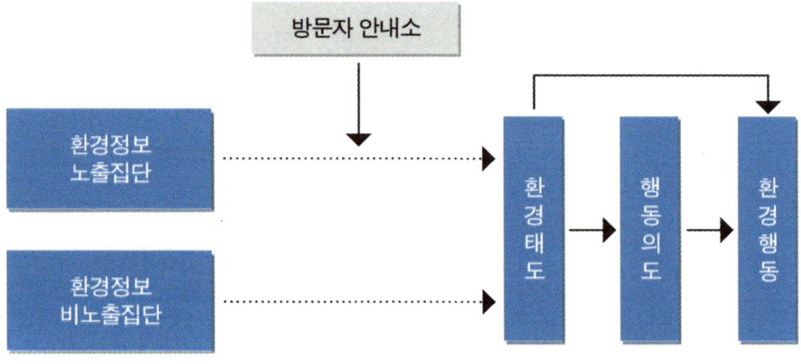

[그림 1] 연구모델

본 연구를 통하여 검증해야 할 연구가설은 다음과 같다.

H1. 방문자의 환경태도와 행동의도, 환경행동은 환경정보 노출집단과 환경정보 비노출집단 간에 차이가 있다.

H1-1: 환경정보 노출집단의 환경태도는 환경정보 비노출집단의 환경태도보다 더 친환경적이다.

H1-2: 환경정보 노출집단의 행동의도는 환경정보 비노출집단의 행동의도보다 더 친환경적이다.

H1-3: 환경정보 노출집단의 환경행동은 환경정보 비노출집단의 환경행동보다 더 친환경적이다.

H2. 환경정보 노출집단이 환경정보 비노출집단보다 환경태도, 행동의도, 환경행동의 인과관계 설명력이 더 크다.

H2-1: 환경정보 노출집단의 환경태도가 환경행동에 미치는 영향이 비노출집단의 영향보다 크다.

H2-2: 환경정보 노출집단의 환경태도가 행동의도에 미치는 영향이 비노출집단의 영향보다 크다.

H2-3: 환경정보 노출집단의 행동의도가 환경행동에 미치는 영향이 비노출집단의 영향보다 크다.

3. 결과의 분석 및 해석

가 응답자의 일반적 특성

응답자의 일반적인 특성을 파악하기 위하여 빈도분석을 실시한 결과를 살펴보면 다음의 〈표 1〉과 같다. 조사 표본의 성별 구성을 살펴보면, 남성 51.1%, 여성 48.9%로 여성보다는 남성의 비율이 조금 높게 나타났다. 연령별로는 10대가 6.4%, 20대가 42%, 30대가 26.2%, 40대가 20.9%, 50대 이상이 4.5%로 20~30대, 40대가 비교적 높은 구성비율을 차지하였다. 그리고 학력별 구성비율을 보면, 중졸 이하가 4.3%, 고등학교 재/졸이 31.8%, 전문대 재/졸이 23%, 대학 재/졸이 36.4%, 대학원 이상이 4.5%의 비율로 나타났다.

〈표 1〉 조사대상자의 일반적 특성

(단위: %, 명)

변 수	구 분	계
성 별	남성(51.1), 여성(48.9)	100.0(374)
연 령	10대(6.4), 20대(42.0), 30대(26.2), 40대(20.9), 50대 이상(4.5)	100.0(374)
교육수준	중졸 이하(4.3), 고등 재/졸(31.8), 전문대 재/졸(23.0), 4년대 재/졸(36.4), 대학원 이상(4.5)	100.0(374)
직 업	농업/어업(0.8), 사무/기술직(23.0), 전문직(15.5), 자영업(14.7), 가정주부(15.5), 학생(25.9)	100.0(374)
소 득 (월평균)	100만 원 미만(22.5), 101~150만 원(24.3), 151~200만 원(27.3), 201~250만 원(10.7), 251~300만 원(8.3), 301만 원 이상(5.6)	100.0(369)
방문횟수 (자연관광지)	1회(13.6), 2회(21.7), 3회(34.2), 4회(12.3), 5회 이상(17.9)	100.0(373)
방문횟수 (내장산)	처음(47.6), 2회(28.9), 3회(11.8), 4회(5.3), 5회 이상(6.4)	100.0(374)
동반형태	친구(39.6), 친지/친척(8.3), 가족(26.7), 혼자(7.2), 모임/단체(16.3), 기타(1.9)	100.0(374)

직업별로는 농업/어업 종사자가 0.8%, 사무직/기술직이 23%, 전문직이 15.5%, 자영업이 14.7%, 가정주부가 15.5%, 그리고 학생이 25%로 가장 높은 비율을 보였으며, 기타 직업에도 4.5%의 구성비율을 보였다. 소득별(월평균)로는 150~200만 원이 전체의 27.3%로 가장 높았으며, 100~150만 원이 24.3%, 100만 원 미만이 22.5%, 200~250만 원이 10.7%, 250~300만 원이 8.3%, 그리고 300만 원 이상이 5.6%이였다.

1년간 방문횟수는 1회가 13.6%, 2회가 21.7%, 3회가 34.2%, 4회가 12.3%, 5회 이상이 17.9%의 구성비율을 보였다. 내장산의 1년간 방문횟수는 1회(처음)가 가장 높은 비율인 47.6%로 나타났으며, 2회가 28.9%, 3회가 11.8%, 4회가 5.3%, 그리고 5회 이상이 6.4%로 나타났다. 동반자 유형은 친구가 39.6%로 가장 높았으며, 가족이 26.7%, 모임/단체가 16.3%, 친지/친척이 8.3%, 혼자가 7.2%, 기타가 1.9%를 차지하였다.

나 방문자 안내소의 효과 측정

(1) 방문 여부에 따른 환경태도 차이 검증

아래의 〈표 2〉에서 나타나고 있듯이, 전체 15개의 태도항목을 요인분석한 결과 모두 네 개의 요인으로 축약되었다. 이러한 요인별로, 방문자 안내소에 들러서 환경정보에 노출된 집단과 방문자 안내소에 들르지 않아 환경정보에 노출되지 않은 집단 간의 t-검증 결과 자연환경과 원자력에서는 유의한 차이가 나타났으나, 인구증가와 물자절약에서는 유의하지 않은 것으로 나타났다. 여기에서 주목할 점은 자연환경에 대한 태도의 경우 평균값을 기준으로 볼 때, 환경정보 비노출집단이 노출집단보다 더 큰 것으로 나타났다. 이는 방문자 안내소에서 제공하는 정보가 자연환경에 대한 방문자의 태도를 변화시키지 못한다고 볼 수 있다. 따라서 "환경정보 노출집단의 환경태도는 환경정보 비노출집단의 환경태도보다 더 친환경적이다"라는 연구가설은 부분적으로는 채택할 수 있겠으나, 시사하는 바가 거의 없다고 볼 수 있겠다. 본 연구자가 설문을 나가기 하루 전 10월 첫째주 금요일에 일본 원자력발전소 내에서 방사능이 누출되었다는 각종 매체의 보고가 있었다. 그렇기 때문에 방문자에게 원자력에 대한 경각심을 주어 이들의 환경에 대한 태도, 구체적으로 원자력에 대한 태도에 변화를 주었을 가능성도 있다고 판단된다.

〈표 2〉 방문 여부에 따른 환경태도의 비교

태도요인	방문 여부	n	평 균	표준편차	t-값	p-값
인구증가	방 문	181	-0.0296	1.0239	-0.458	0.647
	비방문	192	-0.0205	0.9793		
자연환경	방 문	181	-0.0916	0.9844	-1.781	0.076
	비방문	192	0.0922	1.0081		
원 자 력	방 문	181	0.1312	0.9354	2.445	0.015*
	비방문	192	-0.1206	1.0466		
물자절약	방 문	181	-0.0334	0.9931	-0.725	0.469
	비방문	192	0.0414	1.0007		

주: *는 유의수준 5%에서 유의함.

(2) 방문 여부에 따른 행동의도 차이 검증

다음의 〈표 3〉에서 보듯이, 방문자 안내소를 들른 집단이 들르지 않은 집단보다 평균값을 기준으로 볼 때, 더 환경친화적인 행동의도를 가지고 있는 것으로 나타났다. 방문자 안내소를 들른 집단과 들르지 않은 집단 간 방문자들의 행동의도에 차이가 있는지를 알아보기 위하여 t-검증을 실시한 결과 방문자 안내소에 들른 환경정보 노출집단과 방문자 안내소에 들르지 않은 환경정보 비노출집단 간에는 행동의도에 있어서도 차이가 없었다. 따라서 방문자 안내소의 교육적 역할 중에서 환경행동의 행동의도에는 효과가 없는 것으로 나타났기 때문에, "환경정보 노출집단의 행동의도는 환경정보 비노출집단보다 더 친환경적이다"라는 연구가설은 기각된다.

〈표 3〉 방문 여부에 따른 행동의도 비교

변 수	방문 여부	n	평 균	표준편차	t-값	p-값
행동의도	방 문 비방문	167 169	0.9473 0.9006	-0.5410 0.5188	0.808	0.420

(3) 방문 여부에 따른 환경행동 차이 검증

방문자 안내소에 들러 환경정보에 노출된 집단과 노출되지 않은 집단 간 방문자들의 환경행동에 차이가 있는지를 알아보기 위하여 t-검증을 실시한 결과 다음의 〈표 4〉에서와 같이 두 집단 간에는 유의수준 1% 내에서 유의한 것으로 나타났다. 표에서 제시하는 바와 같이 평균치를 기준으로 환경행동의 차이를 볼 때, 방문자 안내소를 들른 환경정보 노출집단이 방문자 안내소에 들르지 않은 환경정보 비노출집단보다 반응이 더 큰 것으로 나타났다. 따라서 방문자 안내소의 교육적 효과가 증명되었기 때문에 "환경정보 노출집단의 환경행동은 환경정보 비노출집단의 환경행동보다 더 친환경적이다"라는 연구가설은 채택된다.

〈표 4〉 방문 여부에 따른 환경행동의 비교

변 수	방문 여부	n	평 균	표준편차	t-값	p-값
환경행동	방 문	181	4.10	1.08	7.408	0.000*
	비방문	192	3.15	1.39		

주: *는 유의수준 1%에서 유의함.

(4) 방문횟수에 따른 변수 간 차이 검증

내장산 방문자들의 지난 1년 동안의 방문자 안내소 방문횟수에 따라 '한 번 들른 집단', '두 번 들른 집단', '세 번 이상 들른 집단'으로 집단을 구분하였다. 위와 같은 집단별로 자연환경에 대한 환경태도, 행동의도, 환경행동 간의 집단별 차이를 알아보기 위하여 분산분석을 실시하였으나, 이들 세 집단 간에는 차이가 나타나지 않았다. 따라서 방문자 안내소를 들른 집단과 들르지 않은 집단 간에는 환경행동에 유의한 차이가 나타난 데 반해, 방문자 안내소를 들르는 횟수에 따라서는 방문자의 환경태도, 행동의도, 환경행동에 변화가 발생하지 않은 것으로 볼 수 있으며, 여기서 보면, 방문자 안내소의 설득적 역할이 부족하다고 할 수 있겠다.

다 연구모델의 검증

본 연구에서는 앞에서 얘기했듯이, Ajzen과 Fishbein(1980)의 합리적 행위이론의 모델을 변형하여 국립공원 관광지 내 방문자 안내소에서의 각종 환경정보를 통한 교육에 노출된 환경정보 노출집단과 노출되지 않은 환경정보 비노출집단 간의 환경태도, 행동의도, 실제 환경행동에 차이가 있는지를 살펴보았다. 연구모델을 검증하기 위해서 먼저 전체집단을 대상으로 경로분석을 실시하여 그 인과관계를 보았으나, 방문자의 환경에 대한 태도의 행동의도에의 인과관계가 설명되지 못하였으며, 방문자의 행동의도 또한 환경행동을 설명하지 못하였다. 따라서 집단 간에 방문자 안내소의 환경교육적 효과가 있는지를 살펴보기 위하여 환경정보 노출집단과 환경정보 비노출집단으로 구분하여 두 집단 간 환경태도, 행동의도, 환경행동의 인과관계를 살펴보았다.

방문자의 환경행동의 경로를 검정한 결과는 [그림 2]와 같이 나타났다. 그림에서 보면 환경태도는 유의도 0.0249로서 유의수준 5%에서 환경행동에 경로계수 0.166 이므로 인과관계의 설명력을 가지는 것으로 나타났다. 그리고 환경태도는 행동의도에 0.282의 경로계수(p=0.0001)로서, 행동의도는 환경행동에 0.497(p=0.0001)로서 충분한 설명력을 가지는 것으로 나타났다.

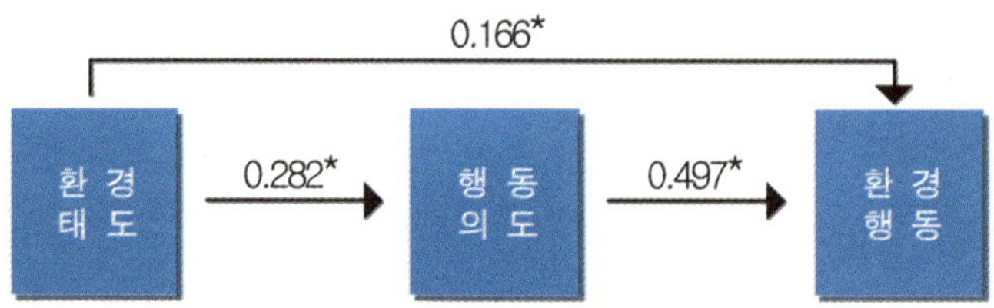

주: *는 유의수준 5%에서 유의함.
**는 유의수준 1%에서 유의함.

[그림 2] 경로분석의 결과(환경정보 노출집단)

따라서 환경행동에 미치는 직접효과는 0.166, 간접효과($\gamma \times \beta$=0.282×0.497)는 0.140이며 총 효과는 0.306으로 나타났고, 또한 환경행동에 대한 환경태도의 간접효과(0.140)가 주목할 만한 수치를 보였음에서 방문자 안내소와 같은 국립공원 내에서 제공하는 환경메시지에 대하여 방문자들의 환경행동이 즉흥적으로 반응되기도 하지만 합리적 행위이론모델이 제시하는 인과관계의 틀 내 일정한 순서에 따라 환경행동이 논리적으로 표출될 개연성을 충분히 보여주고 있다. 그러므로 앞에서 제기했던 환경정보 노출집단이 환경정보 비노출집단보다 환경태도, 행동의도, 환경행동의 인과관계 설명력을 가진다는 연구가설 2와 세부가설 전체가 채택된다.

다음으로 환경정보 비노출집단의 환경행동에 대한 직·간접적 인과관계를 살펴보면 다음의 [그림 3]과 같다. 표에서 보면, 환경태도는 환경 행동에 경로계수 -0.092(p=0.2054)로 인과관계가 전혀 나타나지 않았고, 환경태도의 행동의도는 0.111(p=0.1255)로 나타났다. 행동의도의 환경행동에는 경로계수 0.225로 나타났으며, p-값이 0.0017로 인과관계 설명력이 있는 것으로 나타났다. 하지만 간접효과 0.025, 직접효과 -0.092, 총 효과 -0.067로 나타나 환경정보 비노출집단에서는 인과관계를 보여주기 위한 경로모델조차도 성립되지 않는 것으로 나타났다.

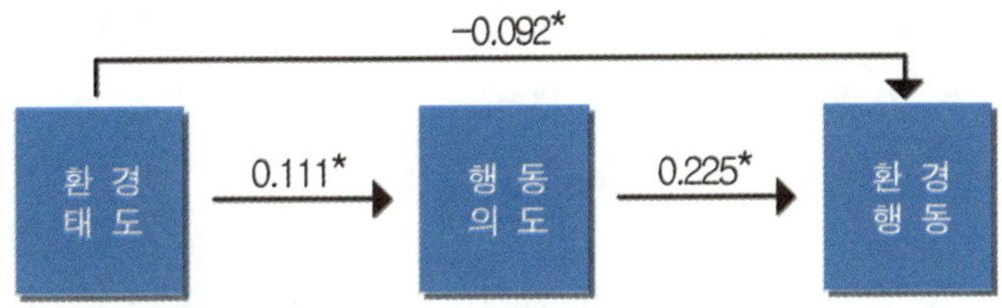

주: *는 유의수준 1%에서 유의함.

[그림 3] **경로분석의 결과(환경정보 비노출집단)**

4. 결론 및 시사점

본 연구에서는 내장산 국립공원 방문자 안내소 방문 여부에 따라 환경정보 노출집단과 환경정보 비노출집단으로 구분하였다. 이와 같은 방식으로, 환경정보 노출집단과 환경정보 비노출집단 간의 환경태도와 행동의도, 환경행동에 차이가 있는지를 알아보고 이들 측정변수의 인과관계에서도 두 집단 간 차이 검증을 통해 방문자 안내소의 환경정보제공 효과유무를 분석하고자 하였다.

분석결과 첫째, 환경정보 노출집단과 비노출집단 간에 환경태도는 부분적으로는 유의한 차이를 보였으나, 행동의도에서는 차이가 전혀 발생하지 않았다.

둘째, 환경정보 노출집단의 환경행동과 환경정보 비노출집단의 환경행동 간에는 차이가 발생하는 것이 현저히 드러났다.

셋째, 환경태도, 행동의도 그리고 환경행동 간의 인과관계는 환경정보 노출집단이 환경정보 비노출집단보다 더 컸다. 애초에 본 연구는 외생변수를 차단하지 않고 연구를 진행시켰기 때문에 친환경적인 성향을 지닌 방문자들이 방문자 안내소를 많이 들렀을 개연성과 방문자 개개인의 주관적인 규범 즉, 남의 눈에 거슬리지 않는 행동을 하고자 하는 의도 등을 차단하지 못한 것이 연구의 한계이다.

이러한 결과를 볼 때, 국립공원 내장산의 방문자 안내소는 환경정보제공을 통한 교육적 기능을 어느 정도 수행하고 있음을 알 수 있다. 방문자의 환경행동은 방문자 안내소가 제공하고 있는 정보에 접하게 되면 친환경적으로 변화되며, 환경행동이 환경태도와 행동의도를 통해서 논리적으로도 형성되고 있음을 알 수 있었다.

이를 바탕으로 다음과 같은 시사점을 제시할 수 있다.

첫째, 방문자가 환경교육에 적극적으로 참여할 수 있는 동기부여는 물론, 안내소에 대한 접근성을 높일 필요가 있다. 전체 방문자 중 방문자 안내소를 들른 사람은 48%에 불과하였다. 내장산 국립공원의 경우, 안내소의 위치가 위치적으로는 접근성이 양호하지만, 시각적으로 방문자의 접근을 유도해내기에는 부적절하여 동 안내소에서 제공하는 정보에 방문자들이 노출될 기회가 차단되고 있다.

둘째, 방문자 안내소의 방문횟수에 따른 환경정보제공 효과의 측정결과 방문자 대부분이 동 안내소의 제공 정보에 대해서 뚜렷이 인식하지 못하고 있었다. 따라서 방문자들의 환경정보에 대한 인지도를 높이기 위하여 전시위주의 정책을 지양하고, 체험교육 시스템과 같은 새로운 환경교육장치의 도입을 고려하여야 할 것이다.

셋째, 방문자 안내소가 방문자 환경행동의 형성에는 효과가 있었으나, 환경태도, 행동의도의 형성에는 별 다른 효과를 갖지 못하였다. 따라서 방문자의 환경태도와 행동의도의 형성에 교육적 기여를 하기 위해서는 무엇보다도 환경교육의 질적 측면에 집중해야 할 것이다.

선행연구가 거의 없는 관계로 내장산 국립공원에서의 방문자 환경태도, 행동의도, 환경행동에 대한 본 연구는 애초에 탐색적인 연구라는 한계점을 가지고 있었다. 향후 관광지에서의 환경교육이 환경태도와 행동의도, 환경행동에 끼치는 효과에 대한 연구가 진전되기 위해서는 그에 필요한 개념적 틀과 척도를 만들어 가는 연구가 앞으로도 계속 이루어져야 할 것이다.

참고문헌 ••••••

박석희(1996). 국립공원 이용활성화 방안. 국립공원의 오늘, 그리고 내일. '96자연공원 세미나 자료, pp. 25~26.

이광희·변재진(1992). 환경보전을 실현하는 생태특구 관광발전에 관한 연구. 『관광학연구』, 16: 133-163.

Ajzen, I., and Fishbein, M.(1980). *Understanding Attitudes and Predicting Social Behavior*. Englewood Cliffs, NJ: Prentice-Hall.

Ajzen, I., and Fishbein, M.(1991). The theory of planned behavior. *Organizational Behavior and Human decision Process*, 5: 179-211.

Anderson, K. E.(1991). *Persuasion: Theory and Practice*. Boston: Allyn and Bacon.

Berberoglu, Giray, and Tosunoglu, Canan(1995). Exploratory and confirmatory factor analyses of an environmental attitude scale. *The Journal of Environmental Education*, 26(Spring): 40.

Bettinghaus, E. P.(1968). *Persuasive Communication* New York: Holt, Rinehart and Winston.

Grob, A.(1995). A structural model of environmental attitudes and behaviour. *Journal of Environmental Psychology*, 15: 209-220.

Ham, S. H., and Sewing, D. R.(1988). Barrier to EE. *The Journal of Environmental Education*, 19(2): 17-23.

Hines, J. M., Hungerford, H. R., and Tomera, A. N.(1986/87). Analysis and synthesis of research on responsible environmental behavior: A meta-analysis. *The Journal of Environmental Education*, 18: 1-8.

Roggenbuck, Joseaph W., and Berrier, Deborah L.(1982). A Comparison of the effectiveness of two communication strategies in dispersing wilderness campers. *Journal of Leisure Research*, 4(1).

McEwen, W. J.(1975). Communication, innovation and change. In G. J. Hanneman, and W. J. McEwen(Eds.), *Communication and Behavior*. Reading, MA: Addison-Wesley, pp. 197-216.

Negra, Christine, and Manning, Robert E.(1997). Incorporating environmental behavior, ethics and values. *The Journal of Environmental Education*, 28(Winter).

Rome, Abigail, and Romero, Bart(1998). Enhancing conservation education opportunities in nature reserves in tropical countries: Countries. *The Journal of Environmental Education*, 30(Fall).

Sample, and Warland(1973). Attitude and prediction of behavior. *Social Forces*, 51: 292-304.

Shuman, D. Z.(1997). Toward a theory of commitment to environmental education teaching. *The Journal of Environmental Education*, 28(2): 25-32.

* 이 장의 출처: 한국공원휴양학회(2000). 『한국공원휴양학회지』, 2(1). 송대효와 공동.

제18장 경고메시지가 환경태도에 미치는 영향

* 관광지에서 휴지를 버리면 벌금을 물어야 한다는 경고문을 본 적이 있는가?

* 길거리에 담배꽁초를 버리면 곤장을 때리는 것에 대하여 어떻게 생각하는가?

* 타이르는 것과 겁주는 것 중 어느 것이 효과적일까?

1. 머리말

경고메시지와 관련된 실증 연구자료의 대부분은 다른 모든 조건이 동일할 때, 메시지가 더 많은 공포심을 유발하면 할수록 사람들은 메시지가 전하는 예방적 행동을 취할 가능성도 높아진다는 것을 보여주고 있다. 따라서 경고메시지가 행위를 규제하는 데는 공포가 필수적인 전제요인이 된다는 것이다. 그러나 관광의 경우 방문객들의 관광지 방문목적이 개인의 만족을 추구하기 위한 경우가 많은 것으로 비추어볼 때 공포심을 유발시킴으로써 관리자가 추구하는 예방적 행동을 취할 가능성이 높아질 수 있으나, 방문객들의 만족감을 감소시키는 요인으로 작용할 수 있을 것이다.

따라서 본 연구는 방문객들의 만족을 최대화시키면서도 관리자가 추구하는 예방적 행동을 방문객들이 취하게 할 수 있는 경고메시지를 만드는 것도 중요하다는 입장에서 연구를 진행하고자 한다.

국립공원을 비롯한 자연관광지에서 방문객의 자연환경보전을 유도하는 것은 공원

관리에 있어서 필수적이라 할 수 있다. 아울러, 방문객의 만족을 극대화시키려는 노력도 중요하다. 본 연구는 관광지 내에서의 경고메시지에 대한 이론적 기반이 빈약한 실정에서 기존의 다른 분야에서 연구되어 온 경고메시지 연구를 바탕으로 관광지 내에서의 경고메시지가 자연환경태도에 영향을 미치는지를 측정하고 분석함으로써 효과적인 경고메시지의 개발에 기여하고자 한다.

이상의 문제제기를 바탕으로 본 연구에서는 다음과 같은 연구목적을 설정하였다.

첫째, 행동의 선행변수인 태도에 경고메시지가 영향을 미치는가를 밝힘으로써 경고메시지의 효과를 측정한다.

둘째, 경고메시지의 구조 중 긍·부정형 구조의 경고메시지가 방문객의 자연환경태도에 유의한 차이를 가져오는지를 파악한다.

셋째, 경고메시지가 방문객의 자연환경태도에 미치는 영향관계를 규명해 봄으로써 향후 국립공원을 비롯한 관광지에서의 효과적인 경고메시지 개발의 기초자료를 제공한다.

2. 경고메시지와 자연환경태도에 관한 이론 고찰

가 경고메시지의 개념

경고메시지(warning message)는 경고문, 경고표시 등과 혼용되어 사용되고 있으며 기존 연구들도 특별하게 그 차이를 규정하고 있지는 않으나, 메시지의 특성상 경고메시지가 다른 형태의 경고형태를 포함한다고 할 수 있겠다. 경고메시지는 소비자들에게 있어 정보제공의 수단으로서 특히, 위험에 대한 정보를 제공하는 수단이라고 볼 수 있다(Stewart and Martin, 1990).

경고메시지는 위험행동을 할 경우에 일어날지도 모르는 죽음, 부상, 파괴 등을 알려서 피험자로 하여금 공포심 또는 경각심을 불러일으켜 경고메시지의 내용이 설득될 수 있도록 고안된 형태를 띤다(강성기, 1995).

Lehto와 Miller(1986)는 경고메시지는 대중에게 해로운 상태를 경고하는 것이라고 정의하고 경고메시지의 목적은 사용자에게 가능한 위해를 경고해서 기억 속에 이미 존재하고 있던 정보과정이 일어나도록 촉진하는 것이라고 했다. 더 나아가 Ross(1980)는 경고메시지는 위험이 어떤 것인지를 전달하고 위험 정도를 알려주고 위험을 피하는 방법까지 알려줌으로써 일반적인 메시지와 구별된다고 하고 있다.

이상에서 보면, 경고메시지를 노출시키는 주요 목적은 첫째, 위해를 발생시킬 수 있는 소비행동을 줄이고, 둘째, 경고메시지에서 언급된 위험행동을 자제하도록 만드는 것이다. 또한 위해의 가능성이 있는 소비에 대한 공공의 태도를 변화시키는 간접적인 효과도 있다(이옥정, 1997). 또한 경고메시지의 목적이 어떤 행동에서 발생할 수 있는 위험성에 대한 소비자태도에 영향을 미치는 것이라고 해서 단순히 위험에 대한 정보를 제공하는 데서 끝나지 않고 태도를 변화시킬 수 있는 수단으로 정의하고 있다(류승엽, 1990).

경고메시지의 구조유형은 크게 부정형과 긍정형, 유보형과 단언형, 구체형과 추상형, 권고형과 서술형으로 구분할 수 있다. 특히, 본 연구와 관련된 부정형과 긍정형 구조의 경고메시지의 비교분석을 통해 응답자들이 긍정형의 경고메시지가 소비억제효과가 더 클 것이라고 평가하였는데, 공포를 유발하는 부정적 표현이 항상 효과적이지는 않다는 것을 알 수 있다. 따라서 소비억제효과 평가를 향상시키기 위해서는 부정적인 내용만을 주장할 것이 아니라, 긍정적인 내용으로의 전환도 고려해야 한다(Andrews and Netemeyer, 1990).

한편, 지각된 신뢰성은 기존 경고메시지의 실증연구 분야에서 그 효과를 측정하는 측정도구로서 가장 많이 사용되어 왔던 변인으로서 소비자가 경고메시지를 제시받은 후 얼마나 경고메시지를 신뢰하고 있는지를 알아봄으로써 연구자가 의도한 예방적 효과를 측정하는 방법으로 현재까지 널리 쓰이고 있는 경고메시지의 효과 측정방법이다. 지각된 신뢰성은 방문자가 관광지 내에서 경고메시지를 인지한 후 메시지에 대해 느끼는 인지상의 신뢰 정도를 의미한다. 본 연구에서는 지각된 신뢰성 측정을 위해 Beltramini와 Evans(1985)가 '담배광고에 표기된 경고정보의 신뢰도에 관한 연구'에서 검증한 바 있는 신뢰성 척도를 이용하였다. Beltamini와 Evans는 어떤 이슈에 대한 개인의 신뢰성을 점검하는 척도로 정보의 신뢰성과 관련한 10가지 항목을 제시하고 각 항목에 대해 제시된 정보의 신뢰성을 물었다.

나 자연환경 태도

지금까지 대부분의 연구에서 거론되어 온 환경에 대한 태도는 환경문제에 대한 소비자들의 신념과 평가를 나타내는 매우 포괄적이면서도 개념적인 태도를 측정하는 것이었다. 즉, 환경태도란 환경문제를 방지하고 환경을 보호하기 위해 지속적으로 갖고 있는 신념과 감정으로서 긍정적 또는 부정적인 심리적 성향을 의미한다(이승신 등, 1993: 77).

송달용(1997: 9-11)은 환경태도를 비교적 지속적으로 견지하고 있는 환경에 대한 긍정적인 인지적·정의적 및 행동적 경향성이며, 환경의 질 향상을 위하여 일상생활 중 환경문제를 야기하는 행동을 배제하고 생태계의 평형성과 자기조절 기능을 회복시키는 생활양식을 택하여 현재는 물론 미래에서도 쾌적한 환경에서 살아갈 수 있도록 하려는 태도로 정의하였다. 따라서 자연환경태도는 자연환경문제를 야기하는 행동을 배제하고 스스로 오염된 환경을 개선하고 보전하고자 하는 의지이다.

자연환경태도 척도에 대한 연구로서 Dunlap과 Van Liere(1978)는 자연에 대한 개인의 긍정적인 태도를 측정하기 위한 12항목의 NEP(New Environment Paradigm) 척도를 구성하였다. 또한, 최윤환(1994)은 Stankey의 Purism scale, Dunlap과 Van Liere *et al.*의 NEP의 항목을 포함시키고 서울대학교 농업생명과학대학 학생을 대상으로 실시한 개방형 설문을 통해 얻은 항목, 그리고 신문, 잡지에서 환경과 관련된 기사에서 채택한 환경진술 등을 포함하여 총 93개 변수문항을 정리하여 항목의 초기형태를 구축하고 총 260명에 대해 설문조사를 실시한 후 통계적으로 신뢰도와 타당도 검증을 위하여 상관관계분석, 신뢰도분석, 요인분석을 거쳐 최종적으로 26개의 자연환경태도 항목을 선정하였다.

다 연구가설 설정

본 연구를 통하여 검증해야 할 가설은 문제제기를 통한 연구목적, 이론적 배경을 바탕으로 다음과 같이 4개로 설정하였다.

H1. 관광지 내의 경고메시지는 자연환경태도에 영향을 미친다.
H2. 긍정형 구조의 경고메시지를 노출시킨 집단과 부정형 구조의 경고메시지를 노출시킨 집단 간에 자연환경태도에 유의한 차이가 있다.
H3. 긍정형 구조의 경고메시지를 노출시킨 집단과 부정형 구조의 경고메시지를 노출시킨 집단 간에 지각된 신뢰성에 유의한 차이가 있다.
H4. 방문객의 지각된 신뢰성은 자연환경태도에 유의한 영향을 미친다.

3. 결과의 분석 및 해석

가 경고메시지 조작 점검

이 연구에서 제시된 긍정형 경고메시지는 “이 지역에서는 자연보호를 위하여 취사 및 야영을 할 수 없으며, 취사 및 야영행위가 근절되면, 아름다운 자연을 여러분 후손에게 물려줄 수 있습니다”이고, 부정형 경고메시지는 “이 지역은 자연공원법에 의거 자연훼손방지를 위하여 취사 및 야영을 금지하고 있으며, 무단 취사 및 야영행위는 동법 제60조에 의거 처벌받게 됩니다”이다.

피험자들에게 제시한 설문지 문항 중 경고메시지의 구조가 얼마나 긍·부정형의 구조형태를 띠고 있는지를 질문한 문항에 대하여 긍정형 경고메시지 노출집단과 부정형 경고메시지 노출집단 간에 집단 간 차이 검증을 실시한 결과 〈표 1〉과 같이 유의확률이 0.000으로서 두 집단 간에 차이가 있는 것으로 나타났다. 즉, 긍정형 경고 메시지와 부정형 경고메시지는 서로 다른 구조를 가진 메시지이고, 피험자들은 긍정형 구조의 경고메시지는 긍정형으로 부정형 구조의 경고메시지는 부정형으로 받아들이고 있어 본 실험에서의 독립변수조작은 제대로 이루어졌다고 할 수 있다.

〈표 1〉 경고메시지에 대한 조작 점검

구 분	평 균	표준편차	Levene의 등분산 검정		평균들의 동일성에 대한 t-검증		
			F-값	유의확률	t-값	자유도	유의확률
긍정형 부정형	3.9091 2.9892	0.8324 1.0934	12.246	0.001	8.909	339.832	0.000

나 측정척도의 신뢰도 검증

경고메시지의 지각된 신뢰성 측정항목 10개 문항에 대한 신뢰도 검증 결과 신뢰도는 0.9469로서 상당히 높은 신뢰성을 보여주고 있다. 또한, 본 연구의 자연환경태도 측정항목의 신뢰도 분석은 총 26개 문항 중 자기문항 제거 시 신뢰도가 높은 2개 항목을 제외한 24개 항목에 대한 신뢰도 분석으로써 신뢰도 계수가 0.9157 이상으로써 높은 신뢰도를 보여주고 있다.

다 자연환경태도 측정항목의 요인분석

요인분석을 통하여 본 연구에서는 〈표 2〉와 같이 4가지의 요인으로 나누고 요인 1은 '자연환경의 필요성', 요인 2는 '자연환경보호성', 요인 3은 '자연환경의 교육성', 요인 4는 '자연을 통한 만족감'으로 명명하였다.

〈표 2〉 **자연환경태도 측정변수의 요인구성**

구성요인	변 수 명	적재량	공통성	설명력(%)
요인 1: 자연환경의 필요성	• 자연에 대한 고마움을 느낌	0.707	0.649	37.802
	• 자연환경을 찾음으로써 활기를 얻음	0.670	0.647	
	• 자연환경은 휴식과 안정을 위해서 필요	0.641	0.562	
	• 자연환경 속에서 창조적 생활을 구상	0.614	0.597	
	• 실내에 있으면 자연환경에 참여하고 싶음	0.613	0.525	
	• 자연은 학문과 탐험을 위해서 필요	0.576	0.527	
	• 자연은 관망의 차원 외에도 많은 것을 느끼게 함	0.574	0.491	
	• 인류는 마침내 자연환경으로 돌아감	0.509	0.472	
요인 2: 자연환경 보호성	• 인간이 자연을 파괴하면 비참한 결과를 초래	0.706	0.609	6.167
	• '자연보호/환경보호'라는 말은 인류에게 필요	0.644	0.588	
	• 자연자원의 파괴에 대해 미리 대책을 강구	0.599	0.545	
	• 지구는 한정된 방과 자원을 지닌 우주선임	0.555	0.548	
	• 자연은 귀중한 유산이므로 보존해야만 함	0.532	0.517	
	• 산림파괴 예상지역은 입산을 금지해야 함	0.482	0.406	
	• 자연보호에 대하여 대 국민 홍보를 강화	0.466	0.465	
	• 인간을 위한 개발사업 시 자연보호를 우선 고려	0.455	0.408	
요인 3: 자연환경의 교육성	• 자연환경은 아동교육에서 과학기술보다 중요	0.688	0.566	5.448
	• 동식물이 많은 곳은 천연기념물로 지정	0.685	0.573	
	• 자연 속에서 야생동물의 관찰은 반드시 필요	0.596	0.501	
	• 인류는 자연환경을 심하게 해치고 있음	0.568	0.408	
	• 야생동물도 자연환경의 건강에 큰 역할을 함	0.456	0.414	
요인 4: 자연을 통한 만족감	• 자연자원은 우리의 정서에 가장 큰 매력임	0.706	0.680	4.300
	• 자연공원에서 휴양에서 얻는 만족감은 큼	0.599	0.615	
	• 자연에서 다른 휴양객을 방해해서는 안 됨	0.542	0.452	

주: 전체 설명력: 53.717.

라 가설 검증

(1) 연구가설 1의 검증

연구가설 1은 본 실험설계의 처치효과가 있는가를 알아보기 위해 세운 가설로서 실험집단과 통제집단 간의 자연환경태도 차이 검증에서는 〈표 3〉과 같이 유의확률이 0.000으로서 두 집단 간 자연환경태도에 차이가 있는 것으로 나타났다. 즉, 실험을 통하여 알아보고자 했던 경고메시지와 자연환경태도 간의 영향성에서는 실험처치효과가 있기 때문에 경고메시지가 자연환경태도에 영향을 미치고 있음을 알 수 있다.

〈표 3〉 실험집단과 통제집단 간 자연환경태도 차이 검증

구 분	평 균	표준편차	Levene의 등분산 검정		평균들의 동일성에 대한 t-검증		
			F-값	유의확률	t-값	자유도	유의확률
실험집단 통제집단	4.4418 4.2518	0.4743 0.4641	0.835	0.361	4.411	528	0.000

주: 실험집단은 경고메시지를 노출시킨 집단이고, 통제집단은 경고메시지를 노출시키지 않은 집단임.

(2) 연구가설 2의 검증

연구가설 2는 본 실험설계의 실험집단 간 자연환경태도 차이 검증을 통해 알 수 있는데, 검증결과 5%의 유의수준에서 검증할 경우 〈표 4〉에서와 같이 유의확률이 0.000으로서 두 집단 간 자연환경태도에 차이가 있다고 할 수 있다. 또한, 평균값이 실험집단 B에서 높게 나타나고 있어 부정형 구조의 경고메시지를 노출시킨 집단이 긍정형 구조의 경고메시지를 노출시킨 집단보다 자연환경태도에 더 호의적이라는 것을 알 수 있다.

〈표 4〉 실험집단 간 자연환경태도 차이 검증

구 분	평 균	표준편차	Levene의 등분산 검정		평균들의 동일성에 대한 t-검증		
			F-값	유의확률	t-값	자유도	유의확률
실험집단 A 실험집단 B	4.3359 4.5373	0.5110 0.4174	15.022	0.000	-4.002	317.239	0.000

주: 실험집단 A는 긍정형 경고메시지를 노출시킨 집단이고, 실험집단 B는 부정형 경고메시지를 노출시킨 집단임.

이러한 차이를 좀 더 자세히 살펴보기 위하여 자연환경태도의 각 요인별로 분석해 본 결과 모든 요인의 유의확률이 0.000~0.031로서 통계적으로 유의한 차이가 있음을 알 수 있다. 그리고 모든 요인에서 실험집단 B의 평균값이 높게 나타나는 것으로 보아 모든 요인에서 부정형 경고메시지 노출집단에서 더 호의적인 태도를 보인다고 할 수 있겠다.

(3) 연구가설 3의 검증

연구가설 3은 실험집단 간 지각된 신뢰성 차이 검증을 통해 알아볼 수 있는데, 기존 연구분야에서 경고메시지의 효과를 측정하는 측정도구로 사용되어 왔던 경고메시지 내용의 지각된 신뢰성에 대한 실험집단 간 차이 검증에서는 〈표 5〉와 같이 유의확률이 0.000으로서 집단 간에 유의한 차이가 있음을 알 수 있다. 또한 평균값이 실험집단 A에서 4.0679로서 실험집단 B의 3.4028보다 높게 나타나고 있다. 이는 다시 말하면, 긍정형 구조의 경고메시지를 노출시킨 집단이 부정형 구조의 경고메시지를 노출시킨 집단보다 지각된 신뢰성이 더 높게 나타난다고 할 수 있다.

〈표 5〉 실험집단 간 지각된 신뢰성 차이 검증

구 분	평 균	표준편차	Levene의 등분산 검정		평균들의 동일성에 대한 t-검증		
			F-값	유의확률	t-값	자유도	유의확률
실험집단 A 실험집단 B	4.0679 3.4028	0.8220 1.1324	16.393	0.000	6.279	326.261	0.000

〈표 4〉와 〈표 5〉에서와 같이 본 연구에서는 자연환경태도 측정에 있어서는 부정형 구조의 경고메시지를 노출시킨 집단의 태도가 더 호의적으로 나타났고, 지각된 신뢰성 측정에 있어서는 긍정형 구조의 경고메시지를 노출시킨 집단에서 더 신뢰성 있게 지각되었다. 이러한 현상은 본 실험연구가 높은 인지도를 보이면 태도에 더 긍정적인 영향을 미치는 소비자행동 연구분야의 결과들로 미루어 볼 때 외생변수의 작용으로 인하여 생겨난 현상일가능성도 배제할 수 없다. 특히, 현장실험의 단점으로 지적되는 외생변수의 통제가 곤란하고 실험변수효과와 외생변수 효과를 분리해서 파악하기 어렵다는 점에서도 외생변수의 작용 가능성은 높다고 할 수 있다.

먼저, 인구통계학적 특성이 다른 두 집단을 실험집단으로 선정하였을 가능성을 확인하기 위하여 유효표본수가 30개가 넘는 인구통계학적 변수의 범주들 간의 실험집단 간 차이 검증을 실시한 결과 대부분의 집단에서 부정형 구조의 경고메시지 노출집단의 자연환경태도 평균값이 높은 것으로 나타났다. 그러므로 지각된 신뢰성이 긍정형 경고메시지 노출집단에서 높고, 자연환경태도가 부정형 경고메시지 노출집단에서 높은 이유는 집단 간 피험자의 인구통계학적 특성이 서로 다른 이유에서 외생변수의 작용 가능성은 없는 것으로 판단할 수 있다.

그 이외의 실험상 외생변수의 작용 가능성은 실험처치조건인 경고메시지 조작과정에서 내용적으로 피험자가 메시지에 노출되었을 때 메시지를 수용하는 수용 정도를 동일한 수준으로 조작하지 못함으로써 결과적으로 메시지의 노출강도가 다르게 나타날 수 있다는 점이다.

본 연구에서의 경고메시지 구조를 보면 부정형 구조의 경고메시지는 행위자가 직접 불이익을 당하는 형태를 가지고 있는 반면에 긍정형 구조의 경고메시지는 행위자에게 직접적인 이익이 생기는 것이 아니라, 사회적인 이익 즉, 나를 포함한 불특정 다수에게 간접적인 이익이 생기는 형태를 가지고 있다. 그러므로 행동의 선행변수라 할 수 있는 자연환경태도 변수의 측정에 있어서는 행위 당사자에게 불이익이 돌아갈 수 있는 부정형의 경고메시지를 노출시킨 집단에 더 강한 강도로 경고메시지가 전달될 수 있다. 이것은 본 연구에서의 독립변수 조작에 있어서 한계점이라고 할 수 있으며, 후속 연구에서 더욱 정밀한 경고메시지 제작을 통하여 인과관계를 밝혀낼 필요성이 있다고 하겠다.

(4) 연구가설 4의 검증

경고메시지 내용에 대한 지각된 신뢰성과 자연환경태도 간의 영향관계를 파악하기 위하여 회귀분석을 실시한 결과 〈표 6〉에서 보는 바와 같이 p-값이 0.000으로 통계적으로 매우 유의하게 나타났고, R^2값이 0.038로서 총분산의 3.8%를 설명하고 있어서, 경고메시지의 지각된 신뢰성은 미약하나마 자연환경태도에 정의 방향으로 영향을 미친다고 할 수 있다.

〈표 6〉 지각된 신뢰성이 자연환경태도에 미치는 영향

구 분	회귀계수	표준 β계수	t-값	p-값	R^2
상수	4.110	–	44.305	0.000	0.038
지각된 신뢰성	0.0088	0.195	3.683	0.000	

4. 결론 및 시사점

본 연구에서는 북한산 국립공원 방문객 중 특정 시점에 방문하는 방문객을 피험자로 정하여 경고메시지가 방문객의 자연환경태도에 어떤 영향을 미치는지를 알아보고자 실시한 실험이었다. 이를 위하여 독립변수인 경고메시지를 구조에 따라 긍정형 구조의 경고메시지와 부정형 구조의 경고메시지로 나누어 제작하고, 각각의 집단에 노출시킨 후 집단별로 자연환경태도 및 지각된 신뢰성을 측정하였다.

실증연구의 분석결과를 요약하면 다음과 같다.

첫째, 관광지 내의 경고메시지는 자연환경태도에 영향을 미치고 있었다.
둘째, 긍정형 구조의 경고메시지를 노출시킨 집단과 부정형 구조의 경고메시지를 노출시킨 집단 간에 자연환경태도에 유의한 차이가 있었다.
셋째, 긍정형 구조의 경고메시지를 노출시킨 집단과 부정형 구조의 경고메시지를 노출시킨 집단 간에 지각된 신뢰성에 유의한 차이가 있었다.
넷째, 방문자의 지각된 신뢰성은 자연환경태도에 유의한 영향을 미치고 있지 않았다.

연구 수행과정에서 나타난 한계점은 아직 국·내외적으로 관광지의 경고메시지에 대한 연구사례가 거의 없는 상태에서 기존 제조업 상품의 경고메시지에서의 지각된 신뢰성 측정을 바탕으로 행동의 선행변수인 태도측정을 통해 행한 탐색적인 연구라는 점과 실험처치조건인 경고메시지 조작과정에서 내용적으로 피험자가 메시지에 노출되었을 때 메시지를 수용하는 수용 정도를 동일한 수준으로 조작하지 못함으로써 결과적으로 메시지의 노출강도가 다르게 나타날 수 있는 외생변수를 통제하지 못했다는 점이다.

본 연구에서는 다음과 같은 점을 시사받을 수 있겠다.

먼저 본 연구는 현장실험을 통하여 연구함으로써 실험실 실험 및 기타 연구방법에 비해 연구의 외적 타당성이 상당히 높다고 할 수 있고, 기존 경고메시지에 대한 선행연구 즉, 의약품의 경고 정보 및 통조림식품의 영양 정보, 주류 및 담배의 경고 정보, 과속 금지에 대한 연구 등에서만 확인되었던 경고메시지의 효과가 관광지에서도 적용 가능하다는 것을 알 수 있었다. 연구결과에서 경고메시지가 방문객들의 자연환경태도에 크게 영향을 미치므로, 국립공원을 포함한 자연관광지의 자연환경보전에 있어 경고메시지의 활용은 필수적임을 시사하고 있다. 또한, 본 연구에서는 경고메시지의 구조유형 중 긍·부정형의 구조에 대한 연구만 이루어졌기 때문에 구체형·추상형, 유보형·단언형, 권고형·서술형 경고메시지 등 경고메시지의 또 다른 구조에 따라 자연환경태도에 어떠한 영향을 미칠 수 있는지를 밝히는 연구가 필요할 것으로 본다.

참고문헌 ••••••

강성기(1995). 과속경고문에 대한 운전자 반응 연구. 중앙대학교 대학원 석사학위논문.

김숙일(1995). 시각적·정보적 요인에 따른 주류광고 경고문의 효과. 중앙대학교 대학원 석사학위논문.

김윤영(2000). 관광지내 경고메시지가 방문객 자연환경태도에 미치는 영향. 경기대학교 석사학위논문.

김용근(1994). 국립공원 관리에서 공원규칙에 관한 지식수준과 환경훼손 행위 의도와의 관계. 『한국조경학회지』, 22(1): 17-26.

류승엽(1990). 경고문의 정보유형에 따른 지각된 신뢰성. 중앙대학교 대학원 석사학위논문.

송달용(1997). 실업계고등학교 학생의 환경친화적 행태에 관한 연구. 서울대학교 대학원 석사학위논문.

이승신·이혜임·류미현(1993). 환경보존을 위한 소비자 능력. 『소비자학 연구』, 4(2): 73-96.

이옥정(1997). 경고표시에 대한 소비자의 신뢰도와 소비억제효과 평가. 서울대학교 대학원 석사학위논문.

장상근(1993). 대중의약품 광고 경고문구의 신뢰성에 관한 연구. 중앙대학교 대학원 석사학위논문.

최윤환(1994). 수렵인의 수렵 참여 동기와 자연환경태도. 서울대학교 대학원 석사학위논문.

허태윤(1991). 담배갑 경고문구의 신뢰성에 관한 연구. 중앙대학교 대학원 석사학위논문.

Andrews, J. Craig, and Netemeyer, Richard G.(1990). Believability and attitudes toward alcohol warning label information: The role of persuasive communications theory, *Journal of Public Policy & Marketing*, 9(2): 1-16.

Andrews, J. Craig, and Netemeyer, Richard G.(1991). Effects of consumption frequency on believability and attitudes toward alcohol warning labels. *Journal of Consumer Affairs*, 25(2): 323-339.

Andrews, J. Craig, and Netemeyer, Richard G.(1994). The role of cognitive responses as mediators of alcohol warning label effects. *Journal of Public Policy & Marketing,* 12(1): 57-69.

Beltramini, Richard F., and Evans, Kenneth R.(1985). Perceived believability of research results information in advertising. *Journal of Advertising*, 14(3): 18-24.

Dunlap, Riley E., and van Liere, Kent D.(1978). The new environmental paradigm. *The Journal of Environmental Education*, 9(4): 11-19.

Ross, K.(1980). Legal and practical considerations for the creation of warning labels and instruction books. *Journal of Products Liability*, 4(1): 55-69.

Stewart, David W., and Martin, Ingrid M.(1994). Intended and unintended consequences of warning messages: A review and synthesis of empirical research. *Journal of Public Policy & Marketing*. 13(1): 1-20.

* 이 장의 출처: 한국공원휴양학회(2001). 『한국공원휴양학회지』, 3(1). 김윤영과 공동.

제19장 인터넷 여행커뮤니티 참여의 영향

* 그대도 여행가기 전에 인터넷을 뒤지는가?
* 인터넷에 올라와 있는 사진이나 여행담 등이 영향을 주던가?
* 여행 후 인터넷에 사진이나 글을 올리는가?

1. 머리말

인터넷의 범위와 보급이 급속도로 확산됨에 따라서 인터넷문화 역시 많이 발전하였다. P2P, IM(instant messenger) 등 개인사용자 중심의 기술이 발전하고 확산됨에 따라 가치교환의 방법이 다양해지고, 개인사용자의 인터넷 사용능력이 발전함으로 인해 인터넷상에서의 정보 커뮤니케이션의 주체가 기업이나 조직에서 일반 사용자로 전환되었고, 인터넷 정보제공의 주요 주체로써 자리 잡고 있다(korea.internet.com, 2000). 다수 대 다수의 정보교환이 이루어지는 과정에서 온라인 커뮤니티는 인터넷의 매개물로서 가장 중요한 부분으로 자리 잡고 있다(한국전산원, 2001).

여행패키지나 펜션, 콘도 등 여행 관련 상품을 소개하는 데 치중하는 기존 여행사이트와는 달리 인터넷 여행커뮤니티는 순수 여행정보와 여행기 등을 소개해 주는 것이 특징이다. 인터넷 관광정보서비스는 관광목적지와 잠재관광객 간의 연계가 이루어지면서 인터넷 관광정보의 이용 정도에 따라 관광지를 선택하는 데 있어서 풍부한 정보의 제공으로 체재일수를 늘리는 촉매제가 되어 관광상품의 판매를 증가시킬 수 있으며, 관광지를 결정하지 못한 사람에게는 방문을 유도하는 중요한 역할을 한다고 볼 수 있다(오익근, 1998), 이와 같이 인터넷 관광정보는 직·간접적으로 관광객 태도에 영향을 미치는 것을 알 수 있다. 따라서 여행관련 기관에서 제공하는 관광정보가 아닌 여행에 관심 있는 사람들이 모여 만든 인터넷 여행커뮤니티에서 제공되는 정보 또한 커뮤니티에 참여하는 사람들에게 영향을 미칠 것으로 판단된다.

현재 다양한 인터넷 여행커뮤니티가 운영되고 있다. 이러한 인터넷 여행커뮤니티가 이용자에게 어느 정도 영향을 미치는가를 규명하는 것은 인터넷 여행커뮤니티 운영자뿐만 아니라, 궁극적으로는 이용자에게 도움이 될 수 있다. 이에 인터넷 여행커뮤니티에서 참여하는 정도에 따라 여행커뮤니티에서 제공되고 있는 관광정보가 관광지에 대한 이미지 형성에 영향을 미치는가, 그리고 그렇게 형성된 이미지가 관광객의 목적지 선정에 대한 태도에도 영향을 미치는가를 검정해 볼 필요가 있다. 따라서 본 연구는 위의 두 가지 연구목적을 달성하기 위하여 가설을 설정하고 실증연구를 통하여 이를 검정해 보기로 한다.

2. 이론 고찰

가 인터넷 여행커뮤니티

Rheingold(1992)의 연구에서는 가상공간에서 컴퓨터를 매개로 이루어지는 의사소통을 통해 오랜 기간 사람들이 풍부한 개인적 감정을 가지고 상호작용하는 집합체로 정의하고 있다. 여기서 중요한 것은 가상공동체에 사람들이 모이는 것은 사회문화적인 현상으로 보아야 하며, 온라인 커뮤니티의 출현을 또 다른 사회문화적 환경의 도래로 간주해야 할 것이다(Jones, 2000), 따라서 온라인 커뮤니티는 회원들 간의 상호작용하는 사람들의 집단이며(Stone, 1991), 기존의 개인 간의 의사소통에 대해 컴퓨터를 매개로 한 온라인 의사소통이며, 온라인상에서 이루어진 사회적 집단으로 정의할 수 있다(Wellman, 1996; Rheingold, 1993). 온라인 커뮤니티와 유사한 용어로는 가상 공동체(virtual community, Rheingold, 1993; Baym, 1995; Reid, 1995; Armstrong and Hagel, 1996), 전자적 공동체(electronic community, Rice & Love, 1987), 상징적 공동체(symbolically constituted community, Cohen, 1987), 상상 공동체(imagined community, Anderson, 1983) 등이 있다.

일반적으로 인터넷 여행커뮤니티 생성은 첫째, 통신동호회의 모임을 통해서, 그 모임이 인터넷으로 이전된 경우가 있다. 이것은 인터넷 전용선 보급의 확산 이전에 PC통신에서 결성된 그룹이며, 지금은 다른 포털사이트에 자리 잡고 활동하고 있다. 둘째, 오프라인 즉 실제 여행모임, 주로 산악등반, 스키, 스킨스쿠버 다이빙 등 레저 활동을 같이하던 사람들의 모임이 모여서 온라인상에 커뮤니티화된 경우도 있다. 셋째, 일반적인 여행자 커뮤니티와는 성격이 조금 다르지만, 여행사나 항공사 등 여행관련 사업체에서 커뮤니티 공간을 제공하여 자사의 제품 판매와 홍보를 촉진하기도 하고, 여행정보를 제공하는 경우도 있다. 넷째, 순수 여행커뮤니티 목적으로 인터넷상에 사이트를 독자적으로 개설한 보다 발전된 형태의 커뮤니티도 등장하였다. 일반적으로 인터넷 여행자 커뮤니티란 기업 소속의 커뮤니티를 제외한 비영리 목적의 세 가지 경우를 말한다.

인터넷 여행자 커뮤니티의 콘텐츠를 분석하면 각 사이트의 커뮤니티는 특성과 목적에 맞게 다른 구성을 갖고 있지만, 기본적으로 대부분의 여행자 커뮤니티 사이트가 갖고 있는 콘텐츠의 구성은 다음과 같다. 각종 게시판(자유게시판/질문게시판/건의게시판/회원소개 게시판 등), 국내여행, 해외여행정보, 유학/이민 생활기, 채팅이나 모임 안내 게시판, 여행 동반자 구하기 게시판, 현지여행 관련 정보, 여행상품 홍보·광고 게시판 및 예약 안내 등이다. 특히 자유게시판, 질문/답 게시판, 오프라인 모임, 여행 동반자 구하기 게시판, 운영진과의 대화는 커뮤니티의 필수적인 요소라고 볼 수 있다(박상이, 2002).

나 인터넷 관광정보

우리나라의 인터넷 관광정보는 관광정보제공의 주체에 따라 한국관광공사, 지방자치단체, 민간업체로 구별할 수 있으며, 한국관광공사와 지방자치단체의 관광정보가 관광지, 관광시설의 소개, 숙박, 교통, 음식 등 개괄적인 정보의 제공이라면 민간업체에서 제공하는 정보는 관광지, 관광시설 등은 개괄적으로 정보를 제공하고, 자회사의 정보 또는 회원사(제휴사)와의 연계를 통하여 실질적인 정보, 교통, 숙박시설의 예약, 가격정보 서비스 등을 제공하고 있다(한국관광연구원, 1999).

인터넷 관광정보에 대한 해외 연구인 Berine와 Curry(1999)는 인터넷 관광정보가 관광지에 대한 탐색자의 지각과 태도에 실제로 변화를 주었다고 밝혔다. 그들은 5천 달러의 여비를 가지고 4주간의 휴가를 보낸다고 가정한 상태에서 피조사들이 하와이(Hawaii), 네팔(Nepal), 이비자(Ibiza) 관광지 중 한 곳을 선택하여 1시간 동안 인터넷으로 대상지의 정보를 검색하게 하는 관찰실험법(observation experiment)을 실시하였다. 그들은 인터넷 관광정보가 많은 피조사들에게 관광지의 지각(perception)을 변화시켰다는 사실로 피조사들이 일반적으로 이러한 인터넷 정보를 신뢰하고 있다고 추론하였다. 또한 피조사들은 방문 전 사전조사활동을 하면서 관광지의 이미지를 창출할 것이고 구체적인 관광지 정보획득에 의해 태도가 형성될 것이라고 하였으며, 이것은 향후 실제 방문하고자 할 때 관광고려군(consideration set)이나 선택기준(choice criteria)이 되기 때문에 인터넷의 관광정보는 가능한 한 정확하고 매력적으로 제공되도록 하는 것이 중요하다고 주장하였다. 인터넷을 통해 네티즌에게 관광정보로 제공되어지는 것을 정리해 보면 다음 표와 같다.

〈표 1〉 **인터넷 관광정보의 유형과 내용**

인터넷 관광정보 유형	인터넷 관광정보 유형에 대한 내용
예약정보	숙박, 항공권, 렌트카, 기차표, 예약 취소 등에 관한 정보
여행정보	이벤트, 자연경관, 주변 관광지, 지리, 문화재, 유적 등에 관한 정보
경험정보	추천관광지, 여행계획, 여행경험 등에 관한 정보
가격정보	여행상품가격, 가격할인, 숙박, 먹을거리 할인 등에 관한 정보
교통정보	교통, 기차시각표, 교통요금 등에 관한 정보

자료: 이태종 외 5명(2000), p. 429.

다 관광지 이미지

일반적으로 이미지는 인간의 마음속에 그려지는 사람이나 사물의 감각적 형상을 말하며(김성혁, 1992), 자극과는 관계없이 과거의 경험으로부터 구체적·감각적으로 마음속에 재생되는 상(像)이고(심인보, 1997), 또한 사물이나 목적지에 대한 지식(신념)·느낌·전반적인 인상에 관한 개개인들의 정신적인 표출로 구성된다(Ahmed, 1991). 따라서, 관광지 이미지는 소비자에 의해 형성되는 장소·상품·경험에 관한 시각적·정신적 인상이며(Milman & Pizam, 1995), 관광지를 방문하기 전에 획득한 여러 형태의 정보나 관광지에서 실제의 경험이나 이미지 변화 매개체를 통해 형성된 관광지에 대한 전체적인 인상이다(이장주, 1997; 박의서, 1999).

Goodall(1991)은 다속성 이론의 측면에서 이미지를 대상의 여러 속성에 대한 태도라고 정의하면서 개인의 관광지에 대한 이미지를 그 사람이 지각하고 있는 관광지의 속성들에 대한 태도를 결합한 것으로 보았다. 따라서 관광지의 경우 기후나 경관과 같은 자연자원에 기반한 것이나 교통과 숙박시설과 같은 시설에 기반한 것과 같이 유형적인 것과 서비스나 사회·문화적 규범 그리고 문화나 환대와 같은 추상적인 성질을 포함하고 있으므로, 관광지의 이미지는 그 지역이 관광객에게 제공할 수 있을 것으로 생각되는 제반 속성들에 대한 인상이라 할 수 있다.

잠재관광객이 관광목적지를 선택할 때 한번 형성된 이미지가 중요한 역할을 한다(Mayo, 1975). 관광에 대한 이미지는 관광객이 대상물을 실제 경험할 때까지 계속되며, 그곳을 방문하려는 결정과 그곳에 대한 정보수집활동을 촉진시킨다(Maeda, 1980). 또한 형성된 이미지는 대상지에 대한 기대의 역할을 하며, 이러한 기대는 대상지에 대한 평가에 영향을 준다(이태희, 1997). 따라서 관광객은 관광지에 대하여 갖고 있는 인식이나 신념, 이미지에 기초한 의사결정과 관광지가 가진 이미지 때문에 관광지를 방문하게 되는 것이다(손해식·정익준·이방식, 1993; 김경현, 2002).

관광지 이미지는 관광목적지에 대한 태도(destination attitude)와 명확히 구분되어야 한다고 주장한 엄서호(1998)는 관광지 이미지를 관광목적지 선택과 관계없이 잠재관광객이 가지는 잠재 관광행동 욕구와 관광지의 물리적 속성이 결합된 결과라고 정의하고 있다. 엄서호의 관광지 이미지 정의에 의하면, 잠재관광행동욕구는 정서적인 측면을 내포하고 있으며, 관광지의 물리적 속성은 인지적 측면을 내포하고 있다고 간주할 수 있다. 또한 관광지 이미지가 관광목적지 선택행동과 직접적인 관계가 없다고는 하나 이미지를 근거로 태도를 형성하고, 이 태도가 관광목적지 선택에 영향을 미치므로 결국 관광이미지는 관광목적지 선택에 간접적으로 영향을 미친다고 할 수 있다.

라 연구가설

본 연구는 인터넷 여행커뮤니티에서 제공되는 관광정보 중 여행후기와 사진을 통해서 형성된 관광지 이미지가 여행욕구와 목적지 결정에 영향을 미치는가에 대해 밝히는 데 있다. 다음은 가설설정을 위하여 다음과 같은 문헌연구를 하였다.

첫째, 여행후기와 사진이 관광지 이미지 변화의 영향요인이 될 수 있는지를 알아보기 위하여 김병국과 박석희(2001), Baloglu와 McCleary(1999), Crompton (1979), Gartner(1993), Judd(1995), Kotler(1975), Um과 Crompton (1990) 등의 연구를 검토하였다. 이들의 연구결과를 통하여 관광지 이미지는 크게 인구통계적·사회경제적 특성 및 동기 등의 내적 요인과 각종 정보원, 구전, 광고, 홍보인쇄물 및 사전경험 등의 외적 요인에 의해 변화된다는 것을 알 수 있었다.

둘째, Gartner(1993)는 관광지 이미지가 3개의 구성요소들이 계층적으로 상호 관련되어 있다고 보았다. 즉, 이미지는 인지적 요소(cognitive component), 정서적 요소(affective component), 암시적 요소(connotative component)로 이루어진다는 것이다. 인지적 요소는 정보를 통해 형성된 대상의 속성에 대한 이해나 지식으로 어떤 대상에 대한 신념과 태도의 합이며, 정서적 요소는 목적지 선택의 동기와 관련되는 것으로 대상에 대한 좋고 싫음을, 암시적 요소는 인지적 요소와 정서적 요소를 바탕으로 하여 언어 이외로 나타나는 행동과 유사한 개념이다. 그러므로 이미지의 인지적 요소와 정서적 요소의 상호작용의 결과는 미래에 행동으로 이어질 것이며, 이미지는 미래행동에 대한 잠재력을 내포한다고 볼 수 있다. 이 연구결과를 통하여 여행후기·사진에 대한 관광지 이미지가 관광목적지 결정에 영향을 미치는 독립변수로 볼 수 있다.

셋째, Beirne와 Curry(1999)는 인터넷 관광정보가 관광지에 대한 탐색자의 지각과 태도에 실제로 변화를 주었다고 밝혔다.

넷째, 이미지가 만족에 영향을 미친다는 견해이다. 이미지가 개인의 행동에 영향을 미친다고 생각하고(Ashworth & Goodal, 1988; Mansfield, 1992), 관광이미지를 어떤 곳의 인상의 총체(total set)로 정의하고 있으므로 관광이미지가 관광객의 행동에 영향을 미칠 것이라는 생각은 논리적이다(Cooper, Fletcher, Gilbert & Wanhill, 1993). 이러한 관계를 박석희와 부소영(2002)은 실증적으로 밝힌 바 있다.

따라서 본 연구는 다음과 같은 연구가설을 설정하였다.

연구가설 1. 여행후기·사진에 대한 이미지가 긍정적일수록 여행욕구에 대한 영향이 크다.

연구가설 2. 여행후기·사진에 대한 이미지가 긍정적일수록 목적지 결정에 대한 영향이 크다.

연구가설 3. 인터넷 여행커뮤니티 참여 정도에 따라 관광지 이미지에 유의한 차이가 있다.

3. 결과의 분석 및 해석

가 조사대상집단의 커뮤니티 활동 특성

커뮤니티 활동사항에 대한 빈도분석 결과는 〈표 2〉와 같다. 2000년 1월 21일에 처음 생긴 주말여행커뮤니티는 1년 이상 꾸준히 활동하는 회원이 77.9%의 비율을 차지하고 있다. 커뮤니티 이용시간을 살펴보면 1일 평균 1시간 미만으로 매일 방문하는 회원들이 전체의 37.9%로 나타났다. 대부분의 인터넷 여행커뮤니티 가입자들이 지속적인 활동을 하지 않아서 커뮤니티의 생성과 폐쇄가 빈번히 일어나는 현실과 달리, 주말여행커뮤니티 회원들은 꾸준한 활동을 하고 있음을 알 수 있다.

주말여행커뮤니티 회원의 가입경로를 살펴본 결과, 28.8%가 친구/가족의 소개로 커뮤니티에 가입하였고, 62.1%가 인터넷 검색을 통해서 커뮤니티에 가입한 것으로 나타났다. 커뮤니티 가입목적을 살펴보면, 70.0%가 취미/여가 활동목적으로 커뮤니티에 가입하였다고 응답하였다. 이는 인터넷 여행커뮤니티를 통해 여가나 취미활동을 하는 사람들이 많다는 것을 알 수 있다.

사이트에 글을 올리는 정도를 통해서 본 회원들의 참여 정도는 27.5%가 적극적으로 사이트에 글을 올리는 것으로 나타났다. 회원들 간의 상호작용을 위한 오프라인 모임과 여행 참여횟수를 살펴본 결과 오프라인 모임에 62.5%는 가끔 참석하는 것으로, 16.3%는 자주 참석하는 것으로 나타났고, 오프라인 여행에 참석하는 횟수를 살펴보면, 10번 이상 오프라인 여행에 참석한 회원이 43.7%로 나타나 회원들 상호작용이 활발히 이루어지고 있는 것으로 나타났다.

〈표 2〉 조사대상집단의 커뮤니티 활동 특성

(단위: 명, %)

구 분	세 분	빈 도	백분율
가입기간	1년 미만	53	22.1
	1년 이상~2년 미만	79	32.9
	2년 이상~3년 미만	33	13.8
	3년 이상~4년 미만	40	16.7
	4년 이상	35	14.6
이용시간	평균 2시간 이상/1일	16	6.6
	평균 1~2시간 미만/1일	91	37.9
	평균 1시간 미만/1일	98	40.8
	평균 1~3시간 미만/1주	35	14.6
가입경로	친구/가족의 소개로	69	28.8
	인터넷 검색 후 스스로	149	62.1
	기타	22	9.1

구 분	세 분	빈 도	백분율
가입목적	여행정보 교류 목적/여행 동반자 찾기 목적	72	30.0
	취미/여가활동 목적	168	70.0
커뮤니티 글 올리는 정도	올리지 않는다	89	37.1
	보통이다	85	35.4
	올린다	66	27.5
오프라인 모임참석	전혀 참석하지 않는다.	51	21.3
	가끔 참석한다.	150	62.5
	자주 참석한다.	39	16.3
오프라인 여행횟수	0~9번	135	56.3
	10~29번	64	26.6
	30번 이상	41	17.1

나 측정척도의 신뢰도 및 타당성 검정

(1) 측정변수의 신뢰도 검정

본 연구에서는 측정척도의 신뢰도를 검정하기 위해서 Cronbach's α 계수를 활용하여 분석하였다. Cronbach's α 계수는 0과 1 사이의 값을 가지며, 사회과학 자료의 경우 0.6 이상이면 비교적 신뢰도가 높다고 보고 있다. 인지적 이미지 항목에 대한 신뢰도 분석 결과, 〈표 3〉과 같이 전체 신뢰도 α 계수는 0.8820으로서 비교적 높게 나타나 인지적 이미지 항목에 대한 측정척도가 신뢰도 있게 설계되었다고 할 수 있다.

〈표 3〉 인지적 이미지 항목의 신뢰도 분석

항 목	평 균	표준편차	항목 간 상관관계	항목제거 시 알파계수
위생상태가 청결하다.	3.57	0.76	0.487	0.877
안전하다.	3.85	0.92	0.554	0.874
밤에 즐길거리가 풍부하다.	3.68	0.78	0.671	0.868
숙박시설이 적합하다.	3.76	0.66	0.521	0.875
토속음식이 맛있다.	3.63	0.74	0.447	0.878
편의시설이 잘 되어 있다.	3.62	0.73	0.501	0.876
관광지의 활동이 다양하다.	3.68	0.81	0.518	0.875
사람들이 친근하다.	3.97	0.79	0.586	0.872
문화자원이 흥미롭다.	3.69	0.85	0.638	0.869
자연경관이 아름답다.	4.37	0.81	0.558	0.873
역사유적지가 흥미롭다.	3.96	0.85	0.500	0.876
여행비용이 적절하다.	3.82	1.05	0.637	0.870
환경이 청정하다.	3.77	0.76	0.563	0.873
기후가 좋다.	3.60	0.90	0.559	0.873

주: 알파계수=0.8820, 조정된 알파계수=0.8825.

1단계에서 α 계수보다 높게 나타난 변수를 제거한 후, 신뢰도를 분석한 결과는 〈표 4〉와 같이 전체 신뢰도 α 계수는 0.9131로 높아졌다.

〈표 4〉 변수 제거 후 정서적 이미지 항목의 신뢰도 분석

항 목	평 균	표준편차	항목 간 상관관계	항목제거 시 알파계수
성난/기쁜	4.30	0.73	0.683	0.905
불만족한/만족한	4.22	0.71	0.783	0.895
불행한/행복한	4.25	0.76	0.820	0.890
지루한/흥미로운	4.39	0.74	0.656	0.908
우울한/흡족한	4.09	0.79	0.797	0.893
절망적인/희망찬	4.16	0.74	0.710	0.902
활기없는/활기찬	4.17	0.76	0.700	0.903

주: 알파계수=0.9131, 조정된 알파계수=0.9131.

(2) 요인분석 결과

인지적 이미지 변수, 정서적 이미지 변수의 개념타당도를 검정하기 위하여 총 21개 항목(인지적 이미지 14개 항목, 정서적 이미지 7개 항목)에 대한 요인분석(factor analysis)을 실시하였다. 인지적 이미지 항목에서는 14개 항목에 대해 4개의 요인이 추출되었다. 총분산은 65.01%를 설명하는 것으로 나타났다. 또한 전체표본 적합도를 나타내는 KMO값은 0.810으로 나타나 요인분석을 위한 변수선정이 바람직하게 나타나서 타당도에는 문제가 없었다. 따라서 추출된 요인 1을 '편의성', 요인 2를 '안전성', 요인 3을 '환경성', 요인 4를 '매력성'으로 명명하였다. 〈표 5〉와 같이 각 요인에 대한 신뢰성 검정결과 Cronbach's α값이 0.7 이상으로 나타나 인지적 이미지 요인 측정도구의 신뢰도에도 문제가 없는 것으로 나타났다.

정서적 이미지 항목에서는 7개 항목에 대해 1개의 요인이 추출되었다. 총분산은 65.93%를 설명하는 것으로 나타났다. 또한 전체표본 적합도를 나타내는 KMO값은 0.878로 나타나 요인분석을 위한 변수선정이 바람직하게 나타나서 타당도에는 문제가 없었다.

〈표 5〉 인지적 이미지 항목의 요인분석

요인명	측정항목	아이겐값	요 인 적재량	코 뮤 낼리티	분 산 설명력	신뢰도 계 수
편의성	숙박시설이 적합하다. 편의시설이 잘 되어 있다. 사람들이 친근하다. 관광지 활동이 다양하다. 토속음식이 맛있다. 밤에 즐길거리가 풍부하다.	5.582	0.720 0.703 0.651 0.584 0.536 0.535	0.628 0.555 0.639 0.582 0.367 0.662	39.873	0.7912
안전성	안전하다. 위생상태가 청결하다. 여행비용이 적절하다.	1.307	0.788 0.708 0.636	0.767 0.590 0.633	9.333	0.7256
환경성	환경이 청정하다. 기후가 좋다.	1.172	0.835 0.833	0.803 0.854	8.372	0.7880
매력성	역사유적지가 흥미롭다. 문화자원이 흥미롭다. 자연경관이 아름답다.	1.041	0.870 0.763 0.498	0.814 0.754 0.454	7.437	0.7481

주: 총분산설명력=65.01, KMO값=0.810, 측정항목에 대한 전체 신뢰도계수=0.8820.

따라서 추출된 요인 1을 '즐거움'으로 명명하였다. 〈표 6〉과 같이 각 요인에 대한 신뢰성 검정결과 Cronbach's α값이 0.7 이상으로 나타나 정서적 이미지 요인 측정도구의 신뢰도에도 문제가 없는 것으로 나타났다.

〈표 6〉 정서적 이미지 항목의 요인분석

요인명	측정항목	아이겐값	요 인 적재량	코 뮤 낼리티	분 산 설명력	신뢰도 계 수
즐거움	불행한/행복한 우울한/흡족한 불만족한/만족한 절망적인/희망찬 활기없는/활기찬 성난/기쁜 지루한/흥미로운	4.615	0.878 0.863 0.851 0.793 0.782 0.765 0.742	0.771 0.744 0.723 0.628 0.612 0.586 0.551	65.934	0.913

주: 총분산설명력=65.93, KMO값=0.878, 측정항목에 대한 전체 신뢰도계수=0.9131.

다 가설의 검증 및 해석

본 연구가설의 검증은 세 가지 부분으로 구분하였다.

> 첫째, 여행후기·사진에 대한 관광지 이미지가 여행욕구에 미치는 영향
> 둘째, 여행후기·사진에 대한 관광지 이미지가 목적지 결정에 미치는 영향
> 셋째, 커뮤니티 참여 정도에 따른 관광지 이미지의 차이로 구분하였다.

연구가설에 대한 검증결과는 다음과 같다.

(1) 연구가설 1 검증

연구가설 1 '여행후기·사진에 대한 이미지가 긍정적일수록 여행욕구에 대한 영향이 크다'를 검증하기 위하여 회귀분석을 실시하였다. 분석결과 여행후기와 사진에 대한 관광지 이미지와 여행욕구 간의 영향관계가 모두 정(+)의 유의한 영향관계를 가지는 것으로 나타났다. 여행후기와 사진에 대한 관광지 이미지가 여행욕구 간의 영향관계는 27.8% 정도로 설명할 수 있다.

관광지 이미지 요인별 영향관계를 살펴보면 인지적 이미지 요인의 영향관계는 25.2% 정도로 설명할 수 있으며, 정서적 이미지 요인의 영향관계는 23.5%로 설명할 수 있다. 인지적 이미지의 편의성, 안전성, 환경성, 매력성 요인 모두 p=0.000로 유의수준 1%에서 통계적으로 유의하게 나타났다. 이 중 편의성 요인의 베타값이 0.350으로 가장 큰 것으로 나타났다. 정서적 이미지의 즐거움은 p=0.000로 유의수준 1%에서 통계적으로 유의하게 나타났다.

따라서 여행후기와 사진에 대한 관광지 이미지가 긍정적일수록 여행욕구가 크다는 것을 알 수 있다. 인지적 이미지 요인 중에서는 편의성이 여행욕구에 가장 큰 영향을 미치는 것으로 나타났으며, 정서적 이미지의 즐거움 요인에 대한 이미지가 긍정적일수록 여행욕구에 큰 영향을 미치는 것으로 나타났다.

〈표 7〉 관광지 이미지가 여행욕구에 미치는 영향

독립변수		표준화 회귀계수(β)	t-값	p-값	R^2
전 체	인지적 이미지	.278	3.533	.000	0.278
	정서적 이미지	.292	3.718	.000	
	상 수	–	2.433	.016	
인지적 이미지	편의성	.350	6.206	.000	0.252
	안전성	.224	3.974	.000	
	환경성	.238	4.226	.000	
	매력성	.148	2.628	.000	
	상 수	–	90.466	.000	
정서적 이미지	즐거움	.485	8.560	.000	0.235
	상 수	–	90.059	.000	

(2) 연구가설 2의 검증

연구가설 2 '여행후기와 사진에 대한 이미지가 긍정적일수록 관광목적지 결정에 대한 영향이 크다'를 검증하기 위하여 회귀분석을 실시하였다. 분석결과 여행후기와 사진에 대한 관광지 이미지 중 인지적 이미지만이 목적지 결정에 정(+)의 영향관계를 가지는 것으로 나타났으며, 정서적 이미지는 영향관계가 없는 것으로 나타났다.

여행후기와 사진에 대한 인지적 이미지가 목적지 결정에 대한 영향관계는 17.5% 정도로 설명할 수 있으며, 인지적 이미지에 대한 요인별 목적지 결정에 대한 영향관계는 20.0%로 설명할 수 있다. 인지적 이미지의 편의성 요인은 p=0.524로 유의수준 5%에서 통계적으로 유의하지 않은 것으로 나타났으며, 안전성·환경성·매력성 요인에 대해서는 p=0.000으로 유의수준 1%에서 통계적으로 유의하게 나타났다. 인지적 이미지 요인 중 매력성의 배타값이 0.328로 가장 크게 나타났다.

따라서 여행후기와 사진에 대한 관광지 이미지 중 인지적 이미지만이 목적지 결정에 긍정적인 영향을 미치는 것으로 나타났다. 인지적 이미지의 매력성 요인이 목적지 결정에 가장 큰 영향을 미치는 것으로 나타났다.

〈표 8〉 관광지 이미지가 목적지 결정에 미치는 영향

독립변수		표준화 회귀계수(β)	t-값	p-값	R^2
전 체	인지적 이미지	.086	1022	.000	0.175
	정서적 이미지	.353	4.206	.308	
	상 수	–	3.577	.000	
인지적 이미지	편의성	-.037	-.638	.524	0.200
	안전성	.217	3.727	.000	
	환경성	.209	3.580	.000	
	매력성	.328	5.622	.000	
	상 수	–	80.921	.000	

(3) 연구가설 3의 검증

연구가설 3 '인터넷 여행커뮤니티 참여 정도에 따라 관광지 이미지에 유의한 차이가 있다'를 검증하기 위해 분산분석을 실시하였다.

〈표 9〉에서 제시되는 것과 같이 분석결과, 이용시간에 따른 인지적 이미지 차이는 F=16.667, p=0.000로, 정서적 이미지 차이는 F=13.188, p=0.000로 이용시간에 따른 인지적·정서적 이미지는 유의한 차이가 있다. 이용시간별로 살펴보면, 1일 평균 1시간 미만으로 이용하는 집단이 인지적·정서적 이미지에 가장 높은 영향을 받는 것으로 나타났다. 이용시간이 길다고 인지적·정서적 이미지가 무조건 더 강해지는 것이 아님을 알 수 있다.

〈표 9〉 이용시간별 유의한 차이 검증

구 분	이용시간				F-값	p-값
	평균 2~3시간 이상/1일	평균 1~2시간 미만/1일	평균 1시간 미만/1일	평균 1~3시간 미만/1주		
인지적 이미지	(n=16) 3.64	(n=91) 3.74	(n=98) 4.00	(n=35) 3.36	16.667	.000
정서적 이미지	4.19	4.26	4.38	3.68	13.188	.000

4. 결론 및 시사점

본 연구는 인터넷 여행커뮤니티에서 제공되는 관광정보를 통해 형성된 관광지 이미지가 여행욕구와 목적지 결정에 미치는 영향과 인터넷 여행커뮤니티 참여 정도에 따라 관광지 이미지에 유의한 차이가 있는지를 실험설계방법을 통해 측정하고 분석해 보았다.

관광지 이미지 측정항목 분석결과 Baloglu와 McCleary가 사용한 인지적 이미지 항목과 Russel이 사용한 18개 정서적 이미지 항목 중 인지적 이미지 요인은 14개 항목이 편의성·안전성·매력성·환경성 4가지 요인으로 구성되었고, 정서적 이미지 18개 항목 중 7개 항목만이 정서적 이미지 측정항목으로 적합한 것으로 나타났다. 따라서 정서적 이미지 측정요인은 즐거움 하나의 요인만이 정서적 이미지 요인으로 사용되었다. 이 요인을 가지고 분석한 결과는 다음과 같다.

첫째, 인터넷 여행커뮤니에서 제공되는 여행후기와 사진을 통해서 형성된 관광지 이미지가 긍정적일수록 여행욕구가 큰 것으로 나타났다. 인지적 이미지 요인별로는 편의성, 안전성, 환경성, 매력성 요인 모두 여행욕구에 영향을 미치는 것으로 나타났다. 이 중 편의성 요인이 여행욕구에 가장 큰 영향을 미치는 것으로 나타났다. 정서적 이미지의 즐거움 요인 또한 여행욕구에 영향을 미치는 것으로 나타났다.

둘째, 인터넷 여행커뮤니에서 제공되는 여행후기와 사진을 통해서 형성된 관광지 이미지 중 인지적 이미지만이 목적지 결정에 영향을 미치는 것으로 나타났다. 인지적 이미지 요인별로는 안전성, 환경성, 매력성 요인이 목적지 결정에 영향을 미치며, 이 중 매력성 요인이 목적지 결정에 가장 큰 영향을 미치는 것으로 나타났다. 인지적 이미지 요인 중 편의성은 목적지 결정에 영향을 미치지 않는 것으로 나타났다.

셋째, 커뮤니티 참여 정도에 따른 관광지 이미지에 유의한 차이가 있는 것으로 나타났다. 즉, 이용시간에 따라 인지적 이미지와 정서적 이미지에 유의한 차이가 있는 것으로 나타났다.

따라서 인터넷 여행커뮤니티에서 제공되는 여행후기나 사진이 관광지 이미지에 직접적으로 영향을 미치는 중요한 변수이며 이렇게 형성된 관광지 이미지가 관광객 태도에 영향을 미친다는 점을 인식하고 이러한 점을 인터넷 관광정보 구축 시 내지는 홈페이지 관리에서 적극적으로 반영하여 인터넷을 통한 정보제공의 효과를 극대화시킬 수 있는 방향을 모색해야 할 것이다.

본 연구의 한계점은 정서적 이미지 측정항목이 인터넷상에서 제공되는 정보를 통해서 형성되는 정서적 이미지를 측정하는 데 한계가 있는 것으로 나타났다. 또한 인터넷 여행커뮤니티에서 활동하는 회원이 주로 20, 30대라는 점과 단 한 개의 인터넷 여행커뮤니티를 대상으로 하였다는 점을 들 수 있다.

따라서 연구결과를 일반화시키기 위해서는 인터넷상에서 제공되는 정보를 통해서 형성되는 이미지를 측정하기 위한 이미지 측정항목 연구와 이를 바탕으로 다수의 인터넷 여행커뮤니티를 선정하여 좀 더 정교한 실험설계방법을 적용한 연구가 있어야 하겠다.

참고문헌 ······

강성일(2001). 관광지 이미지 형성에 미치는 영향요인에 관한 연구: 제주도를 중심으로. 제주대학교 대학원 석사학위논문.

김종남·박석희(2001). 인터넷 관광정보가 방문전 관광 이미지에 미치는 영향에 관한 탐색적 연구. 『관광학연구』, 25(2): 131-148.

김병국·박석희(2001). 관광지 이미지의 형성에 관한 연구-인지적·정서적 이미지를 중심으로. 『한국관광학회』, 25(1): 274-290.

노윤구(2001). 관광지 이미지 형성의 인지적 요인과 관광객 만족에 관한 연구. 대구대학교 대학원 석사학위논문.

박상이(2002). 인터넷 여행자 커뮤니티의 마케팅적 해석. 경원대학교 대학원 석사학위논문.

박석희·고동우(2002). 관광지 정서적 이미지 척도 분석-순정서적 이미지와 준정서적 이미지. 『관광학연구』, 25(4): 13-32.

박의서(1999). 한국 관광이미지 결정요인에 관한 연구. 경기대학교 대학원 석사학위논문.

박종희·주재훈·문태수(1999). 인터넷 관광정보의 문제점과 관광정보 선호도에 대한 연구. 『제46차 학술발표논문집』. 한국관광학회.

엄서호(1998). 관광지 이미지 측정에 관한 연구. 『관광학연구』, 21(2).

이상봉(2003). 관광지 이미지가 관광지선택에 미치는 영향에 관한 연구. 경기대학교 대학원 석사학위논문.

이태종 외 5명(2000). 경주관광정보시스템 구축을 위한 네티즌의 정보 선호도. 한국관광학회, 제48차 학술발표 심포지엄.

오익근(1998). 관광정보안내체계의 현황과 인터넷 홈페이지의 문제점과 개선 방안 및 연구과제. 「관광학연구」 21(2).

오익근·최재화(2000). 광역자치단체의 홈페이지 관광정보 구성체계. 『제45차 학술발표논문집』. 한국관광학회.

정정숙(2002). 관광포스터의 언어적·시각적 요소가 관광이미지 변화에 미치는 영향. 계명대학교 대학원 박사학위논문.

정충영·최이규(1998). 『SPSSWIN을 이용한 통계분석』. 무역출판사.

채서일(1998). 『사회과학 조사방법론』. 학현사.

차석빈·김종문(2000). 네티즌 직장인들의 인터넷 여행사 방문 시 중요고려사항 및 만족수준에 관한 탐색적 연구. 『관광학연구』, 24(2): 73-91.

한국전산원(2004). 『한국인터넷백서 2004』. 한국전산원.

Armstrong, A., and Hagel, J. III(1996a). The real value of on-line communities. *Harvard Business Review*, May-June: 134-141.

Armstrong, A., and Hagel, J. III(1996b). *Net Gain: Expanding Markets through virtual communities*. Harvard Business School Press.

Ashworth, G., and Goodall, B.(1998). Tourist images: Marketing considerations. *Marketing in the Tourism Industry: The Promotion of Destination Regions*. Ashworth, G., and B. Goodall. London: Routledge Kegan Paul. pp. 213-238.

Baloglu, S., and McCleary, K. W.(1999). A model of destination image formuation. *Annals of Tourism Research*, 26(4): 868-897.

Beirne, E., and Curry, P.(1999). The impact of the internet on the information search process and tourism decision making. In *Information and Communication Technologies in Tourism*. 88-97.

Donnelly, R., and Hermann, R.(1994). Building an internet resource for a specialized online community. SIGDONDC'94, Conference Proceedings on Technical Communications at The Great Divide.

Gartner, W. C.(1993). Image formation press. *Communication and Channel system in Tourism marketing.* pp. 191-215.

Mynatt, D. E., Adler A., Ito M., and O' Day L. V.(1997). Design for network communities. CHI'97, Conference Proceedings on Human Factors in Computing System.

Rheigold, H.(1993). *The virtual community: Home steading on the electronic frontier*. Reading, MA: Addison-Wesley.

Russel, J. A., L. M. Ward, and G. Pratt(1981). Affective Quality attributed to environments: A factor analytic study. *Environment and Behavior*, 13(3): 259-288.

Stone, A. R.(1991). Will the real body please stand up Boundary stories about virtual clutures. in M. Benedikt(Ed). *Cyberspace: First steps*. Cambridge, Ma: MIT Press.

Um, S., and Crompton, J. L.(1990). Attitude determinants in tourism destination choice. *Journal of Advertising*, 30(1): 55-65.

http://www.communities.com/paper/sttlmnt.html.

* 이 장의 출처 : 한국공원휴양학회(2004). 『한국공원휴양학회지』, 6(1). 김진희와 공동.

제20장 관광지의 정보·이미지·행동의도 간의 관계

* 관광정보가 관광지의 이미지에 영향을 미칠까?
* 관광지의 이미지가 행동의도에 영행을 미칠까?
* 이들은 방문경험 유무에 따라 차이가 있을까?

1. 머리말

그간에 관광지 이미지 관련 연구는 많이 이루어져 왔으며, 그 영역이 점차 확대되고 있다. 하지만 아직까지 이미지와 행동의도 간의 직접적인 영향(인과)관계를 파악하려는 연구는 미흡한 실정이다.

이러한 연구가 미흡한 이유는 학자들 간에 이미지에 대한 의견의 차이를 보이고 있기 때문이다. 일부 연구자들은 이미지를 태도 또는 태도구조와 동일시하여 이미지를 어떤 대상의 속성에 대한 인식을 포함하는 전반적 태도구조로 파악(박의서, 1999 재인용)하는 반면, 일부 학자들은 개인의 이미지가 반드시 그 장소에 대한 태도는 아니며(엄서호 & Crompton, 1990; 엄서호, 1998), 이미지는 태도보다 선행하고 태도는 이미지 이외에도 여러 다른 구조에 의해 영향을 받을 수 있다고 주장하고 있다. 이와 같이 이 두 구조는 개념적으로 구별되고 있으나 이제까지 어떤 연구도 이미지와 태도구조 각각에 대한 독자적인 측정방법과 이 양자 사이의 관계를 다룬 적이 없었기 때문에 이에 대한 논쟁은 아직까지 결론을 내지 못하고 있다(Baloglu, 2001).

관광지 이미지 연구의 주된 목적의 하나는 관광객들의 목적지 선택과 관련한 행동을 예측하기 위한 것이다(Gartner, 1989; Chon, 1991; Walmsley & Young, 1998). 이와 같은 관점에서 볼 때 관광지 이미지는 행동에 대해 영향력을 미치는 중요한 변수라고 할 수 있으며, 이러한 이미지의 형성요인으로 가장 쉽게 접할 수 있으며, 가장 많은 영향을 미치는 요인 가운데 하나로 정보를 들 수 있다.

이에 본 연구에서는 제주도 방문경험이 있는 집단과 비방문경험 집단으로 구분하여 정보·이미지·행동의도 간의 관련 모형을 검증하고 각 집단별로 정보가 이미지 형성에 미치는 영향과 이미지가 행동의도에 미치는 영향을 살펴보고자 한다.

2. 이론 고찰

가 관광지 이미지의 개념

관광지 이미지는 관광객의 목적지 선택과정을 이해하기 위한 중요한 개념이며, 관광객의 관광행동에 있어서도 주요한 결정요인으로 관광지에 관한 매우 중요한 연구분야 중 하나라고 할 수 있다(Walmsley & Young, 1998; Baloglu & McCleary, 1999). 이러한 관광지 이미지는 여러 학자들에 의해 다양한 개념적 정의가 이루어져 왔으며, 가장 일반적인 것은 Kotler의 개념으로 개인이 어떤 대상에 대하여 갖고 있는 신념이나 인상 등의 집합으로써, 자신이 지각하고 중요하게 고려하는 관점에 대한 평가라는 개념이라 할 수 있다(이태희, 1997 재인용). 즉, 사람들이 어떤 장소나 목적지에 대해 가지는 일련의 반응, 생각, 인상의 총체라고 할 수 있다(Kotler, 1993). 이러한 일반적인 개념을 근간으로 볼 때 관광지 이미지는 지극히 주관적이며, 인간이 외부세계를 지각하는 척도 역할을 한다고 할 수 있다(Engel et al., 1995).

이태희(1997)는 관광지 이미지를 무형적인 것으로 기대했던 것을 현실적으로 경험할 때 일련의 자극 내용을 차별적으로 인식함으로써 형성된다고 보았으며, Engel

(1995)은 동일한 대상에 대해서도 개인마다 지각하는 이미지는 다르게 나타날 수 있다고 하였다. Gartner(1993)는 이미지를 태도와 상대적인 개념으로 보고 그 구성은 어떤 압도적인 인상이나 고정관념을 함축하는 것으로 봄으로써 대상에 대한 경험 없이도 형성되는 이미지의 비경험성을 강조하면서 여행목적지를 결정하는 데 가장 중요한 역할을 하는 기초적인 요인으로 보았다. 위와 같은 이미지의 개념을 종합해 볼 때 이미지는 무형성과 차별성이 강조되고, 목적지와의 직접적인 접촉이 없이도 형성되기 때문에 여행목적지를 결정하는 가장 중요한 역할을 하는 기초요인이라 할 수 있다. 현실적인 이미지는 개인적인 기호, 경험, 정보 등의 영향을 받으면서 관광객의 행동을 지배하는 심리적·물질적·사회적·경제적 요인에 의해 형성된다고 할 수 있다(이태희, 1997).

〈표 1〉 **관광지 이미지의 정의**

연 구 자	정 의
Ahmed(1991)	사물이나 목적지에 대한 지식(신념)·느낌·전반적 인상에 관한 개개인들의 정신적인 표출
Garter(1993)	태도와 반대되는 개념으로 어떤 압도적인 인상이나 고정관념을 함축하는 개념으로, 대상지에 대한 경험 없이도 형성
Echtner & Ritchie(1993)	다차원적이며, 상징적·유형적인 모습으로 구성
Milman & Pizam(1995)	일반 사람들에 의해 형성되는 장소·상품·경험에 관한 시각적·정신적 인상
이장주(1997)	관광지를 방문하기 전에 획득한 여러 형태의 정보나 관광지에서 실제의 경험을 통해 형성된 관광지에 대한 전체적 인상
이태희(1997)	무형적인 것으로 기대했던 것을 현실적으로 경험할 때 일련의 자극 내용을 차별적으로 인식함으로써 형성되는 것
엄서호(1998)	잠재관광행동욕구와 관광지 물리적 속성이 결합된 결과(방문의사와 관계없는 인지구조체)
박석희(1999)	환경으로부터 주어진 다양한 자극을 감각기관을 통해 받아들여 지각이라는 정신적 과정을 거쳐 형성되는 것

나 행동의도의 개념

기존의 관광학 연구에서 사용되는 행동의도(behavioral intention)는 소비자행동 연구에서 사용되어 온 구매의도(purchase intention)와 동등한 개념으로서 관광학 연구에서의 재방문의도, 추천의도(긍정적 구전의도)를 포괄하는 개념으로 사용되어 왔다(하광수, 2000: 11). Fishbein의 합리적 행동이론(theory of reasoned action)에 의하면 행동의도는 행동에 선행되는 것으로써 행동은 행동과 직접적 관련이 있는 의도로부터 예측할 수 있다(Baker & Crompton, 2000)고 하였다. 즉, 행동의도는 구매의도와 같은 의미로 쓰일 수 있고 재방문의사와 추천의사를 포괄하는 개념이며, 의사는 실제 행동을 유도하는 행동의 전 단계라 할 수 있다.

본 연구에서는 연구목적과 부합하는 연구절차와 모형에 대한 결과를 검증하기 위하여 행동의도 중 추천의사를 제외한 방문의도(구매의도)와 재방문의사의 두 가지 개념에 한정하여 정의하고 있다.

다 이미지의 구성요소

관광지 이미지는 인지적(cognitive), 정서적(affective), 행동적(conative)인 3가지의 구성요소로 구성되며 이들 3요소 간의 상호관계를 통해 관광상품이나 관광지의 이미지가 결정된다고 할 수 있다(Gartner, 1993: 193). 관광지 이미지의 인지적 요소는 목적지의 속성에 대한 신념이나 지식과 관련된 요소로(Baloglu & McCleary, 1999: 870), 신념의 총합이라 할 수 있으며, 관광지 속성에 대한 개개인의 평가를 의미한다(Gartner, 1993: 196). 따라서 인식대상의 모든 외부자극은 인지적 이미지 형성에 영향을 미친다고 할 수 있다(이태희, 1997: 83). 정서적 요소는 목적지 속성에 대한 느낌이라 할 수 있으며(Baloglu & McCleary, 1999: 872), 관광객들이 추구하는 여행편익에 근거한 관광지에서의 개개인의 가치를 평가하는 요소라 할 수 있다(Gartner, 1993: 193). 또한, 정서적 요소는 관광목적지를 선택하는 동기와 관련되며, 동기는 이미지가 인식되는 대상으로부터 우리가 무엇을 얻을 것인지를 결정하므로 이미지를 구성하는 정서적 요소는 목적지 선택의 평가단계가 시작될 때 작용한다고 할 수 있다(이태희, 1997: 83).

한편, 박석희와 고동우(2002)는 정서적 이미지를 다시 순정서적 이미지와 준정서적 이미지로 분류하고 있다. 순정서적 이미지는 전통적인 정서적 이미지와 같은 수준에서 개념화할 수 있으며, 이는 인지적 속성 평가와 명확히 구분할 수 있다. 그러나 인지적 반응인지 정서적 반응인지를 구분하기 어려운 형태의 이미지가 있다면, 이러한 개념 즉, 정서적 이미지라고 할 수는 있으나, 인지적 평가요소와 명확히 구분할 수 없는, 그래서 순정서적 이미지와는 다소 다른 이미지를 준정서적 이미지라고 분류하고 있다.

라 정보의 이미지 형성에 관한 선행연구

이미지는 인간이 대상에 대해서 가지고 있는 총체적인 인상이며, 이러한 인상은 대상에 대한 지각의 결과로, 인간이 대상을 지각하는 것은 외부세계의 자극을 감각하고, 구별하고 해석하는 과정(Wilkie, 1986)이라 할 수 있으며, 이와 같은 과정을 통해 이미지가 형성된다. 관광지 이미지를 형성하는 영향요인에는 일반적으로 자극요인(정보, 이전경험, 물리적 속성)과 개인적 요인(심리적 특성, 인구통계학적 특성)에 의해 형성된다고 보고 이들 요인들을 크게 3가지의 요인으로 구분하였다. 이 세 가지 요인에는 정보, 사회심리적 동기, 인구통계학적 변수가 있으며 본 연구에서는 정보만을 이미지 형성의 영향요인으로 사용하였다.

관광지 이미지 형성은 여행자가 접하게 되는 다양한 형태의 정보에 의해 크게 영향을 받으며 다양한 경로를 통해 이루어진다. 관광지 이미지 형성에 영향을 미치는 정보원으로는 신문, TV, 잡지, 대중매체를 통한 광고, 관련문헌, 기업의 홍보자료, 친구나 친지의 구전 등으로 이미지를 형성하게 하는 원천은 매우 다양하다(조광익, 1997). Gunn은 관광지 이미지를 유기적 이미지와 유인적 이미지로 구분하면서, 유인적 이미지는 신문이나 광고, 친구나 친지 등의 구전을 통해 형성되며, 유기적 이미지는 실제 경험을 통해 형성되어 유인적 이미지로 발전하게 된다고 하였다. Gartner (1993)는 정보를 통한 이미지 형성요인을 공개된 유인체 I(Overt Induced I: 일반적 광고매체로 인쇄물과 방송매체), 공개된 유인체 II(Overt Induced II: 여행상품 도매업자), 암시된 유인체 I(Covert Induced I: 유명인이 출연한 간접홍보), 암시된 유인체 II(Covert Induced II: 공정한 기사를 통한 홍보), 우연적 유기체(Unsolicited Organic: 친구나 친지로부터 우연히 얻은 정보), 요청된 유기체(Solicited Organic: 친구나 친지에게 요청하여 얻은 정보), 본질적 유기체(Organic: 실제 방문을 통해 얻은 정보) 등 이미지 형성요인에 관련한 정보원을 매우 세부적으로 구분하여 설명하고 있다. 한편, Baloglu와 McCleary(1999a)의 연구에서는 광고, 책, 영화, 뉴스, 인터넷을 이용한 메일, 여행사, 브로셔, 전문가 의견, 구전 등을 들고 있다.

마 연구모형과 가설

본 연구에서 사용한 연구모형은 Goossens가 제안한 개념모형이다. 지금까지 이루어진 이미지 관련 연구모형이 대부분 소비자행동 연구에서 사용되는 Fishbein모형의 이미지가 태도에 선행하는 구조였다. 그러나 Goossens가 제시한 모형의 특징은 행동의도에 선행하는 태도와 관련 없이 직접 이미지와 행동의도 간의 영향관계를 살피며, 이미지의 형성요인에 있어서도 사회·심리적 동기, 친숙성 등을 배제한 정보만을 이미지의 형성요인으로 제한하여 사용하고 있다는 점이다.

본 연구의 연구모형은 다음과 같다.

자료: Gees Goossens.(2000), "Tourism Information and Pleasure Motivation", *Annals of Tourism Research*, 27(2): 304.

[그림 1] 연구모형

본 연구에서는 먼저 전체 이미지 측정항목을 통하여 정보, 이미지, 행동의도 간의 영향관계를 살펴보고, 다음으로 이미지를 인지적 이미지, 준정서적 이미지, 순정서적 이미지요소로 세분화하여 모형을 검증하고 각 변수 간의 영향관계를 파악하고자 한다. 또한 앞에서 제시한 연구모형을 기초로 하여 다음과 같은 연구가설을 설정하였다.

H1. 정보는 인지적 이미지 형성에 유의한 영향을 미친다.
H2. 정보는 준정서적 이미지 형성에 유의한 영향을 미친다.
H3. 정보는 순정서적 이미지 형성에 유의한 영향을 미친다.
H4. 관광지의 인지적 이미지는 행동의도에 유의한 영향을 미친다.
H5. 관광지의 준정서적 이미지는 행동의도에 유의한 영향을 미친다.
H6. 관광지의 순정서적 이미지는 행동의도에 유의한 영향을 미친다.

3. 결과의 분석 및 해석

가 측정척도의 신뢰도 및 타당도 검증

측정도구의 정확성과 정밀성을 검증하기 위해 신뢰도 분석을 실시하였다. 신뢰도 분석은 크론바하(Cronbach)의 알파(α)계수를 이용하여 확인하였다.

〈표 2〉 이미지 항목의 신뢰도 분석

구 분	항 목	평 균	표 준 편 차	항목 간 상관관계	항목제거 시 알파계수	알파계수값
인지적 이미지	살거리가 풍부하다	2.91	.91	.440	.6788	알파계수 =.7121 조정된 알파계수 =.7131
	먹을거리가 독특하다	3.37	.93	.481	.6718	
	교통시설이 편리하다	2.96	.88	.264	.7061	
	즐길거리가 풍부하다	3.86	.91	.499	.6690	
	숙박시설이 양호하다	3.67	.89	.337	.6952	
	생활풍습이 독특하다	4.05	.83	.456	.6776	
	자연경관이 아름답다	4.60	.66	.378	.6918	
	역사유적이 풍부하다	3.40	.92	.359	.6918	
	언어가 특이하다	4.20	.94	.368	.6904	
	물가가 싸다	2.21	.88	.209	.7141	
	(여행)비용이 적게 든다	2.28	.87	.164	.7201	

준정서적 이미지	청결하다	3.39	.75	.209	.7243	알파계수 =.7270 조정된 알파계수 =.7215
	깔끔하다	3.42	.75	.215	.7238	
	깨끗하다	3.45	.78	.226	.7228	
	지저분하다	2.31	.75	-.134	.7539	
	이색적이다	3.79	.85	.396	.7059	
	환상적이다	3.33	.95	.481	.6946	
	재미있다	3.61	.86	.456	.6989	
	아름답다	4.25	.75	.484	.6986	
	전통적이다	3.73	.88	.465	.6977	
	고전적이다	3.34	.88	.489	.6949	
	고풍스럽다	3.15	.88	.485	.6954	
	오래되다	3.13	.89	.319	.7141	
	분주하다	2.74	.95	.293	.7174	
	붐 비 다	2.83	.99	.287	.7187	
	복잡하다	2.68	.95	.245	.7229	
순정서적 이미지	정 겹 다	3.43	.83	.565	.8129	알파계수 =.8326 조정된 알파계수 =.8350
	포근하다	3.38	.85	.561	.8132	
	평화롭다	3.71	.82	.633	.8058	
	한산하다	3.12	.96	.633	.8041	
	한적하다	3.12	.91	.606	.8077	
	정적이다	3.08	.94	.559	.8132	
	새 롭 다	3.47	.98	.393	.8335	
	독특하다	3.73	.91	.425	.8283	
	멋 지 다	3.98	.80	.510	.8188	

인지적 이미지, 준정서적 이미지, 순정서적 이미지 항목의 신뢰도 분석결과 Cronbach's α계수가 모두 0.7 이상으로 나타나 측정척도에는 내적 일관성이 있는 것으로 검증되었다.

측정도구의 타당도를 검증하기 위하여 요인분석을 실시한 결과 인지적 이미지는 11개 문항이 3개의 요인으로 추출되었으며, KMO값은 0.754로 변수들의 선정이 매우 적합한 것으로 나타났다. 또한 요인적재량(factor loading)이 '역사유적이 풍부하다'를 제외한 모든 항목에서 0.5 이상으로 그 적합도가 높게 나타났다. 설명될 수 있는 변량의 누적비율은 53.947%로 설명력은 다소 낮게 나타나고 있다.

〈표 3〉 이미지 항목의 요인분석

항 목			요 인 적재량	아이겐값	코 뮤 낼리티	분 산 설명력	기 타
인지적 이미지	관광시설 및 활동	살거리가 풍부하다	.719	3.039	.537	27.627	전체 분산설명력 =53.947 KMO =.754
		먹을거리가 풍부하다	.632		.490		
		교통시설이 편리하다	.613		.442		
		숙박시설이 양호하다	.607		.434		
		즐길거리가 풍부하다	.590		.510		
	매력성	생활풍습이 독특하다	.762	1.623	.626	14.751	
		언어가 특이하다	.744		.582		
		자연경관이 아름답다	.730		.562		
		역사유적이 풍부하다	.448		.278		
	비 용	여행비용이 적게 든다	.863	1.272	.747	11.566	
		물가가 싸다	.848		.728		
준정서적 이미지	청결성	깔끔하다	.904	3.714	.835	24.768	전체 분산 설명력 =68.402 KMO =.758
		깨끗하다	.895		.816		
		청결하다	.872		.771		
		지저분하다	-.652		.434		
	전통성	고전적이다	.865	2.923	.795	19.489	
		고풍스럽다	.812		.696		
		전통적이다	.792		.679		
		오래되다	.631		.443		
	흥미성	환상적이다	.833	2.163	.721	14.418	
		이색적이다	.772		.601		
		재미있다	.749		.600		
		아름답다	.656		.529		
	복잡성	붐 비 다	.927	1.459	.868	9.728	
		복잡하다	.856		.742		
		분주하다	.852		.733		
순정서적 이미지	정동성	한적하다	.885	3.671	.830	40.820	전체 분산 설명력 =72.414 KMO =.778
		한산하다	.832		.759		
		정적이다	.779		.640		
	편안함	포근하다	.857	1.713	.785	19.028	
		정 겹 다	.849		.756		
		평화롭다	.640		.601		
	독특성	독특하다	.877	1.131	.782	12.566	
		새 롭 다	.847		.751		
		멋 지 다	.693		.613		

준정서적 이미지의 요인분석결과 KMO값은 0.758로 나타났으며, 요인적재량의 경우도 모든 항목에서 0.60 이상으로 나타났다. 총분산 설명력에 있어서도 68.4%를

설명하고 있어 준정서적 이미지 항목에 대한 변수의 선정이 매우 적절함을 알 수 있다. 순정서적 이미지의 요인분석결과 KMO값은 0.778로 나타났으며, 요인적재량 또한 0.6 이상으로 높은 적재치를 보이고 있다. 총분산설명력에 있어서도 72.4%로 항목의 선정은 적절한 것으로 판단할 수 있다.

나 전체적 이미지에 의한 모형 검증

(1) 방문경험이 없는 집단

모형의 적합도 측정결과 p-값이 0.05 이상으로 모형은 5% 수준에서 채택되며, RMR과 RMSEA의 값은 0.05 이하의 값을 GFI, NFI, RFI, IFI, CFI는 모두 0.9 이상의 값을 나타내므로 모든 적합지수들이 적정값을 나타내고 있어 적합도가 매우 좋은 것으로 판단되어 그 결과를 수용하여도 무리가 없다.

〈표 4〉 연구모형의 적합도 측정

측 정 치	RMR	GFI	NFI	RFI	IFI	CFI	RMSEA
적합지수	0.012	0.997	0.985	0.956	1.005	1.000	0.000

주: Chi-square=0.738, df=1, P=0.390.

정보와 전체 이미지, 행동의도 간의 영향관계를 파악하기 위하여 경로분석을 실시한 결과 기각비(C.R)가 모두 1.96 이상의 값을 나타내는 것으로 나타나 정보는 전체이미지에 정(+)의 유의한 영향을 미치고 있으며, 전체 이미지 역시 방문의도에 정(+)의 유의한 영향을 미치고 있음을 확인할 수 있다.

〈표 5〉 변수들 간의 영향(인과)관계 검증

구 분	표준화되지 않은 인과계수	표준화된 인과계수	기각비(C.R)
정보➡전체이미지	0.346	0.220	3.015
전체이미지➡방문의도	0.470	0.453	6.807

(2) 방문경험이 있는 집단

모형의 적합도 측정결과 방문경험이 없는 집단에 비하여 모형의 적합도의 값이 다소 좋지 않게 나타나고 있지만, 대부분의 적합지수들이 적정값을 나타내고 있으며, RFI와 RMSEA의 값 또한 모형의 부합 정도를 검증하기에 어느 정도의 설명력이 있다고 할 수 있으므로 방문경험이 있는 집단에서의 모형 역시 적합한 모형이라 판단할 수 있다. 경로분석결과 정보와 이미지 간에는 유의한 영향관계를 나타내지 않았으며, 전체 이미지와 방문의도의 관계에서만 기각비(C.R)가 4.457로 유의한 정(+)의 영향관계를 나타내었다.

〈표 6〉 연구모형의 적합도 측정

측 정 치	RMR	GFI	NFI	RFI	IFI	CFI	RMSEA
적합지수	0.026	0.992	0.894	0.683	0.936	0.930	0.085

주: χ^2=2.368, df=1, P=0.124.

이러한 결과는 방문경험이 없는 집단의 경우 실제 방문을 통한 경험에 의해 형성된 이미지가 아니라, 이미지 형성 요인의 하나인 정보를 통해 간접적으로 이미지가 형성되며, 다양한 정보의 수용을 통해 쉽게 이미지가 변화되는 반면 방문경험이 있는 집단의 경우는 실제 방문을 통해 이미지가 확정되므로, 목적지에 대한 구체적인 이미지가 형성되어 있어 정보에 의해 이미지의 변화가 쉽게 일어나지 않기 때문인 것으로 설명할 수 있다.

〈표 7〉 변수들 간의 영향(인과)관계 검증

구 분	표준화되지 않은 인과계수	표준화된 인과계수	기각비(C.R)
정보➡전체이미지	0.120	0.079	1.087
전체이미지➡방문의도	0.312	0.309	4.457

이상에서 보면 Goossens가 제시한 모형은 방문경험 유무에 관계없이 이미지를

전체 이미지로 할 때 타당하다고 결론지을 수 있다.

다 세분화된 이미지에 의한 모형 및 변수들 간 영향관계 검증

(1) 방문경험이 없는 집단

연구모형을 검증하기 위하여 이미지를 세분화하여 즉, 이미지를 인지적 이미지, 순정서적 이미지, 준정서적 이미지로 구분하여 모형을 검증한 결과 모형의 적합지수는 RMR값과 GFI값을 제외한 나머지 적합지수의 부합 정도가 모형과 부합되지 않아 전체적인 모형의 영향관계를 설명하는 데는 한계를 나타내었다.

〈표 8〉 연구모형의 적합도 측정

측 정 치	RMR	GFI	NFI	RFI	IFI	CFI	RMSEA
적합지수	0.039	0.870	0.582	-0.392	0.594	0.574	0.335

주: χ^2=63.281, df=3, P=0.000.

정보와 이미지(인지적·준정서적·순정서적 이미지) 간의 영향관계를 검증하기 위하여 회귀분석을 실시한 결과 정보와 인지적 이미지 간의 관계에서는 설명력이 14.5% 정도로 나타났으며, 준정서적 이미지와의 관계에서는 7.8%, 순정서적 이미지와의 관계에서는 3.7% 정도의 설명력을 보여 정보와 이미지의 관계에서 결코 높다고는 할 수 없지만 정보는 이미지에 정(+)의 유의한 영향을 미치는 것으로 나타났다.

〈표 9〉 정보와 이미지 간의 영향관계

정보➡인지적 이미지의 영향관계

독립변수	표준화 회귀계수(β)	t-값	p-값
정보	.381	5.491	.000
상수	–	14.313	.000

R^2=0.145, F=30.154, p=0.000.

정보➡준정서적 이미지의 영향관계

독립변수	표준화 회귀계수(β)	t-값	p-값
정보	.279	3.877	.000
상수	–	15.031	.000

R^2=0.078, F=15.031, p=0.000.

정보➡순정서적 이미지의 영향관계

독립변수	표준화 회귀계수(β)	t-값	p-값
정보	.192	2.613	.010
상수	–	10.437	.000

R^2=0.037, F=6.827, p=0.010.

이미지가 방문의사에 미치는 영향관계를 파악하기 위하여 다중회귀분석을 실시한 결과 이미지와 방문의사 간의 전체 설명력(R^2)은 0.196으로 방문의사에 대한 이미지의 영향을 19.6% 정도 설명해 주는 것으로 나타났다.

각 변수 간 영향관계에 있어 인지적 이미지와 순정서적 이미지는 방문의사 간의 관계가 유의하게 나타난 반면 준정서적 이미지는 방문의도에 대한 영향관계에서 유의한 값을 나타내지 않았다. 또한 유의하게 나타난 인지적 이미지와 순정서적 이미지 중 인지적 이미지는 β값이 0.222, 순정서적 이미지는 β값이 0.265로 순정서적 이미지가 방문의사에 더 많은 영향을 미치는 것으로 나타났다.

〈표 10〉 방문의도에 대한 이미지의 영향 정도

독립변수	표준화 회귀계수(β)	t-값	p-값
인지적 이미지	.222	2.910	.004
준정서적 이미지	.082	1.008	.315
순정서적 이미지	.265	3.508	.001
상 수	–	.617	.538

R^2=-0.196, F=14.281, p=0.000.

(2) 방문경험 있는 집단

제주도의 방문경험이 있는 집단의 경우 방문경험이 없는 집단의 경우보다 모형의 적합도 평가에서 적합지수들이 좋지 않은 값을 나타내고 있다. 모형의 적합도 측정 결과는 〈표 11〉과 같이 모형을 수용하기에는 무리가 있음을 확인할 수 있다.

〈표 11〉 **연구모형의 적합도 측정**

측 정 치	RMR	GFI	NFI	RFI	IFI	CFI	RMSEA
적합지수	0.047	0.762	0.209	-1.636	0.213	0.180	0.489

주: χ^2=63.281, df=3, P=0.000.

정보가 이미지형성에 미치는 영향관계를 검증하기 위해 변수들 간 회귀분석을 실시한 결과 방문경험이 있는 집단의 경우도 방문경험이 없는 집단과 같이 정보가 이미지 3요소 모두에 정(+)의 유의한 영향관계를 미치는 것으로 나타났다.

영향의 정도에 있어서도 방문경험이 없는 집단에서와 같이 정보는 순정서적 이미지 형성에 가장 적은 영향을 미치는 것으로 나타났다.

〈표 12〉 **정보와 이미지 간의 영향관계**

정보➡인지적 이미지의 영향관계

독립변수	표준화 회귀계수(β)	t-값	p-값
정보	.235	3.308	.001
상수	–	16.664	.000

R^2=0.055, F=10.941, p=0.001.

정보➡준정서적 이미지의 영향관계

독립변수	표준화 회귀계수(β)	t-값	p-값
정보	.237	3.335	.001
상수	–	19.250	.000

R^2=0.056, F=11.125, p=0.001.

정보➡순정서적 이미지의 영향관계

독립변수	표준화 회귀계수(β)	t-값	p-값
정보	.175	2.424	.016
상수	–	15.048	.000

R^2=0.030, F=5.875, p=0.016.

이미지와 방문의사 간의 영향관계를 검증하기 위하여 다중회귀분석을 실시하여 각 변수들 간의 영향관계를 검증한 결과 전체설명력(R^2)은 4.1% 정도로 매우 낮은 설명력을 나타내었으며, t검증에 따른 p-값 또한 모두 유의한 값을 나타내지 않았다.

〈표 13〉 방문의도에 대한 이미지의 영향 정도

독립변수	표준화 회귀계수(β)	t-값	p-값
인지적 이미지	.115	1.257	.210
준정서적 이미지	.049	.518	.605
순정서적 이미지	.078	.896	.371
상수	—	3.570	.000

R^2=0.041, F=2.641, p=0.051

라 연구가설의 검증

본 연구에서 제기한 연구가설을 방문경험 유·무로 구분하여 가설을 검증한 결과 제주도 방문경험이 있는 집단과 방문경험이 없는 집단 간에는 각 변수 간 영향(인과) 관계에 있어 다소의 차이를 보이고 있다.

관광지 이미지(H4, H5, H6)가 행동의도(방문의사)에 정(+)의 유의한 영향을 미친다는 연구가설에서 방문경험이 없는 집단의 경우 준정서적 이미지를 제외한 인지적 이미지와 순정서적 이미지가 행동의도에 정(+)의 유의한 영향을 미치는 반면 방문경험이 있는 집단의 경우는 모든 이미지가 행동의도에 유의한 영향을 미치지 않는 것으로 나타났다. 이러한 결과가 나타난 이유로는 제주도의 이미지를 방문 전·후로 나누어 측정한 결과 실제 방문이 이루어진 후 제주도에 대한 이미지는 방문 전의 이미지보다 전반적으로 나빠지는 것으로 나타났다(김상원과 박석희, 2000). 이런 결과로부터 추론해 볼 때 실제 제주도 방문의 경험이 있는 집단의 경우 목적지에 대한 직접 경험을 통해 제주도에 대한 이미지가 긍정적인 이미지보다는 부정적인 이미지로 형성되었으며, 이러한 부정적 이미지는 재방문의사에도 부정적인 영향을 미치고 있는 것으로 판단하여 볼 수 있다.

이와 같은 결과는 제주도에 대한 전체 이미지 측정항목의 평균값을 통해서도 확인된다. 즉, 전체 이미지를 긍·부정의 7점 척도로 측정한 결과 방문경험이 없는 집단의 경우 5.63의 평균값을 보인 반면, 방문경험이 있는 집단의 경우는 이보다 낮은 5.00의 평균값을 나타내었다. 정보가 이미지에 미치는 영향의 경우는 두 집단 모두 정보가 인지적 이미지, 준정서적 이미지, 순정서적 이미지의 형성에 정(+)의 유의한 영향을 미치는 것으로 나타났다.

〈표 14〉 **연구가설의 검증 결과**

연구가설 내용	비방문	방 문
H1. 정보는 인지적 이미지 형성에 유의한 정(+)의 영향을 미친다	채택	채택
H2. 정보는 준정서적 이미지 형성에 유의한 정(+)의 영향을 미친다	채택	채택
H3. 정보는 순정서적 이미지 형성에 유의한 정(+)의 영향을 미친다	채택	채택
H4. 관광지의 인지적 이미지는 행동의도에 유의한 정(+)의 영향을 미친다	채택	기각
H5. 관광지의 준정서적 이미지는 행동의도에 유의한 정(+)의 영향을 미친다	기각	기각
H6. 관광지의 순정서적 이미지는 행동의도에 유의한 정(+)의 영향을 미친다	채택	기각

4. 결론 및 시사점

관광지 이미지 연구는 관광객의 관광지 선택과정을 이해하고 관광객의 행동을 예측하기 위한 중요한 연구로 인식되고 있음에도 불구하고 행동과 관련한 연구는 아직까지 미흡하다고 할 수 있다.

이에 본 연구는 정보와 이미지 행동의도 간의 관계를 파악하고자 하였으며, 이를 위하여 Goossens의 개념모형을 적용하여 모형을 검증하고 변수 간의 영향관계를 파악하고자 하였다. 또한 이미지를 세분화(인지적·준정서적·순정서적 이미지)하여 모형 검증과 변수 간 영향관계를 파악하였다.

본 연구의 연구결과를 요약하면 다음과 같다.

첫째, 전체 이미지모형과 세분화된 이미지모형으로 구분하여 모형을 검증한 결과 전체 모형은 방문경험 유·무와 상관없이 매우 적합한 모형으로 나타났지만, 이미지를 세분화하여 모형을 검증한 결과에서는 모형을 수용하기에 적합하지 않은 것으로 나타났다.

둘째, 정보와 전체 이미지 그리고 방문의도 간의 관계에서 방문경험이 없는 집단의 경우는 정보가 전체 이미지에, 전체 이미지가 방문의도에 유의한 영향을 미치는 것으로 나타났으며, 방문경험이 있는 집단의 경우는 전체 이미지가 방문의도에는 영향을 미치지만 정보가 전체 이미지에는 영향을 미치지 않는 것으로 나타났다.

셋째, 이미지 형성요인으로서 정보는 방문경험이 있는 집단과 방문경험이 없는 집단 모두에서 이미지 형성에 유의한 영향을 미치고 있으며, 방문경험이 없는 집단의 경우는 인지적 이미지 형성에 가장 큰 영향을 미치며, 방문경험이 있는 집단에서는 정서적(준정서적) 이미지 형성에 가장 큰 영향을 미치는 것으로 나타났다.

넷째, 인지적·순정서·준정서적 이미지와 행동의도 간의 관계에서는 방문경험이 없는 집단의 경우 인지적 이미지와 순정서적 이미지 요소만이 방문의도에 영향을 미치는 것으로 나타났으며, 방문경험이 있는 집단의 경우는 모든 이미지 요소가 재방문의사에 영향을 미치지 않는 것으로 나타났다.

본 연구를 수행함에 있어 나타났던 한계점들은 다음과 같다.

첫째, 전체적인 모형의 검증 결과 모형을 수용하기에 적합하였으나, 이미지를 세분화한 수정된 모형의 경우 모형을 수용하기에는 적합하지 않은 것으로 나타났다. 이러한 결과는 검증하려고 한 연구모형이 실제 실증적인 연구결과를 거쳐 구조화된 연구모형이 아닌 이론적인 고찰을 통한 개념모형이기에 모형이 한계를 지니고 있는 것이 아닌가 사료된다.

또한 이에 앞서 정보변수에 대한 척도화 방법론상의 문제로 정보변수를 이미지와 같이 요인분석에 의해 하나의 척도화를 이룬 것이 아니라, 단순히 평균값을 사용하여 척도화하였기 때문에 여러 오류발생의 여지가 있을 수 있었으며 정보, 전체 이미지, 세분된 이미지(인지·준정서·순정서) 간의 측정변수 간

측정수준의 차이로 인해 이러한 문제가 발생하였을 것으로 예상된다.

둘째, 기존 연구들과는 달리 태도를 배제한 이미지와 행동의도 간의 직접적인 영향 관계를 파악하려고 하였는데 실제 연구에서 태도와 관련하여 연구되었다면 보다 명확한 연구결과를 얻을 수 있었을 것으로 보인다.

셋째, 연구테마와 관련한 선행연구의 부족으로 이론적 근거가 충분하지 못하였다.

따라서 향후 연구방향을 몇 가지 제시하여 보면 다음과 같다.

첫째, 본 연구에서 사용한 척도 외에 실증적 연구결과로부터 도출된 새로운 척도를 이용하여 모형을 검증하고 영향관계를 파악하여 본다면 본 연구의 결과와는 다른 결론이 도출될 수도 있을 것이라 생각된다.

둘째, 정보변수를 좀 더 세분화하여 요인분석 등의 척도화 방법을 이용하여 정보변수와 이미지 변수 간의 영향관계를 검증하여 본다면 보다 구체적인 결과를 도출할 수 있을 것으로 판단된다.

셋째, 본 연구에서 대상지로 선택하였던 제주도 이외에 다른 대상지와 표본을 선정하여 모형을 검증하여 본다면 특정 대상지에서 발생될 수 있는 문제들을 해결할 수 있을 것으로 판단된다.

참고문헌 ••••••

박석희·고동우(2002). 관광지 정서적 이미지 척도 개발: 순정서적 이미지와 준정서적 이미지. 『관광학연구』, 25(4): 13-32.

박의서(1999). 한국 관광이미지 결정요인에 관한 연구. 경기대학교 대학원 박사학위논문.

엄서호(1998). 관광지 이미지 측정에 관한 연구: 관광지 이미지와 태도의 차이를 중심으로. 『관광학연구』, 21(2): 53-65.

이장주(1997). 지역축제의 이미지 측정척도 개발과 적용에 관한 연구. 경기대학교 대학원 박사학위논문.

이태희(1997). 한국 관광지 이미지 측정척도의 개발. 『관광학연구』, 20(2): 80-95.

조광익(1997). 국립공원 방문자의 관광이미지 구성요인: 설악산 국립공원 및 주변지역을 중심으로.

『관광학연구』, 21(1): 231-249.

하광수(2000). 테마공원 방문자의 만족과 방문 후 행동의도 결정요인: 에버랜드를 대상으로. 경기대학교 대학원 석사학위논문.

Ahmed, Z. U.(1991). The influence of the components of a state's tourist image on product positioning strategy. *Tourism Management*, 12: 331-340.

Baker, D. A., and Crompton, J. L.(2000). Quality, Satisfaction and Behavioral Intentions. *Annals of Tourism Research*, 27(3): 785-804.

Baloglu, S.(2001). Image variations of Turkey by familiarity index: informational and experiential dimensions. *Tourism Management,* 22: 127-133.

Baloglu, S., and Ken W. McCleary(1999a). A Model of Destination Image Formation. *Annals of Tourism Research*, 26(4): 868-897.

Baloglu, S., and Ken W. McCleary(1999b). U.S. International Pleasure Travelers' Images of Four Mediterranean Destinations: A Comparison of Visitors and Nonvisitors. *Journal of Travel Research*, 38: 144-152.

Chon, K. S.(1991). Tourism Destination Image Modification Process: Marketing Implications. *Tourism Management*, 12: 68-72.

Echtner, C. M., and J. R. B. Ritchie(1993). The measurement of destination image: An empirical assessment. *Journal of Travel Research*, 31: 3-13.

Gartner, W. C.(1989). Tourism Image: Attribute Measurement of State Tourism Products Using Multidimentional Techniques. *Journal of Travel Research*, 28: 16-20.

Gartner, W. C.(1993). Image Formation Process: Communication and Channel Systems. in *Tourism Marketing*. 191-215.

Goossens, C.(2000). Tourism Information and Pleasure Motivation. *Annals of Tourism Research,* 27: 301-321.

Kotler, P., D. H. Haider, and I. Rein(1993). *Marketing Places*. New York: The Tree Press, pp. 139-161.

Milman, A., and Abraham Pizam(1995). The Role of Awareness and Familiarity with a Destination: The Central Florida Case. *Journal of Travel Research*, Winter: 21-27.

Um, S. H., and Crompton, J. L.(1990). Attitude Determinants in Tourism Destination Choice. *Annals of Tourism Research,* 17: 432-448.

Walmsley, D. J., and M. Young(1998). Evaluative Images and Tourism: The Use of Personal Constructs to Describe the Structure of Desination Images. *Journal of Travel Research*, 36: 65-69.

* 이 장의 출처: 한국공원휴양학회(2002). 『한국공원휴양학회지』, 4(2). 김태성과 공동.

제6부 방문자 늘리기

21 관광지 방문자의 가격지각

22 관광지의 비수기 타개

제21장 관광지 방문자의 가격지각

* 비용이 없어 가고 싶은 여행을 미룬 적은 없는가?

* 실제로 입장료가 부담되는 경우는 어떤 곳들인가?

* 관광현지에서 가격과 품질 때문에 고심을 해본 적은 없는가?

1. 머리말

Shapiro(1968: 29-35)는 가격이 마케팅에 있어서 가장 중요한 분야라고 역설한 바 있다. 그렇다면 일종의 가격에 해당하는 관광위락지의 입장료에 대하여 이용자는 어떠한 반응을 보일 것이고, 관광사업자는 또한 어떠한 형태로 가격전략을 수립하는 것이 적절한 것인가? 특히 오늘날과 같은 관광여행 형태에 커다란 변화가 예상되는 시점에서 소비자인 관광객은 어떻게 하는 것이 유리하며, 사업자는 또 어떻게 이러한 상황변화에 대처해야 할 것인가?

실제로 에버랜드와 같은 테마공원의 경우에 다양한 가격전략의 일환으로 여러 가지 유형의 입장티켓을 판매하고 있으며, 이러한 판매전략은 앞으로 더욱 치밀해질 것이다. 경영자의 입장에서 가격전략을 수립할 때 이용자의 가격에 대한 각종 반응이 중시된다. 테마공원을 비롯한 관광위락지의 가격에 해당하는 입장료에 대한 연구는 가격결정이 보다 합리적인 상태에서 이루어져야 할 필요성을 환기시킬 수 있다.

종래 대량관광의 극성기에서 이제 대전환이 예상되고 이러한 전환은 앞으로 새로운 관광 패러다임으로 정착시켜야 할 필요성이 강하게 제기되는 시점에서 관광위락지의 입장료에 대한 이론과 정보는 소비자와 공급자 모두에게 대단히 유용할 수 있다.

Baker(1990)에 따르면, 소비생활에서 서비스의 비중이 증대되면서 대부분의 소비자들은 서비스 구매 또는 소비를 위한 자신의 직·간접 지불비용과 서비스로부터 얻어지는 품질을 비교함으로써 서비스 가치를 평가하며 평가결과에 따라 만족/불만족의 크기를 결정한다. 여기서 소비자들이 서비스의 구매와 소비를 위해 지불하는 가격을 엄밀히 관찰하면, 실제로 지불하는 화폐가격과 서비스를 얻기 위해 간접적으로 지불하는 시간소비, 정신적 고통, 심리적 피로, 육체적 노력 등과 같은 비화폐가격이 있다. 즉 서비스 가치는 서비스 구매와 소비를 위해 서비스 과정에 참여하여 직접 지불한 화폐가격과 간접지불한 비화폐가격의 합계와 얻어진 효용의 비교로 평가될 수 있으며, 그 결과에 따라 소비자 만족의 크기에 영향을 미친다고 할 수 있다(조선배와 황창규, 1996: 236-254).

이 분야의 선행연구들은 주로 제품을 중심으로 가격, 품질, 가치, 만족 등의 관계를 제한적으로 다루었으나, 최근에는 서비스를 중심으로 한 연구도 국내외 학계에서 많이 진행되고 있다. 그러나 대부분의 연구가 호텔 서비스가격과 서비스품질, 서비스가치 간의 관련성을 실증적으로 접근한 예는 있지만, 관광위락지의 한 유형이라고 할 수 있는 테마공원의 입장료와 관련한 이용자 만족 간의 관계를 실증적으로 접근한 연구는 흔치 않다. 특히 그간에 국내에서는 관광위락지의 입장료에 대한 제반사항이 연구되지 않은 실정이므로 본 연구의 문제제기에 대한 적절한 해답의 모색은 실무 측면에 유용한 정보제공뿐만 아니라, 테마공원 입장료 결정에 대한 이론정립을 위해서도 필요하다.

따라서 본 연구에서 파악하고자 하는 문제를 정리하면 다음과 같다.

> 첫째, 입장료가 여행비용에서 상당한 비중을 차지하는 관광위락지를 대상으로 하여 실제 이용자의 지각된 가격은 지각된 서비스품질에 어떠한 영향을 미치는가?

둘째, 지각된 가격은 이용자 만족에 어떠한 영향을 미치는가?

2. 가격지각에 대한 이론 고찰

가 가격지각의 구성

소비자 관점에서 가격은 제품 또는 서비스를 얻기 위해서 희생하거나 포기하는 것과 관련된다(Zeithaml, 1988: 2-22). 이 정의는 다속성모델에서 저수준 속성으로 화폐가치를 포함하는 것에 대한 Ahtola(1984)의 논의와 일치한다. 때문에 가격모델은 받는(get) 요소라기보다는 오히려 주는(give) 요소라고 할 수 있다(Zeithaml, 1988).

이러한 맥락에서, Zeithaml(1988)은 가격지각의 구성요소를 객관적 가격, 지각된 화폐가격, 지각된 비화폐가격, 그리고 지각된 희생으로 구분하고, 가격을 크게 두 가지 관점으로 제한하여 특정 서비스의 구매를 위해 가시적으로 지불하는 화폐가격과 간접적으로 지불하는 비화폐가격으로 나누고 있다. 화폐가격은 서비스 그 자체를 구매하기 위해 소비자가 지불하는 현금과 같은 데 반하여, 비화폐가격은 서비스 구매에 부수적으로 따라가는 주변적 요소로서 시간, 육체적 노력, 정신적 고통과 심리적 피로와 같은 비현금과 같다. 그는 객관적 가격(제품의 실제가격)과 지각된 가격(소비자가 인식하는 추정가격) 사이의 관계를 구별하고 있는데, 객관적 화폐가격이 소비자에 의해 추정된(부호화된) 가격은 아니라는 것이다. 예컨대, 소비자에게 하이트 캔맥주 1병의 값을 물었을 때, 어떤 소비자는 소비자 표시가격인 800원으로, 또 다른 소비자는 비싸다 또는 싸다로 단순히 가격을 기억하거나 부호화할 것이라는 것이다.

많은 연구들은 객관적 가격과 지각된 가격 사이의 차이를 인정하고 있는데, 의미를 부여하여 부호화시킨 가격을 제외하고는 그들의 연구에서 제품 또는 서비스의 실제가격을 항상 기억하거나 알고 있지 못한 것으로 밝혀졌다(박운본, 1996: 17-18).

Dickson과 Sawyer(1990)의 연구에서 가격에 대한 소비자의 관심수준, 가격지각 및 가격지식에 대한 많은 제품의 내적 준거가격을 정확히 알고 있는 소비자가 상대적으로 낮게 나타났다. 또 다른 연구는 가격지각이 인구통계적 특성에 따라 다를 수 있음을 시사하고 있다(강현준, 1989: 6-9). 가격지각이 가장 높은 수준의 소비자는 기혼으로, 나이가 많고, 여성이면서 직장을 갖고 있지 않은 사람들임이 밝혀졌다. 가격에 대한 관심은 낮은 가격의 음료보다는 서비스, 내구재, 그리고 고가격의 포장상품에서 더욱 클 가능성이 있지만, 이들 범주 내의 다른 요인들(예를 들면: 복잡한, 가격정보가 거의 없는, 생각하는 시간이 필요한)은 가격에 대한 정확한 지식을 얻는 데 제한적으로 작용할 수 있다. 지각된 가격과 실제가격 사이의 차이의 원인이 될 수 있는 또 다른 요인은 가격의 분산이다. 동일한 상표의 가격이 점포마다 다르거나, 동일한 유형의 제품과 품질에 대한 가격이 매우 들쑥날쑥할 때 소비자가 지각된 가격과 실제가격 사이의 차이를 느낄 수 있다는 것이다.

나 가격지각과 이용자 만족 간의 관계

소비자 만족/불만족은 소비자가 각 개별 제품/브랜드 또는 서비스가 어떻게 수행될 것인가에 대한 기대를 갖고 있는 것으로 가정하고 있다. 이러한 기대가 제품 또는 서비스를 소비함으로써 성과에 대한 실제의 지각과 비교하게 되고, 이때의 기대가 성과를 초과하게 되면 불만족으로 나타나고, 기대가 성과와 부합하거나 실제의 성과가 기대를 초과하게 되면 만족이 형성된다(박창규, 1997: 9-11).

기존의 많은 연구들이 가격지각과 소비자 만족에 대해 직접적인 인과관계 분석을 시도한 예는 그리 흔하지 않았다. 그러나 관광객 만족이 관광객의 관광상품에 대해 사전적으로 가지고 있는 기대와 관광활동 후 지각된 실제성과 간의 차이 평가에 대해 보이는 관광객의 반응이라고 보았을 때, 그것은 특정 관광지 방문경험에 대한 관광객의 종합적이고 총괄적인 평가를 의미한다. 크게 서비스 만족과 비용만족으로 구분하여 관광객 만족을 설명한 박창규(1997)의 연구에서 이러한 가격지각과 소비자 만족에 대한 직접적인 인과관계를 시사받을 수 있다. 그는 비용만족의 개념을 관광객이 관광지를 방문/이용하는 데 투자한 제반노력으로 제공받은 서비스나 제품과 비교하여 비용에 대하여 지각하는 만족이라고 규정하고 관광지 서비스가 아닌 방문 경험 전체에 대한 총체적 관광객 만족은 바로 관광지(테마공원)의 서비스 질, 가격(price), 접근성(accessibility), 이용성(availability) 등에 의해 좌우되어 이루어지는 관광객 평가 결과이자 종합적인 판단이라고 하였다. 그리고 Parasuraman *et al.*(1994)은 소비자의 총체적 만족은 서비스 품질평가, 제품 품질평가 및 가격평가의 함수가 될 수 있다고 하였다.

다 가격지각과 서비스품질 간의 관계

서비스가격과 지각된 서비스품질 사이의 관계에 대한 논쟁은 관계가 있다는 견해, 관계가 전혀 없다는 견해, 그리고 관계가 미약하다의 세 가지 견해로 나누어지고 있다(Ziethaml, 1988: 2-22). 지난 30년간 90편의 연구를 검토한 결과 가격과 품질은 긍정적인 관계가 있는 것으로 나타났다(Ziethaml, 1988). 소비자들은 가격에 의존하여 품질을 평가하는, 즉 가격이 품질측정의 단서가 될 수 있음을 밝히고 있다(Shapiro, 1973: 286-294). 그러나 가격과 지각된 품질의 관계에 대한 가설은 너무 일반적이고 검증이 불가능하기 때문에 사소한 결과를 얻기보다는 차라리 다른 연구를 하는 편이 낫다는 보편성의 문제를 제기한 연구도 있다.

한편, Peterson과 Wilson(1985)은 가격과 품질 사이의 관계가 일반적이지 않으며, 개념들 간의 인과관계가 항상 긍정적이 아닐 수 있음을 시사하였다(이병철, 1993: 11), Monroe와 Krishnan(1985)은 그들의 이전의 연구가 방법론적 제약과 다양한 개념들에 문제가 있었음을 지적하고, 가격과 품질 간 통계적 유의성의 제약에도 불구하고 긍정적인 관계가 있음을 증명하였다. Monroe와 Dodds(1988)는 가격과 지각된 품질 관계에서 제기된 타당성에 대한 논의를 구체적으로 기술하였다(이병철, 1993: 12). 예를 들면, 가격과 객관적 품질(지각된 품질보다) 간에 약한 상관관계가 있다. 개념들 간의 관계가 낮다든가, 선형관계가 없다든가 또는 상표명, 점포 이미지와 같은 다른 제품 품질의 단서가 제시될 때 품질의 예측치로서 가격은 덜 중요한 요소가 될 수 있다든가 소비자들이 품질을 연상할 때 품질속성들 중 가격이 가장 낮은 속성이 될 수 있다(Parasuraman et al., 1994: 111-124)는 등이다.

Peterson과 Wilson(1985)은 가격정보가 품질에 관한 추론을 이끌 가능성이 있다고 하였다. Zeithaml(1988)은 이와 같은 분분한 서비스가격과 지각된 서비스품질 간의 논의에 대하여 두 가지 제안을 하고 있다. 첫 번째 제안은 일반적인 서비스가격과 지각된 서비스품질 사이에는 관계가 존재하지 않는다. 그리고 두 번째 제안은 품질의 예측치로서 가격을 사용하는 다섯 가지의 경우를 들고 있다. 예를 들면, 품질에 대한 다른 어떤 단서의 활용여부에 따라, 동급제품 내의 가격변화의 여부에 따라, 제품범주 내의 제품품질변화의 여부에 따라, 소비자의 가격인식수준에 따라, 끝으로 제품군 안에서 품질변화에 대한 소비자의 탐지능력 유무에 따라 품질의 예측치로서 가격을 이용할 수도 그렇지 않을 수도 있다는 것이다.

품질단서가 될 수 있는 가격 이외의 단서는 품질에 대한 본질적 단서에 쉽게 접근할 수 있을 때, 상표명이 회사의 명성에 대한 증거를 반영해 줄 때, 또는 광고의 수준이 상표신념을 갖도록 정보를 전달해 줄 때, 소비자들은 가격 대신에 이들 단서의 활용을 선호할 것이다.

Monroe와 Krishnan(1985)은 품질의 예측치로서 가격의 사용에 영향을 미치는 적합한 상황을 정보적 요인, 개인적 요인, 그리고 제품범주 요인으로 구분하였다. 소비자가 품질의 신호로 가격을 활용하는데, 그 가격의 변화 폭에 대한 소비자의 개인적인 차이가 있을 수 있다. 서비스 또는 제품가격을 분명히 알고 있지 못한 소비자는 품질을 추론하기 위해 가격을 활용하기 어렵다. 또 다른 차이는 서비스 또는 제품들 사이에서 품질의 변화를 탐지할 수 있는 소비자의 능력에 있다는 것이다. 소비자가 품질의 변화를 알아차릴 수 있는 충분한 서비스 또는 제품지식(또는 관심)이 없다면 가격과 다른 외적 단서가 품질을 예측하는 데 상당히 중요한 요인이 될 수 있다(Zeithaml, 1988). 소비자는 자주 어떤 제품범주 내에서 품질평가의 신호로서 다른 요인보다는 가격에 더 의존하려 하는 경향이 있다. 그리고 Peterson과 Wilson(1985)은 가격과 지각된 품질의 관계와 가격변화 사이의 관계에서 가격의 차이가 클수록 품질의 예측치로서 소비자들이 가격을 활용하는 경향이 크다고 하였다(한경식, 1996: 17). 따라서 이들 주장은 가격이 품질을 예측하는 함수가 될 수 있음은 물론 제품에 따라서 또는 서비스에 의해서도 가격이 품질과 긍정적인 관계가 형성될 수 있음을 시사하는 것이다.

라 가설의 설정

본 연구에서는 앞에서 논한 이론적 배경을 바탕으로 다음과 같은 연구가설을 설정하였다.

H1: 지각된 가격은 지각된 서비스품질에 영향을 준다.
H1-1: 지각된 화폐가격은 지각된 서비스품질에 정의 영향을 준다.
H1-2: 지각된 비화폐가격은 지각된 서비스품질에 부의 영향을 준다.
H2: 지각된 가격은 이용자 만족에 영향을 준다.
H2-1: 지각된 화폐가격은 이용자 만족에 정의 영향을 준다.
H2-2: 지각된 비화폐가격은 이용자 만족에 부의 영향을 준다.

3. 결과의 분석 및 해석

가 측정척도의 신뢰도 및 타당도 검증

(1) 측정척도의 신뢰도 검증

본 연구에서는 설문지에 대한 신뢰도를 측정하기 위해 순위척도보다 등간척도인 7점 척도가 적절하다고 볼 수 있으나, 내적 타당성은 측정하고자 하는 바를 측정했는가 하는 문제가 불분명하다는 Dann(1979)의 주장에 따라 신뢰성을 검증하기 위하여 전체 항목과 구성요소별로 크론바하 알파(cronbach's alpha)계수를 이용하였다. 크론바하 알파계수의 경우 내적 일관성에 관한 것으로 해당 문항을 가지고 할 수 있는 모든 반분 신뢰도를 구하고 이의 평균치를 산출한 것이 계수값이 된다. 보통 0.7 이상이면 신뢰성이 있다고 볼 수 있다(김충련, 1992: 315). 4개 요인에 대한 신뢰도 검증에서는 〈표 1〉에 나타난 것과 같이 크론바하 알파값이 모두 0.70 이상이므로 항목들이 동질성이 있음을 알 수 있다.

〈표 1〉 측정변수의 신뢰계수 및 변이계수

측정항목	평균값	표준편차	신뢰계수
입장료가 적당함	2.99	1.53	0.75
입장료는 기꺼이 지불할 만함	3.20	1.50	0.75
입장료가 생각보다 쌈	2.66	1.55	0.77
시설 이용 시 기다리는 불편함이 있음	4.59	1.69	0.82
혼잡함	4.48	1.71	0.82
항상 예의바른 서비스를 제공함	5.28	1.48	0.74
이용에 편리한 영업시간을 적용함	4.94	1.38	0.74
종사원의 복장과 용모는 단정함	5.69	1.29	0.75
방문에 대해 만족함	4.97	1.24	0.72
기분좋은 서비스를 제공받음	4.84	1.31	0.73
목적지를 잘 선택함	4.96	1.26	0.73
방문으로 행복함	4.66	1.31	0.73

(2) 측정척도의 타당도 검증

측정항목의 구성 타당도의 검증은 집중 타당도와 판별 타당도를 이용하였다. 판별 타당도는 12개의 문항이 독립된 요인으로 구분되는가를 검증한다.

〈표 2〉에서 보면 요인분석의 결과, 아이겐값이 1 이상이 단일요인이 아닌 4개의 독립된 요인으로 구분되고 있어 판별타당도가 있다고 할 수 있다. 또한 집중타당도는 결합된 요인 간의 변수별 요인적재량(factor loading)이 0.50 이상으로 각 소속요인에 높게 적재되어 있어 본 연구에 사용된 가격(화폐가격과 비화폐가격)지각, 지각된 서비스품질, 이용자 만족의 측정항목들이 집중 타당도도 있다고 볼 수 있다.

〈표 2〉 **측정변수에 대한 요인분석 결과**

측정항목	아이겐값	요 인 적재량	코 뮤 낼리티	분 산 설명력(%)
요인 1: 이용자 만족	4.95			41.2
행복한 방문		0.90	0.82	
선택 적절성		0.90	0.82	
이용 만족		0.78	0.73	
좋은 기분		0.73	0.68	
요인 2: 지각된 화폐가격	1.96			16.3
공정성		0.90	0.81	
수용성		0.88	0.80	
저렴성		0.82	0.68	
요인 3: 지각된 서비스품질	1.29			10.8
가시성		0.90	0.81	
친절성		0.80	0.68	
편리성		0.62	0.53	
요인 4: 지각된 비화폐가격	1.01			7.3
기다림		0.93	0.87	
혼잡함		0.91	0.84	

주: 1) 전체설명력: 75.6%.
2) 호텔연구(조선배, 1995)의 전체설명력: 81.5%.

측정변수에 대한 요인분석 결과 〈표 2〉와 같이 4개 요인으로 추출되었다. 우선 코뮤낼리티(communality)는 각 요인에 의해서 측정항목의 분산이 어느 정도 설명되는가를 나타내주는 것으로 정해진 기준은 없으나 보통 0.4 이하가 되면 낮은 수준으로 보는 경우가 많다(이순묵, 195: 236). 이를 살펴보면, 각 변수의 변량은 0.53에서 0.87로 설명되었고, 각 요인별 분산 설명력은 요인 1이 41.2%, 요인 2가 16.3%, 요인 3이 10.8%, 요인 4가 7.3% 설명되어 총 75.6%가 설명되었다. 이는 조선배(1995: 49)의 호텔연구의 전체 설명력 81.5%에 조금 못 미치는 것으로 나타났다.

요인분석 결과 얻어진 측정변수에 대한 4개의 요인에 12개 항목으로, 첫째, 이용자 만족, 둘째, 지각된 화폐가격, 셋째, 지각된 서비스품질, 넷째, 지각된 비화폐가격으로 각각 명명할 수 있다.

나 가설의 검증

(1) 가격지각과 서비스품질 간의 관계

지각된 서비스품질에 대한 지각된 화폐가격의 영향관계를 파악하기 위하여 회귀분석을 실시하였는데 결과는 〈표 3〉과 같다. 지각된 화폐가격이 회귀모형 적합도 면에서 유의수준 1%에서 통계적으로 유의한 결과를 보여주고 있다. 따라서 지각된 화폐가격은 지각된 서비스품질에 정의 영향을 미치는 것으로 파악되었다. 이것은 지각된 화폐가격이 높을수록 서비스품질을 좋게 지각한다는 것을 의미한다.

〈표 3〉 지각된 서비스품질에 대한 지각된 화폐가격의 회귀분석 결과

항 목 \ 구 분	회귀계수	표준 β계수	t-값	p-값	R^2
상 수	4.7398	0.0000	30.694	0.0001	0.0464
지각된 화폐가격	0.1866	0.2155	3.878	0.0001	

다음으로 〈표 4〉는 지각된 서비스품질에 대한 지각된 비화폐가격의 회귀분석 결과이다. 〈표 4〉에서 R^2값은 .1014로 총분산의 10.14%를 설명하고 있으며, 회귀모형 적합도 면에서 유의수준 1%에서 통계적으로 유의한 결과를 보여주고 있다. 분석 결과 '지각된 비화폐가격이 높을수록 서비스품질을 낮게 지각한다'는 연구가설이 채택되는 것으로 나타났다. 따라서 지각된 비화폐가격은 지각된 서비스품질에 부의 영향을 준다고 볼 수 있다.

〈표 4〉 지각된 서비스품질에 대한 지각된 비화폐가격의 회귀분석 결과

항 목 \ 구 분	회귀계수	표준 β계수	t-값	p-값	R^2
상 수	6.3505	0.0000	33.279	0.0001	0.1014
지각된 비화폐가격	-0.2353	-0.3184	-5.904	0.0001	

(2) 가격지각과 이용자 만족 간의 관계

다음의 〈표 5〉는 이용자 만족에 대한 지각된 화폐가격의 회귀분석 결과이다. 회귀모형에서 R^2값은 .1088로 총분산의 10.88%를 설명하고 있으며, 회귀모형 적합도 면에서 유의수준 1%에서 통계적으로 유의한 결과를 보여주고 있다. 따라서 지각된 화폐가격은 이용자 만족에 정의 영향을 주는 것으로 나타났다. 즉, 지각된 화폐가격이 높을수록 이용자 만족은 크다는 것을 의미한다.

〈표 5〉 이용자 만족에 대한 지각된 화폐가격의 회귀분석 결과

항 목 \ 구 분	회귀계수	표준 β계수	t-값	p-값	R^2
상 수	4.0623	0.0000	28.647	0.0001	0.1088
지각된 화폐가격	0.2714	0.3299	6.142	0.0001	

다음으로 〈표 6〉은 이용자 만족에 대한 지각된 비화폐가격의 회귀분석 결과이다. 〈표 6〉에서 R^2값은 .1208로 총분산의 12.08%를 설명하고 있으며, 회귀모형 적합도 면에서 유의수준 1%에서 통계적으로 유의한 결과를 보여주고 있다. 분석결과, '지각된 비화폐가격은 이용자 만족에 부의 영향을 준다'는 연구가설이 채택되는 것으로 나타났다. 이것은 지각된 비화폐가격이 높을수록 이용자 만족이 낮다는 것을 의미한다.

〈표 6〉 이용자 만족에 대한 지각된 비화폐가격의 회귀분석 결과

항 목 \ 구 분	회귀계수	표준 β계수	t-값	p-값	R^2
상 수	5.9602	0.0000	33.243	0.0001	0.1208
지각된 비화폐가격	-0.2440	-0.3476	-6.516	0.0001	

4. 결론 및 시사점

지금까지 만족에 대한 연구는 제품 위주의 소비자 만족을 중심으로 가격지각, 서비스품질 등의 다양한 영향변수를 확인하는 많은 실증적 연구들이 있어 왔다.

본 연구의 목적은 기존의 가격지각이론에 있어서 가격지각과 서비스품질, 소비자 만족의 관계가 관광위락지를 이용하는 이용자 만족도에도 그대로 적용될 수 있는가라는 문제를 제기하면서, 이용자 만족의 영향요인을 실증적으로 검증하고자 하였다. 가설 검증을 통하여 분석된 결과는 다음과 같다.

첫째, 지각된 화폐가격은 지각된 서비스품질에 정의 영향을 주는 것으로 나타난 반면에, 지각된 비화폐가격은 지각된 서비스품질에 부의 영향을 준다는 것을 알 수 있다. 이것은 지각된 화폐가격이 높을수록, 지각된 서비스품질이 높다는 것을 의미하고, 지각된 비화폐가격이 높을수록, 지각된 서비스품질이 낮다는 것을 의미한다.

둘째, 지각된 화폐가격은 이용자 만족도에 대한 영향관계는 정의 영향을 주는 반면에, 지각된 비화폐가격은 이용자 만족도에 부의 영향을 준다는 것을 알 수 있다. 이것은 지각된 화폐가격이 높을수록 이용자 만족은 높다는 것을 의미한다. 그리고 지각된 비화폐가격이 높을수록 이용자 만족은 낮은 것으로 볼 수 있다.

본 연구의 결과는 테마공원 경영자들로 하여금 테마공원의 가격(화폐가격과 비화폐가격)과 서비스품질을 차별화함으로써 방문자들로부터 새로운 느낌과 새로운 주목을 이끌어 테마공원 서비스에 대한 방문자 지각평가를 높이고 재방문까지 연결시켜 주도록 하는 노력을 유발하는 촉매가 될 수 있다는 시사점을 제시해 준다. 테마공원 방문자들이 인식하는 테마공원 서비스에 대한 지각된 서비스품질 평가는 매우 중요한 의미를 시사한다. 서비스 산업은 본래 하드웨어적 요소보다는 소프트웨어적 요소가 강하므로 테마공원 서비스 평가의 주요 요소도 대부분 소프트웨어적 요소가 강하다고 할 수 있다. 이러한 맥락에서 본 연구의 결과는 지각된 서비스품질과 이용자 만족의 향상을 위한 중요한 시사점을 제시하고 있다.

결론적으로, 본 연구에서 테마공원 방문자의 만족은 적정한 화폐가격 설정과 비화폐가격 요소의 최소화 방안 등을 적절히 배합함으로써 극대화될 수 있을 것임을 알 수 있다.

본 연구는 다음과 같은 몇 가지 한계점을 가지고 있다.

첫째, 테마공원의 티켓 유형별 입장료에 대해 화폐가격과 비화폐가격의 개념 적용에 다소의 제약이 따른다.

둘째, 테마공원의 이용자 만족에 영향을 미치는 요인으로 기타 다른 요인들을 배제한 입장료(가격)에 국한하고 있다. 즉 이용목적과 이용 빈도, 이용 상황, 이용 요금의 지불 여부, 표본의 지역성 등 다양한 상황에 따라 테마공원에 대한 평가는 달라질 수 있으며, 기후나 계절적인 상황도 이용자 지각 평가에 영향을 미칠 수 있다는 점이다.

한편 앞으로의 연구에서는 지각된 서비스품질과 이용자 만족 간의 관계 및 이들 요인들이 구매의도에 미치는 영향을 규명하고, 이용자 만족에 대한 주요 관련 변수들 간의 쌍방향 영향관계를 밝히는 연구도 필요할 것으로 본다.

참고문헌

강현준(1989). 제품의 가격에 대한 소비자의 심리적 반응에 관한 연구. 성균관대학교 대학원 석사학위논문, pp. 6-9.

김충련(1992). 『SAS라는 통계상자』, 데이터리서치.

박운본(1996). 구매자의 제품평가모형에 관한 연구. 서울대학교 대학원 석사학위논문.

박창규(1997). 관광자만족 결정경로와 요인에 관한 연구. 경기대학교 대학원 박사학위논문.

이병철(1993). 가격 - 지각된 품질과 가격 - 객관적 품질의 상관관계에 관한 연구. 성균관대학교 대학원 석사학위논문.

이순묵(1995). 『요인분석 Ⅰ』. 학지사.

조선배(1995). 서비스환경과 가격이 지각된 서비스품질에 미치는 영향. 한국 경영학회. 『경영학연구』, 25(1): 51-73.

조선배 · 황창규(1996). 구매경험과 서비스가격, 서비스품질 및 서비스가치의 지각. 한국광고학회. 『광고학연구』, 7(1): 236-254.

한경식(1996). 품질지각의 정확도와 가격: 품질연상에 미치는 영향요인에 관한 연구. 홍익대학교 대학원 석사학위논문.

Ahtola, Olli T.(1984). Price as a give component in an exchange theoretic multicomponent model. In Thomas C. Kinnear(Ed.). *Advances in Consumer Research,* Association for Consumer Research. pp. 623-626.

Dann, G. M. S.(1979). Tourist Satisfaction: A highly complex variable. *Annals of Tourism Research*, 5: 440-443.

Dickson, Peter R., and Sawyer, Alan G.(1990). The price knowledge and search of supermarket shoppers. *Journal of Marketing Research,* 54(July): 45-56.

Dodds, William B., Monroe, Kent B., and Grewal, Dhruv(1991). Effects of price, brand, and store information on buyers' product evaluations. *Journal of Marketing Research,* 28(Aug.): 307-319.

Monroe, Kent. B., and Krishnan, R.(1985), The effect of price in subjective product evaluation. In J. Jacoby, and Jerry C. Olson(Eds.), *Perceived Quality.* Lexington, MA: Lexington Books, pp. 209-232.

Parasuraman. A., Zeithmal, Valarie A., and Berry, Leonard L.(1994). A reassessment of expectations as comparative standard in measuring service quality: Implications for future research. *Journal of Marketing*, 58(Jan.): 111-124.

Shapiro, Benson P.(1968). The psychology of pricing. *Harvard Business Review.* pp. 29-35.

Shapiro, Benson P.(1973). Price relience: Existence and source. *Journal of Marketing Research,* 10(Aug.): 286-294.

Zeithmal, Valarie A.(1988). Consumer perception of price, quality and value: A means-end model and synthesis of evidence. *Journal of Marketing*, 52(July): 2-22.

* 이 장의 출처 : 한국공원휴양학회(1999). 『한국공원휴양학회지』, 창간호. 한효민과 공동.

제22장 관광지의 비수기 타개

* 비수기에 관광을 가본 적이 있는가?
* 비수기 문제가 특히 심각한 관광지는 어떤 곳들인가?
* 비수기를 멋지게 극복한 관광지를 몇 곳 들 수 있는가?

1. 비수기의 개요

가 비수기의 개념

관광여행 현상은 공간적·시간적으로 집중되는 특성을 지니고 있다. 여기서 공간적 집중현상이란 일정 관광지에 관광객이 밀집되는 현상을 가리키며, 특히 국립공원 등의 자원지향형 관광지에서 심하게 나타난다. 그리고 시간적 집중현상이란 관광객이 주말이나 휴일 또는 일정시기에 집중되는 현상을 가리킨다.

관광수요는 서비스 자체가 다른 일반재화와 같이 미리 준비되어서 제공될 수 없는 성격을 띠고 있다. 음식은 물론이고, 무형문화재 등의 공연 역시 관광객이 직접 보기 위하여 참여해야 생산이 되고, 동시에 관광객이 그것을 관람함으로써 즉석에서 소비된다. 그리고 새로운 수요에 부응하기 위한 공급확대도 많은 시간과 비용을 필요로 한다.

따라서 어떤 시기에 수요가 공급에 미치지 못함으로써 투자된 시설이 제대로 운영되지 못할 때 이른바 비수기문제가 발생한다. 이러한 비수기를 어느 정도 조정할 수 있는가가 관광사업 성패의 커다란 관건이 되고 있다.

이상에서 본 바와 같이 제품이나 서비스에 대한 수요가 나타나는 현상은 이용이 집중되는 시기 즉, 어떤 제품이나 서비스가 한창 사용되는 시기인 성수기(on-season)와 이와 반대가 되는 즉, 이용이 한산한 시기인 비성수기(off-season)로 크게 양분되는 경향이 있으며, 여기서 비성수기를 줄여 일반적으로 비수기라 하고 있다.

수요의 경향을 파악한다는 점에서 보면 이렇게 성수기와 비수기로 양분하는 데는 수요의 경향을 지나치게 단순화하고 있다는 점을 지적할 수 있다. 봉우리와 골짜기가 있는 곳에는 중간지대가 반드시 존재한다. 그리고 경영 측면에서 문제가 되는 것은 이러한 중간지대보다는 어떻게 하면 골짜기 즉, 비수기의 골을 메우느냐와 성수기에 적절히 대응하는가에 있다. 따라서 여기서는 성수기와 비수기에서 구분하여 이를 평수기라고 부르기로 한다. 그러면 성수기는 평수기 보다 수요가 많은 기간에 해당하고, 비수기란 평수기보다 수요가 적은 한산한 기간에 해당된다.

나 비수기의 유형

관광수요가 한산한 기간인 비수기는 기간, 자원특성, 관광수요관련 요인 등에 따라 몇 가지로 유형화해 볼 수 있다.

(1) 기간에 따른 분류

비수기 기간의 장단에 따라서 구분해 볼 수 있다.

① **단기적 비수기**: 주중과 주말 간의 수요량에 차이가 많은 경우 주중에 나타나는 단기적인 현상 또는 계절이 바뀐다든가 함에 따라 나타나는 일시적 비수기를 가리킨다.

② **장기적 비수기**: 1개월 이상의 장기적 기간에 걸쳐 나타나는 비수기를 가리키며, 기간이 길수록 수지상태 악화를 초래하게 되므로 비수기 문제가 제기된다.

(2) 자원특성에 따른 분류

자원이 일정기간밖에 이용될 수 없는 특성을 띠고 있을 경우는 자원의 종류에 따라 각기 다른 기간 내지 성격의 비수기가 발생한다.

① 스키장 비수기: 자연설에 의존하는 스키장에 있어 강설기에 따라 비수기가 정해지는 경우

② 해수욕장 비수기: 해수의 온도에 따라서 해수욕장 비수기가 기본적으로 정해지는 경우

③ 골프장 비수기: 잔디의 상태에 따라서 비수기가 기본적으로 정해지는 경우

④ 관광농원 비수기: 농원의 상태에 따라서 비수기가 기본적으로 정해지는 경우

⑤ 기 타

(3) 관광수요관련 요인에 따른 분류

관광수요관련 요인은 크게 관광객 송출요인과 관광객 유입요인으로 나누어 볼 수도 있는데, 이들 요인에 따라 비수기 기간이 정해질 수 있다.

① 송출요인 비수기: 지역 내 인구수, 인구의 사회경제적 특성, 기호 및 경험 등의 요인 때문에 관광객 발생이 한산함에 따라 비수기가 정해지는 경우

② 유입요인 비수기: 전체적으로 볼 때는 관광객이 많이 발생되고 있으나 해당지역의 자원이 지닌 고유매력도, 개발 및 시설투자 정도, 주변 관광지와 대체성, 접근성, 기후 및 날씨 등 요인 때문에 발생되는 경우

(4) 발생범위에 따른 분류

비수기가 발생되는 범위가 항상 전체적이라고 볼 수는 없다.

① 전체적 비수기: 해당 관광지 전체에 걸쳐서 비수기가 발생되는 경우로서 이러한 경우는 새로운 관광시설 투자에 의해서 비수기를 벗어나는 경향이 증대되고 있다.

② 부분적 비수기: 해당 관광지 전체로 볼 때는 비수기가 아니더라도 부분적으로

볼 때 비수기에 해당되는 경우

(5) 발생원인에 따른 분류

비수기가 발생되는 원인이 어디에 있는가에 따라 구분될 수 있다.

① 자연적 비수기: 자연현상에 의해 관광지 이용이 제약을 받게 되어 발생되는 경우. 이를테면, 눈이 내리지 않는 기간의 스키장 비수기, 해수의 온도에 따라 발생되는 해수욕장 비수기 등

② 제도적 비수기: 휴가제도로 인하여 휴가기간이 일정시기에 집중됨에 따라 다른 기간에 나타나는 비수기

다 비수기 분석방법

가능한 최근 연도의 월별 방문자 자료를 이용하되 연도별 변동성향을 줄이기 위하여 최근 2, 3년치를 평균하여 사용하는 것이 바람직하다. 그리고 비수기를 설정하는 기준으로는 평균과 표준편차를 구하여 [그림 1]과 같이 방문자 규모가 평균값 +1/2σ보다 큰 기간을 성수기, 평균값 -1/2σ보다 적은 기간을 비수기, 중간 구간을 평수기로 구분하는 것이 현실성이 있는 것으로 판단된다.

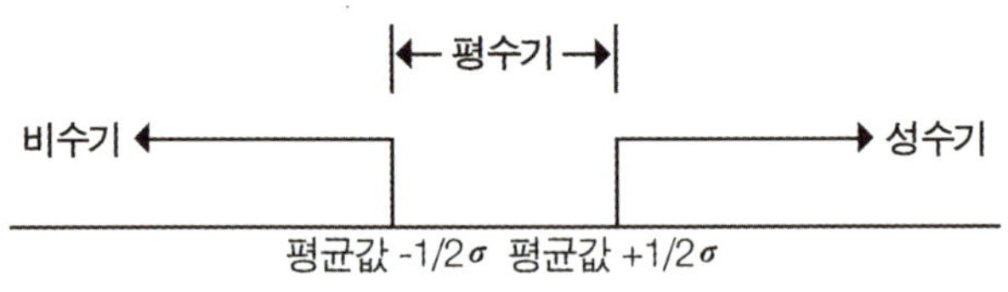

[그림 1] 비수기 설정 기준

참고로 [그림 2]에서 우리나라 전체 국립공원의 경우를 살펴보면,

- 성수기 : 4월 중순~5월 중순, 7월 중순~8월 중순, 9월 중순~10월 중순
- 평수기 : 3월 초순~4월 초순, 5월 하순~7월 초순, 8월 중순~9월 중순, 10월 중순~10월 말
- 비수기 : 1월 초순~3월 초순, 10월 하순~12월 말 5개월 정도

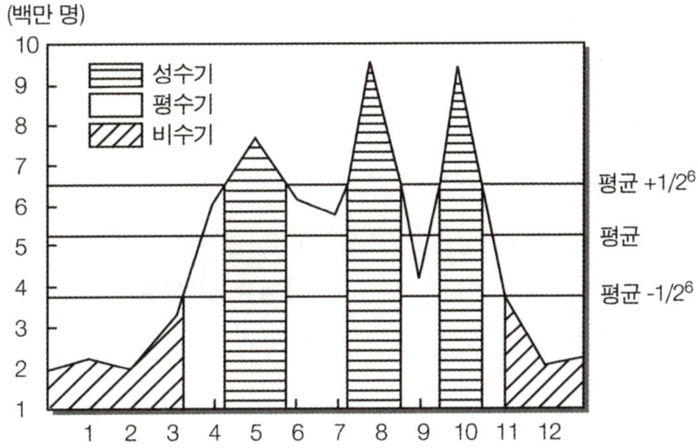

주: 1) 1988, 89년 방문자수를 평균하였음.
2) 평균=5058.55, 표준편차=2629.53.

자료: 1) 건설부 전국 국립공원 장기종합개발계획, 1989.
2) 건설부, 자연공원과, 국립공원 현황, 1989.
3) 전라북도, 덕유산 국립공원 국민여가활동 수용기능 효율화 방안, 1989.

[그림 2] 우리나라 전체 국립공원의 월별 방문자수 및 비수기 구분

2. 비수기 타개 기본방향

가 수요 측면 비수기 타개의 기본방향

(1) 기본개념

- 비수기 동안에 수요를 창출: 잠재수요의 현시화
- 비수기 동안에 수요를 유도: 현재 수요를 변화
- 비수기 동안에 수요를 전환: 현재 수요를 변화

(2) 기본방향

비수기 동안에 수요를 창출·유도·전환시켜 비수기를 타개하기 위해서는 다음 5가지의 기본방향이 설정되어야 하며, 이러한 기본방향에 부합하기 위해서는 각각 몇 가지씩의 추진전략을 강구해야 한다.

① **매력조성**: 화제성 있는 매력·특화형 매력을 조성해야 한다. 이질적인 것을 체험함과 동시에 나름대로 파악했을 때 화제성은 실현되고, 화제성 매력은 소문을 통해 전달된다. 그리고 백화점 방식이 아닌 전문점 방식을 택하여 주테마와 부테마를 뚜렷이 부각시킴으로써 독자성을 지닐 수 있어야 한다.

▶ **추진전략**: 고대나 근대가 아닌 현대의 문화재를 건설한다는 생각에서 시설 건설

- ‘알파 토마무’의 경우 새로운 전설을 남긴다는 의지로 시설을 건설하고 있다.
- 지역의 역사적 숨결이 깃든 정신과 그 환경의 형상화, ‘아스펜’의 경우 은광채굴업이 번창하였을 당시의 건물·거리의 풍경을 그대로 재현해 주고 있다.
- 캠페인, 행사 개최를 통한 이미지 부각

② **국제성 투입**: 관광은 다른 문화를 경험하는 것이다. 따라서 리조트에서 문화적 충격을 주고받게 유도한다. 특히 외래 관광객 유치를 위해서는 중점을 두어야 할 사항이다.

▶ **추진전략**

- 국제적 행사 개최: 음악, 연극, 무용, 미술 등
- 이국문화시설, 국제행사, 행사시설 건설(회의장, 박물관 등)
- 외국인이 자유롭게 어울릴 수 있는 조건 구비(외국어 간판, 해설 등)

③ **시장루트 정비**: 관광객을 이동시키기 위해서는 주요시장과 리조트 간의 접근성 개선에 역점에 둔다.

▶ **추진전략**

- 다양한 관광거점을 확보: 인근 관광지와 연계관계를 맺어 상호보완 및 유도
- 이동수단의 매력조성: 교통수단 자체가 쾌적하고 매력적이어야 할 뿐만 아니라, 교통수단 간의 마찰을 미연에 방지해야 한다.
- 이동공간의 매력조성: 리조트에 진입되고 있음을 인지할 수 있게 할 뿐만 아니라, 무료한 공간이 안 되게끔 주변의 관광자원을 발굴·개발하고 이동공간의 시각경관을 적절히 연출한다.

④ 고객의 조직화: 안정성을 확보하기 위하여 불특정 고객의 내방을 크게 기대하지 않고 특정고객, 회원, 여행업자와의 연계를 통하여 고정적 수준의 고객확보에 우선적으로 중점을 둔다.

▶ 추진전략

- 불특정 다수가 아니라 특정 고객결정: 특히 비수기에 접어든 경우, 이를 타개하기 위해서는 이를테면, 연수팀·수련회팀 등의 유치를 위해 판촉활동을 펴야 안정성을 띨 수 있다.
- 회원에게 양질의 환대성 서비스를 제공: 해수욕장에서 해수욕에 견실한 서비스를 제공하는 것이 최상의 비수기 타개책이듯이 우선적으로 회원이 자주 올 수 있게 해야 한다. 관광객을 모집하는 데 여행사의 역할이 크므로 이들과 상호 적절히 연계해야 한다.

⑤ 정보제공·선전: 가장 많이 사용되는 마케팅 방법으로서의 정보제공 및 선전의 유용성은 변하지 않고 있다.

▶ 추진전략

- 매스컴의 적절한 활용: 매스컴은 대량 관광수요를 유발하게 되므로 여기에 중점을 두되 '미니컴'(mini communication)도 적절히 활용하는 것이 좋다.

나 시설 측면 비수기 타개의 기본개념

(1) 기본개념

- 비수기 기간 내에 가동률 제고: 기간 내에 투여되는 고정비를 회수하는 수준에서라도 시설이 가동될 수 있는 방안을 강구한다.
- 비수기 기간 내에 토지이용상태 변경

(2) 기본방향

비수기 동안에 시설 가동률을 높여 비수기를 타개하기 위해서는 다음 3가지의 기본방향하에서 대안을 강구해 볼 수 있다.

① **복합이용(multi-use) 강구**: 여름에는 풀장으로 겨울에는 스케이트장으로 한 공간을 계절에 따라 2가지 목적으로 이용하듯이 공간을 이용하는 방안을 모색한다. 이를테면, 스키장을 행글라이더 기지로 활용할 수 있다.

② **야간이용 도모**: 대부분의 활동 및 매력은 주간에 이루어지고 연출되지만 야간에만 가능한 활동도 있다. 그리고 야간은 폐쇄된 공간형성이 용이하므로 연출효과를 크게 할 수 있다. 따라서 야간을 이용하여 관광매력을 제공하는 것도 좋은 방안이 될 수 있다. 그리고 성수기의 야간이용은 간접적인 비수기 타개방안이기도 하다. 예로 캠프파이어는 야간에만 가능하며, '개똥벌레 방류'는 밤의 매력을 창출하여 관광객이 숙박하지 않을 수 없게 만든 좋은 아이디어 상품이 될 수 있다.

③ **대체성 이용**: 관광객은 목적의식을 가지고 관광을 나서지만, 반드시 그 목적에 부합되어야 상품을 구매·소비하지는 않는다. 그것에 상응하거나 생각지도 않은 의외의 것이라도 대체하여 소비하는 행태적 특성을 지니고 있다. 따라서 이를 감안하여 시설의 다양화를 기해두면, 관광객은 대체소비에 의해 최대한의 만족을 얻고자 노력하게 된다. 이를테면, 골프를 치러 왔다가 비가 쏟아지더라도 실내에서 즐거운 시간을 보낼 수 있게 한다든가, 생각지도 않은 것을 보게 하여, 저절로 구매욕구가 자극되도록 할 수 있다.

다 인력 측면 비수기 타개의 기본방향

(1) 기본개념

비수기 동안의 유휴인력 최소화

(2) 기본방향

비수기 동안에 유휴인력을 최소화하여 경영압박을 줄이거나 개선하기 위해서는 다음 2가지의 기본방향하에서 대안이 강구되어야 한다.

① 상용 및 일용직 비율 조정: 소요인력 가운데 상용직의 비율이 높으면 경영압박의 가능성이 높다.

② 지역민 및 아르바이트생의 활용: 지역고용이 발생하더라도 그 노동의 내용은 극히 단조로운 것에 한정되겠으나, 교육을 통하여 전문성을 높여감으로써 외지인을 상용으로 고용하는 것보다 지역민을 계약하에 매년 정기적으로 일용직화함으로써 비수기 동안의 유휴인력을 최소화시킬 수 있다.

지역민의 입장에서는 그곳이 안정된 수입을 얻을 수 있는 곳이 됨과 동시에 이질적인 생활문화를 체험할 수 있고, 동시에 이용자의 입장에서도 주민반발을 최소화하고 지역민을 통하여 이질적인 향토문화를 체험할 수 있게 하는 이점도 발생된다.

3. 대안모색을 위한 접근방안

가 이미지 창출

(1) 이미지의 형성

기업, 제품, 브랜드에 관한 좋은 이미지를 창출하여 소비자에게 심어둠으로써 경쟁을 이겨내자는 데 있다.

- 새로운 이미지의 형성이 필요한 경우
  - 기업이 새로 설립되었을 때
  - 국한된 지역에서 전국적인 캠페인을 벌이고자 할 때
  - 한층 더한 판매촉진활동을 전개하고자 할 때
- 기존 이미지의 변경이 필요한 경우
  - 소비자가 좋지 않은 이미지를 가지고 있을 때

- 새로운 제품을 도입하고자 할 때
- 소비자의 기호 변경에 적응해야 할 때

• 관광지 이미지를 형성하는 5대 요소

- 기본적 요소: 시각적 요소가 중심이 된다.
  · 관광지의 명칭, 카피
  · 당해 관광지를 상징하는 심벌마크 : 주요요소의 근간
  · 업무에 관한 명찰, 봉투 등의 인쇄
- 인적 요소: 관광에 관련된 사람의 접객태도, 유니폼 등
- 환경적 요소: 초목, 역사적 자원, 안내포스터의 체계적 설치
- 생산적 요소: 관광토산품, 맛체험, 관광행사 등
- 광고, 선전 등

(2) 이미지 형성 촉진방안

대부분의 포스터, TV 등 매체를 통하여 관광지의 이미지를 고양시키고 있으나 관광지 간의 경쟁이 치열해지면 선전만으로는 이미지 고양이 어렵다. 본질적으로 지역의 특유한 현실성을 나타낼 수 있는 이미지를 잠재관광객들의 마음속에 의인화(personalizing)시키는 것이 중요하다.

포지셔닝에 영향을 미치는 인자로는 소비자의 기대, 경쟁관광지의 이미지, 지역의 유일한 특징 등이 있다.

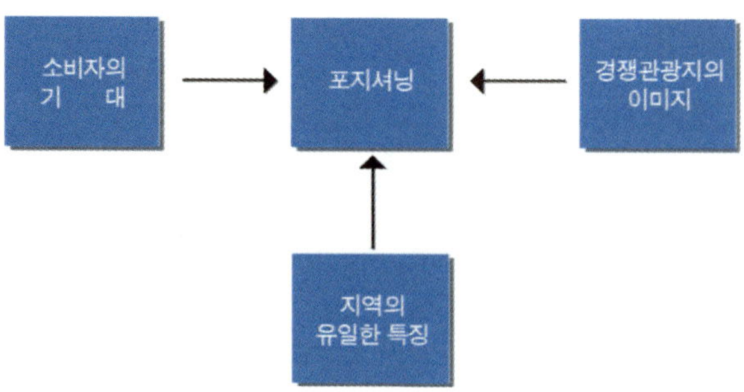

[그림 3] 포지셔닝 시 고려사항 구분

이 단계에서는 당해 관광지의 자원가치 및 특징을 중심으로 나아가야 할 방향을 정해야 하는데, 먼저 테마(theme)를 설정하고, 다음 테마의 부각을 위하여 행사를 개최하고 연출을 해야 한다.

그리고 이미지 형성요소를 중심으로 볼 때 이미지 형성 촉진을 위해서는,

- 관광지의 명칭 결정: 어떤 이름이든 간에 부르기 쉽고, 외우기 쉽고, 보기에 좋아야 하며, 깊은 뜻도 지니고 있어야 한다.
- 당해 관광지를 상징하는 심벌마크를 제정하며
- 접객태도 개선을 위한 교육에 철저해야 하며, 종사자들의 유니폼을 중시하고
- 안내표지, 포스터 등을 체계적으로 설치하며
- 광고, 선전 등에도 이미지 부각을 위한 철저한 연구가 있어야 한다.

나 리조트의 테마(theme) 설정

(1) 개 념

리조트가 다른 지역과 차별화를 추구하고 경쟁에서 이기기 위해서는 리조트 조성 시 특징을 부여해야 하는데, 특징으로는 테마가 극히 중요하다. 리조트가 단순히 시설들을 복합시켜 준 하나의 공간으로밖에 인식될 수 없다면 관광객들이 그들 시설에 대하여 매력을 느끼기는커녕 혼란을 겪게 된다.

소설, 음악, 연극, 영화 등의 작품에서와 마찬가지로 리조트의 각종 시설이 조화된 가운데, 통일된 주테마(main theme)와 이 테마에 보조되는 부테마(sub theme)가 관광객들에게 명확하게 전달될 수 있어야 관광객들은 관광지 환경에 대한 이해를 바탕으로 이야기할 수 있는 것 즉, '이야깃거리'를 가질 수 있게 된다. 이 이야깃거리가 지닌 화제성이 클수록, 관광지의 성공가능성은 높아진다. 리조트의 테마란 리조트가 지닌 이와 같은 크고 작은 '이야깃거리의 핵심'을 말한다.

(2) 유 형

리조트 개발 시 설정된 테마들은 크게 다음 9가지로 유형화되며, 이들이 경우에 따라서는 대테마가 되기도 하고 부테마가 되기도 한다.

① **문화, 예술을 테마로 한 경우**: 음악의 숲(森), 조각의 숲(森), 학자촌, 문화촌, 선생의 집, 도예촌, 공예문화리조트, 장인의 마을, 문화와 환상의 랜드 등

② **역사, 풍토를 테마로 한 경우**: 과거·현재·미래, 귀산문화, 체험전원 극장, 인형극장, 전통문화체험촌 등

③ **자연경관을 테마로 한 경우**: 자연성 리조트, 바다의 미래체험 리조트, 해양랜드(marine land), 농촌공원(rural park), 꽃과 고원의 리조트 등

④ **민족교류를 테마로 한 경우**: 영국촌, 스페인촌 등 각 나라 풍물이용, 국제민족교류촌 등

⑤ **스포츠를 테마로 한 경우**: 스포츠 합숙촌, 스키운동 공원(ski sports park) 등

⑥ **리조트의 질적 등급(grade)을 테마로 한 경우**: 쾌적한 마을 리조트(high quality community resort), 쾌적공간, 유흥리조트(pleasure resort), 기분전환 리조트(refreshion resort), 꿈과 사랑을 즐기는 공간, 별이 내리는 리조트(resort) 등

⑦ **건강, 복지를 테마로 한 경우**: 건강·보양리조트, 해양치료, 건강촌, 태양 리조트(sun-resort), 온천 리조트 등

⑧ **교육, 연수를 테마로 한 경우**: 연구학원 리조트, 학생촌, 세미나 장소(seminar house), 생애교육촌 등

⑨ **생산, 유통을 테마로 한 경우**: 수경재배, 관광목장, 관광농원 등

다 연출의 적용

(1) 개 념

관광자원이 있고 필요한 관광시설을 갖춘 곳에서 일정한 테마를 찾아내고, 찾아낸 테마에 연출구성 요소인 연기, 장치, 조명, 음향, 의상에 해당하는 것을 유기적으

로 결합하는 것을 말한다. 계획가와 연출가는 일치될 수 있으나 항상 그러한 관계가 성립하는 것은 아니며 이러한 작업을 통하여 비로소 관광서비스인 볼거리와 놀거리가 생산된다.

(2) 연출 시 점검사항

- 관광루트: 관광자원을 어떻게 연출하고 어떠한 순서로 보게 하면 효과적인가
- 입구: 관광지 입구의 분위기 조성
- 안내
- 관광시설과 숙박시설에의 안내, 유도
- 관광자원에의 접근: 관광자원에 접한 때의 인상을 최대로 하기 위해서는 어떻게 하면 좋은가?
- 관광자원을 보여주는 방법: 관광자원의 자질을 최대한으로 발휘하기 위해서는 어떻게 보여주면 좋을까 또는 어떻게 그 좋은 점을 관광객에게 전달할까? 관광자원을 보는 방법으로는, ① 전망 '지점'에서 본다. ② 전망루트에서 본다. ③ '지역'을 거닐면서 본다의 세 가지가 있다. '지점'과 '지역'의 차이는 '지점'은 일점투영법적으로 보는 방법인 데 대하여 '지역'은 시점을 옮겨 가면서 보는 방법이다.
- 심벌: 관광지의 상징물(symbol)이 될 만한 것의 발견, 조성
- 숙박시설: 지역성의 충실과 서비스의 성실화
- 산책성: 숙박에 수반한 산책
- 지역산업: 지역산업의 관광적 이용
- 놀이: 특히 체재형 관광지에 있어 활동내용은 어떤가?
- 부대시설: 공중버스, 쓰레기통, 주차장 등의 위치, 디자인은 적당한가?
- 식재: 향토수종을 중심으로 한 '푸르름'의 연출은 어떤가?
- 토산품: 토산품의 지역성
- 요리: 요리의 지역성

라 이벤트 개최

(1) 개 념

행사란 시간·연령·언어·국적·습관에 구애받지 않고, 종교·민족성·사상 등도 초월하여 공명·공감할 수 있는 사건성의 일이다. 음악·미술·스포츠가 전형적인 행사이며, 이러한 것이 비일상적 체험이 되면서 마음을 홍분시키고 모험·사랑·향수를 불러일으키게 된다. 행사란 오늘날 가장 좋은 의사소통수단으로서, 성공한 행사는 TV·신문 등의 매스컴을 통하여 확산되고 체험층은 소수이더라도 의사(疑似)체험층은 수십만, 수백만 명이 되기도 한다. 그 사람들이 화제를 전파하여 다음의 체험지향층을 육성시키게 된다.

행사개최는 세계적인 독창성을 확보하고, 지역번영의 항속화를 도모하며 지역과 밀착되어 교류감동의 폭을 넓힘으로써 궁극적으로는 관광지를 활성화시키려는 데 그 목적이 있다.

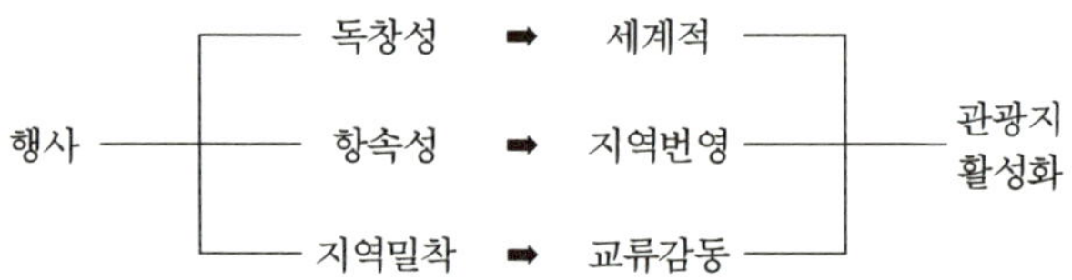

[그림 4] 행사개최의 목적

(2) 유 형

몇 가지 유형으로 나누어볼 수 있다.

① 목적에 따른 분류

- 판매행사(Sales event): 전시회를 통한 판매, 신제품 발표회, 바겐세일 등 물품판매를 위해 개최 행사
- PR행사(PR event): 내부지향적인 것과 외부지향적인 것으로 나눌 수 있으며, 물품의 판매보다는 홍보효과를 목적으로 개최되는 행사

- 영리형 행사/비영리형 행사

② 형태에 따른 분류

- 박람회 행사: 국제박람회, 지방박람회, 해양박람회 등
- 교역전·전시회 행사: 국제교역전, 전문전시회 퍼레이드 등
- 문화·스포츠 행사: 페스티벌(축제, ○○주년 사업), 공연(영화제, 연극제, 음악제), 스포츠(국제대회, 전국대회, 지방대회) 등
- 회의 행사: 컨벤션(국내, 국제대회), 미팅(대회, 집회), 심포지엄, 세미나 등

③ 개최규모에 따른 분류

- 국제행사: 국제박람회
- 국내행사: 전국/지방/도시 내 행사

④ 개최 테마에 따른 분류

- 공적행사: 정부, 공익법인, 지방공공단체가 주최
- 민간행사: 사기업, 업계 단체가 주최

(3) 행사기획 시 검토사항

성공적인 행사개최를 위해서는 6하 원칙에 따라 검토하는 것이 좋다.

① 누구를 향한 행사인가?

행사에 참여할 사람들의 특성을 파악해야 한다. 즉, 연령, 남성, 여성, 유아, 아동, 주부, 가족, 노인 등

② 무엇을 위한 행사인가?

물품의 판매를 목적으로 하는 판매성 행사인가 또는 섭외 및 홍보성 행사인가에 따라 행사의 성격이 달라진다.

③ 무엇을 할 것인가?

부각시키려는 테마와 행사가 개최되는 계절에 따라서 행사의 내용이 적절해야 한다.

④ 언제, 어디서 개최할 것인가?

안내를 작성, 장소, 결정, 사고방지책 강구, 그리고 일기변화에 대한 대응책 모색 등이 이 단계에서 행해진다. 기획 시 최종 검토요령(Check Point)은

- 대상자들이 잘 이해하는가?
- 담당책임자는 결정되었는가?
- PR방법은 결정하였는가?
- 개최일 및 스케줄은 철저한가?
- 안내장은 충분한가?
- 보도관계 대책은?
- 배포대상 선정에 잘못이 없는가?

⑤ 어떻게 평가되는가?

- 행사를 개최한 후 사람들의 반응, 목표달성 정도, 끝맺음 등을 평가해 본다.

마 시설의 도입

관광지의 비수기를 타개하기 위해서는 관광지의 테마에 잘 부합되는 시설을 도입할 수 있다. 시설도입을 위해서는 도입시설의 수익성, 선호도, 이용률, 신규성 및 화제성, 테마와의 부합성 등을 검토해야 한다. 참고로 시설별 수입 정도와 인기 정도를 살펴볼 수 있다.

- 1일 최다 수입시설 순위
- 1일 수입 부진시설 순위
- 상위 인기시설
- 중위 인기시설
- 하위 인기시설

그리고 테마와의 부합성은 상징성, 체험성, 모험성, 연대성, 보양성, 학습성, 유흥성, 향토성 등 측면에서 도입되는 시설이 어느 정도 관광지 전체 또는 부문의 테마와 부합되는가를 정성적으로 검토해 볼 수 있다.

바 기획상품 개발

(1) 기획상품의 성격

기획상품과 유사한 용어로 볼 수 있는 것으로는 전략상품, 히트상품 등이 있다.

- **전략상품**: 장기적으로 판매나 이익 및 고객 유인에 도움이 되는 상품
- **히트상품**: 신상품 중에서 대중 소비자에게 널리 수용되는 폭발적인 판매신장을 가져오는 상품. 히트상품이 생기는 까닭은 가치가 있는 상품과 그 가치를 알 수 있는 고도의 소비자 가치인식과의 상호작용에 의해 그 상품을 성립시켜 주는 사회적 장이 증폭되기 때문이다. 히트상품이 소비자의 생활 속에 정착하여 성장이 지속되는 상품은 장수상품이 된다.

(2) 기획상품의 중요성

기업이 기획상품을 개발하는 이유 내지 목적은

① 유휴설비를 활용

② 사업범위를 확장

③ 계절변동에 대처

④ 새로운 고객의 획득 및 현재의 고객에게 판매를 증대

⑤ 경쟁에 대처

⑥ 업계에서 선도적 지위를 확보, 유지

⑦ 보다 좋은 제품을 소비자에게 제공하려는 등에 있다.

사 타개 사례연구

(1) 외국의 경우

외국의 대소규모 리조트에서 도입되고 있는 비수기 대책은 〈표 1〉에 요약·정리되어 있다.

〈표 1〉 외국의 비수기 대책

사례유형	구 분	대 책
복합형 사례	시설 행사 기타	4계절 복합시설, 4계절형, 스포츠 시설 회사 간 연계 테니스대회, 스키장을 더욱 인상깊게 함 요금인하, 수학여행단 유치, 단체여행유치, 지구 내 숙박 연계화(다양한 숙박경험 제공)
스키장 사례	시설 행사 기타	테니스장, 옥외스포츠 시설, 새로운 스포츠 시설 도입, 크로스컨트리 스키, 여름 잔디스키, 성수기에 노점상 설치 회의유치, 성수기에 예술쇼, 성수기에 불꽃놀이 대회 비수기에 호텔 폐장 등 시설정비 점검, 환경정비
숙박시설 사례	시설 기타	스키장, 비수기에 객실을 개조하여 가족호텔, 테니스장, 골프장, 연회장, 회의장, 연수장, 세계에서 하나뿐인 미술관 건설, 결혼식장, 일부 시설 변경 개장 단체객 무료수송 서비스 종업원 계열회사 파견, 단체고객유치, 잡지 등에 PR, 광고, 개장시설 축소를 통한 인원삭감, 요금인하, 서비스 강화, 재방문자에 혜택, 그룹의 기업배경으로 활용, Package Tour, 여성고객유치, 세미나 고객유치, (숙박+연극+차마시기)세트화, 휴업
기타 사례	시설 행사 기타	스케이트 링크, 골프장, 연수장, 공예교실, 예술캠프, 야외연극장 산채, 버섯채취, 별관찰대회, 테니스대회, 유명 음악인 초청음악회, 국제학회 유치 망년회유치, 춘계스포츠유치, 장점 더욱 PR, 종업원을 놀린다. 관내청소, 시설정비, 여행사 활용, 인근 관광자원 연계하여 코스 개발, 세트권 발매

자료: 김사헌·박석희·여정태(1990), "무주리조트 개발구상에 관한 연구", 경기대 부설여가산업연구소, p. 279.

(2) 국내업체의 경우

몇 개 스키장에서 도입되고 있는 비수기 대책은 다음과 같다.

- 용평스키장: 용평카니발, 어린이 캠프, 민속캠프, 팝페스티벌, 수영장
- 양지스키장: 잔디골프장, 골프장
- 천마산: 플라스틱 스키장
- 알프스 스키장: 계곡을 이용한 피서객 유치, 봄철 수학여행객 유치 등을 비수기 타개 대책으로 시행하고 있다.

4. 비수기 타개 대안 도출사례

덕유산 국립공원 기본계획을 제도적 뒷받침으로 하여 설천집단시설지구에 (주)쌍방울 개발에서 무주리조트를 개발하는 과정에서 스키장과 골프장 운영에 따른 비수기 대안모색과정에서 도출된 비수기 타개 대안은 다음과 같이 공원지역 전체 측면과 설천지구 전체 측면으로 나누어 연구되고 있다.

가 공원지역 전체 측면 비수기 타개 대안

(1) 기간 및 특성

우리나라 전체 국립공원과 덕유산 국립공원의 성수기, 평수기, 비수기를 비교하여 보면 〈표 2〉와 같다. 즉, 전체 국립공원에 비하여 덕유산 국립공원의 경우 성수기가 7월 초순~8월 중순에 한정되고 있어 전체 국립공원에서 봄과 가을에 1개월가량씩 성수기가 나타나고 있는 것과는 판이하게 다르며 전체적으로 볼 때 하절기에 이용이 지나치게 집중되고 있음을 볼 수 있다.

〈표 2〉 전체 국립공원과 덕유산 국립공원 간의 비교

구 분	전체 국립공원	덕유산 국립공원
성수기	4월 중순~5월 중순, 7월 중순~8월 중순 9월 중순~10월 중순	7월 초순~8월 중순
평수기	3월 초순~4월 초순, 5월 하순~7월 초순 8월 중순~9월 중순, 10월 중순~10월 말	3월 초순~6월 하순, 8월 하순 8월 초순~11월 중순
비수기	1월 초순~3월 초순, 10월 하순~12월 말	1월 초순~3월 초순, 9월 초순 11월 중순~2월 말

자료: 김사헌 외, 전게서, p. 293.

(2) 문제점

덕유산 국립공원이 지니고 있는 문제점은 다음의 몇 가지로 요약될 수 있다.

① **이용자 규모가 지나치게 적다:** 14개 산악형 국립공원 가운데서 연간 100만 명 이상 방문하는 국립공원이 8군데나 되나 덕유산 국립공원은 그에도 미치지 못하고 있다.

② **이용이 하절기에 집중되고 있다:** 무주권의 종합적인 매력도가 상위권에 속하면서도 여타 국립공원과 달리 성수기가 짧고 그것도 하절기에 지나치게 편중되어 나타나고 있다는 점이다.

이용자들이 지적하는 문제점으로는,

① **위락시설이 없다:** 여타 국립공원의 경우에도 이러한 문제가 제기되고 있으나 특히 덕유산 국립공원의 경우 응답자의 49%가 위락시설이 없다고 할 정도로 집단시설지구가 단순히 대형 숙박시설이 운집해 있는 정도이다.

② **볼 만한 자원이 별로 없다:** 응답자들의 27%가 볼 만한 자원이 별로 없다는 반응을 보이고 있는 것으로 보아도 알 수 있지만 방문자에게 볼거리가 충분하지 못함을 알 수 있다.

③ **교통이 불편하다:** 응답자들의 22%가 교통이 불편하다고 하고 있듯이 대도시권에서 거리가 멀 뿐만 아니라 공원이 길게 뻗어 있는데 비해 접근로가 1곳뿐이며, 그 폭도 좁고 교통수단도 다양하지 못하다.

이 밖에 개발가능성 측면에서 볼 때,

① **자원을 충분히 활용하지 못하고 있다:** 특히 이 지역은 겨울이 길고 눈이 풍부한 곳이며, 산의 경사도 스키장에 적합한 곳이었음에도 이를 활용하지 못하고 있었다는 점이다. 극소수의 등산객들만 알고 찾아오는 정도로 풍부한 눈, 적절한 경사도가 개발되지 않고 있었다.

② **이미지 형성이 편협하다:** 국립공원이면서도 홍보활동 부족 등의 원인으로 인하여 전문가나 일반인이나 한결같이 '계곡과 물이 빼어난 곳', '계곡에서 피서하기 좋은 곳' 정도로만 이미지가 형성되어 있다. 무주구천동에 대하여 잘 알고 있다는 사람의 21.3%가 태곳적이라고 한 데서도 단편적으로 볼 수 있다. 그리고 소득수준이 높을수록 태곳적 분위기를 많이 느끼는 점도 덕유산의 경우 부

각시키면 좋을 것으로 판단되는 이미지이다.

③ 풍부한 인문자원이 살려지지 못하고 있다: 여타 산악형 자원공원과는 달리 자연경관도 수려하지만 인문자원이 풍부한데 이들이 활용되지 못하고 있다. 25km에 이르는 구천계곡을 따라가면서 나타나는 33경에는 크고 작은 전설이 얽혀 있고, 이 지역은 조선왕조실록이 봉안되어 있던 사고지가 있었던 곳이며, 사찰이 많고 태조 이성계, 최영 장군, 임경업 장군, 어사 박문수 등에 관한 전설이 많은 곳이기도 하다.

④ 지역 간 화합의 장으로서의 가능성을 살리지 못하고 있다: 크게 알려져 있지는 않지만 나제통문은 신라와 백제가 여러 차례 접전하였던 곳이며, 향적봉에서 남덕유에 이르는 백리능선은 왼쪽 발은 경상도 땅을, 오른쪽 발은 전라도 땅을 밟으면서 왜 화합하지 못하고 지역 간 감정이 계속적으로 문제되고 있는가를 뼈저리게 느끼게 해주는 곳이기도 한데 이 점 또한 자원화되지 못하고 있다.

(3) 비수기 타개 대안

이상에서 보면 무주구천동을 중심으로 한 덕유산 국립공원의 경우, 단순히 비수기 타개라는 측면보다는 활성화 방안을 모색한다는 차원에서 접근해야 하겠다.

① 4계절형 관광지화를 도모한다: 봄의 철쭉, 여름의 녹음과 계곡, 가을 단풍, 겨울 설경 및 풍부한 눈을 활용하여 여름 한철에 집중되고 마는 이용경향을 4계절에 걸쳐 활용될 수 있도록 시설투자 및 홍보에 주력한다.

② 풍부한 인문자원을 관광자원화한다: 원시적 자연경관에 따라 오랫동안의 역사문화가 자연경관과 더불어 얽혀 있는데, 이들을 발굴·형상화하여 관광객에게 볼거리뿐만 아니라 재미를 느끼고 유익한 관광이 될 수 있도록 한다.

③ 특이한 자연경관을 부각시킨다: 향적봉에는 6월에 들면 철쭉꽃이 만개하는데 다른 곳에서는 볼 수 없는 현상이며, 고로쇠나무가 특히 많아 봄철 고로쇠나무 물마시기 등은 앞으로 덕유산 국립공원의 좋은 매력요인이 될 것으로 보인다. 그리고 적상산 가을 단풍은 색동치마와 같은 특이성을 지니고 있다.

④ **원시성·태고성을 부각시킨다**: 그간의 개발에서 비교적 뒤진 곳이기는 하지만 7월 중순과 하순에 걸쳐 덕유산 중봉에 만개하는 원속리 야생지는 원시성을 만끽할 수 있는 곳이기도 하며, 구천동 계곡은 시간이 흐를수록 상대적으로 태곳적 분위기가 돋보일 수 있을 것이므로 이를 부각시키는 노력도 필요하다.

⑤ **사고지를 복원한다**: 현재도 적상산 코스가 주요한 등산코스가 되어 있기는 하나 조선왕조실록이 봉안되었던 사고지를 완전히 복원함으로써 역사학습장으로서의 기능도 제고시킬 수 있게 된다.

⑥ **접근성을 제고시켜야 한다**: 대전-진주 간의 고속도로가 개통될 경우를 대비하여 기존의 진입로 외에 새로운 진입로를 계획하고 있는데, 이를 차질 없이 수행함은 물론 접근성 개선을 위한 방안이 추가로 강구되어야 하겠다.

⑦ **볼거리나 놀거리가 더 공급·연출되어야 한다**: 관광지를 연출한다는 생각으로 기존의 자원들을 보다 잘 살릴 수 있는 방안이 강구되어야 하겠다.

나 리조트지구 전체 측면 비수기 타개 방안

(1) 기간 및 특성

〈표 3〉 무주리조트의 예상되는 비수기

구 분		1) 스키장 + 골프장
성 수 기	1991	11월 중순~2월 말
	1996	11월 말~2월 말
	2001	12월 중순~2월 초순, 6월 말~8월 중순
평 수 기	1991	2월 말~3월 말, 6월 말~8월 말, 11월 초순~11월 중순
	1996	2월 말~3월 말, 6월 초순~8월 말, 11월 초순~11월 말
	2001	2월 초순~6월 초순, 8월 말~9월 말, 10월 초순~11월 중순
비 수 기	1991	3월 말~6월 말, 8월 말~11월 초순
	1996	3월 말~6월 초순, 8월 말~11월 초순
	2001	3월 초순~6월 초순, 8월 말~9월 말, 10월 초순~11월 중순

자료: 김사헌 외 전게서, p. 297에서 일부 발췌.

1) 스키장+골프장의 경우, 무주리조트 미개발 상태 가정하에서 덕유산 이용수요 추정 시: 전환수요비율×월별이용비율로 추정하였으며, 전환수요비율은 1991년은 5%, 2001년은 각각 15%로 가정하였다.

(2) 문제점

① 현재 계획의 문제점

- 스키장은 영업기간이 짧다(11월 하순~3월 말까지 4개월).
- 골프장은 수용능력이 기본적으로 제약된다.
- 새로운 집단시설지구는 덕유산 국립공원 활성화 기능 및 비수기 타개 기능을 담당해야 한다.

② 테마공원 건설에 따른 문제점

- 기반 인구가 적다.
- 교통접근성이 불량하다.
- 인근 대전지역 주민의 덕유산 국립공원에 대한 이미지가 나쁘게 형성되어 있다.

(3) 비수기 타개 대안

- 테마를 부각시키고 이미지를 강화하며,
- 성수기 동안에 최대한의 서비스를 제공하고,
- 평수기 동안에 활성화를 도모하며,
- 비수기 동안에 타개책을 강구하는 것이 종합적인 비수기 타개 대안이라고 할 수 있다. 이를 위해서는 연출적용, 행사개최, 기획상품개발, 시설도입, 관리운영방안, 접근성 개선, 복합이용 등을 강구할 수 있다.

1) 연출적용

① 리조트지구 내

- 무주구천동 33경➡축소 재현 및 형상화
- 향적봉➡향기 짙은 수종 식재: 계곡·능선 부위에 태산목, 숙박시설 주변에 라일락
- 철쭉➡철쭉은 다량 식재하여 철쭉 동산을 만든다.
- 적상산 단풍➡단풍나무를 다량 식재하되 적상산의 특징을 부각시킨다.

- 향토수종이용
  - 능선부위: 잣나무와 낙엽송을 주로 하되, 스키장 주변에는 잣나무를 군식한다.
  - 계곡부위: 들메나무, 층층나무, 물박달나무를 군식한다.
- 향토성➡토산품 및 요리활용

② 리조트지구 입구↔무주

- 전설, 민속 등을 발굴, 개발하여 형상화시킨다.
- 안내판 설치: 크기, 색상, 표지 등을 색다르게 한다.
- 리조트 모형 전시: 나제통문에서 많은 사람들이 내려서 이곳을 구경하므로 여기서 리조트에 대한 정보를 준다.

③ 리조트 입구↔리조트 진입로 입구

- 보도와 차도를 구분한다.
- 가로수를 2~3줄로 심어 터널효과를 연출한다.
- 주차장을 차폐시킨다.
- 입구 분위기를 돌, 바위 등으로 태곳적 분위기가 나게 하여 강렬한 인상을 준다.

④ 이동수단의 매력

- 셔틀버스를 운행하되 모양을 인상적이게 한다.

2) 행사개최

① 지역특성을 살린 행사개최

- 지속적 행사개최
- 거리공연(parade): 신라, 백제 문화행사를 혼합하여 가장행사를 꾸미고 이를 매일 정시에 리조트 내의 중심가도를 행진하게 한다.
- 별관찰대회: 맑은 밤하늘을 보고 천문을 관측하는 행사를 벌여 밤의 매력을 연출한다.

- 정기적 행사
  - 반딧불이 방류: 남대천에서 서식하는 천연기념물 322호인 개똥벌레를 여름철 밤에 방류함으로써 밤의 매력을 연출하고 자연환경 훼손에 대한 비난과 염려를 불식시킨다.
  - 사진촬영대회: 설경, 철쭉, 계곡, 단풍 등 계절별 상징경관에 대한 사진촬영대회를 개최한다.
  - 산신제: 봄, 가을에 산신에게 제사 지내는 일을 크게 한다.
- 비정기적 행사개최: 동물을 위주로 한 전시회를 통하여 산악이라는 지역특성을 살린다.

② 이용자 선호에 부응하는 행사개최

- 정기적 행사개최
  - 무주의 밤: 매주 토요일 저녁시간에 방문자들이 참여하여 장기자랑하며 즐기는 행사를 개최한다.
  - 캠프파이어: 매주 토요일 저녁시간에 '무주의 밤' 행사에 연이어 함께 참여할 수 있게 한다.
  - 문학의 밤: 젊은이들이 특히 선호하는 행사로써 방학기간이나 수련회 등의 기간에 맞추어 시인, 소설가 등을 초청하여 시낭송, 토론회 등을 가진다.
  - 눈축제, 얼음조각대회: 눈을 이용하여 축제분위기를 조성한다.
- 비정기적 행사개최
  - 특별공연: 1년에 몇 차례 유명 합창단을 초청하여 합창을 감상하거나 인기가수 및 합창단에 맞추어 함께 노래 부르며 즐길 수 있게 한다.

③ 이미지 강화를 위한 행사개최

- 정기적 행사개최
  - 개장행사: 스키장 개장행사를 축제화한다.
  - 예술쇼 유치: 성수기에 예술쇼단을 유치·공연함으로써 즐거움을 만끽하게 한다.

- 불꽃놀이 대회: 성수기에 불꽃놀이도 함으로써 밤의 매력을 만끽하게 한다.

• 비정기적 행사개최
- 스키묘기, Water Park 묘기: 외국 유명인을 초청하여 대대적인 홍보를 하고 이들의 묘기를 관람하게 한다.
- 국제회의 유치: 국제회의 유치를 통하여 본 리조트의 이미지에 국제성을 부여한다.

④ 기 타

• 특산품 전시회, 덕유산 일주 보행대회, 자연 속의 어린이 캠프, 토산품 시식대회
• 설날행사, 대보름달 행사, 졸업 기념행사, 입학 기념행사, 어린이날 행사
• 석전행사, 불탄일 행사, 기독탄일행사(크리스마스), 개관기념 대축제

3) 기획상품

① 코스상품

• ○○↔영동↔무주구천동↔지리산↔○○ 코스의 경우 지리산 국립공원과의 보완성을 강화하는 코스로서 여행업 전문가들도 이 코스에 대하여 56.7%가 시장성이 높은 것으로 보고 있다(시장성이 없다는 사람은 10.0%).
• ○○↔서해안↔마이산 또는 대둔산↔무주구천동↔○○ 코스의 경우 마이산 또는 대둔산과의 보완성을 강화하는 코스로서 여행업 전문가들도 이 코스에 대하여 51.1%가 시장성이 높은 것으로 보고 있다(시장성이 없다는 사람은 7.4%).
• ○○↔가야산↔무주구천동↔○○ 코스의 경우 가야산 국립공원과 보완성을 강화하는 코스로서 여행업 전문가들은 이 코스의 경우 시장성이 높다는 사람이 40.0%로 상대적으로 낮고, 시장성이 없다는 사람도 13.8%로 상대적으로 높으나 전체적으로 볼 때 코스상품으로서의 개발 가치가 있는 것으로 보인다.

② 국내 수학여행단 유치(유치권의 초·중·고생)

- 수학여행시장의 규모가 클 뿐만 아니라 특히 비수기에 해당하는 5월과 10월에 이루어지므로 적극 유치해야 할 상품이다. 여행업 전문가들은 60.6%가 이 상품의 시장성이 높다고 보고 있다(시장성이 없다는 사람은 6.1%).

③ 대학생 수련회 및 수학여행단 유치

- 역시 시장규모가 방대하며, 특히 비수기에 해당하는 4, 5월과 9, 10월에 이루어지므로 적극 유치해야 할 상품이다. 여행업 전문가들은 63.3%가 이 상품의 시장성이 높다고 보고 있다(시장성이 없다는 사람은 3.3%).

④ 일본 청소년 한국수학여행단 유치

- 점차 시장규모가 커지고 있으므로 적극 유치해야 할 상품이다.

⑤ 연수원 상품

- 연수원 상품의 시장성에 대하여 여행업 전문가들은 79.3%가 시장성이 높다는 것으로 보고 있다(시장성이 없다는 사람은 없었다).

4) 시설도입

① Action Park

- 상징성: 경관조망, 고공패러슈트
- 체험성: 범퍼카, 착각의 집, 어린이 광장, 전자오락 등
- 모험성: 제트열차, 바이킹, 은하열차, 카피트, 급류타기 등
- 연대성: 회전목마, 꼬마기타, 그랑프리 경주, 달나라열차, 무지개자전차, 코끼리비행기 등

② Water Park

- 상징성: 건물 자체, 특수사우나, 야외온천 등
- 보양성: 온천, 각종 사우나, 대욕장, 쑥집, 한증탕 등
- 유흥성: 옥내공연무대, 수영선수쇼, Fish Show 등
- 운동성: 옥외수영장(유수, Aqua Twist, Aqua Marina), 실내수영장(유수, 조파, Twist 등 필요)

③ 기 타

• 전설관, 남도예술관, 신라 · 백제 문화관, Global World, 전통문화교실, 건강비법교실, 운동(스키, 골프 등)교실, 취미생활교실, 공예교실, 볼링장, 테니스장 등의 시설을 테마공원 내 또는 패트니스 시설, 연수시설과 관련시켜 도입하는 것이 바람직하다.

(마) 관리운영방안

① 체재시간 연장 및 재방문 촉진: 밤의 매력(캠프파이어, 반딧불이 방류, 무주의 밤 등)을 연출하여 체재하지 않을 수 없게끔 하고, 성수기에 즐거움을 만끽하게 서비스해 줌으로써 재방문을 유도한다.

② 여행사와 집·송객 협조 계약: 여행사와 협조관계를 구축하여 모객한다. 여행업 전문가들의 의견조사 결과를 보면, 86.7%가 모객협조계약을 체결하겠다고 하였으며, 계약 시 고려요인은 객실 확보에 가장 큰 비중을 두고 있고(48.2%), 나머지는 요금, 교통편, 공동광고, 개인당 수수료 등을 들고 있었다. 그리고 보장되어야 할 이윤은 10%가 가장 많고(37.1%), 그때 가보아서(11.1%)가 그 다음이며, 15% 이상은 14.8%였다. 적자를 감안한다는 사람도 있었다.

③ 토요일·일요일 이용객 적극 유치: 토요일 밤에 캠프파이어, 무주의 밤 등 이용자들이 선호하는 행사를 정례화하여 일단 토요일에 많은 사람들이 오게 유도한다.

④ 정보제공의 조직화: 매스컴과 미니콤을 이용하여 리조트에서 일어나는 크고 작은 흥밋거리를 조직적으로 선호하는 계층, 즉 잠재고객에게 PR 및 홍보한다.

⑤ 요금조정: 비수기에는 요금을 인하하여 모객하고 event day를 설정하여 해당 요일에 특수계층에게 요금을 대폭 할인하여 초반에는 일단 모객한다. 그리고 재방문자에게 요금을 할인해 주는 것도 다시 오게 하는 방안이다.

⑥ 단체객 무료 수송서비스 제공: 비수기에 단체손님을 위하여 무료 수송서비스를 제공한다.

⑦ **그룹사원 가족 및 친지유치**: 비수기에 그룹사원 및 친지에게 휴가기회를 부여하여 이용케 한다.

⑧ **유휴인력을 타 시설로 전용**: 비수기에 다른 시설로 전용이 가능한 경우에는 유휴인력을 전용한다. 그리고 그룹의 인사운영체제 속에서 유휴인력 활용방안을 강구한다.

⑨ **시설 및 환경정비**: 비수기 유휴인력으로 겔렌데(Gelände) 등 시설정비 점검을 철저하게 하거나 환경을 정비케 한다.

⑩ **숙박시설 일부 휴업**: 비수기에 전체 숙박시설의 운영을 피하고 일부 시설을 휴업할 수 있다.

6) 접근성 개선

- 지구 내에서도 셔틀버스가 운행되어야 하겠지만, 주요 거점에서의 셔틀버스 운행도 필요하다. 셔틀버스 운행에 대한 여행전문가의 의견은 〈표 4〉에서 보듯이 대전에서 운행해야 한다는 사람이 가장 많고(50.0%), 다음이 영동에서 운행해야 한다(36.1%)고 하였다. 그리고 운행시기는 연중 내내 하여야 한다(66.7%)는 비율이 가장 높다.

〈표 4〉 셔틀버스 운행에 대한 여행업 전문가들의 의견

(단위: %)

<table>
<tr><td rowspan="3">구 간</td><td rowspan="2">영 동</td><td rowspan="2">대 전</td><td rowspan="2">김 천</td><td colspan="2">기 타</td><td rowspan="2" colspan="2">계</td></tr>
<tr><td>서 울</td><td>전 주</td></tr>
<tr><td>36.1</td><td>50.0</td><td>8.3</td><td>2.8</td><td>2.8</td><td colspan="2">100.0(36)</td></tr>
<tr><td rowspan="2">시 기</td><td>성수기</td><td>연중 내내</td><td>비수기</td><td colspan="2">주 말</td><td>성수+주말</td><td>계</td></tr>
<tr><td>10.0</td><td>66.7</td><td>0.0</td><td colspan="2">13.3</td><td>10.0</td><td>100.0(30)</td></tr>
</table>

자료: 김사헌 외, 전게서, p. 303.

7) 복합이용

① **스키슬로프**: 비수기에

- 여름잔디 스키장으로 활용
- 목장으로 활용: 산양 방목
- 행글라이드 기지로 활용한다.

② 스키장 Apron: 비수기에

- 캠프장으로 활용한다.

③ 스노 모빌코스: 비수기에

- 승마장으로 활용한다.

④ 스키장 곤돌라: 비수기에

- 케이블카를 활용하여 등산 및 전망대에 이르는 기능을 하게 한다.

⑤ 유휴공간 및 시설: 야외 결혼식장으로 활용한다.

8) 기 타

- 휴가제도의 변경 요구: 기존 휴가제도가 여름에 집중된 것을 분산시키기 위하여 자유 선택할 수 있게끔 관련 산업체가 연합하여 관계요로에 지속적으로 건의한다.

5. 맺음말

관광부문에서 계절성의 문제는 자주 논의된다. 수요발생의 계절적 특성으로 인하여 어느 한 시점에 수요가 집중되고 다른 경우에는 수요가 거의 없는 상태가 발생하기 때문에 관광부문사업 경영부실의 원인 가운데 한 가지로 관광수요의 계절성을 들 수 있다. 그런데 이러한 문제를 통칭하여 비수기 문제라고 하면서도 정작 비수기 문제에 대하여 체계적으로 연구된 바가 없는 실정이다. 따라서 본 연구에서 비수기의 개념·유형·분석방법 등을 살펴보고, 비수기를 타개하기 위한 기본방향과 기본방향에 입각하여 대안을 모색하기 위한 7가지 접근방법에 대하여 논의를 거친 후, 실제로 비수기 타개를 위한 대안을 도출한 사례를 들어보았다.

비수기 타개 대안을 모색하기 위해서는 전체 기간을 비수기와 성수기로 양분하여 논의할 성질이 아니라, 중간적 수요기를 가운데 두고 이해를 해야겠다. 해당 관광지의 비수기 발생 원인이 어디에 기인하는가를 검토한 후, 수요 측면, 시설 측면, 인력 측면에서 기본방향을 설정하고 설정된 기본방향하에서 비수기 타개 대안이 모색되어야 하겠다.

대안모색을 위해서는 당해 관광지에 적절한 이미지를 어떻게 창출할 것인가? 테마는 어떻게 설정할 것인가? 테마부각을 위해서는 어떻게 연출을 적용해야 할 것인가? 그리고 어떠한 성격과 내용의 행사를 개최하는 것이 바람직할 것인가? 어떠한 종류와 규모의 시설을 도입해야 할 것인가? 기획상품은 어떠한 것을 창안하는 것이 수익성 제고 및 홍보효과를 크게 할 수 있을 것인가? 끝으로 해당분야의 국내외 관광지에서 비수기 타개를 위해 대안들이 도입되고 있는 사례를 분석하여 이들을 종합해 봄으로써 비수기 타개 대안은 모색될 수 있을 것으로 사료된다.

본 연구에서 무주리조트에 대하여 비수기 타개 대안을 모색한 사례를 살펴보았지만, 결론적으로 비수기만을 대상으로 하기보다는 성수기에 방문하는 관광객에게 최대한의 서비스를 통하여 만족수준을 높이고 평수기의 활성화를 도모함과 동시에 비수기에 시설도입, 행사개최, 기획상품개발을 통하여 비수기 타개를 도모하는 것이 보다 효과적일 것임을 알 수 있다. 그리고 당해 관광지만을 대상으로 하기보다는 광역적으로 주변 관광지와의 연계성 제고를 통하여 비수기 타개를 시도하는 것도 필요하다.

끝으로 비수기는 상대적인 것이므로 완전히 없어진다기보다는 각종 비수기 타개 대안에 의하여 비수기의 골짜기가 어느 정도 메워질 수 있는가에 더 큰 비중을 두어야 할 것이다.

참고문헌 ••••••

김사헌·박석희·여정태(1990). 무주리조트 개발구상에 관한 연구: 비수기 타개와 시장전망을 중심으로, 경기대 부설 여가산업연구소.

김원수(1988). 『일반상품학』. 법문사.

건설부(1989). 전국국립공원 장기종합개발계획.

안봉원 외 역(1989). 관광시설조경론. 신학사.

한국산업개발연구원(1989). 서울랜드 운영관리 합리화 방안 연구.

* 이 장의 출처: 경기대학교(1990). 『논문집』, 27.

찾아보기

ㄱ

가격결정 385
가격모델 387
가격지각 387
가로설계 152
가상 공동체 347
가상공간 346
가치 28
각성추구자 172
각성회피자 172
간접적 경험 22
갈등적 관계 280
감각기관 22
감각적 영상 124
감각적 체험 22
감동 28
개국시조 153
개방모델 43, 44
객관적 가격 387
객관적 품질 389
검토단계 이미지 126, 143
경고메시지 331, 332, 337
경관연출 144
계획행동이론 317
고관여 상황 75
고궁 169
고친숙도 집단 87
골프장 비수기 401
공간적 집중현상 399
공개된 유인체 367
공공 워크숍 46
공생적 관계 280
과잉이용 41
관광고려군 348
관광공간 29, 35
관광광고 298
관광농원 비수기 401
관광동기 299
관광매력물 148
관광매체 297
관광목적 방문자 62
관광목적지 351
관광상품 143, 299
관광소비 17
관광안내 212
관광위락지 385
관광의 개념 16
관광이미지 54, 56
관광자원의 의미 28
관광정보 108
관광정보 시스템 113

관광지 광고 311
관광지 광고효과 298
관광지 이미지 107, 349, 351, 357, 364
관광지 정체성 93
관광지 태도 311
관광휴양 180
관광휴양공간 169
관리비용 215
관리의식 242
관리철학 34
관리효과 236
관악산 178
관여 75
관여도 72, 75
광고 94, 298
광고노출 매체 300
광고소재 298
광고위치 300
광고자극 300
광고태도 301, 308
광고효과 299, 301, 302
광고효과 측정 300
교육성 지각 238
교육체험 25
교환가치 16
구매결정 263
구매의도 366
구별짓기 20
국립공원 169, 280, 292, 315, 331
균형감각 216
기대단계 이미지 126, 143
기대점수 266
기대치 176
기준선 자료 34, 40
기호가치 16
기획상품 415
껍데기 문화 30
껍데기체험 23

ㄴ

남한산성 141
내장산 국립공원 327
노블티 171, 196
노블티 구성개념 172
노블티 측정방법 192
놀거리 149

ㄷ

단기적 비수기 400
대중문화 265
도자기 축제 264
디즈니랜드 24, 144

ㄹ

랜드마크 162
로고 94

ㅁ

만족도 54, 65, 275
만족지수 55
먹을거리 28, 149
멈춤 229
메시지 319
명시된 변화 27
몰아의 경지 23
몰아적 체험 24
몰합리적 37

문제점 39, 40
문화관광 263, 264
문화관광공간 264
문화관광자원 264
문화교육 263, 268, 276
문화사회화 264
문화유산 211
문화유산해설 211
문화학교 263
문화현상 16
미적체험 25

ㅂ

박물관 265
반달리즘 236
반응 관여 75
방랑자 196
방문의도 107
방문자 안내소 316, 318, 320, 323
배심제 45
배울거리 149
백화점 방식 404
본질적 유기체 368
볼거리 149
부테마 409
북한산 국립공원 280, 341
브레인스토밍 39, 42
비수기 400
비수기문제 399
비합리적 36
비화폐가격 387

ㅅ

사용가치 16
사전지식 정도 244
사진표지판 156
사회적 체험 19
살거리 149
삼학사 153
상상 공동체 347
상징공간 158
상징기호 53, 72
상징물 146, 158
상징성 144
상징적 공동체 347
상징적 매력물 151
상징적 요소 148
상징코스 159
상표인지 301
상표태도 301, 302
상품 친숙성 74, 267
상품화 72, 142
상황적 관여 75
생태학습장 182
생활관광지 19
서비스 용량 38
서비스가격 389
서비스가치 386
서비스품질 386, 389
선택기준 348
성수기 400
소극적 참여 24
소비방법 17
수행점수 266
순수관광목적 101
순정서적 이미지 58, 65, 76, 366
숭열전 155
스키장 비수기 401
슬로건 71, 146

시각적 심벌 71
시간적 집중현상 399
시스템 효과 38
신기성 171
실내교육 257
실외체험교육 257
실험처치효과 337
심벌마크 146

ㅇ

안내소 145
안내표지 145
안내표지판 145
안전시설 179
알맹이체험 23
암시된 유인체 367
암시적 요소 350
에버랜드 190, 385
엔터테인먼트 체험 24
여가공간 184
여행목적지 365
여행서적 관광정보 116
여행커뮤니티 352
여행후기 350, 360
역사유적공간 169
연속적모델 39
연출 25
연출적 접근 179
영리형 행사 413
영역감 150
예상된 변화 27
예술문화 265
온라인 커뮤니티 345
올림픽공원 190
우연적 유기체 367
우연한 변화 27
유기적 이미지 110
유발체 96
유인적 이미지 110
유휴인력 407
의사결정 33
의사결정과정 35
의사결정자 44
의사소통 28
의사형성 33
이동공간 연출 144
이미지 53, 71, 72, 93, 94, 124, 125, 142, 143, 267, 268, 275
이미지 강도 143
이미지 강화 131
이미지 변화 299
이미지 소재 146, 148
이미지 차이 126
이미지 형성요소 147
이미지형성 157
이벤트 71
이용가치 142
인상 349
인지적 구조 74, 266
인지적 반응 308
인지적 반응이론 302
인지적 요소 300, 350, 366
인지적 이미지 58, 65, 76
인지적 표상 74, 266
인지치 176
인터넷 관광정보 113, 116, 345, 347, 348, 351
인터넷 여행커뮤니티 345, 346, 352, 360

인터넷문화 345

ㅇ

자극추구 195
자극회피 195
자기영역 확장 19
자문위원회 47
자연환경보전 288
자연환경태도 332, 334, 335, 337
자연휴양림 169
자원유형 190
자원의 가치 179, 183
자원입지 190
자원해설사 235
잠재가치 180
잠재관광객 298
장기적 비수기 400
장소마케팅 93
장수상품 415
재발견 작업 181
재방문자 61
저관여 상황 75
저관여 집단 81, 82
저친숙도 집단 87
적극적 참여 24
전략상품 415
전문점 방식 404
전반적인 만족 73
전자적 공동체 347
전통문화 265
전통성 요인 82
전환율 조사 95
정동성 요인 81
정보과정 333
정보수신자 110
정보원천 108, 112, 318
정서적 공간 268
정서적 반응 308
정서적 요소 300, 350, 366
정서적 이미지 125
제부도 190
제주도 123, 364
제품속성 302
제품지식 390
제한된 합리성 37
종묘 239
주관적 태도 267
주의부족 319
주테마 409
준정서적 이미지 58, 65, 76, 367
즐거움 26
증득된 체험 21
지각된 가격 387
지각된 비화폐가격 387
지각된 신뢰성 334
지각된 화폐가격 387
지각된 희생 387
지각적 체험 23
지속적 관여 75
지역산업 30
직접경험 21

ㅊ

청결성 요인 82
청원 47
체험 21, 27
체험관광 31
총주의력 24

최적각성수준 172
최종대안 44
최초 방문자 61
추적조사 95
친숙도 72, 75, 82, 266, 275
친숙성 74, 196, 263
친환경행동 280, 281, 282, 283, 288

ㅋ

커뮤니케이션 수단 311
쾌락적 즐거움 18

ㅌ

탐험가 196
테마 144
테마공원 169, 385
테마파크 18
통과의례 24
투입단계 이미지 126, 143

ㅍ

판매행사 412
패키지상품 101
퍼블리시티 95
편안함 요인 81
평가만족 265
평가점수 266
평수기 400
폐쇄모델 43
포지셔닝 93
표적행동 317
프로그램 228, 263
프로모션 93, 96
프로모션 믹스 94
프로모션 수단 94, 96

ㅎ

하위 문제점 40
학습효과 236, 242
한국관광공사 348
해결책의 풀 41
해설프로그램 182
해수욕장 비수기 401
핵심편익 27
행동경향성 300
행동변화 318
행동의도 317, 318, 364, 365
향토주 28
현실도피체험 25
현장참여 21
현절사 153
형상화 154
형성체 97
홍콩 307
화폐가격 387
환경 재발견 운동 185
환경감수성 319
환경교육 250, 251, 284, 316
환경교육장치 328
환경메시지 319
환경보전태도 281, 282
환경보전행동 282
환경여건 179
환경의식 281
환경인식 279
환경정보 323

환경정보원 283
환경지식 280, 282, 288
환경태도 254, 280, 282, 288
환경학습프로그램 182
환경행동 317, 319
흥미성 요인 63, 64, 80, 82
히트상품 415

저자소개

박 석 희(朴石熙)

현재 경기대학교 관광개발학과 교수

■ 학 력

서울대학교 농과대학 임학 학사

서울대학교 환경대학원 환경계획학 석사

서울대학교 대학원 산림휴양학 박사

■ 경 력

1977. 3. ~ 1981. 3. 한국개발연구원 연구원·주임연구원

1981. 3. ~ 현재 경기대학교 관광개발학과 교수

1991. 8. ~ 1992. 8. Texas A&M 대학교 객원교수

1995. 7. ~ 1997. 7. 경기대학교 대학원 교학부장

2001. 7. ~ 2003. 8. 경기대학교 입학처장

2005. 5. ~ 2009. 4. 경기대학교 관광전문대학원 원장

1998.11. ~ 2000. 2. 한국공원휴양학회 회장

2001. 7. ~ 2003. 7. 한국관광자원개발학회 회장

2005. 1. ~ 2006.12. 한국농촌관광학회 회장

■ 전공분야

관광자원개발/관리, 관광위락관리, 관광조사분석, 농촌관광

■ 연구실적

"설악산 관광자원의 이용형태 및 수요분석에 관한 연구", 『관광학연구』, 제6호(1983) 외 다수

■ 저 서

『신관광자원론』, 명보문화사(1989).

『환경과학개론』(공저), 동화기술(1991).

『관광조사 연구기법』, 일신사(1993).

『우리의 산촌』(공저), 일신사(1993).

『디즈니와 놀이문화의 혁명』(역서), 일신사(1994).

『지방화시대의 관광개발』(공저), 일신사(1995).

『테마파크의 비밀』(역서), 일신사(1995).

『신관광자원론』(수정판), 일신사(1995).

『포스트 테마파크』(역서), 일신사(1999).

『나도 관광자원 해설가가 될 수 있다』, 백산출판사(1999).

『관광과 공간변형』(역서), 일신사(2000).

『관광학총론』(공저), 백산출판사(2009).

관광공간관리탐구: 문제해결지식 도출방법 적용

2009년 7월 20일 초판 1쇄 인쇄
2009년 7월 25일 초판 1쇄 발행

저 자 박 석 희
발행인 (寅製) 진 욱 상
발행처 백산출판사
서울시 성북구 정릉3동 653-40
등 록 : 1974. 1. 9. 제 1-72호
전 화 : 914-1621, 917-6240
FAX : 912-4438
http://www.baek-san.com
edit@baek-san.com

저자와 합의하에 인지첩부 생략

값 20,000원
ISBN 978-89-6183-201-4 (93980)